St John Greene

Gib den Jungs zwei Küsse

St John Greene mit Rachel Murphy

Gib den Jungs zwei Küsse

Die letzten Wünsche einer Mutter

Aus dem Englischen von
Elfriede Peschel

Marion von Schröder

Für Kate.
Eigentlich hatten wir geplant, dass wir auf diese
Erinnerungen später, wenn wir alt und grau sind,
gemeinsam zurückblicken.
Um sie für immer festzuhalten, habe ich für dich dieses
Buch geschrieben. Es ist ein Testament unserer Liebe.
Bis ans Ende der Welt, Singe, Reef und Finn.

INHALT

DANKSAGUNGEN

Ohne den South West News Service, der mich nach Kates Tod interviewt hat und das erste Mal in den Medien über Kates Liste berichtete, wäre dieses Buch nie entstanden.

Außerdem kommt dem Literaturagenten Jonathan Conway von Mulcahy Conway Associates eine wichtige Rolle zu, denn er machte mich mit meinen Verlegern von Penguin Books bekannt. Besten Dank Jonathan für Ihre Professionalität, Ihre hervorragenden Ratschläge und die Begleitung des gesamten Entstehungsprozesses. Ich möchte mich auch bei meiner Lektorin Katy Follain und ihrer Assistentin Tamsin English von Penguin Books für ihr Entgegenkommen und ihre Begeisterung und die Freundlichkeit bedanken, mit der sie sich den Jungs zugewendet haben.

Rachel Murphy hat mit dem Verfassen von *Gib den Jungs zwei Küsse* Hervorragendes geleistet. Sie sind äußerst geduldig und einfühlsam, Rachel, und es war sicherlich förderlich, dass Sie selbst Kinder haben, aber dass Sie es in so kurzer Zeit geschafft haben, sich in mich hineinzuversetzen und mit so viel Geschick dieses Buch zu schreiben, ist einfach unglaublich. Sie haben es *exakt* so geschrieben, wie ich es gern geschrieben hätte, und ich kann Ihnen dafür gar nicht genug danken.

Ein von Herzen kommendes Dankeschön auch an Kates Eltern Christine und Martin und ihren Bruder Ben. Ihr habt mich alle mit so viel Liebe unterstützt und tut es noch immer. Ich weiß, dass ich immer auf euch zählen kann, und Reef und Finn lieben euch innig.

Auch meiner eigenen Familie möchte ich dafür danken, dass sie für mich da war. Dabei verdienen die Sonntagsessen meines Dads besondere Erwähnung, denn es gab Zeiten, da waren es die einzigen hausgemachten Mahlzeiten, die wir bekamen. Auch mein Bruder und meine Schwestern sorgten dafür, dass ich den Kopf nicht hängen ließ, und ich bin euch so dankbar dafür, dass ihr mir eure Anteilnahme gezeigt und mir die Kraft gegeben habt weiterzumachen. Deine Unterstützung, Matt, war wunderbar, und ich werde nie vergessen, wie du mir an den langen Abenden nach Kates Tod Gesellschaft geleistet hast, mich anriefst oder auf einen Kaffee vorbeikamst, wenn die Jungs im Bett lagen und das Haus so still war.

Und ich danke allen Freunden, die mir nahestehen – ihr wisst schon, wer gemeint ist. Kate wäre von eurer Hilfe und euren Ratschlägen beeindruckt gewesen. Ich konnte immer auf euch am anderen Ende der Telefonleitung zählen, wenn ich unsicher wurde und mit jemandem reden musste. Kate wäre stolz auf euch alle.

»Was willst du trinken?«, fragte mein Bruder.

Er stand lächelnd an der Bar und freute sich aufrichtig, mich zu sehen. Instinktiv schaute ich über meine linke Schulter, um mich an Kate zu wenden.

»Was hättest du denn gern?«, fragte ich sie.

Im Nachtklub war es laut, und überall um uns herum blinkten Lichter. Kates Silhouette hob sich vor dem Hintergrund der Discolichter und des Trockeneisnebels ab. Sie sah hübsch aus im Halbdunkel, aber Kate sah immer hübsch aus. Ihre hellblauen Augen zwinkerten mir zu, und ich spürte, wie sie meine Hand drückte. Gleich darauf schnürte es mir das Herz ab, als der Groschen plötzlich fiel.

Kate stand gar nicht neben mir. Es war nur ihr Schatten, ein verschwommenes Trugbild dessen, was ich so verzweifelt sehen wollte. Ich war so sehr daran gewöhnt, Kate an meiner Seite zu haben, dass mein Gehirn mir Streiche spielte.

Als ich mich wieder meinem Bruder zuwandte, der mich mit offenem Mund ansah, spürte ich, dass ich rot wurde.

»O mein Gott, Singe, alles in Ordnung mit dir?«, erkundigte Matt sich besorgt.

Es war die Party zum achtzehnten Geburtstag seiner Freundin, und er hatte sich riesig gefreut, dass ich so kurz nach Kates Tod die Einladung angenommen hatte. Seit ich sie verloren hatte, war dies mein erster großer Ausgehabend mit Mitgliedern meiner Familie, und zum Wohle aller lag mir viel daran, dass es ein gelungener Abend wurde.

»Keine Sorge, mir geht's gut«, sagte ich und meinte das auch.

»Bist du dir da sicher?«

»Ja, bin ich. Keine Sorge, ich drehe nicht durch. Aber von manchen Gewohnheiten trennt man sich nur schwer, das ist alles. Lass uns was trinken.«

Matt lächelte mich erleichtert an, und ich strahlte zurück. Ich sagte mir, dass es gut war, Kate wiederzusehen, sprach es aber nicht laut aus. Seit ihrem Tod war noch kein Monat vergangen, und das Trugbild erinnerte mich daran, wie frisch meine Trauer noch war und wie sehr ich sie vermisste.

Während ich unter den Partygästen die Runde machte, war ich darauf bedacht, den Menschen, die nicht recht wussten, was sie sagen sollten, ihre Unsicherheit zu nehmen. Dabei gab mir die Tatsache, dass Kate mir noch immer so nah war, Trost und Kraft. Sie war zwar tot, doch das bedeutete nicht, dass sie aufgehört hatte, Teil meines Lebens zu sein. Wieso auch? Sie *war* mein Leben, obwohl ich jetzt ohne sie weitermachen musste.

Eine Weile betrachtete ich versunken die Teenager auf der Tanzfläche. Sie hatten großen Spaß, wie das auch bei Kate und mir in diesem Alter der Fall gewesen war, eigentlich sogar fast unser ganzes gemeinsames Leben lang. Die in der Luft liegende Begeisterung und das Lachen der jungen Leute erinnerten mich an unsere ersten Verabredungen. Ich stellte mir die vollkommen sorglos in ihren hautengen Jeans tanzende Kate als Teenager vor. Sie sah älter aus, als sie war, und hatte selbst mit sechzehn nie Schwierigkeiten, in einen Nachtklub zu kommen. Sie ging jedes Mal aufrechten Ganges auf die Türsteher zu, kicherte und wackelte selbstbewusst mit den Hüften, was nie seine Wirkung verfehlte, und so war oftmals ich derjenige, dessen Alter in Frage gestellt wurde, trotz der fünf Jahre, die ich älter war als sie, und sich ausweisen musste. Kate war immer eine umwerfende Erscheinung, und im Blinken der Lichter und Laser hatte ich auf der Tanzfläche nur Augen für sie. Und während unsere Blicke miteinander verschmolzen, hatte ich das Gefühl, mit ihr allein im Raum zu sein.

Wenn wir unsere Tour durch die Klubs beendet hatten, dehnten Kate und ich den Abend oft noch zu einem mitternächtlichen Picknick in Priddy in den Mendip Hills aus. Vor meinem geistigen Auge sehe ich sie dort mit siebzehn auf einer Decke unter den Sternen sitzen und nach Satelliten Ausschau halten. Sie lauscht dem Chor der Frösche und der Insekten. Es war Kates absoluter Lieblingsplatz. Dort gab es kein Streulicht, weshalb die Sterne so hell leuchteten, dass es sich anfühlte, als wären wir in einem gewaltigen Planetarium, nur wir zwei. Ich atmete den Duft von Kates Parfüm ein, der sich mit dem süßen Geruch des feuchten Grases verband, und wir redeten stundenlang und ließen uns gemeinsam dahintreiben.

Bei dieser Erinnerung wurde mir warm ums Herz. Kate und ich waren Seelengefährten, und das blieben wir über mehr als zwanzig Jahre. Konnte ich mich da nicht glücklich schätzen? Beim Blick in die Runde all der Teenager auf der Party, die alle ihr Leben noch vor sich hatten, ergriff mich große Dankbarkeit dafür, dass Kate und ich uns in so jungen Jahren kennengelernt hatten und es uns daher vergönnt war, so viele glückliche Jahre miteinander zu verbringen. Dies war etwas, was uns auch die Krebserkrankung niemals nehmen konnte.

Gelinde gesagt nahm Kates Diagnose uns den Wind aus den Segeln. Da sie uns nur wenige Wochen nachdem unser kleiner Junge Reef sich von einer unglaublich seltenen und aggressiven Krebsform erholt hatte, ereilte, empfanden wir sie als umso grausamer und hielten uns für vom Pech verfolgt. Ich erinnere mich an meine mühsamen Versuche, trotzdem Positives zu entdecken. Meine beherzte Kate würde jedenfalls wie eine Löwin kämpfen, sagte ich mir. Reef hatte gegen alle Prognosen überlebt, und so würde auch Kate den

Tumor besiegen. Als Folge von Reefs Krebserkrankung war sein linkes Bein ein wenig geschwächt, weshalb er Mühe hatte, das Gleichgewicht zu halten, er kam aber bemerkenswert gut damit zurecht, und die wenigsten Leute ahnten, dass er als körperbehindert registriert war. Ich wusste, dass Kate die gleiche Widerstandskraft aufbringen würde, egal was ihr die Krebserkrankung zumutete oder abverlangte.

Wir hatten unser Leben immer in vollen Zügen genossen. Wir hatten die Welt bereist und aus jedem Tag das Beste herausgeholt. Was die Vergangenheit betraf, brauchten wir nichts zu bereuen, und das war ein Segen. Und die Gewissheit, dass Kate, egal wie krank sie wurde, auch weiterhin aus jeder Minute des Tages das Maximum herausholen würde, war die positive Kraft, nach der ich gesucht hatte.

Ein Jahr ist vergangen, seitdem ich sie verloren habe, und ich schreibe an diesem Buch und kann Ihnen versichern, dass Kate mich oder die Jungs niemals enttäuscht hat. Wir konnten immer stolz auf sie sein, bis zu ihrem Todestag und darüber hinaus. Selbst als die Krankheit ihr in den letzten paar Monaten arg zusetzte, unternahm sie mit den Jungs Reisen nach Disneyland und nach Lappland und bestand darauf, nur wenige Tage vor ihrem Tod zur Weihnachtsaufführung von *Schneewittchen* in Bristol zu gehen, obwohl ihr Auftritt im Rollstuhl mit Sauerstofftanks fast theatralischer war als das Stück selbst!

Sie hat auch diese Liste verfasst, zu der ihr bis zu ihrem letzten Tag immer wieder Ergänzungen einfielen. Kate ging es nicht darum, sich damit unsterblich zu machen, und das gewaltige Medieninteresse, das diese Liste entfacht hat und letztendlich zum Verfassen dieses Buchs führte, wäre ihr peinlich gewesen. Die Liste war für uns gedacht, nicht für sie selbst, außerdem war ich derjenige, der sie unabsichtlich dazu gebracht hatte, sie zu verfassen, als ich im Bett mit ihr kuschelte und sie fragte: »Und wenn du mich nun verlässt?«

Kate war eine hingebungsvolle Mutter und liebende Ehefrau und wollte mir ein Hilfsmittel an die Hand geben, damit ich unsere Jungs auch ohne sie bestmöglich erziehen konnte. Als ich die endgültige Liste nach ihrem Tod las, fühlte ich mich weniger allein. Kates Geist lebte in ihr weiter, und ich war ihr so dankbar für die ungeheure Anstrengung, sie auf ihrem Sterbebett zu vollenden. Durch sie hatte ich eine Verbindung zu meiner fantastischen Frau und zog großen Trost daraus.

Ich denke, einige Leute waren in Sorge, wie sich diese Liste auf mein Leben auswirken könnte. Würde Kates Präsenz durch sie nicht derart lebendig sein, dass meine Trauer kein Ende fand? Würde sie mich nicht so sehr an die Vergangenheit binden, dass ein Vorwärts unmöglich wurde?

Für mich allerdings bestand nie der geringste Zweifel daran, dass Kates Liste ein unglaubliches Geschenk war. Ich war mir sicher, sie würde mich leiten und mir Gewissheit geben und mir helfen, für unsere Jungs eine wunderbare Zukunft aufzubauen.

Noch habe ich keine Vorstellung davon, wie lange es dauern wird, bis ich alle von Kates Wünschen erfüllt habe, oder ob dies jemals der Fall sein wird. Für manche wird es ein Leben brauchen. Doch eins steht fest: Ich gehe jeden Schritt, so gut ich kann, in Erinnerung an meine wunderbare Ehefrau Kate.

KAPITEL 1

»Gib den Jungs zwei Küsse, wenn ich nicht mehr bin«

»Wir haben es geschafft!«, sagte Kate kichernd. Dieses Kichern. Diese blonden Haare. Diese kornblumenblauen Augen. Ich sah meine schöne Ehefrau an und lachte. Sie hatte es drauf, mich zum Lachen zu bringen. Ich brauchte nur dieses kecke Kichern zu hören und war schon angesteckt. An diesem Tag konnte ich gar nicht mehr aufhören zu lachen. Ich legte mich in den nassen Sand und zog Kate von Lachen geschüttelt mit. Es weckte in mir die Erinnerung an den Tag vor mehr als zwanzig Jahren, als ich um ihre Hand angehalten hatte. Damals hatte ich absichtlich dafür gesorgt, dass sie mit ihren Skiern in einem Haufen Pulverschnee zu Fall kam. Ich warf mich ebenfalls hinein und zog dabei einen Verlobungsring aus meiner Tasche. Sie giggelte, und wir küssten uns, wie wir das auch jetzt taten. Damals hatte ich vor Erleichterung gelacht, dass sie meine Frau werden wollte, und vor Begeisterung über die Aussicht, mein Leben mit einer derart erstaunlichen Frau verbringen zu dürfen. Jetzt lachte ich wieder vor Erleichterung und Begeisterung, wenn auch aus anderen Gründen.

Ich spürte regelrecht, wie die Sorge durch meinen Rücken aus mir heraus in den Sand sickerte und Platz machte für Freude und Optimismus angesichts der Zukunft, wie ich das schon lange nicht mehr empfunden hatte. Eine Welle überspülte unsere Füße, und Kate und ich kreischten und kuschelten uns enger aneinander. Und als sich das Wasser zurückzog, war es, als verebbten mit ihm auch die Schrecken

17

und die Dunkelheit der vergangenen drei Jahre. Die Sonne strahlte hell vom Himmel, und Licht und Wärme kehrten in unser Leben zurück.

Wir lagen im Sand und hielten uns an den Händen. Meine Gedanken kreisten um die einschneidenden Veränderungen, die Kates und mein Leben erfahren hatte, obwohl es in vielen Bereichen gleich geblieben war. Wir hatten jetzt zwei Kinder, unsere kostbaren kleinen Jungs Reef und Finn, aber im Herzen fühlten wir uns noch immer wie zwei leichtfertige Teenager auf der Suche nach dem nächsten Abenteuer. Nun konnte uns nichts mehr zurückhalten, dessen war ich mir sicher.

Auf die Ellbogen gestützt, beobachteten wir die Jungs, die am Strand Fangen spielten. Es war der Sommer 2008, erst vor wenigen Wochen hatten wir Reefs vierten Geburtstag gefeiert. »Es tut uns sehr leid, aber Reef wird womöglich nur noch ein paar Tage leben.« Der Schauder, den diese Worte mir über den Rücken jagten, als man bei Reef im Alter von achtzehn Monaten die niederschmetternde Diagnose Krebs gestellt hatte, ist mir gut in Erinnerung geblieben. Mir blieb das Herz stehen, als hätte man mir einen Eimer voll Eis über den Brustkorb gekippt, und meine Lungen zogen sich zusammen. Und als ich nach Luft zu schnappen versuchte, folgten weitere niederschmetternde Nachrichten. Die Ärzte machten uns darauf aufmerksam, dass unser kleiner Junge, wenn er überlebte, behindert wäre. »Es tut uns sehr leid, aber Reef wird womöglich nie wieder laufen können.«

Wenn ich jetzt daran dachte, kam es mir vor, als würde ich mich an das Drehbuch für einen Film oder eine Geschichte aus dem Leben von jemand anderem erinnern. Es war wirklich unglaublich, dass dieses Kind, das wir jedes Mal, wenn es eine Bluttransfusion benötigte oder wieder zur Chemotherapie musste, mit Tränen in den Augen an uns drückten, derselbe kleine arglose Junge war, der dort am Strand entlangrannte. Er war unser Wunder.

Ich lächelte Kate an. Ihr Gesichtsausdruck verriet mir, dass ihr ähnliche Gedanken durch den Kopf gingen. So entspannt, wie sie mit mir am Ufer lag, sah sie überraschend jung aus. Die beiden Linien, die sich tief zwischen ihren Augenbrauen eingegraben hatten und an deren Anblick ich mich gewöhnt hatte, waren wie weggeblasen. Sie sah wieder aus wie ein Mädchen, wie die sorglose Kate, die ich gekannt hatte, bevor unsere Welt von Angst und Kummer und der schmerzhaften und hilflosen Sorge um ein krankes Kind beherrscht wurde.

»Sieh nur, wie Reef rennt!«, meinte Kate kichernd. »Er hat es geschafft!« Selbst ihre Stimme klang jünger und freier. »Wir haben es geschafft!« Ihre Augen blitzten, wie sie es auch taten, wenn wir in den Ferien Scuba-tauchen waren. Da freute ich mich jedes Mal auf den Moment, wenn Kate ihre Atemmaske abnahm, denn ihr Gesicht leuchtete wie ein Regenbogen, als hätte sie die glitzernden Schuppen und Leuchtstreifen der tropischen Fische gestohlen. Genauso sah sie auch an diesem Tag aus, als sie voller Begeisterung Reef und Finn dabei beobachtete, wie sie Fangen spielten.

»Es ist unglaublich, Singe. Was haben wir für ein Glück.« Ich nickte und grinste. Das war wieder meine alte Kate. Glück war womöglich nicht das Wort, das andere verwendet hätten, aber es war das Wort, das Kate an diesem Tag wählte, und das ist einer der Gründe, weshalb ich sie so sehr liebte. Andere Leute wären verbittert gewesen, weil das Schicksal ungerecht zu ihnen war, aber nicht Kate. Sie nahm das Leben mit offenen Armen, wie es kam, und versuchte immer das Positive zu sehen.

»Du kannst mich nicht fangen, du kannst mich nicht fangen!«, hörte ich Finn frotzeln. Meine Augen wanderten von Reef zu seinem kleinen Bruder. Für einen Zweijährigen war Finn ein bemerkenswerter kleiner Läufer und eine echte Herausforderung für Reef. Alle sagten, Reef sei der Nachdenkliche, wie Kate, und ich konnte dem nur zustimmen, aber

Finn war meine Entsprechung im Kleinformat, dreist, sport-begeistert und ausgelassen. Auch er war unser Wunder. Ich kann mich noch ganz genau an den Moment erinnern, als ich erfuhr, dass bei Kate vorzeitige Wehen eingesetzt hatten, und meine Brust zog sich zusammen wie zuvor, als ich in der Nacht von Finns Geburt ans Telefon gegangen war. Die Entdeckung der Geschwulst in Reefs Unterleib hatte für die schwangere Kate enormen Stress bedeutet. Wir warteten noch auf die Testergebnisse, die uns Aufschluss über die Art der Geschwulst geben sollten, da setzten bei ihr vorzeitig die Wehen ein. Kate war gerade mal im siebten Schwanger-schaftsmonat – viel zu früh für die Geburt.

Beim Anblick von Finn, der am Strand herumtollte, dankte ich Gott dafür, dass der Wahnsinn dieser Krankenhaustage vorbei war. Das Leben beider Jungs hatte am seidenen Faden gehangen. Beim einen, weil er im Intensivpflege-Inkubator lag, beim anderen, weil sein Becken von einer Tumorgeschwulst befallen war. Wie standen ihre Chancen? Welchen Zweck hatte es, darüber nachzudenken? Es war verrückt. Obwohl es nur ein paar Jahre zurücklag, schien inzwischen eine Ewigkeit vergangen zu sein.

Ich atmete aus und blies die Erinnerung an Angst und Leid hinaus in die Seeluft. Die Jungs feuerten sich an und sprangen sorglos herum, und ich konnte sie nur bewundern. Freunde gaben uns den Spitznamen »Die Unglaublichen«. »Ihr seid eine so erstaunliche Familie«, sagten sie uns vor und nach unserem Unglück. In diesem Augenblick, mit der lächelnden Kate an meiner Seite und den fröhlich miteinander spielenden Jungs, hatte ich das Gefühl, das es stimmte. Wir hatten unsere Pechsträhne gehabt, sie aber mit einem Triumphlächeln überwunden. Meine Familie war wahrhaftig unglaublich.

Als wir kaum zwei Jahre später im Auto mit Blick auf den Kiesstrand von Clevedon saßen, musste ich wieder an diesen sonnigen Tag denken. Jetzt hatten wir den 20. Januar 2010, und dunkelgraue Wolkenbänke gaben den Sonnenstrahlen keine Chance. Die Jungs saßen angeschnallt in ihren Autositzen, und ich beschloss, zu ihnen zu gehen und mich zwischen sie zu setzen. Beim Aussteigen schlug mir der Wind hart ins Gesicht und ließ mich schaudern. Ich wünschte mir, ich könnte die Wolken wegschieben und die Sonne herausholen. Durch das Abklopfen meiner Manteltasche vergewisserte ich mich, dass der Kaugummi noch da war. Das war etwas, was ich mit Kate abgesprochen hatte. Die Jungs hatten uns seit Jahren damit in den Ohren gelegen, Kaugummi ausprobieren zu wollen, und wir waren übereingekommen, dass dies ein guter Zeitpunkt war, ihnen diese Freude zu machen.

»Ich habe euch etwas wirklich, wirklich Wichtiges und richtig Trauriges zu sagen, Jungs«, begann ich und zog sie dabei dicht an mich heran. Ich spürte, wie sich jeweils ein kleines Ohr in die Seiten meines Brustkorbs grub. Mein Herz zappelte so wild darin herum, dass ich Angst hatte, das Geräusch könnte die Jungs erschrecken, und so holte ich tief Luft im Versuch, den Herzschlag zu beruhigen.

Ich hatte die Jungs abgeholt, Finn von der Vorschule und Reef von der Schule, und war mit ihnen auf direktem Weg zu unserem Lieblingsplatz am Strand in der Nähe von Clevedon gefahren. Auf der kurzen Fahrt hatte ich versucht, alles so normal wie möglich aussehen zu lassen. »Wie war euer Tag?«, fragte ich und bereute die Frage sofort wieder. Was immer sie sagten, es konnte nur schlimmer werden. Ich weiß nicht mehr, was sie antworteten, und ich benötigte all meine Kraft allein dazu, das Auto sicher zu steuern und mich wie ein ganz normaler Vater zu verhalten, der an einem kalten Mittwochnachmittag seine Kinder abholt.

An diesem Morgen hatte ich »O mein Gott, meine dunkelste Stunde« in mein Tagebuch geschrieben. Doch diese Stunde fühlte sich noch viel dunkler an. Reef und Finn hörten mir aufmerksam zu und warteten auf die von mir angekündigten wichtigen und traurigen Nachrichten. Sie sahen so adrett aus in ihren Schuluniformen, und sie taten mir unendlich leid. Es waren so tolle Jungs, immer eifrig dabei, einen zu erfreuen, und instinktiv lächelte ich sie an und zauste ihre hellen Haare. Bisher war es mir, wie ich glaube, ganz gut gelungen, meine Gefühle zu verbergen, und ich wünschte, es bliebe mir erspart, ihnen zu erzählen, was am Morgen dieses Tages passiert war. Gern hätte ich wie andere Eltern auf dem Heimweg von der Schule mit ihnen über ihre Freunde oder die Hausaufgaben geplaudert oder ihnen erzählt, was es zum Abendbrot gab. Ich wusste nicht, was und wie ich es sagen sollte, also drückte ich die Jungs für einen Moment fest an mich, wobei ich meine Atmung zu kontrollieren und meine Tränen zurückzuhalten versuchte.

»Sag, was du denkst«, glaubte ich Kate mir zärtlich zuflüstern zu hören. Ihre Stimme war sanft und ermutigend und traf mich mitten ins Herz. Mir fiel ein, dass sie dieselben Worte erst vor ein paar Wochen gesagt hatte, als sie im Bett lag und ihre Liste schrieb. »Ich denke, es ist äußerst wichtig, zu sagen, was man denkt, und ich möchte, dass die Jungs das lernen«, hatte sie erklärt, bevor sie die Anweisung Nummer vier in ihr Tagebuch schrieb: »*Bitte bring ihnen bei, zu sagen, was sie denken.*« In der Schule und im Krankenhaus erhielt ich ähnliche Ratschläge. Ich sollte nicht um den heißen Brei herumreden oder mich unklar ausdrücken, denn dadurch könnte ich den Jungs falsche Hoffnungen machen oder sie verwirren.

Ich räusperte mich und veränderte meine Position, sodass ich beiden ins Gesicht sehen konnte, während ich sprach. Ich sagte es ihnen ganz direkt. »Es tut mir leid, euch das sagen zu müssen, Jungs«, sagte ich mit brüchiger Stimme. Vier sanfte blaue Augen schauten in meine. In diesem Moment sah ich

Kate in den Augen der Jungs und spürte, wie sie mich beobachtete. Ich musste daran denken, wie sie unter Tränen gesagt hatte, sie wünschte sich, mit Reef den Platz tauschen zu können, als dieser litt, und wusste genau, was sie damit gemeint hatte. Wenn ich jetzt den Schmerz der Jungs hätte schultern können, hätte ich das getan, aber ich konnte sie nicht davor schützen.

Ihre kleinen Augen sahen mich nun forschend an und versuchten im schwächer werdenden Licht Anhaltspunkte zu finden. Sie waren erst vier und fünf Jahre alt und viel zu jung für das. Ich schluckte unbeholfen und spürte, wie mein Gesicht rot wurde, als ich vergeblich versuchte, meine Tränen zurückzuhalten.

»Mummy ist tot. Sie wird nicht mehr aus dem Krankenhaus zurückkommen. Sie ist heute Morgen gestorben.« Als ich diese Worte aus meinem Mund kommen hörte, brach ich seufzend zusammen. Die Jungs klammerten sich an mich, und wir weinten, zu dritt einander in den Armen haltend, bis unser heißer Atem sich auf den winterkalten Scheiben niederschlug.

»Ist Mummy im Himmel?«, schniefte Reef schließlich.

»Ja«, sagte ich.

»Ist sie auf einer Wolke?«, hakte er schluckend nach.

»Ja«, sagte ich, beeilte mich aber noch hinzuzufügen: »Ihr könnt sie euch auf einer Wolke vorstellen, wenn ihr wollt.«

Man hatte mich vor Äußerungen wie »Mummy ist eingeschlafen« gewarnt, weil die Jungs dann womöglich abends im Bett Angst vorm Einschlafen bekamen oder sich einbildeten, sie könnte eines Tages wieder aufwachen. Ich wollte sie auch nicht in dem Glauben bestärken, Mummy sei auf einer Wolke, denn das war sie nicht, aber ich sagte mir, dass es in Ordnung ging, wenn Reef diese Vorstellung zusagte.

Eine Weile schwiegen wir alle. Wir saßen da, hielten uns fest und weinten, bis lauter Maschinenlärm über uns dafür sorgte, dass wir uns alle umdrehten und aus dem beschlagenen Heckfenster des Autos schauten. Mit tränennassen Augen beobachteten wir zwei Flugzeuge, die diagonal über den verhangenen grauen Himmel über uns flogen und ein perfektes weißes Kreuz zurückließen.

»Seht nur, Mummy hat uns gerade einen Kuss geschickt«, sagte Reef, und wir weinten weiter.

Jetzt waren wir nur noch zu dritt. Dies spürte ich plötzlich ganz akut, als wir uns in unserer eigenen weißen Wolke zusammenkuschelten und Sauerstoff und Schmerz teilten. Ungeachtet der Dunkelheit und der Kälte, die sich auf uns herabsenkten, schluchzten wir mindestens eine halbe Stunde lang. Das Salz meiner Tränen brannte auf meiner Haut, und die Wangen der Jungen verwandelten sich von rosigem Pink in fleckiges Rot. Ich hätte Stunden und Tage weinen können, aber als das leise Schluchzen und das keuchende Weinen der Jungs ein wenig nachließen, spürte ich, dass es Zeit war aufzuhören.

»Möchtet ihr einen Kaugummi?«, fragte ich sie. Ihre Mienen hellten sich ein wenig auf, als sie die rosa Kaugummipäckchen auswickelten, aber Finn liefen immer noch Tränen über die Wangen.

»Danke, Daddy«, sagte er höflich und stopfte sich dabei den Kaugummi in den Mund. »Warum ist Mummy gestorben?« Er schniefte laut und schaute mir direkt in die Augen.

»Nun, du weißt doch, dass sie sehr krank war, nicht wahr? Und als du sie gestern Abend im Krankenhaus gesehen hast und sie dich ganz fest umarmt hat, da war sie sehr, sehr krank. Sie war so krank, dass sie gestorben ist.«

»Ich möchte sie sehen«, sagte Finn. »Kann ich Mummy wiedersehen?«

»Tut mir leid Finn, aber du kannst sie nicht mehr sehen.«

Er kaute kläglich auf seinem Kaugummi herum, und ich

musste ihm hilflos zusehen, weil mir kein Wort einfallen wollte, das meine Antwort irgendwie besser gemacht hätte.

»Ich mag das«, sagte Finn nach ein oder zwei Minuten. »Es schmeckt lecker, Daddy.«

Reef nickte. »Danke, dass du uns Kaugummi gegeben hast«, sagte er und wischte sich mit seinem Mantelärmel die Tränen aus dem Gesicht.

»Können wir wieder mal einen bekommen?«

»Ich denke, wir sollten zu besonderen Anlässen immer Kaugummi haben. Auch Mummy hielt das für eine gute Idee. Jetzt lasst uns nach Hause fahren.«

Eine seltsame Ruhe erfüllte mich, als ich mich wieder auf dem Fahrersitz anschnallte. Ganz allein hatte ich eine Aufgabe bewältigt, dazu noch eine derart gewaltige. Ich spürte, dass Kate nicht nur damit einverstanden gewesen wäre, wie ich diese Situation gemeistert hatte, sie hätte es an meiner Stelle ganz genauso gemacht. Dieser Gedanke war tröstlich.

Als wir vom leeren Strand wegfuhren, betrachtete ich die Jungs im Rückspiegel. Beide starrten mit geschwollenen Augen aus den Fenstern, kauten geräuschvoll auf ihren Kaugummis und füllten den Wagen mit süßem Erdbeeraroma.

Von nun an lag die Verantwortung für diese beiden kleinen unschuldigen Passagiere ganz allein bei mir. Mein Magen zog sich zusammen, und beim Gedanken an das Ausmaß dieser Verantwortung verkrampften meine Finger sich am Lenkrad. Sie hatten keine Mama mehr, jetzt kam es auf mich an. Plötzlich war ich Witwer, plötzlich war ich alleinerziehender Vater. Allein die Worte zu denken schockierte mich und brachte meinen Kreislauf ins Wanken.

Ein Teil von mir wäre am liebsten weggerannt und hätte so getan, als wäre alles nicht passiert, doch zugleich verspürte ich den heftigen Drang, alles in meiner Macht Stehende zu tun, um meine Jungs zu beschützen, damit Kate auf mich stolz sein konnte. Ich wollte nach wie vor ihr Mr Unglaublich sein, das zumindest war ich ihr schuldig.

Ich fuhr langsam und umsichtig. Ich durfte jetzt keinerlei Risiken eingehen, musste jede Fahrt langsam angehen. Sollte mir etwas zustoßen, wer würde sich dann um die Jungs kümmern? Außerdem hatten wir keine Eile, nach Hause zu kommen. Das Haus würde noch genauso aussehen, wie ich es vorhin verlassen hatte. Keiner würde im Backofen das Essen anbrennen lassen, wie Kate das zu tun pflegte. Meine Lippen verzogen sich unfreiwillig zu einem schwachen Lächeln, als ich an Kates Kochversuche dachte. Wenn man etwas nicht in die Mikrowelle stellen und darauf warten konnte, dass es »Ping« machte, war Kate überfordert. Damit zog ich sie auch immer auf.

Kates beste Freundin Ruth war ihr, als wir geheiratet hatten, zur Hand gegangen und hatte ihr ein halbes Dutzend einfacher Gerichte beigebracht. Tagliatelle, Lasagne, mexikanische Fajitas, Curry und Spaghetti bolognese wurden zu ihren »Spezialitäten«, aber die Kunst des Kochens beherrschte Kate nie wirklich. Jetzt hatte Ruth eine andere Rolle bekommen. *»Ruth kennt sich gut aus in Erziehungsfragen«*, belehrte Kate mich, *»da sie zwei Jungs im gleichen Altersabstand hat – falls es zu Konflikten mit den Ansichten der Großeltern kommen sollte.«* Das kleine Wort »falls« entlockte mir ein Lächeln. Unsere Eltern könnten unterschiedlicher nicht sein und wie die meisten Paare hatten auch wir Probleme, beiden Seiten der Familie gerecht zu werden. Jetzt hatten Kates Eltern Christine und Martin einen Schwiegersohn, aber keine Tochter mehr. Alles war durcheinandergeraten. Bis jetzt hatte ich mir darüber noch gar keine Gedanken gemacht, aber es bereitete mir Kopfzerbrechen. Genauso musste es auch Kate gegangen sein, aber sie war mir einen Schritt voraus gewesen und hatte sich Wege überlegt, die mir das Leben ohne sie erleichtern sollten.

Ich mag Ruth sehr. Sie war mit meinem Freund Chris verheiratet gewesen, den ich vor gut zwanzig Jahren bei einem Lehrgang für Scuba-Tauchen kennengelernt hatte. Als Kate sich im Scuba-Tauchen qualifizierte, nahm er die Prüfung ab. Inzwischen sind Ruth und Chris geschieden, und sie wohnt nur einen kurzen Fußweg von uns entfernt. Ich nenne sie meinen »Lieblings-Rottweiler«, weil sie eine der Freundinnen ist, die dir ins Gesicht sagen, was sie denken, und sich auch nicht scheuen, dich einen Trottel zu nennen. Das bewunderte ich, und ich fand es sehr klug von Kate, mir Ruth für elterliche Ratschläge ans Herz zu legen.

Ich warf einen Blick über meine linke Schulter. »Den Kaugummi nicht schlucken, Jungs«, sagte ich. »Denkt dran, das ist der Grund, weshalb ihr bisher noch keinen bekommen habt. Seid bitte vorsichtig. Versprecht mir, vorsichtig zu sein.«

»Okay, Daddy«, sagte Reef. »Ich kann Blasen machen, sieh nur!«

Und mit einem lauten Knall ließ er eine Kaugummiblase platzen, was Finn zum Kichern brachte. Sie kicherten noch, als wir in die Einfahrt fuhren und vor der Eingangstür anhielten.

Als die Haustür aufging, vermisste ich Kates vertrauten Ausruf »Hallo Jungs!«. Ich vermisste sowohl ihre mitten im Flur abgelegte Handtasche als auch ihre am Fußende der Treppe abgestreiften Schuhe zu sehen, aber zu meiner Erleichterung und Überraschung wirkte das Haus nur halb so leer, wie ich befürchtet hatte. Das Telefon klingelte, unser Terrier Coral bellte, und noch bevor ich meinen Mantel ausgezogen hatte, klopfte es an der Tür.

Es war Paula, eine der Mütter aus der Schule. Sie weinte sich die Augen aus, was in mir sofort die Reaktion auslöste, sie trösten zu wollen. »Es tut mir so leid, Singe«, platzte es aus ihr heraus. »Ich musste einfach vorbeikommen, ich musste was tun.«

»Das ist schon in Ordnung, keine Sorge«, sagte ich ihr und

umarmte sie. »Ich finde es rührend, dass Sie gekommen sind.«

Es war ein gutes Gefühl, derjenige zu sein, der tröstete, anstatt getröstet zu werden. Das war eine Rolle, in der ich mich viel wohler fühlte. Sie reichte mir eine große Gebäckdose. »Ich muss backen, wenn ich aufgewühlt bin. Hier sind etwa zweihundertvierzig Brownies. Es tut mir so leid!«

Ich lachte, als sie unter Entschuldigungen den Weg hinunterlief und mich mit der überquellenden Dose zurückließ.

Im Laufe der nächsten paar Stunden tauchten jede Menge Freunde und Nachbarn mit Schüsseln voller Curry, Kartoffelaufläufen und Lasagne auf. Einige schauten für ein paar Minuten herein, andere entfernten sich rasch wieder und ließen wunderbare Leckerbissen auf der Türschwelle zurück. Ich kam mir vor wie ein Ein-Mann-Katastrophengebiet, als wäre ich über Nacht zu einem Mini-Haiti geworden, das Nahrungsmittelabwürfe und Notfallrationen benötigte, um überleben zu können. Kates Eltern kamen vorbei und spielten eine Weile mit den Jungs, während ich den Anrufbeantworter abhörte, die Tür aufmachte, wenn es klingelte, und mich schließlich in den Wintergarten davonschlich, um dort für mich allein ein wenig zu weinen.

Kate war überall und nirgends. Ein paar ihrer Lieblingskleider lagen verknittert auf dem Korb mit Bügelwäsche, und mir fiel auf, dass eine ihrer bunten Rettungswesten von ihrem Haken an der Hintertür gefallen war. Wir besaßen eine ganze Garage voller Rettungswesten, dazu alles, was man sich an Überlebensausrüstung nur vorstellen kann. Die Ironie dessen war mir bis zu diesem Moment nie bewusst geworden. Ironie schien auch nicht das richtige Wort zu sein, eher schlicht und einfach Pech. Warum hatte Kate nicht überlebt? Sie war fit und gesund gewesen. Sie hat nie geraucht und trank nur selten etwas und hielt sich an alle gängigen Gesundheitsratschläge. Der Einzige, den sie nur widerwillig beherzigte, war der, Gemüse zu essen, doch sie gab sich Mühe. Sie hatte es nicht verdient zu sterben. Warum musste Kate das passieren?

Ich hörte das Kommen und Gehen der Frauen und Mütter von anderen, die mich trösten wollten. Meine Frau, meine Seelengefährtin war tot. Unsere Jungs hatten ihre Mama verloren, aber das Leben der anderen ging weiter. Andere Menschen sorgten und liebten sich und teilten ihr Leben miteinander. Andere Menschen atmeten und redeten und umarmten sich, und andere Menschen gingen durch meine Eingangstür und kehrten zu ihren Kindern und ihrer anderen Hälfte zurück.

Abends um sieben waren alle Gäste fort, und es war Zeit für die Jungs zu baden. Kate und ich hatten uns immer an einen festen Plan gehalten. Einer von uns ließ die Badewanne einlaufen und Kate wusch die Jungs, steckte sie in ihre Schlafanzüge und gab ihnen dann einen Gutenachtkuss. Dann war ich an der Reihe und las ihnen eine Geschichte vor und sorgte unweigerlich dafür, dass sie wieder aufdrehten. Ich kitzelte sie und brachte sie zum Lachen, bis Kate kam und, die Arme in die Hüften gestemmt, in der Tür stehen blieb und missbilligend den Kopf schüttelte.

Insgeheim gefiel es ihr, und sie wusste natürlich auch, dass ich es wusste. Sie war ein Spaßvogel, und nichts freute sie mehr, als ihre Jungs lachen zu sehen. Doch sie war auch eine hervorragende Mama, und Regeln waren Regeln und Schlafenszeit war Schlafenszeit. »Nun macht schon, ihr drei ungezogenen Bengel«, schimpfte sie mit keck funkelnden Augen. »Zeit, dass endlich Ruhe einkehrt.« Sie gab den Jungs einen Gutenachtkuss, dann gab ich ihnen auch einen und kitzelte sie für gewöhnlich noch ein kleines bisschen, wenn Mummy nicht hersah.

Wo sollte ich heute Abend anfangen? Ein unmögliches Unterfangen, da ich jetzt Mummy und Daddy zugleich war. »Na los, Jungs, Zeit zum Baden«, rief ich. Dasselbe hatte ich schon tausendmal gesagt, aber jetzt schien es mir neu und anders zu sein, als würde ich es zum ersten Mal aussprechen. Wir gingen zu dritt nach oben, wie wir das schon so oft getan hatten, nur dass es heute anders war. Da Kate tot war, würde von nun an alles anders sein.

Mein Blick fiel automatisch auf den Türrahmen zum Schlafzimmer der Jungs. Dort, wo Kate immer mit gespielt saurer Miene gestanden hatte, waren auf dem weißen Rahmen mit Bleistift die Größen der Jungs markiert. Ich sah sie vor mir, wie sie Bücher auf die Köpfe der Jungs legte und sie ermahnte, nicht zu wackeln, während sie ihre momentane Körperhöhe einzeichnete. Zwischen den beiden war kein großer Unterschied, obwohl sie achtzehn Monate auseinander waren. Reefs Krankheit hatte sich negativ auf sein Wachstum ausgewirkt. Überhaupt sah Finn kaum jünger aus als sein Bruder. *»Ihr müsst meine Größe auf dem Türrahmen festhalten – Mummy war 1,55 m groß«*, hatte Kate sorgfältig auf ihrer Liste festgehalten. Das war eine Aufgabe, bei der die Jungs mir helfen konnten. Das wäre etwas, was wir gemeinsam in Angriff nehmen konnten.

Ich drehte die Wasserhähne der Badewanne auf und entdeckte dabei Kates milchiges Lieblingsschaumbad, das halb leer auf dem Wannenrand stand. »Halb voll«, korrigierte Kate mich. Das hatte ich sie so oft sagen hören. Sie war ein Mensch, für den es nur halb voll gab. Kates Glas war nie halb leer, nicht einmal als die Krankheit an ihren Kräften zehrte.

Ich hielt diesen Gedanken fest, während ich die Jungs badete und dafür sorgte, dass sie ihre Schlafanzüge anzogen, und zwang mich, positiv zu denken. Über den Verlust von Kate würde ich nie hinwegkommen, aber ich konnte mich glücklich schätzen, diese beiden großartigen kleinen Jungs zu haben. Sie waren ein Teil von ihr und ein Teil von uns. Trotz Kates Tod gab es so viel, wofür es sich zu leben lohnte.

»Dürfen wir heute Nacht in deinem Bett schlafen?«, fragte Reef. »Natürlich dürft ihr das«, antwortete ich. Sie stürmten in unser Schlafzimmer und warfen sich wie kleine Raketen aufs Bett. Kate hatte ein äußerst massives extragroßes Bett gekauft, als sie krank wurde. Sie hatte damit ein gemütliches Nest für die Zeit schaffen wollen, wenn sie zu schwach sein würde, um aufzustehen, sodass die Jungs jede Menge Platz hatten, mit ihr zu schmusen. Doch traurigerweise lag sie bereits im Krankenhaus und im Sterben, als das Bett geliefert wurde, und der viele Platz, den sie jetzt hatten, mutete fast lächerlich an. Sie wirkten wie ausgesetzt inmitten des wuchtigen Rahmens aus cremefarbenem Leder, umhüllt von einer weichen Daunendeckenwolke.

»Kuschelt euch rein, Jungs«, sagte ich. »Ihr müsst zur Ruhe kommen.« Folgsam strampelten sie sich unter die Decken, wobei sie womöglich darauf hofften, gekitzelt zu werden, aber dafür war nicht der richtige Zeitpunkt. Meine ganze Kraft benötigte ich allein dafür, mich normal zu verhalten und nicht vor ihnen zusammenzubrechen. »Jetzt seid lieb und schlaft tief und fest«, sagte ich. Ich beugte mich über sie, um beiden einen Gutenachtkuss zu geben. Dabei vermischte sich der Duft von Kates Parfüm auf den Kissen mit dem Seifengeruch, den die Köpfe der Jungs verströmten. *Gib den Jungs zwei Küsse, wenn ich nicht mehr bin – einen von dir, den zweiten von mir«*, sagte Kate, aber daran brauchte sie mich nicht zu erinnern. »Gute Nacht Reef«, sagte ich und küsste erst die eine Wange, dann die andere. Ein Kuss von mir, einer von Kate. Genauso machte ich es bei Finn, dann drückte ich beide noch mal fest an mich, dankbar, meinen Kopf zwischen ihnen vergraben zu können, damit sie meine Tränen nicht sahen.

Kates Präsenz war überwältigend. Ihr Parfüm beschwor so viele Erinnerungen herauf, dass ich spürte, wie sie sich um mich, um uns alle drei wickelte, und fast rechnete ich damit, dass sie mir ein »Danke« ins Ohr flüsterte, nachdem sie sich

31

vergewissern konnte, dass ich die Jungs so küsste, wie sie es sich gewünscht hatte.

Leise schloss ich die Schlafzimmertür und ließ meinen Tränen freien Lauf, wobei ich mir die Hände vor den Mund hielt, damit die Jungs mich nicht hörten. Dabei fiel mein Blick durch die offene Badezimmertür. Dort lagen die Schuluniformen noch an genau derselben Stelle auf dem Boden, wo die Jungs sie abgestreift hatten. So sah jetzt mein Leben aus. Es gab keinen, der das, was ich liegen gelassen hatte, aufhob, und schon gar keinen, der wie ein Gedankenleser meine Sätze beendete, wie Kate das zu tun pflegte.

Ich bückte mich, um die Kleider aufzuheben, erstarrte aber, als ich ein ungewohntes Geräusch hörte. Es hörte sich an, als kämen Schritte die Treppe hoch, aber das war lächerlich, denn außer uns war keiner im Haus. Mit angehaltenem Atem lauschte ich angestrengt und dachte verzweifelt nach, ob wohl noch jemand einen Schlüssel besaß oder ich einen Besucher vergessen hatte. Rufen wollte ich nicht, um den Jungs keine Angst einzujagen, aber irgendwas stimmte nicht. Niemand hatte meinen Namen gerufen, und es hatte auch nicht an der Tür geklopft. Kate war es auch nicht. Die Schritte waren viel zu schwer, als dass es die von Kate hätten sein können, oder vielmehr, als dass ich mir hätte einbilden können, es seien die von Kate. Ich richtete mich auf und steuerte instinktiv das Schlafzimmer an, um die Jungs zu beschützen. Als ich den Treppenabsatz überquerte, wurden die Schritte durch einen unvermittelten Wasserschwall in den Rohren ums Badezimmer abgelöst.

Ich war in Tränen aufgelöst. Es war nur das Knacken der Zentralheizung. Ich setzte mich auf den Badewannenrand und schluchzte so leise wie möglich. Noch nie zuvor war mir aufgefallen, wie laut das Haus ist. Solange Kate hier gewesen war, hatte ich vermutlich immer angenommen, dass sie den Lärm verursachte, aber das tat sie nicht mehr. Selbst die Badewanne quietschte unter meinem Gewicht und gab einen knirschenden »Iii-ooh« Laut von sich, während ein unterdrücktes Schluchzen meinen Körper erschütterte.

Als mein Tränenfluss endlich versiegte, ging ich nach unten, ohne zu wissen, was ich als Nächstes tun sollte, doch auf der Suche nach Aufgaben, die mich beschäftigt hielten. Es gab weitere Nachrichten, die abgehört werden mussten, der Hund brauchte was zu fressen, und in der Spüle warteten Tassen auf den Abwasch. Der Kühlschrank war voller Essen, das Freunde und Verwandte zubereitet hatten. Keine Ahnung, was von wem war und wem das Geschirr gehörte. Das würde ich herausfinden müssen.

Morgen war Donnerstag, zum Glück konnten die Jungs da ganz normal zur Schule gehen. Ich hielt es für das Beste, ihren Tagesablauf beizubehalten, und war froh über die Ablenkung, ihre Schultaschen umzusortieren und ihre Pausenbrote herzurichten. Doch ich konnte es kaum erwarten, dass der Tag zu Ende ging. Wenn ich erst mal schlief, müsste ich wenigstens nicht mehr weinen.

Als ich endlich ins Bett kroch, schliefen die Jungs tief, aber sobald mein Kopf aufs Kissen fiel, zappelten sie sich beide dicht an mich heran. Ich schlief nicht gut, nickte weg und wachte häufig mit einem Fuß in meinem Ohr oder einem Kopf in meiner Achselhöhle auf. »*Mummy mochte es, wenn Reef sich nachts an sie kuschelte.*« »*Finns Liebkosungen waren immer was ganz Besonderes.*« So stand es auf Kates Liste. Es war kaum zu glauben, dass sie diese Worte erst vor wenigen Wochen geschrieben hatte, doch sie würde nie wieder mit den Jungs kuscheln.

Es war so ungerecht. Ich sah Kate mit ihrem Tagebuch vor mir, wie sie an derselben Stelle, die ich jetzt belegte, von Kissen gestützt im Bett saß. Sie trug wie immer ein hübsches weißes Baumwollnachthemd. Kurz nach unserem Kennenlernen hatte ich sie »Timotei Girl« getauft, weil sie damals einen Rock im Zigeunerstil aus weich fließendem weißen Leinen und dazu ein ärmelloses Baumwolltop trug, genau wie das Mädchen in der Shampoowerbung. Nur dass Kates Haare natürlich viel schöner waren als die des Models, und das sagte ich ihr auch immer.

Der Verlust ihrer Haare war für Kate ein Trauma. Sie war auf ihr blondes Haar immer stolz gewesen und weinte, als es in Büscheln aufs Kissen fiel und den Abfluss verstopfte, wenn sie duschte. Richtig beklagt hat sie sich nie, aber ich wusste, wie weh ihr ums Herz war. Sie war eine sehr schöne Frau gewesen, gerade auch wegen ihrer Haare.

Ich erinnere mich, dass ich wegen ihres Haarverlusts wütend war. Es war schon schlimm genug, dass sie ihre Brust verlor. Warum musste sie außerdem noch ihre Haare verlieren? Es war so grausam, ihre Traurigkeit darüber war kaum zu ertragen. Für mich sah sie immer noch wahnsinnig gut aus, selbst als sie kahl wie ein Ei war. Bei einem Rugbyspiel sagte ich ihr, dass ihr Kopf die perfekte Form eines Rugbyballes habe. »Ich nehme das als Kompliment«, lachte sie. »Solltest du auch, denn du siehst hinreißend aus«, erwiderte ich wahrheitsgemäß. Kate war immer umwerfend.

Wir sahen uns gerade in Twickenham das Spiel England gegen Frankreich an, und England gewann. Kate war aus dem Häuschen, sprang auf und ab, wie sie es als Teenager getan hatte, wenn sie mich Rugby in der Lokalliga spielen sah. Es gab mir gewaltigen Auftrieb, sie inmitten ihrer Chemotherapie so ausgelassen zu erleben.

»Wir hätten unbedingt die Jungs zum Rugbyspiel mitnehmen sollen«, meinte sie begeistert.

»Wir nehmen sie mit, wenn Irland gegen England in Dublin spielt«, schlug ich vor.

»Brillante Idee!«, sagte sie und klatschte in die Hände.

Verglichen mit dem enormen Verlust von Kate war es wirklich eine Kleinigkeit, einen Kopf voller Haare zu verlieren.

Von Kate war nichts mehr da, jedenfalls nichts Physisches. Sie hatte eisblaue Augen. Diese leuchteten aus ihrem Gesicht heraus und verliehen ihr etwas Strahlendes. Und ihre Figur … nein, lieber nicht. Als ich Kate das erste Mal sah, trug sie ausgebleichte Jeans, die aussahen, als wären sie aufgesprüht. Sie sah damals unglaublich aus, und daran hatte sich auch fünfundzwanzig Jahre später nichts geändert. Ich weiß, dass sie auch noch weitere fünfundzwanzig Jahre und mehr unglaublich ausgesehen hätte, wenn es ihr vergönnt gewesen wäre, alt zu werden.

Stattdessen verlor Kate alles. Erst ihre Brust, dann ihre Haare. Jetzt hatten auch ihre Augen zu leuchten aufgehört, und ihr umwerfender Körper war tot. Niemals mehr würde ich meine schöne Kate lieben können. Und auch der gemeinsame Besuch eines Rugbyspiels mit den Jungs war ihr nicht mehr vergönnt. Stattdessen stand als weiterer Punkt auf der Liste: »*Nimm die Jungs zu einem internationalen Rugbyspiel mit.*« Das wenigstens ließ sich machen, dafür würde ich sorgen.

Der Wecker läutete am nächsten Morgen um halb acht und jagte mir einen panischen Schrecken ein. Mein Körper schien eher wach zu sein als mein Geist, und er schien zu wissen, dass dies kein normaler Tag war, denn er verspannte sich sofort, und ich bekam Herzrasen. Mein Blick fiel auf die Jungs, die neben mir lagen, zusammengerollt wie zwei kleine Siebenschläfer, und auf Kates Bettseite. Da fiel mir wieder ein, dass Kate tot war. Es war, als hätte mir gerade erst jemand die Nachricht überbracht, die nun erneut langsam in mein Bewusstsein drang. Die Jungs wurden unruhig und regten sich. Ihre Mama war tot. Das war mein einziger Gedanke. Meine Frau war tot, und ihre Mama war tot, und jetzt waren wir hier, um aufzustehen und zur Schule zu gehen und den nächsten Tag zu beginnen, an dem wir ohne sie auskommen mussten – genauso wie für den Rest unseres Lebens.

Ein weiterer Alarm schrillte, diesmal war es mein Handy. Ich erschrak, weil ich mich nicht erinnern konnte, noch einen Weckruf eingestellt zu haben, und war sofort in Sorge, bereits einen Fehler gemacht und etwas Wichtiges vergessen zu haben, etwas, das Kate für mich aufgeschrieben oder mir aufgetragen hatte. Auf dem Display blinkten die Worte »Reefs Medizin«. Ich musste lächeln und weinte ein paar Tränen, weil mir wieder einfiel, wie Kate mich in ihrem Krankenhausbett um mein Handy gebeten hatte, als es dem Ende zuging. Sorgfältig hatte sie den Alarm eingestellt, damit ich niemals vergaß, Reef seine tägliche Medizin zu geben.

Reef setzte sich im Bett auf und ertappte mich dabei, wie ich mir die Tränen aus dem Gesicht wischte. »Um Himmels willen, Dad, hör endlich auf zu weinen!«, sagte er und verzog enttäuscht sein kleines Gesicht. Offenbar ging er davon aus, dass ich die ganze Nacht geweint hatte, womit er vielleicht gar nicht so falsch lag. Als Finn sich aufsetzte, sah er sehr verloren aus. Reef legte ihm den Arm um die Schultern und sagte mit fester Stimme: »Na komm, wir schaffen das schon.« Die Jungs sahen einander in die Augen, tauschten einen wissenden Blick und den Anflug eines Lächelns: Brüder, die ein Komplott schmiedeten. »Natürlich schafft ihr das, Jungs«, sagte ich und setzte ein fröhliches Lächeln auf. Es war kein vorgetäuschtes Lächeln, denn ihre Tapferkeit verlieh mir den Mut und die Kraft, den Tag in Angriff zu nehmen.

»Los, Jungs, geht bitte einer nach dem anderen unter die Dusche«, sagte ich und schmiss sie aus dem Bett. An Schultagen lief alles strikt nach Plan, ich war entschlossen, daran festzuhalten, weil ich davon ausging, dass ich so besser klarkommen würde. Ich musste dafür sorgen, dass die Jungs von jetzt an ihren Beitrag leisteten und eigenständig ein paar kleine Aufgaben übernahmen, dabei wäre es keine Hilfe, wenn ich anfing, sie zu betütteln, oder neue Regeln einführte. Während die Jungs duschten, legte ich ihre Schuluniformen zurecht und machte das Bett; danach ging ich selbst unter die Dusche, während sie sich wie üblich anzogen, wobei Reef Finn beim Anziehen der schwarzen Hose und des grünen Sweatshirts half. Anschließend gingen sie gemeinsam nach unten, um Coral und die Meerschweinchen zu füttern, derweil richtete ich den Jungs ihr Frühstück her und gab Reef seine Medizin.

Alles verlief nach Plan. »Bitte die Zähne, Jungs«, sagte ich, und sie flitzten, um die Poleposition kämpfend, wieder nach oben, wie sie das nach dem Frühstück immer taten. »Heute bin ich als Erster dran«, sagte Finn. »Nur eine Minute«, erwiderte Reef, als sie den Treppenabsatz erreicht hatten. »Wie wär's, wenn du dir die Haare kämmst, während ich mir die Zähne putze ...«

Ich hantierte in der Küche und räumte das Frühstücksgeschirr weg. Als die Jungs hinter der Badezimmertür verschwanden, wurde es unten still.

Die Hündin saß wie eine Statue im Wintergarten und beobachtete ein paar Vögel, die den gefrorenen Boden des Hinterhofs nach Futter absuchten. Ich hörte meinen Atem, während ich ihr schweigend dabei zusah. Zum Ende hin hatte Kate kaum mehr atmen können. Sie kämpfte um jeden Atemzug und war auf das hässliche Sauerstoffgerät angewiesen, als wir nebeneinanderlagen, um ihre Liste zu ergänzen. Dieses Gerät war mir gleichermaßen verhasst wie willkommen. Ich fand es schrecklich, dass Kate davon abhängig war. In der Vergangenheit hatte ich Kate nur in glücklichen Momenten atemlos erlebt, wenn sie so viel lachte, dass ihr die Tränen über die Wangen liefen, wir uns leidenschaftlich liebten oder ihr Herz vor Begeisterung wild klopfte, wenn sie nach einem Tauchgang ihre Maske abzog.

Am Ende reichten auch die Sauerstofftanks nicht aus, und Kate musste in die Klinik. Ich war zuversichtlich, dass es ihr dort besser ginge, denn im Krankenhaus könnten ihre Lungen zur Ruhe kommen und sie nach den Anstrengungen von Lappland und von Weihnachten wieder Atem schöpfen. Doch so war es nicht. Mit Kate ging es bergab. »Ich möchte einen letzten Brief an die Jungs schreiben, Singe«, sagte sie. Es war der 19. Januar 2010.

Die Ärzte hatten mir erst vor wenigen Wochen, nach unserer Rückkehr aus Lappland, erklärt, dass sie sich für Kate noch eine Frist von achtzehn Monaten erhofften. An diese Hoffnung klammerte ich mich Tag für Tag, obwohl Kate vor meinen Augen immer weniger wurde. Wenn ihr noch achtzehn Monate blieben, würde sie Reefs siebten Geburtstag erleben, Finn wäre dann fünfeinhalb. Kate selbst würde im März vierzig werden. Sie sollte es doch wenigstens bis zu ihrem Vierzigsten schaffen.

Ich konnte Kate weder helfen noch dabei zusehen, wie sie ihren letzten Brief an die Jungs schrieb. Es war einfach viel zu früh, außerdem fand ich, dass es etwas Privates zwischen Kate und ihren Söhnen sein sollte. Daher rief ich von der Klinik aus Lois an, einen lieben Freund von uns, der Englischlehrer ist. »Kannst du uns helfen?«, fragte ich ihn. »Kate hat deinen Namen genannt, wenn es dir nichts ausmacht. Ich weiß, dass ihr darüber gesprochen habt. Ich kann das einfach nicht.« Ich gab Kate einen Gutenachtkuss im Krankenhausbett und ließ sie mit Lois allein. »Ich sehe dich dann am Morgen. Ich liebe dich. Bis ans Ende der Welt«, sagte ich.

»Danke, Singe«, sagte Kate und klang auch dankbar. In mir dagegen flammte Wut auf. Wieso war meine Frau mir dafür dankbar? Keine Mutter sollte einen Abschiedsbrief an ihre beiden kleinen Jungs schreiben müssen.

»Viel Glück«, sagte ich und küsste Kate noch mal auf die Wange. »Bis ans Ende der Welt«, sagte sie leise.

Auf der Heimfahrt suchten mich Bilder von Patienten heim, die ich in meiner Zeit als Sanitäter behandelt hatte. Ich hatte viele Leben gerettet. Ich sah die Gesichter junger Frauen, die

Schindluder mit ihrem Körper getrieben und sich mit Drogen und Alkohol vergiftet hatten. Ganz deutlich sah ich sie unter dem blau blinkenden Licht zucken, sich erbrechen und bewusstlos werden, um dann jedoch allen Erwartungen zum Trotz zu überleben, manchmal sogar gegen ihren Willen. Das Leben war so ungerecht.

Ohne Kate an meiner Seite war mir in dieser Nacht kalt im Bett, und ich musste stundenlang an die Briefe denken, die sie den Jungs schrieb. Während Reef und Finn tief und fest schliefen, dachte ich voller Dankbarkeit an all die Hilfe, die ich von der Familie und den Freunden bekam und die es mir erlaubte, wann immer es nötig war, Kate im Krankenhaus zu besuchen, ohne dass sich am Tagesablauf der Jungs etwas änderte.

Was mochte sie den Jungs schreiben? Wie würde sie eine derart schwierige Aufgabe bei all ihrer Zerbrechlichkeit meistern? Wie kam ich auf solche Gedanken? Hier ging es um Kate, meine Kate. In ihrem winzigen kleinen Körper steckte ein Energiebündel von einer Frau. Und ich war mir sicher, dass sie ihre Arbeit hervorragend machen würde. Außerdem ging sie bestimmt nur auf Nummer sicher, es war also kein Grund zur Panik, dass sie diese Briefe jetzt schon schrieb. Ihr würde noch Zeit bleiben.

Endlich schlief ich ein, oder besser gesagt, mein Körper brach zusammen und nickte immer mal wieder kurz weg. In den wirren Schlafphasen träumte ich von Kate, wie sie lächelte und lachte und dann nach Luft rang. War es die alte Kate, die ihren Körper nach einem aufregenden Tauchgang wieder mit Sauerstoff füllte, oder holte sie Luft, nachdem sie mich leidenschaftlich geküsst hatte, wie das oft geschah? Oder war es ein Ringen, um ihre kaputten Lungen wieder zu füllen?

Als das Telefon neben meinem Bett läutete, war es stockdunkel im Raum. Ich schaute auf die Leuchtzeiger des

Weckers. Es war kurz vor vier Uhr am Morgen des 20. Januar, und noch bevor die Krankenschwester etwas sagte, wusste ich, dass mich keine guten Nachrichten erwarteten.

»Kates Zustand hat sich sehr verschlechtert.«

Ich musste Kate sehen, bevor sie starb. Und ich durfte keine Zeit verlieren. Während ich die Treppe hinunterrannte, immer zwei Stufen auf einmal, streifte ich mir meine Klamotten über, taumelte aus dem Haus und klopfte nebenan an die Haustür. Unsere freundliche Nachbarin Jane war einmalig. »Kate liegt im Sterben«, sagte ich und ließ sie mit dieser Erklärung und der Bitte, bei den Jungs zu bleiben und sie am Morgen in die Schule zu bringen, allein.

Die Fahrt zum Krankenhaus von Weston-super-Mare dauerte normalerweise vierzig Minuten. Viel zu lang, viel zu weit. Der Gedanke, Kate nicht mehr lebend anzutreffen, war unerträglich. Ich drückte das Gaspedal durch und jagte über die Straßen. Fünfzehn verzweifelte Minuten später bremste ich vor dem Krankenhaus, ließ den Wagen, der vier Parkplätze blockierte, stehen und rannte zur nächstgelegenen Tür. Es war der Notausgang, aber ich riss die Tür auf und stürmte den Flur hinunter, der zu Kates Station führte. Zwei Sicherheitsleute schrien »He!« und setzten zur Verfolgung an, aber ich schaute nicht zurück.

Kate war in einem Einzelzimmer untergebracht, und eine Krankenschwester hielt mir die Tür auf, als sie mich den Flur entlangpoltern hörte. Es kam tatsächlich auf jede Sekunde an. Gott sei Dank kam ich nicht zu spät. Kates Krankenbett war von fünf Krankenschwestern umlagert. Mir fiel auf, dass sie an keine Infusionen und Schläuche mehr angeschlossen war. Dafür war es inzwischen zu spät.

»Wir haben ihr zur Erleichterung Morphium gegeben«, erklärte eine der Krankenschwestern. Kates Augen sahen mich an, als ich mich an ihren kleinen Körper kuschelte. Ihre Eltern waren unterwegs, und ich wünschte mir verzweifelt,

Kate möge durchhalten, bis sie eintrafen, um sich von ihr zu verabschieden. Ihr Atem ging jetzt sehr flach, und die Pflegekräfte entschieden flüsternd, ihr mehr Morphium zu spritzen. Christine und Martin trafen ein, als man Kate gerade die letzte große Dosis verabreichte.

»Sorry«, sagte Kate zu mir, und ich griff nach ihrer Hand.

»Nun sei bloß nicht albern! Du brauchst dich für nichts zu entschuldigen«, sagte ich. Ich knuddelte sie und hielt ihre linke Hand, die Hand, an die ich ihr den Verlobungsring und dann in späteren Jahren den passenden Ehering und schließlich den Eternity-Ring gesteckt hatte.

Ihre Eltern saßen nebeneinander und hielten Kates rechte Hand. Wir redeten und beruhigten uns gegenseitig, selbst als Kate zu atmen aufhörte. Aufgrund meiner Sanitäterausbildung wusste ich, dass das Gehirn auch nach dem Atemstillstand noch ein paar Minuten lang aktiv ist. Eine Krankenschwester hatte mich freundlich daran erinnert, und ich sprach weiterhin mit Kate. »Du warst die wundervollste Frau und Mutter«, sagte ich ihr. »Ich werde alles tun, um deine Wünsche zu erfüllen. Ich werde den Jungs sagen, wie sehr du sie geliebt hast und was für eine wunderbare Mama du warst.«

»Wir sind fertig!«, schrie Reef. Coral fing laut an zu bellen und scheuchte damit die Vögel im Hinterhof auf, und Finn kam in die Küche gestürmt und fragte: »Gehen wir heute Abend schwimmen, Daddy?« Ich war wieder zurück im Hier und Jetzt, aber es war ein surreales Gefühl – als wäre ich nicht ganz da. Kate war erst vor einem Tag gestorben, aber wir machten uns hier fertig für die Schule und weiter mit unserem Leben. Irgendwie fühlte es sich falsch an, trotzdem wusste ich, dass es genau das Richtige war. Ohne den Schatten eines Zweifels war ich überzeugt, dass Kate es genau so gewollt hätte, also zogen wir unsere Schuhe und Mäntel an, und ich fuhr die Jungs zur Schule.

KAPITEL 2

»Benutz die Formulierung ›Bis ans Ende der Welt‹«

»Kannst du uns eine Geschichte vorlesen?«, fragte Reef auf dem Weg zu seinem Bett.

Finn folgte seinem Bruder in ihr gemeinsames Schlafzimmer.

»Kannst du uns *Captain Flinn and the Pirate Dinosaurs* vorlesen?«, hakte er nach.

Dass die beiden heute Abend in ihrem eigenen Zimmer schliefen, war gar nicht diskutiert worden; beide Jungs hatten es einfach getan, scheinbar, ohne nachzudenken. Es war noch keine Woche seit Kates Tod vergangen, aber wenn man ein kleiner Junge ist, sind vermutlich schon ein paar Tage eine lange Zeit. Außerdem wussten sie, dass sie immer kommen und sich zu mir kuscheln konnten, sollten sie es sich anders überlegen.

»Na dann kommt, Piraten«, sagte ich und fügte noch ein »oh – aargh, ihr Leckeren« hinzu, worüber sie kichern mussten.

Ich hätte ihnen die Geschichte auswendig erzählen können, so oft haben wir sie gelesen. Die Jungs kuschelten sich jeder an eine Seite von mir, und beim Anblick ihrer erwartungsvollen Gesichter, als würden sie die Geschichte gleich zum ersten Mal hören, musste ich lächeln. Ein altes Lieblingsbuch vorzulesen hatte etwas Tröstliches, denn ich wusste genau, dass die Jungs vor Verwunderung große Augen machen würden, wenn der kleine Flinn (den Finn unbeirrbar für eine

Cartoon-Version seiner selbst hielt) durch einen Geheimdurchgang in die zauberhafte Welt der Piraten geriet. Ich sorgte für ein paar Geräuscheffekte, die einem das Blut in den Adern gefrieren ließen, wenn die T-Rex-, Stegosaurus- und Triceratops-Piraten auf hoher See kämpften, und die Jungs kreischten vor Vergnügen.

»Können wir auch einen Geheimdurchgang bekommen?«, wollte Reef wissen.

»O ja, können wir?«, stimmte Finn ein.

»Bittebittebitte, Daddy? Das wäre voll cool.«

Kate hätte die Idee gefallen, und mir gefiel sie auch.

»Wir werden sehen«, sagte ich und war in Gedanken bereits bei einem von Kates Wünschen, nämlich ein Spielzimmer für die Jungs zu bauen. Das war ihr derart wichtig gewesen, dass sie es auf ihrer Liste gleich zweimal erwähnte. *»Bitte baue von dem Geld ein Spielzimmer für die Jungs …«,* hatte sie geschrieben. Und ergänzt: *»Ich hätte gern, dass sie ein Spielzimmer und eine Kletterwand bekommen«.*

Ich gab den Jungs einen Gutenachtkuss. »Bis ans Ende der Welt«, sagte ich dabei. »Bis ans Ende der Welt«, erwiderten die beiden ruhig. Vier Küsse, und meine beiden kleinen Piraten schlummerten bereits ein. Glückliche Jungs, dachte ich. Ich wusste, dass ich heute Nacht allein im Bett bestimmt nicht so schnell Schlaf finden würde.

Ich überquerte den Treppenabsatz und machte mir dabei klar, dass ich seit Kates Tod zum ersten Mal Gelegenheit hatte, in unserem Schlafzimmer ganz allein für mich herumzuwerken. Nachdem ich die Tür leise hinter mir geschlossen hatte, freute ich mich darauf, zunächst einfach darüber nur zu sinnieren, aber gleichzeitig verließ mich der Mut. Vor mir lag die Aufgabe, Kates Kleider aus dem Zimmer zu räumen. Wir hatten mehrere Kleiderschränke, alle zum Bersten voll. Als ich mich umsah, fiel mir der Zipfel eines der gehäkelten Roxy-Lieblingstops von Kate ins Auge, das in einer Schranktür eingeklemmt war, aus einer der Schubladen hing ein babyblauer Pullover, und mehrere Paar Turnschuhe und Ballerinas guckten mich aus Schuhkartons an.

Ich hatte Kate »meine kleine Meerjungfrau« genannt. Kleider für sie zu kaufen hatte mir immer große Freude bereitet, insbesondere die von mir so getauften »Surfermieze-Klamotten«. Ich kannte ihren Körper und ihre Figur so gut, dass ich mir keine Sorgen machen musste, die falsche Größe zu erwischen. Ihre Freundinnen fanden es sehr lustig, dass ich ihr mehr Kleidungsstücke kaufte als sie sich selbst, aber ich hatte ein Gespür dafür, was an ihr gut aussah. Mit ihrer reizenden Figur konnte sie alles tragen, ob es nun bequeme Sportkleidung oder ein eng anliegendes kleines Schwarzes war, sie sah immer fantastisch aus.

Ich öffnete eine der Schranktüren und ging Kates Kleider durch. Es war sehr aufwühlend, sie alle so sauber und gebügelt vor mir zu sehen, als bräuchte Kate nur noch hineinzuschlüpfen. Wie hätte ich auch ahnen können, dass das Ende so schnell kommen würde, die Stücke, die nach und nach in den Kleiderschrank wanderten, nie mehr zum Einsatz kämen, jedenfalls nicht an Kate.

Mir fiel das Voodoo-Dolls-Baumwollkleid ins Auge, das ich im vergangenen Sommer für sie gekauft hatte. Sie hatte es geliebt. Wie eine echte Filmschönheit sah ich sie barfuß darin am Strand entlangschlendern. Dann gab es da noch die hübsche weiße Baumwollbluse von Weird Fish, in der ich mir Kate vorstellte, sobald ich sie im Schaufenster entdeckt hatte, und ich konnte sie mir auch jetzt darin vorstellen, wie sie im Sonnenschein saß und kichernd ein rasch schmelzendes Erdbeereis aß. Daneben entdeckte ich ein Paar sexy High Heels, die sie einst zu einem schwarzen, seitlich mit bunten Blumen bedruckten Kleid von French Connection getragen hatte. Die Schuhe standen auf einem Paar rosa-weißer Heelys. Typisch Kate, sagte ich mir. Gerade noch eine Sirene auf mörderischen Absätzen und gleich darauf eine verrückte Flitzebiene, die auf Turnschuhen mit eingebauten Rollen unter der Ferse über die Gehwege fegte und dabei noch immer aussah wie der Teenager, dem ich zum ersten Mal in der Roller-Disco begegnet war.

Kate liebte lang herabbaumelnde Ohrringe. Ein paar ihrer Lieblingsohrringe sah ich auf dem Frisiertisch liegen, wo sie sie abgelegt hatte, aber ich wusste, dass noch Hunderte davon in Schubladen und Schmuckschatullen verwahrt lagen. Sie liebte sie über alles, und weil auch ich sie gern an ihr sah, hatte ich ihr im Lauf der Jahre Unmengen davon gekauft. Auch gefiel mir, dass Kate sie alle wertzuschätzen wusste, egal ob es billige waren, die wir im Urlaub einem Straßenhändler abgekauft hatten, oder welche aus Weißgold mit Aquamarinen, erworben zu besonderen Anlässen wie ihrem Geburtstag oder unserem Hochzeitstag.

Ich nahm ein Stück weiße Pappe, das zu einer Verpackung gehört hatte, von der Kommode und steckte die beiden verirrten Ohrringe vom Frisiertisch sorgfältig darauf fest. Es lagen noch welche in einem kleinen Schmucktöpfchen, die ich ebenfalls feststeckte, alle in ordentlichen Reihen, bis die Pappe vor silbernen Delphinen, Liebesknoten, tanzenden Schildkröten und glänzenden Muscheln regelrecht funkelte.

Bei diesem Anblick fühlte ich mich an meine Kindheit erinnert, an die Zeit, als ich akribisch tote Käfer und Schmetterlinge auf steife Kartonstreifen gespießt hatte, damit ich ihren Aufbau und ihre Skelette bewundern konnte. Ich weiß noch genau, dass mich wegen meiner morbiden Faszination manchmal Gewissensbisse geplagt hatten, wenn ich sie, wohl wissend, dass sie nie wieder fliegen würden, unter mein Schülermikroskop hielt. Kate hatte mich dieses Kindheitshobbys wegen immer wieder tadelnd aufgezogen, denn sie war auf der anderen Seite des Moorgebiets emsig damit beschäftigt gewesen, Insekteneier zu sammeln und Nachtfalter und Schmetterlinge in einem Vivarium auszubrüten. Das war ihr Hobby als Schülerin, aber ihre Liebe zu den Nachtfaltern und Schmetterlingen überdauerte.

»Soll das etwa heißen, du hast mit einem Netz bewaffnet dagestanden, bereit, die Schmetterlinge, nachdem ich sie nach all meiner harten Arbeit auf den Feldern freigelassen hatte, einzufangen und zu töten und auf ein Stück Pappkarton zu spießen?«, fragte sie mit gespielter Indignation.

»Entschuldige!«, erwiderte ich damals. »Ich hatte doch keine Ahnung, wie viel Mühe du dir gemacht hattest!«

»Mörder!«, gab sie damals zurück.

Ich hob eine schwarze Lederhandtasche vom Boden auf, die neben Kates Bettseite lag. Sie war eins ihrer letzten Lieblingsstücke gewesen, und sie hatte sie mit ins Krankenhaus genommen, als sie zum letzten Mal eingeliefert wurde. Nach ihrem Tod hatte ich sie mit nach Hause genommen und instinktiv neben dem Bett abgestellt, wie Kate früher. Vorsichtig öffnete ich den Verschluss, eine schlichte schwarze Spange, und warf dann einen Blick hinein. Ich fühlte mich ein wenig unwohl dabei und kam mir wie ein Schnüffler vor, aber es gehörte zu den Dingen, die getan werden mussten, auch wenn Verwaltungsangelegenheiten und Organisation nicht zu meinen Stärken zählten. Als Erstes mussten Kates Bankkarten und ihr Führerschein entwertet werden. Sie hätte sicherlich gewollt, dass ich alles ordentlich aussortiere, und ich wollte nicht, dass sich Aufgaben und Papierkram anhäuften und am Ende alles im Chaos versank.

Ich holte ihre Geldbörse heraus und zog eine Handvoll Plastikkarten und alte Quittungen heraus. Als Nächstes kippte ich behutsam den restlichen Tascheninhalt auf das Bett. Vor mir lag ein in Einzelteile zerlegter Schnappschuss von Kates Leben. Ein Foto von mir und den Jungs in Disneyland, auf dem wir grinsend die Köpfe zusammensteckten. Dieses Bild war jedoch halb verdeckt von einem alten Passfoto von mir und Kate. Es zeigte uns Wange an Wange als jung aussehende Teenager, wie wir uns nicht mehr einkriegten vor Lachen, weil wir in einer dieser altmodischen Fotokabinen saßen, in denen der Blitz einen immer im ungünstigsten Moment erwischte, wenn man noch gar nicht bereit war.

Es gab ein laminiertes Foto von Kate und mir mit Reef und Finn, wie wir in Florida einen Delphin hätschelten, und ein vierblättriges Kleeblatt, das Kate mit Tesafilm umhüllt hatte, sodass es ebenfalls laminiert aussah. Neben dem Kleeblatt lag ein dickes schwarzes Haarband, in dem sich ein paar von Kates mausfarbenen Haaren verfangen hatten. Ich hatte um Kates weiche blonde Haare getrauert, als diese nach ihrer Behandlung dunkler und borstiger nachwuchsen. Um einen Haarschopf zu trauern kam mir jetzt trivial vor.

Das Durchsuchen von Kates persönlicher Habe wühlte mich zwar auf, hatte merkwürdigerweise aber auch eine kathartische Wirkung. Nachdem ich einmal damit angefangen hatte, wollte ich gar nicht mehr aufhören. Ich berührte Dinge, die sie als Letzte berührt hatte, und dieser Gedanke gefiel mir.

Ich pickte einen von Kates rosa Lieblingslippenstiften heraus, außerdem Wimperntusche und Gesichtspuder. Sie waren alle von Clinique, ihrer Lieblingsmarke. Viel Make-up hatte sie nie benutzt, das hatte sie nicht nötig. Schon ein ganz klein wenig verlieh ihr sehr schnell Glamour. Doch weil Kate eine herrlich mädchenhafte Ader hatte, besaß sie trotzdem ganze Schubladen voll von dem Zeug. Zusammen mit dem Make-up fand ich ein altes Schweizer Armeemesser und einen Bootsschäkel – eine Art Haken –, keine Gegenstände, wie man sie in einer typischen Frauenhandtasche fand, aber Kate war auch keine typische Frau. Und voller Stolz sagte ich mir, dass genau das mir immer so an Kate gefallen hatte.

Wie sollte es mir je gelingen, noch mal eine Seelengefährtin wie sie zu finden? Kate war einmalig – meine Traumfrau. Sie hatte sich kopfüber ins Leben gestürzt. War mit mir zum Bungee-Springen gegangen, meist von Brücken herunter. Hatte sich im Helikopter hinauf in die Lüfte tragen lassen, war in die Tiefen der Ozeane getaucht und übers Meer gesegelt wie ein Profi. Danach war Kate oft diejenige, die mich zu Bett brachte. Ich hatte mein Glück kaum fassen können. Wenn sie sich zum Ausgehen schick machte, fielen mir jedes Mal die Augen aus dem Kopf. Sie war so schön, dass einem der Mund offen blieb, und wenn sie sich bei mir eingehakt hatte, konnte ich mir ein selbstzufriedenes Lächeln nicht verkneifen.

Selbst wenn sie in Jogginghosen und ohne eine Spur von Make-up auf dem Sofa lag und ein Buch las, war sie unglaublich attraktiv. Was sie ausstrahlte, fand man in keinem Fläschchen. Und auch die Mutterschaft mit all ihrem Stress und all ihren Belastungen nahm Kate nichts von ihrem Glanz. Sie brachte jeden Raum zum Leuchten, den sie betrat, und ihre Strahlkraft wirkte sich auf jeden Aspekt meines Lebens aus. Sie behielt ihre Figur und ihre sexuelle Energie. Wir waren vernarrt ineinander, küssten und liebkosten uns auch nach so vielen gemeinsamen Jahren noch immer wie ein Teenagerpärchen. Sie war einfach unersetzlich.

»Finde eine Frau, mit der du zusammenleben kannst, damit die Jungs auch weibliche Einflüsse und Stabilität in ihrem Leben haben.« Als Kate dies niederschrieb und mir diesen Wunsch unterbreitete, fand ich ihren Mut niederschmetternd.

»Wie soll ich denn je eine andere Seelenverwandte finden«, schluchzte ich. Ich wollte mich nicht mit Kate streiten, doch etwas derart Undenkbarem konnte ich einfach nicht zustimmen. Ich zitterte vor Anspannung, Tränen liefen mir übers Gesicht, und Kate drückte meine Hand, was ihr ungeheuer viel Kraft abverlangte.

»Du solltest es versuchen«, sagte Kate unter Tränen. »Ich

möchte, dass du glücklich bist, Singe. Das ist auch das Beste für die Jungs.«

»Ich werde mein Bestes geben, bei allem«, versprach ich ihr. Um ihr diesen speziellen Wunsch zu erfüllen, würde ich allerdings Zeit brauchen – viel Zeit, da war ich ganz sicher.

Ich öffnete Kates Brillenetui und holte die pink-schwarze Designerbrille heraus, die ich für sie ausgesucht hatte, als sie in den letzten Jahren eine zum Autofahren benötigte. Während ich sie hochhielt und hindurchschaute, betrachtete ich Kates durch die Linsen verzerrte Habe. Alles verschwamm, sodass ich blinzelte. Ich war es gewohnt, dass Kates Augen mich durch diese Gläser anschauten, und ich hätte alles darum gegeben, ihre Augen wiederzusehen anstatt dieser unscharfen Fragmente eines zurückgelassenen Lebens.

Ich setzte mich an den Computer, der auf dem Tisch vor dem Fenster stand, und schaltete ihn ein. Um die E-Mails hatte sich immer Kate gekümmert, sowohl damit als auch mit Facebook kam sie weitaus besser zurecht als ich. Auch bei den Fotos war sie diejenige, die für Ordnung sorgte, indem sie sie in Alben einklebte, manchmal auch mit Notizen und Daten versehen. In letzter Zeit lud Kate alles auf den Computer. Als sie krank geworden war, musste ich ihr einen riesigen Apple Mac kaufen, damit wir unsere Videos und Fotos besser ordnen und mit mehr Freude in glücklichen Erinnerungen schwelgen konnten.

Ich muss an diesem Abend wohl den Autopiloten eingeschaltet haben, als ich auf ihre Facebook-Seite klickte und ein paar der neueren Fotos hochlud – Bilder von Kate, die zu Hause mit den Jungs spielte, den Hund streichelte, ganz einfache, gewöhnliche Dinge. Sie setzte sich abends oft an den Computer, wenn die Jungs im Bett waren. Ich hörte sie dann geschäftig tippen, bevor ich meine Gutenachtgeschichte zu Ende gelesen hatte. Es war mir wichtig, dass auch andere Leute Kate genauso frisch in Erinnerung behielten, wie ich das tat. Vermutlich war dies eine Art von Therapie für mich. Dadurch stand ich sowohl mit Kate als auch mit der Welt außerhalb unseres Schlafzimmers in Verbindung.

Allein sein fällt mir schwer. Eigentlich ist es mir sogar verhasst. In jener Nacht wurde mir bewusst, wie sehr ich unter dem Alleinsein litt, weil der Computer mir das Gefühl gab, nicht mehr ganz so einsam zu sein. Als Nächstes klickte ich auf meine eigene Facebook-Seite. Am Tag, als Kate gestorben war, hatte ich eine hastig zusammengeschusterte Nachricht gepostet, damit viele Leute so schnell wie möglich Bescheid wussten. Vorher hatte meine Schwester Kaye eine SMS über mein Handy verschickt: »Wirklich schlimme Nachrichten. Kate in den frühen Morgenstunden verschieden. Bitte gebt dies an alle weiter, die Kate und Singe kennen.« Daraufhin hatte mein Telefon verrücktgespielt. Bis zu diesem Tag hatte ich nicht gewusst, was »OMG« bedeutete, aber, »O mein Gott«, danach wusste ich es.

Wir haben Freunde auf der ganzen Welt, und ich musste alle informieren, die Kayes SMS nicht bekommen hatten. Ich konnte mich kaum daran erinnern, wie ich die schreckliche Nachricht bei Facebook gepostet hatte, deshalb las ich meine Worte jetzt wie zum ersten Mal.

An all meine Freunde und Familienmitglieder, es tut mir leid, aber ich habe sehr traurige Neuigkeiten: Kate ist heute Morgen friedlich eingeschlafen. Meine Gedanken sind bei Kate und den Jungs. Ich danke euch allen für eure freundlichen Worte und eure Unterstützung. Kate wünscht sich anstatt Blumen oder Karten Geldspenden für einen Fonds, der den Jungs zugutekommt. Informationen zur Beerdigung folgen zu einem späteren Zeitpunkt. Ich werde bald wieder mit euch in Kontakt treten. Singe xXx

Das kam mir alles so unwirklich vor, ich musste es zwei- oder dreimal lesen, um es verdauen zu können. Jetzt wollte ich ausführlicher schreiben, meine Gefühle zum Ausdruck bringen. Ich tippte sehr schnell, ich wollte meine Gefühle loswerden und teilen, dafür sollten sie so echt wie möglich klingen.

Ich bedanke mich bei unseren Familien und allen Freunden für ihre Zuneigung und Unterstützung. Kate war eine wahrhaft außergewöhnliche Frau: eine unglaublich beeindruckende Partnerin und Seelengefährtin und eine fantastische Mutter und Freundin. Sie liebte uns alle mit großer Intensität, und wir beschrieben das Ausmaß dieser Gefühle, indem wir »bis ans Ende der Welt« sagten, eine Formulierung, die jetzt auch die Jungs benutzen. Keiner weiß, was die Zukunft für uns bereithält, aber mit all eurer Liebe und Unterstützung werden wir es schaffen!!!

Ohne Kate wird das Leben anders aussehen, aber ich bin zuversichtlich, dass sie stolz wäre auf das, was wir bisher gemeinsam erreicht haben und was IHRE Jungs in Zukunft erreichen werden. (Ihr werdet davon erfahren!!!)

Ich vermisse sie sehr, ABER meine Jungs erinnern mich jeden Tag an Kate ... ein Blick, ein Lächeln oder ein Leuchten in ihren Augen helfen mir, stark zu bleiben. Viele Freunde und Familienmitglieder, die wussten, wie viel wir einander bedeuteten, haben mich mit dem Zitat getröstet: »Es ist besser, die Liebe einmal gefunden und verloren zu haben, als niemals geliebt zu haben«, und diese Wahrheit werde ich wohl niemals vergessen. Ich denke an Kate und daran, wie glücklich ich war, sie gekannt zu haben. Mit meiner ganzen Liebe bis ans Ende der Welt, Singe xXx ☺

Bevor ich mich ausloggte, warf ich einen Blick auf mein Facebook-Profil, das ich lange vor Kates Krankheit erstellt hatte.

Unter der Rubrik »Lieblingszitate« hatte ich in Fettschrift geschrieben:

**ARBEITE HART UND HAB JEDE MENGE SPASS DABEI!!
SPÜR DIE ANGST UND TU ES TROTZDEM!
WENN DU NICHTS RISKIERST, BIST DU FEHL AM PLATZ!
DAS LEBEN IST ZU KURZ, UND MITNEHMEN KANNST DU
ES NICHT.**

Ich ließ mir die Worte durch den Kopf gehen, während ich mich ausloggte. Kate konnte mich nicht mitnehmen. Ihr Leben war zu kurz, aber ich war noch immer hier, ohne sie. Ich war so froh, dass wir das Leben in vollen Zügen ausgekostet hatten, und Kates Tod bestärkte mich noch in meinem Vorsatz, hart zu arbeiten und jede Menge Spaß dabei zu haben. Und diese von uns beiden geteilten Philosophien wollte ich auch an unsere Jungs weitergeben.

Nachdem das Summen des Computers aufgehört hatte, ließ ich meinen Blick durch das stille Schlafzimmer schweifen und überlegte, was ich als Nächstes angehen sollte. Im ganzen Haus war es gespenstisch ruhig, als wäre es bereits Mitternacht, doch die Uhr sagte mir, dass es gerade mal neun war. Was sollte ich tun? Die Vorstellung, nach unten zu gehen und allein zu essen, sagte mir nicht zu, obwohl der Kühlschrank noch immer vor hausgemachten Aufläufen und Apfelstreuselkuchen überquoll.

Eine kleine hübsche Schatulle auf meinem Nachtkästchen zog mich an. Darin lagen Kates Ehering, Verlobungsring und Eternity-Ring, und als ich den Deckel öffnete, sah ich sie ineinander verschlungen wie ein vollständiges Puzzle vor mir. So hatte ich auch empfunden, als ich einige Jahre nach unserer Hochzeit und viele Jahre nach unserer Verlobung Kate den Eternity-Ring an den Finger gesteckt hatte. Er war die Krönung und Symbol meiner unsterblichen Liebe »bis ans Ende der Welt«. Als ich ihn ihr geschenkt hatte, hatte ich mir dabei unsere Zukunft vorgestellt, die gar nicht anders als perfekt sein konnte. Ich sah uns gemeinsam alt und grau werden und in unseren Schaukelstühlen strickend und lesend nebeneinandersitzen. Das hatte ich mir fraglos erträumt und ausgemalt.

Mein eigener Ehering, das Gegenstück zu dem von Kate, war zu eng geworden und schnitt in meine Haut ein. Ich hatte in meinen vierziger Jahren stark zugenommen. Dafür machte ich das Krankenhausessen verantwortlich, denn seit nunmehr fünf Jahren nahm ich meine Mahlzeiten hauptsächlich dort ein. Als Reef krank war, trank ich literweise Red Bull, um in den langen Kliniknächten nicht einzuschlafen, wenn ich über ihn wachte. Sobald ich nämlich einschlief, warf er sich herum und verhedderte sich in all den Schläuchen, an die sein Körper angeschlossen war, und ich war in ständiger Sorge, er könnte sich einen davon herausziehen.

Nun sage ich mir schon seit einer Ewigkeit, dass ich entweder abnehmen oder mir meinen Ehering weiten lassen muss, doch jetzt gab es natürlich auch noch eine andere Möglichkeit. Ich konnte den Ring abnehmen. Und in diesem Moment fand ich, dass es das Richtige war. Ich musste mich den Tatsachen stellen: Ich war kein verheirateter Mann mehr. Ich hatte Kate mit dem Versprechen »bis dass der Tod uns scheidet« geheiratet, und dieser Zeitpunkt war nun gekommen. Ich zog den Ring vom Finger, so weh es tat, dann legte ich ihn neben die drei Ringe von Kate und griff instinktiv nach dem schwarzen Haarband, das ich aus ihrer Handtasche geholt hatte und immer noch auf dem Bettüberwurf lag.

Mit Kates Schweizer Armeemesser schnitt ich einen feinen Liebesknoten in das dicke Band und streifte es über meinen Ringfinger. Es passte sich perfekt der glatten Furche an, die mein Ehering hinterlassen hatte, und ich begann zu weinen. Da Kates Ringe viel zu kostbar waren, um sie in einer

Schmuckschatulle herumliegen zu lassen, beschloss ich, sie alle Kates Mutter zu geben, damit sie diese in ihrem Safe verwahrte.

Entscheidungen zu treffen und Dinge auszusortieren gab mir das Gefühl, Fortschritte zu machen, allerdings merkte ich dabei auch, dass ich auf dieses Nachspiel ganz und gar nicht vorbereitet war. Ich hatte nicht glauben wollen, dass Kate im Sterben lag, selbst dann nicht, als sie immer mehr dahinschwand und ihre Liste schrieb. Als die Wahrheit nicht länger geleugnet werden konnte, hatte ich keinen Gedanken daran verschwendet, *was* sie zurücklassen würde, denn ich war ganz darauf konzentriert, *wen*: die kleinen Jungs, die sie nicht länger großziehen konnte, und natürlich mich selbst.

Erst jetzt dämmerte mir, was für eine große Aufgabe allein darin bestand, mich um Kates Habe zu kümmern, von allem anderen ganz zu schweigen. Der Raum war voll von ihren persönlichen Dingen. Ich konnte die Sachen nicht als Ganzes an einen Wohlfahrtsladen übergeben. Ich musste das ordentlich machen und besondere Sachen an Freunde oder an die Familie weitergeben, damit alle ein Stück von Kate bekamen. Da fiel mir ein, dass Kate mir gesagt hatte, ich solle ein paar der Kleider Ruth geben. »Sie hat meine Größe. Sorg dafür, dass sie sie auch trägt. So hat noch jemand was von ihnen«, befand sie gelassen.

»Hör auf damit!« Ich hatte mein Unbehagen mit einem Lachen zu kaschieren versucht. »Wie kannst du nur so etwas sagen?«

»Diese Stiefel kannst du auch Amanda von der Arbeit geben«, fuhr sie fort und ergötzte mich mit den Details einer Einkaufstour, die sie gemeinsam unternommen hatten und auf der es zu einem scherzhaften Gerangel um dieses schicke Paar schwarzer Stiefel gekommen war.

Kate war mir immer einen Schritt voraus und dachte immer an die anderen, daran, wie sie ihnen die größtmögliche Freude machen konnte. Ich würde selbst entscheiden müssen, was ich behalten wollte, aber diese Aufgabe entmutigte mich nicht. Kate muss das gewusst haben, denn sie hatte mir diesbezüglich keine spezifischen Anweisungen gegeben. Ich hatte schon so viel bekommen, ein Leben voll geteilter Erinnerungen, und plötzlich gab mir dieser Gedanke Kraft: Anstatt Kates Habe zu verteilen, würde ich damit beginnen, die Sachen beiseitezulegen, von denen ich mich niemals trennen könnte.

Ich schlich mich hinaus auf den Treppenabsatz und löste den Riegel der Dachbodenluke. Für diese Aufgabe würde ich einen großen Koffer brauchen, überlegte ich. Als ich die Leiter auszog und ins Dunkel hinaufkletterte, tastete ich nach dem Lichtschalter. Als ich ihn betätigt hatte, fiel mein Blick auf ein paar große, verblasste Schachteln mit Erinnerungsstücken, die dort völlig unerwartet direkt vor meiner Nase standen.

»O Mann!«, platzte es aus mir heraus.

Meine Beine gaben nach, und ich musste mich an der Leiter festklammern, um nicht hinunterzufallen. Erst vor wenigen Wochen war ich auf dem Dachboden gewesen, um die Weihnachtsdekoration wegzuräumen, und da waren die Schachteln definitiv noch nicht da gewesen. Ich hatte sie seit Jahrzehnten nicht mehr gesehen und starrte sie jetzt entsetzt und ungläubig an. Ich erkannte sie und traute doch meinen Augen nicht. Die Wehmut, die mich bei ihrem Anblick erfasste, war so stark wie die, die man als Kind empfindet, wenn längst verloren geglaubte Spielsachen plötzlich wiederauftauchen und einen Mahlstrom an Erinnerungen freisetzen.

Ich wusste ganz genau, was in diesen Schachteln war: Es waren unzählige Liebesbriefe, die Kate mir geschrieben hatte. Als Teenager hatte sie mich mit Briefen und Gedichten regelrecht bombardiert, vor allem in der Zeit, als sie noch sehr jung war und ihre Eltern alles daransetzten, uns auseinanderzubringen. Ich hatte jeden einzelnen davon aufgehoben, und als wir zusammengezogen waren, hatte sie sie wieder an sich genommen und sorgfältig verstaut. Das dürfte nun über zwanzig Jahre her sein. Seitdem war so viel passiert, ich konnte mich wirklich nicht daran erinnern, wann ich die Briefe zuletzt gesehen hatte. So waren sie mir beispielsweise bei unserem Umzug vor sechs Jahren nicht aufgefallen. Jetzt standen sie da und starrten mich an und forderten mich auf, sie allesamt noch mal zu lesen.

Eine Nummer wie diese war typisch für Kate, sagte ich mir, nachdem der erste Schock sich gelegt hatte. Sie war bestens organisiert, aber sentimental, praktisch, aber unverhohlen romantisch. Und jetzt verwirrte sie mich sogar noch nach ihrem Tod mit diesen unwiderstehlichen Eigenschaften. Ich konnte nicht anders, als sie dafür zu bewundern.

Wenn Kate konnte, wischte sie mir gern eins aus, aber diesmal hatte sie mir damit eine Freude gemacht, so viel stand fest. Offenbar hatte sie vorhergesehen, was ich tun würde, und die Briefe dort platziert, wo ich sie unmöglich übersehen konnte. Wahrscheinlich hatte sie sogar geahnt, dass ich beim Anblick der Schachteln vor Überraschung irgendwas ausrufen und dabei fast von der Leiter fallen würde, und an meiner verdutzten Reaktion hätte sie ihren Spaß gehabt. Wie um Himmels willen war es ihr gelungen, nach all den Jahren diese Briefe aufzuspüren, geschweige denn, angeschlossen an ein Sauerstoffgerät, das ihr das Atmen erleichterte, den Dachboden zu durchforsten? Das war Wahnsinn.

Vorsichtig trug ich die Schachteln die Leiter hinunter und stellte sie feierlich mitten auf unser Bett. Dann setzte ich mich daneben und betrachtete sie ein paar Minuten lang, bevor ich sie wieder in die Hände nahm. Ich wollte diesen Moment auskosten, aber jetzt zitterte ich vor Vorfreude. Schon den Deckel abzunehmen würde mich auf eine emotionale Reise in die Vergangenheit führen. Und ich wusste, wenn ich erst mal zu lesen angefangen hatte, würde ich nicht mehr damit aufhören können.

So viele alte Erinnerungen, die viele Jahre zurücklagen, würden geweckt werden. »Bist du dir sicher, Singe, dass du dazu bereit bist?«, fragte ich mich. »Aber ja doch«, antwortete ich mir mit einem breiten Grinsen.

Mein erster Gedanke war, wie glücklich wir uns schätzen konnten, nur überwältigend positive Erinnerungen zu haben. Wovor hatte ich also Angst? Worauf wartete ich noch? Plötzlich fühlte ich mich wie ein Kind am Weihnachtsmorgen, das es kaum erwarten kann, nachzusehen, was sich in den Schachteln verbirgt. Aufgeregt und mit Herzklopfen nahm ich die Deckel ab. Mein Blick fiel auf die Lippenstiftküsse auf den rosa und gelben Seiten, die mir galten, und instinktiv hob ich das Notizpapier an meine Lippen und küsste Kates Küsse. Der süße rosa Farbton des Lippenstifts und Kates mädchenhafte Handschrift katapultierten mich zurück in die achtziger Jahre, und meine Augen verschlangen gierig ein Gedicht, wie sie es bereits vor mehr als zwanzig Jahren getan hatten.

Ein Gedicht zu schreiben, das ist schwer,
Ständig legen sich die Worte quer,
Ist gefunden dann der Reim,
fällt kein passend Wort mir ein,
um der Liebe Wonnen Ausdruck zu verleihn.

Ich spürte Kates Nähe. In meinen Händen hielt ich die direkte Verbindung zu Kate als Teenager, der leidenschaftlichen, verliebten Kate, die sich mir seit unserer ersten Begegnung geduldig an die Fersen geheftet hatte, ohne auf ihre Eltern zu hören, und versprach, mich ewig zu lieben. Sie war ein umwerfendes Mädchen gewesen, und es hatte mir geschmeichelt, dass sie sich derart heftig in mich verknallt hatte. Noch jetzt konnte ich regelrecht hören, wie sie mir, begleitet von ihrem erotischen Kichern, das Gedicht vorlas, ich spürte und schmeckte sogar den zuckrigen, süßen Glanz ihrer Lippen auf meinen.

Kate war damals auf den ersten Blick davon überzeugt, dass wir füreinander geschaffen waren. Das bestätigte sie mir immer und immer wieder, richtete ihre verführerischen Augen auf mich in der Absicht, auch mich zu überzeugen. Um ganz ehrlich zu sein: Ich teilte ihre Vision von der Zukunft nicht, jedenfalls nicht zu diesem frühen Zeitpunkt. Kate war viel zu jung, als wir uns das erste Mal begegneten, und ich viel zu sehr Aufreißer, als langfristig zu planen. Kein Wunder, dass die sterbende Kate in ihre Wunschliste schrieb: »*Bitte bring den Jungs bei, Frauen zu achten und sie nicht zu hintergehen.*« Sie wusste, wie Männer sein konnten, und sie wollte nicht, dass Reef und Finn in dieser Hinsicht in meine Fußstapfen der Teenagerjahre traten.

»*Lass sie auf kein Motorrad und auch auf keinen Motorroller, vor allem nicht auf der Straße*«, war eine weitere Bitte, die meiner vergeudeten Jugend geschuldet war. »Ich weiß, wie Jungs sind, Singe«, sagte Kate, als sie diese Wünsche niederschrieb. »Ich weiß, wie du warst. Du kannst von Glück sagen, dass dir nie was passiert ist, aber ihnen könnte es anders ergehen. Es ist das Risiko nicht wert. Bitte sorge für ihre Sicherheit. Kauf ihnen Autos, bring ihnen Auto fahren bei, übe weiterhin mit ihnen Boot fahren, aber lass sie nicht auf ein Motorrad.«

»Ich verspreche es dir«, sagte ich und schaute ihr dabei tief in die Augen, die meine festhielten und keinen Zweifel daran ließen, wie ungeheuer wichtig ihr das war.

Ich war in jungen Jahren ständig auf meiner Suzuki Katana mit ihrem blitzenden Silbertank herumgedüst und hatte überhaupt nicht verstehen können, warum Kates Eltern so einen Aufstand machten und sich weigerten, sie auf dem Sozius mitfahren zu lassen. Jetzt, da ich älter und klüger bin, weiß ich genau, worum es ihnen ging. Das Leben ist kostbar, da muss Sicherheit an erster Stelle stehen. Am Anfang unserer Beziehung dachte ich nicht langfristig, Kate aber schon, und das rieb sie mir auch in ihren vielen Briefen immer wieder unter die Nase.

Ich griff nach einem Gedicht und las die erste Seite, bis meine Tränen mich zu einer Pause zwangen.

Untrennbar miteinander verstrickt,
Ist es unser Geschick,
Uns weiterhin zu lieben,
selbst noch als Ehepaar.

Als Kate dies schrieb, war sie sechzehn, und obwohl wir uns bereits ein Jahr kannten, gingen wir erst seit kurzem richtig miteinander. Ich fühlte mich geschmeichelt, fand sie aber auf süße Weise naiv. Doch es sollte sich herausstellen, dass sie weitaus mehr wusste, als ich ihr zugetraut hätte: Ihre Vision traf ins Schwarze.

Und jetzt war es 2010 und sie nicht mehr hier, und trotzdem war sie mir noch immer einen Schritt voraus. Ich kam nicht darüber hinweg und war machtlos gegen meine Tränen, obwohl die Erinnerungen meine Begeisterung weckten und mir Auftrieb gaben. Kate hatte es sorgfältig geplant, dass ich in den Tagen und Wochen, die auf ihren Tod folgten, hier sitzen und diese Briefe lesen würde. Es war unfassbar. Sie hatte genau gewusst, dass diese Erinnerungsstücke mich in dieser Zeit voller Gefühlschaos aufrichten würden.

Bei jeder neuen Seite, die ich las, machte mein Herz einen Freudensprung, und der Kummer, der kalt meine Brust einschnürte, löste sich, weil Liebe und Zärtlichkeit mir das Herz wärmten. Die Intention dahinter war nicht, mich zu bremsen und in den Erinnerungen an unser Verliebtsein gefangen zu halten. Kate wollte, dass ich jemand anderen kennenlernte, das wusste ich. Die Briefe waren ein Geschenk ungenierter romantischer Nostalgie um der alten Zeiten willen, und ich dankte ihr im Stillen dafür.

Ich konnte mir Kates Gesicht gut vorstellen, wie sie jetzt auf mich herabsah. Mit einem wissenden Lächeln der Ermutigung und einem kleinen Nicken, wie um zu sagen, dass es ganz in Ordnung war, wenn freudige Erregung und Verzweiflung, Begeisterung und Trauer nebeneinander existierten. »Tauch ein!«, würde sie sagen. »Erfreu dich an den Erinnerungen!« Je mehr ich las, umso mehr verlangte es mich danach weiterzulesen, und gierig verschlang ich Seite um Seite, nahm die nächste in mich auf, noch ehe die ganze Glückseligkeit der letzten bei mir angekommen war.

Ich hob eins von Kates Gedichten an meine Nase und schnüffelte daran. Sie hatte die Angewohnheit, ihre Liebesbriefe mit blumigen Parfüms zu besprühen, und mir sind die süßen Wolken, die jedem Umschlag entströmten, sobald ich ihn öffnete, noch gut im Gedächtnis. Der Duft löste jedes Mal eine heftige Reaktion in mir aus und ließ mich die Stunden oder Tage zählen, die es dauerte, bis ich sie sehen und berühren und ihren Duft wieder einatmen konnte. Als Teenager verwendete Kate immer Le Jardin von Max Factor. Die Flasche in ihrer zierlichen weißen Handtasche sah ich so deutlich vor mir, als wäre sie in der Handtasche gewesen, die ich gerade ausgeleert hatte. Ich konnte den Duft an ihrem Hals riechen – frisch und feminin, genau wie Kate. Und jetzt glaubte ich, tief eingegraben in den Fasern des verblassten Papiers, noch einen schwachen Hauch davon zu erahnen, aber sicher war ich mir nicht.

Ich legte mich aufs Bett zurück und wühlte meinen Kopf in Kates Kissen, um sie wieder zu riechen. In letzter Zeit hatte sie immer Charlie Red aufgelegt. Sie hatte diesen Duft an einer der jungen Krankenschwestern entdeckt, sie nach der Marke gefragt und sich dann von mir eine Flasche von dem Parfüm gewünscht. Es wurde zu Kates Lieblingsparfüm, und mir gefiel es auch. Jetzt erwartete ich, wieder die befriedigende, vertraute Dosis des dem Kissen anhaftenden Dufts einzuatmen, wie jede Nacht, als Kate noch hier war, und wie in all den Nächten seither. Mich ihr so nah zu fühlen, dass ich sie riechen konnte, half mir Schlaf zu finden, aber jetzt musste ich bestürzt feststellen, dass da nichts war.

Ich schnüffelte erneut, diesmal heftiger. Dabei nahm ich eine feine Spur ihres Parfüms wahr, fast genauso schwach wie die auf ihrem Liebesbrief. Mein Blick fiel wieder auf das Gedicht in meiner Hand. Das handgeschriebene Datum oben lautete Juni 1987, und da kam mir ein erschreckender Gedanke. Wie konnte die achtunddreißigjährige Kate, die noch vor wenigen Wochen in diesem Bett gelegen hatte, bereits genauso verblassen wie die sechzehnjährige Kate?

Es war ein deprimierender Augenblick, der mich mit einer schwer zu akzeptierenden Wahrheit konfrontierte: dass von nun an jede Version von Kate nur noch eine Erinnerung war und es keine Möglichkeit mehr gab, neue Erinnerungen zu schaffen. Immerhin tröstete es mich, dass ich über verdammt viele Erinnerungsstücke verfügte, also wandte ich mich wieder den Schachteln zu und zog ein Blatt Papier im A4-Format heraus. Es hatte diesen altmodischen Rand in roter Tinte wie das Papier, das wir damals in der Schule verwendeten, und Kate hatte eine Art Forderungsliste unter Liebenden darauf festgehalten. Ich erinnerte mich gut daran. In diesem »Contract of Toad Ship«, wie sie ihn genannt hatte, kam mir die Rolle des krötenartigen Schurken und ihr die der Prinzessin unserer eigenen kleinen Märchenwelt zu. Mit Füllfederhalter hatte Kate ordentlich aufgelistet:

Du musst:

Mindestens zweimal am Tag anrufen
Mir schmeicheln (denk dran, mit Schmeicheln erreichst du alles)
Für eine Blume pro Woche sorgen
Absolut treu sein, mir deine Seele verschreiben
Mich an Samstagabenden ausführen

Dich lieben lassen und lieben
Aufrichtig antworten und darfst nicht lügen
Diesen Partnerschaftsvertrag unterschreiben und zurück-
geben
Unterschreibe hier: ....

Bei ihrer letzten Forderung wurden meine Augen wieder
feucht, und ich las sie wieder und wieder. »Du musst aufrichtig antworten und darfst nicht lügen.« »Du musst aufrichtig
antworten und darfst nicht lügen.« Ich streckte meine Hand
nach meinem Nachtkästchen aus, in dem Kates Tagebuch lag.
Ich musste ein bisschen blättern, aber dann entdeckte ich auf
einer der Seiten, auf denen sie nachts in der Klinik die Dinge
aufgelistet hatte, die ich an die Jungs weitergeben sollte, den-
jenigen Eintrag, an den Kates Teenagerforderungen mich gerade erinnert hatten. *Bring den Jungs bitte bei, immer zu sagen,
was sie denken.*»
    Diese Worte hatten sich in mein Gehirn eingebrannt. Sie
hatten mir geholfen, Reef und Finn vom Tod ihrer Mummy
zu erzählen, aber jetzt wollte ich sie schwarz auf weiß sehen,
in Kates schöner Handschrift. Ich fing wieder an zu weinen,
aber es waren freudige Tränen. Werte, die Kate vor all den
Jahren von mir eingefordert hatte, wollte ich nun unseren
Jungs vermitteln. Ich würde alles daransetzen, die beiden zur
Ehrlichkeit zu erziehen, und ihnen beibringen, aufrichtige
Antworten zu geben, vor allem den Frauen in ihren Leben,
und ich würde sie lehren, immer zu sagen, was sie dachten.
    Ich hoffte sehr, dass sie in der Liebe genauso glücklich
wurden, wie Kate und ich es waren.

Ich musste an unsere erste Begegnung denken. Für mich war
es ein ganz normaler Arbeitstag an einem Samstagabend auf
der Robin-Cousins-Roller-Discobahn in der Nähe von Bristol
gewesen. Es wimmelte nur so von Teenagern. Erhitzte, erregte

Körper wirbelten über die Rollschuhbahn und wippten zum Beat der Achtzigerjahrehits wie »Part-time Lover« von Stevie Wonder, Duran Durans »Wild Boys« und Madonnas »Like a Virgin«. Wenn die Mädchen hinfielen, zog ich sie so schnell wie möglich wieder auf die Beine, damit es nicht zu einer Massenkarambolage kam. Waren sie verletzt, brachte ich sie in den Sanitätsraum und kümmerte mich um sie.

Für einen heißblütigen Neunzehnjährigen war das ein Traumjob, und ich kostete diesen Traum in vollen Zügen aus. Mit meinen wasserstoffblond gefärbten, stacheligen Haaren und dem schwarzen Stirnband fühlte ich mich wie Billy Idol. Außerdem besaß ich die coolsten Rollschuhe auf dem Planeten – sie waren mit Designergraffiti verziert –, und ich hatte einen beneidenswerten Waschbrettbauch. Es erübrigt sich zu erwähnen, dass mir mein Macho-Spitzname »Rambo« gefiel und ich mich für ein Gottesgeschenk an die Frauen hielt. Und zu meiner großen Begeisterung schienen jede Menge Mädchen die hohe Meinung, die ich von mir hatte, zu teilen. Ihre Aufmerksamkeit, wenn sie mit mir flirteten, ging mir runter wie Honig, und ich flirtete hemmungslos zurück.

Eines Abends entdeckte ich einen Schleier ultrablonder Haare unter den Discolichtern, der sich tanzend auf mich zubewegte. Kurz darauf blieb dessen hübsche Besitzerin vor mir stehen. Sie trug unglaublich enge Jeans, und man konnte gar nicht anders, als ihre umwerfende Figur zu bewundern.

»Meine Freundin Anna hat sich ihr Handgelenk verletzt«, sagte das Mädchen.

Durch die zwei blonden Vorhänge, die ihr Gesicht rahmten, sah sie mich eindringlich an. Ich blieb stehen und nahm sie in Augenschein, dabei stellte ich fest, dass sie nicht einfach nur hübsch, sondern sehr, sehr hübsch war – sogar atemberaubend. Am auffälligsten waren ihre Augen. Sie waren von einem hinreißenden blassen Eisblau und ließen einen nicht mehr los.

»Und da drüben ist eine Mädchengang, die uns schika-
niert ...«

Die von rosa Lipgloss glänzende Unterlippe des Mädchens bebte ein wenig, dass ich schon befürchtete, sie würde
gleich in Tränen ausbrechen. Ich wollte nicht, dass diese
blauen Teiche sich über das außerordentlich hübsche Gesicht
ergossen.

»Komm mit und zeig mir, wo Anna ist, dann regeln wir
das«, sagte ich. »Ich bin Singe.«

Dann legte ich meinen Arm um die Schulter des Mädchens.

»Ich bin Kate«, sagte sie.

Ich spürte ihr leichtes Zittern.

»Keine Sorge, es wird alles gut«, versicherte ich ihr mit ge-
schwellter Brust und genoss es, den Ritter in der glänzenden
Rüstung zu spielen.

»Danke«, sagte sie lächelnd. Es war ein strahlendes Lächeln, das ihr ganzes Gesicht zum Leuchten brachte, und ich
konnte es kaum fassen, dass ihre Fröhlichkeit so rasch zu-
rückkehrte.

Annas verstauchtes Handgelenk zu bandagieren dauerte
nicht lang. Ich spürte dabei Kates Blicke auf mir und genoss
den Rausch, von einem derart gut aussehenden Mädchen beobachtet zu werden, obwohl es aussah, als wäre es einige
Jahre jünger als ich.

»Arbeitest du nächstes Wochenende?«, fragte sie mich unvermittelt.

»Ja, ich bin da.«

Sie schlug jetzt einen sehr selbstsicheren Ton an und stand
hocherhobenen Kopfs aufrecht vor mir.

»Das ist gut. Da habe ich nämlich Geburtstag, und ich
möchte einen Geburtstagskuss.«

Dabei zwinkerte Kate mir zu, wobei eines ihrer leuchtenden blauen Augen kurzzeitig unter einem blau glänzenden
Augenlid verschwand.

»In Ordnung«, sagte ich lächelnd.

Kate sah nicht aus wie ein Mädchen, das ein Nein als Antwort akzeptierte, außerdem wollte ich auch gar nicht nein sagen, obwohl ich es hätte tun sollen. Ich hatte nämlich bereits eine Freundin und ging zudem noch mit einer Reihe anderer Mädchen aus. Aber Kate war sehr attraktiv, ganz zu schweigen davon, dass sie penetrant war, und schließlich ging es doch nur um einen Kuss. Das gehörte zu den Vorzügen dieses Jobs, sagte ich mir.

Ich arbeitete zudem noch als Rettungsschwimmer und gab im gesamten Einzugsgebiet von Bristol in diversen Freizeiteinrichtungen Unterricht im Trampolinspringen. Ich wurde dafür bezahlt, Spaß zu haben, und die Mädchen schienen mich zu mögen. Ehrlich gesagt ging ich damals mit insgesamt acht Mädchen, und ich hielt diese Kontakte, indem ich, in cooles schwarzes Leder gekleidet, mit meinem Motorrad von einer Verabredung zur nächsten brauste.

»Kannst du mir rückwärts fahren beibringen?«, fragte Kate mich, als sie in der folgenden Woche auftauchte, gleich nachdem die Rollschuhbahn ihre Tore geöffnet hatte.

Ich freute mich, sie zu sehen, und sie sah sogar noch umwerfender aus, als ich sie in Erinnerung hatte. Sie trug die gleichen wie aufgesprüht aussehenden Jeans, und der fantastische Anblick ihrer Rückseite war es definitiv wert, ihr ein paar Lektionen in Rückwärtsfahren zu erteilen.

»Und was ist mit dem Kuss?«, fragte sie unmittelbar, nachdem wir mit dem Unterricht begonnen hatten.

»Ich kann dich doch hier nicht küssen!«, erwiderte ich lachend.

»Ich will aber meinen Geburtstagskuss. Du hast ihn mir versprochen!«

»Hier sind viel zu viele Leute«, sagte ich, überrascht, wie ernst sie die Sache zu nehmen schien.

»Wo dann?«, insistierte sie.

»Warte am Notausgang auf mich, wenn ich am Ende abschließe.«

Ich überlegte, ob sie wohl bereit war, so lange auf einen Kuss zu warten, hatte aber das komische Gefühl, dass sie genau das tun würde.

Und tatsächlich stand Kate pünktlich um neun Uhr mit jenem selbstsicheren Ausdruck, den ich bereits kannte, am Treffpunkt und strahlte mich erwartungsvoll an.

»Dann wünsch mir alles Gute zum Geburtstag«, sagte sie aufgeregt.

»Alles Gute zum Geburtstag!«, sagte ich strahlend und beugte mich zu ihr hinab, um sie zu küssen.

Wie sich herausstellte, war es ein überraschend erotischer Kuss. Ich hatte nicht damit gerechnet, dass Kate meinen Kuss derart leidenschaftlich erwidern würde, aber ich beklagte mich natürlich nicht, denn es war überaus angenehm.

»Weißt du denn, wie alt ich bin?«, fragte sie, als wir uns voneinander lösten.

»Sechzehn?«

»Nein, fünfzehn ... in ein paar Tagen«, frohlockte sie.

Mir wurde es ein wenig flau im Magen. Bei mir stand der zwanzigste Geburtstag vor der Tür. Das ging nicht; sie war volle fünf Jahre jünger als ich.

»Du bist ein sehr hübsches Mädchen, aber du bist auch ein ganz schlimmes Mädchen«, tadelte ich sie behutsam. »Du bist zu jung für das hier.«

Kate machte ein langes Gesicht.

»Nein, bin ich nicht!«, entrüstete sie sich.

Ich verabschiedete mich mit einem Lachen. Sie war ein reizendes Mädchen, für mich aber eindeutig zu jung.

Ich ging davon aus, dass sich die Sache damit erledigt hatte, aber damit unterschätzte ich ihre Entschlossenheit. Von mir unbemerkt hatte Kate während des Kusses beschlossen, dass ich »der Richtige« war. Jahre später erzählte sie mir, ihr sei

»ganz komisch« geworden, als ich ihr bei unserer Begegnung den Arm über die Schulter gelegt hatte, um ihr zu versichern, dass Anna schon wieder in Ordnung kommen werde. Deshalb hatte sie angefangen zu zittern: Es hatte gar nichts mit ihrer Angst vor den Rabauken auf der Rollschuhbahn zu tun. Schon da habe sie entschieden, dass ich ihr gehören würde, der Kuss habe diesen Entschluss dann noch besiegelt. Sie war ganz und gar nicht gewillt, ein Nein zu akzeptieren: Ich war ihr Mann, und damit hatte es sich.

Ein Glück, dass sie nicht aufgegeben hatte, dachte ich jetzt, als meine Augen abwechselnd zu den Liebesbriefen und Kates Tagebuch blickten. Dank meiner lebhaften Kate, die nie aufgab, waren uns all diese gemeinsamen Jahre vergönnt gewesen. Als ich ihr erklärt hatte, dass sie mit ihren fünfzehn Jahren zu jung für mich sei, bestand sie darauf, dass wir wenigstens »in der Zwischenzeit« gute Freunde sein würden.

Eines Samstagabends nach der Disco auf der Rollschuhbahn überredete sie mich dazu, sie auf einen Kaffee mit zu ihr nach Hause zu begleiten, und ihr Vater, der sie abholte, willigte zögernd ein, dass ich seinem Wagen folgen durfte. Idiot, der ich war, konnte ich mich natürlich nicht zurückhalten und musste auf meinem Motorrad unbedingt angeben, indem ich Kates Dad überholte und Schleifen um seine Familienkutsche fuhr. Ich saß auf meiner rassigen Suzuki Silverstone und ließ den Motor laut aufheulen, weil ich mir mit meinen spitzen Schuhen und dem Alien-II-Helm unwiderstehlich vorkam.

Als wir vor ihrem außerordentlich gepflegten Vorortshaus in Portishead anhielten, stand Kates Vater Martin regelrecht unter Dampf. Ich glaube nicht, dass Christine, Kates tolerantere, aber sehr behütende Mutter, sehr beeindruckt war, schon gar nicht, als sie mich in meinen schwarzen Lederklamotten die Einfahrt hinaufstolzieren sah, gefolgt von Kate, die sich an meinem Anblick weidete. Auch mein Ruf eilte mir voraus.

Kates clevere Eltern brauchten nicht lange, um herauszufinden, dass ich bereits eine feste Freundin hatte, ganz zu schweigen von dem Schwarm anderer Mädchen, die ich im Schlepptau hatte, und so erteilten sie Kate unverzüglich ein Besuchsverbot für die Rollschuh-Disco.

Rückblickend kann ich es ihnen nicht verdenken, dass sie um ihre einzige Tochter besorgt waren. Kate hatte davor noch keine ernsthafte Beziehung gehabt, und ich war als erster fester Freund wahrlich keine Idealbesetzung – tatsächlich war ich für Eltern jugendlicher Mädchen eher der sprichwörtliche Alptraum. Wegen des Altersunterschieds nahm ich ihre Maßnahme bereitwillig hin, obwohl ich auf Kate in ihren engen Hosen voll abfuhr. Doch die frühreife Kate verfolgte natürlich andere Pläne und sagte mir, ich »werde von ihr hören«, denn sie sei nicht bereit, kampflos aufzugeben. Und sie hat definitiv Wort gehalten. Kate spielte Badminton und tauchte daraufhin in den vielen über die Stadt verteilten Freizeitzentren auf, in denen ich arbeitete. Ich genoss die Aufmerksamkeit – welcher Kerl hätte das nicht getan? Aber sie war noch immer zu jung, und ich war noch immer von jeder Menge anderer hübscher Mädchen umgeben. Ich erklärte ihr, dass ich sie wirklich gern zur Freundin haben wollte, aber keine Lust auf Auseinandersetzungen wegen ihres Alters oder ihrer Eltern hatte, was sich meiner Meinung nach nicht voneinander trennen ließ.

»Willst du auf mich warten?«, fragte sie mich immer und immer wieder.

»Willst du mein fester Freund sein, wenn ich sechzehn bin?«

»Das sehen wir dann«, erwiderte ich. »Du bist ein tolles Mädchen. Wahrscheinlich bist du vorher schon mit einem anderen auf und davon.«

»Ich will keinen anderen außer dir, Singe«, sagte sie. »Ich will dich heiraten. Ich will auf immer und ewig mit dir zusammen sein.«

Ich lächelte und lachte und badete mich in ihrer Zuneigung, für Kate allerdings war die Sache todernst.

Damals fand ich es cool, meinen Arm mit schmalen Silberarmreifen zu schmücken, und viele der Mädchen, die ich kannte, schenkten mir so einen Reif. Eines Tages tauchte Kate aus heiterem Himmel auf und schenkte mir ebenfalls einen silbernen Armreif. Er war dicker als die anderen. Ich bedankte mich dafür und streifte ihn mir zu den anderen übers Handgelenk. Jedes Mal, wenn Kate aufkreuzte, fragte sie mich, ob ich den Reif noch hatte.

»Der ist hier«, antwortete ich ihr. »Ich trage ihn jeden Tag.«

»Gut«, sagte sie und lächelte dabei geheimnisvoll. »Verlier ihn nicht. Du weißt nie, ob du ihn nicht mal brauchst.«

Im Lauf der Monate wurden wir gute Freunde, plauderten bei einer Cola oder einem Kaffee in den verschiedenen Freizeitzentren, wann immer Kate es schaffte, sich aus dem Haus zu schleichen. Kates Absichten waren immer glasklar, aber wir bauten eine sehr angenehme Freundschaft auf, schwatzten wie alte Kumpel, und Kate erteilte mir sogar Ratschläge, wie ich meine Freundinnen behandeln sollte. Sie war offen und aufrichtig, und Gespräche mit ihr vermittelten einem Romeo wie mir echte Einblicke in die Funktionsweise des weiblichen Gehirns.

»Ich sollte dir das gar nicht alles erzählen, denn eines Tages werde ich deine Freundin sein, und dann bin ich ein offenes Buch für dich«, scherzte sie.

»Also wenn das kein Spaß wäre«, frotzelte ich zurück.

Obwohl ich von Kate angetan war und sie das auch wusste, stand ein Ausgehen mit ihr, bevor sie sechzehn war, einfach nicht zur Debatte. Irgendwann habe ich aufgehört zu zählen, wie oft ich ihr das erklären musste, aber im Lauf der Zeit akzeptierte sie es. Nichtsdestotrotz funkte es zwischen uns immer lebhaft und körperlich spürbar.

Nach vielen Monaten saß ich eines Abends allein im Haus

meines Vaters, nachdem ich mich mit meiner festen Freundin verkracht hatte. Ich war gerade von der Arbeit nach Hause gekommen und legte sämtliche Silberarmreifen ab und vor mich auf den Couchtisch. Der, den Kate mir geschenkt hatte, rollte über das Glas, vollführte eine kleine Drehung, umkreiste die anderen und blieb klappernd vor mir liegen. Ich nahm ihn in die Hand und untersuchte ihn, weil mir eine Gravur in der Innenseite ins Auge fiel. »Katie Johnson« stand da, gefolgt von ihrer Telefonnummer und den Worten »Ruf mich an! x«. Ich lachte lauthals. Wenn das nicht dreist war? Ich wählte sofort Kates Nummer, und zum Glück ging sie auch selbst dran. Als ich sie fragte, wie es ihr ging, musste sie vor Aufregung nach Luft schnappen.

»Fantastisch! Ich bin endlich sechzehn!«, erwiderte sie und versuchte leise zu sprechen, damit ihre Eltern sie nicht hörten. »Du kannst mit mir ausgehen, Singe!«

»Dann ist es ein Date«, sagte ich. »Wann können wir uns treffen?«

»Ich weiß es nicht. Meine Mum und mein Dad werden nach wie vor nicht begeistert sein, wenn wir uns sehen«, flüsterte sie. »Wir werden uns heimlich treffen müssen.«

Ich willigte ein, obwohl es nicht ideal war, und Kate traf sich mit mir vor einem der Freizeitzentren, für die ich arbeitete, nach einer meiner Coachingstunden. Sie hatte sich eine ausgeklügelte Geschichte zurechtgelegt, um ihre Eltern von der Spur abzulenken, und im Laufe der folgenden Wochen schafften wir es, uns in verschiedenen anderen Freizeitzentren, Cafés und selbst Bushaltestellen auf einen Kuss und ein wenig Knutschen zu treffen, ehe ihre Eltern unser Spiel durchschauten. Diesmal verboten sie Kate nicht nur das Rollschuhfahren, sondern jegliche weitere Kontaktaufnahme mit mir.

Hysterisch schluchzte sie ins Telefon: »Ich ertrage es nicht, Singe, dich nicht mehr zu sehen«, sagte sie theatralisch.

»Jetzt reg dich nicht auf«, ermahnte ich sie. »Wir werden

uns was einfallen lassen. Wir müssen einfach eine kleine Pause einlegen, mehr nicht.«

Damit wollte ich sie nicht abservieren. Ich wollte wirklich mit ihr zusammen sein, aber ich hielt es für das Beste, abzuwarten, bis sich die Wogen geglättet hatten.

»Gib dem Ganzen ein wenig Zeit, Katie, es ist kein Weltuntergang. Wir werden irgendwie wieder zusammenkommen, da bin ich mir ganz sicher.«

Kate war enttäuscht, mehr als ich erwartet hatte, aber auch ich war ziemlich verschnupft. Ich traf mich mit einer Reihe anderer Mädchen, aber die Situation hatte sich verändert. Kate war immer in meinem Hinterkopf. Immer öfter ertappte ich mich dabei, dass ich an sie dachte, mich fragte, wie es ihr wohl gehen mochte, und hoffte, dass ich recht damit hatte und wir eines Tages wirklich richtig zusammenkommen würden.

Es vergingen ein paar Monate, bevor wir uns zufällig wieder über den Weg liefen. An diesem Tag fand in Clevedon eine Kirmes mit Fahrgeschäften statt, und ich war mit einer Freundin und einem anderen Pärchen auf der Krake. Die Sonne brannte, und aus den Lautsprechern dröhnte »Come on Eileen« so laut, dass ich den Rhythmus der Musik in meinem Brustkorb spürte.

Alle waren bester Laune und voller Brausegetränke und Zuckerwatte. Während wir herumgewirbelt wurden, verfolgte ich, wie meine Welt sich um mich herum drehte. Kaum war mein Blick auf das kabbelige Wasser des Bristol Channel gefallen, sah ich schon wieder die Stadt mit ihren gut besuchten Strandcafés und den Massen begeisterter Kids und Teenager. Ich wusste gar nicht, wohin ich mich als Nächstes wenden sollte. Es machte alles so viel Spaß, und ich hatte so viele Möglichkeiten in meinem Leben. Am liebsten hätte ich mich für immer weitergedreht und ein Stück von hier und von da genommen, ohne jemals langsamer zu werden.

Als Erstes fiel mir ihr Hinterkopf ins Auge. Dieser Schleier ultrablonder Haare war nicht zu übersehen, und ich fühlte mich an unsere erste Begegnung in der Rollschuh-Disco zurückversetzt. Jetzt spielte eine sanfte Meeresbrise verführerisch mit diesen blonden Haaren im Sonnenlicht. Ich sprang sofort von der Krake ab und schlug den Sicherheitsriegel zu, sodass meine Freundin nicht rauskam. Dann ging ich schnurstracks auf Kate zu, drängte mich durch die Menschenmenge und heftete meinen Blick auf ihren Hinterkopf.

Als ich sie endlich erreicht hatte, legte ich ihr von hinten meine Hände über die Augen, ehe sie Gelegenheit hatte, sich umzudrehen und mich zu entdecken.

»Hey, wen haben wir denn da?«, gluckste Kate.

Ich grinste und genoss stillschweigend den Kitzel der Jagd.

»Wer ist es denn?«, fragte sie wieder und stupste dabei ihre Freundin Rachel an, die neben ihr stand.

Rachel grinste und sagte kühn: »Wen auf der ganzen weiten Welt sähest du am liebsten?«

»Singe!«, trällerte Kate laut, ohne zu zögern. »Ich würde mich freuen, Singe zu sehen!«

Unfassbar, sie hatte gewusst, dass ich es war. Ich ließ meine Hände fallen, und sie wirbelte herum und schenkte mir das breiteste Lächeln. Zugleich bekam sie feuchte Augen, und mir schwoll das Herz in der Brust. Gerade eben war etwas Bedeutsames geschehen. In diesem Moment hatte ich mich hier an Ort und Stelle in Kate verliebt. Und diesmal verliebte ich mich richtig. Ich wollte sie, und sie wollte mich. Das war das Ende oder besser gesagt der Anfang. Unweigerlich war es auch der Anfang eines weiteren Kampfes mit Kates Eltern, die noch immer unglücklich über die von ihrer Tochter getroffene Wahl waren.

Jetzt fiel mein Blick auf mehrere grüne und gelbe Blätter in meiner vierundvierzigjährigen Hand, und ich ließ mich von Kates Briefen ins nächste Stadium unserer Liebesgeschichte führen. Beim Überfliegen der Seiten pickte ich Sätze heraus, die Kate mir geradezu zuzuflüstern schien.

Ich liebe dich sehr und möchte den Rest meines Lebens mit dir verbringen ... Meine Liebe für dich, Singe, wird ewig währen ... Das ist kein endloser Kampf, den wir jetzt kämpfen. Wir können am Ende gewinnen, und, mein Gott, nichts anderes wünsche ich mir ... Worte vermögen nicht auszudrücken, wie sehr ich dich vermisse, und nichts, nicht einmal beim Sex, kann dir beweisen, wie sehr ich dich liebe ... BITTTE, BITTE, BITTE komm zurück und gewinn mich zurück. Ich werde für dich eintreten.

Der Brief endete mit den Worten: »I love U 4 ever and 2gether 4 ever. Alles, alles Liebe, ich vermisse dich sehr. Katie xxx«

Der Schmerz meldete sich zurück. Auch ich vermisste sie, damals und jetzt. Ich vermisste sie, nachdem ihre Eltern dahintergekommen waren, dass wir miteinander schliefen. Kate hatte angefangen, die Pille zu nehmen, doch es gelang ihr nicht, dies geheim zu halten. Ihr Dad drehte völlig durch, und wieder wurde uns jeglicher Kontakt verboten. Jetzt kann ich seine Sichtweise nachvollziehen, aber damals war mir das nicht möglich. Wir waren frisch verliebt und trotz aller unglaublichen Leidenschaft sehr vernünftig und vorsichtig.

»Ich liebe dich so sehr«, sagte Kate mir eines Abends, als sie in meinen Armen lag.

»Wie sehr?«, fragte ich sie.

»Meterweit«, meinte sie kichernd.

»Ich liebe dich kilometerweit«, konterte ich.

»Ich liebe dich mehr«, sagte sie.

»Wie kannst du mich mehr lieben?«

»Ich liebe dich bis ans Ende der Welt.«

»Bis ans Ende der Welt«, ich nickte, »das gefällt mir.«

Ich küsste sie und schaute ihr tief in die verträumten Augen und sagte ihr immer wieder: »Bis ans Ende der Welt.« Es wurde zu unserem Geheimcode für »Ich liebe dich«, den wir unzählige Male beim Telefonieren benutzten, wenn wir uns flüsternd unterhielten und Kate nicht wollte, dass ihre Eltern mitbekamen, mit wem sie sprach oder was sie sagte. Die Redewendung blieb hängen, und wir benutzten sie auch dann noch, als es uns endlich gelungen war, Kates Eltern davon zu überzeugen, dass uns nichts voneinander fernhalten konnte, auch noch, als wir knapp zwei Jahre später unsere erste gemeinsame Wohnung bezogen, als wir uns ein paar Jahre darauf verlobten, und natürlich auch noch, als wir vor fast zehn Jahren schließlich heirateten.

Inzwischen sagten es auch Reef und Finn, und Kate wollte sichergehen, dass sie dies auch taten, wenn sie nicht mehr da war. *»Mummy möchte, dass Daddy die Formulierung ›Bis ans Ende der Welt‹ benutzt.«* So stand es auf ihrer Liste, und wir haben uns gegenseitig versprochen, uns für immer daran zu halten.

Fast die ganze Nacht blieb ich wach und las Liebesbriefe und schwelgte in alten Erinnerungen. Bevor ich zu Bett ging, steckte ich meinen Kopf durch die Schlafzimmertür der Jungs. »Bis ans Ende der Welt«, flüsterte ich ihnen beiden zu.

Nach meiner Rückkehr ins Schlafzimmer nahm ich Kates Charlie-Red-Flakon und sprühte etwas Parfüm auf mein Kissen. Ich war Kate sehr dankbar, dass sie so umsichtig gewesen war und mich die Briefe finden ließ, nun konnte ich sie lesen, so oft und wann immer mir danach war. In der Vergangenheit würde ich deswegen nicht leben, doch ich brauchte die Erinnerung an sie, um weitermachen zu können.

Diese Briefe öffneten mir die Augen dafür, wie wichtig es

ist, unsere Erinnerungsstücke aufzubewahren, und ich beschloss, sämtliche Kleinigkeiten von Kates Liste zusammenzutragen und alles ordentlich zu tippen, damit ich es als eine Art Anleitung benutzen konnte, die mir über alles hinweghalf. Kate hätte das Gleiche getan, wenn sie noch die Kraft und die Zeit dazu gehabt hätte – das hatte sie mir selbst gesagt.

Kate hatte die ersten Punkte ihrer Liste noch im heimischen Bett in ihr Tagebuch geschrieben, aber als ihre Kraft nachließ, kritzelte sie auch Anweisungen auf einzelne Blätter, und als sie im Krankenhaus schließlich zu schwach wurde, ihre Liste handschriftlich fortzusetzen, simste sie mir die Punkte, die ich ergänzen sollte. Dummerweise habe ich ein paar dieser Kurznachrichten gelöscht. Selbst in ihren letzten Tagen, als sie sichtlich dahinschwand, wollte ich mir noch nicht eingestehen, dass sie mich verlassen würde. Ich weiß noch, dass ich abwehrend seufzte, sobald sie aufgelegt hatte.

»Fahr im Sommer mit den Jungs nach Llantwit Major, den Strand in South Wales, an dem Mummy als Kind ihre Ferien verbrachte …«

»Im Sommer wirst du hier sein, Dummerchen!«, sagte ich mir und drückte auf *Nachricht löschen*.

Zum Glück erinnerte ich mich noch an die meisten gelöschten Anweisungen, wenn nicht sogar an alle, und jetzt wollte ich dafür sorgen, dass nichts verloren ging oder vergessen wurde.

Am nächsten Morgen holte ich Kates Tagebuch aus ihrem Nachtkästchen und suchte nach dem ersten Punkt auf ihrer Liste. *»Gib den Jungs zwei Küsse, wenn ich nicht mehr bin – einen von mir, den zweiten von dir«* war das Erste, was Kate einfiel, als wir darüber sprachen, ihre Gedanken und Wünsche festzuhalten. Sie ließ keinen Zweifel daran, dass diese Anweisung ganz oben auf der Liste stehen sollte, und während sie diese formulierte, wurde mir klar, dass sie sich offensichtlich schon lange damit beschäftigt hatte.

In einer verstörenden Mischung aus Bewunderung und Mitleid beobachtete ich Kate dabei, wie sie tapfer diese Worte niederschrieb und somit ihre Liste begann. Dabei dachte ich, keine Mutter sollte jemals solche Worte schreiben müssen. Vielleicht würde ich die Liste ja gar nicht brauchen, redete ich mir ein. Vielleicht würden wir eines Tages zurückblicken, lachen und sagen: »Ist es nicht unglaublich, dass wir diese Liste geschrieben haben?« Kate teilte meinen Optimismus in keiner Weise. Sie wusste, dass es für eine solche Hoffnung zu spät war. Sie nahm einen tiefen Atemzug aus dem Sauerstoffgerät, damit sie die Worte laut aussprechen konnte, während sie sie schrieb, und so nahm die Liste ihren Anfang.

Jetzt nahm ich ein neues Blatt A4-Papier aus dem Drucker meines Heimbüros und machte mich daran, Kates Liste ordentlich und in ganzer Länge niederzuschreiben. Als die Punkte aus ihrem Tagebuch alle vermerkt waren, durchsuchte ich die Zettel, auf denen sie im Krankenhaus Ideen und Anweisungen festgehalten hatte, und schrieb auch diese ab. Schließlich übertrug ich die Wünsche, die sie mir aus dem Krankenhausbett gesimst hatte, und ergänzte sie um die, die ich von der Speicherkarte gelöscht, aber nicht vergessen hatte.

Und das schrieb ich auf:

Gib den Jungs zwei Küsse, wenn ich nicht mehr bin – einen von dir, den zweiten von mir

Geh zu so vielen Schulaktivitäten wie möglich – Belobigungsversammlungen etc.

Bring ihnen bitte bei, pünktlich zu sein

Bring ihnen bitte bei, zu sagen, was sie denken

Stell draußen nicht alles mit deinen Booten voll, gib den Jungs Platz zum Spielen

Unternehmt Wohnwagenurlaub mit den Cousins oder lass die Jungs dort lange Wochenenden verbringen

Singes Pfeffersoße

Gemeinsame Bankkonten auf deinen Namen – lass dir in Finanzfragen von Dad helfen

Lass Mum die Beerdigung organisieren etc.

Lass die Jungs taufen – Noel

Professionelle Sammelalben/Schachteln/Video

Mochte kein windiges Wetter

Mochte keine Tomaten, außer in Soßen oder Suppen

Fände es schön, wenn Reef Blockflöte oder Gitarre lernen würde, Finn Schlagzeug und Keyboard

Mummy freute sich an Finns Lachen und liebte es, wenn er am Daumen nuckelte und sein Ohr einknickte

Mummy liebte Uferspaziergänge

Mummy hat gern Krabben gefangen

Mummy möchte, dass Daddy die Formulierung »bis ans Ende der Welt« verwendet

Mummy lernte gern die Namen von Schmetterlingen und Vögeln und hätte gern ein Rotkehlchen gehabt, das aus der Hand frisst, so wie sie auch die Eichhörnchen gefüttert hat

Fände es schön, wenn die Jungs ihre eigenen vierblättrigen Kleeblätter finden würden

Lass Finn nicht außen vor – versuch auch mit ihm viel Zeit zu verbringen

Bitte mach keine Urlaube abseits ausgetretener Pfade, da ich fest davon überzeugt bin, dass Impfungen bei Reef und mir den Krebs ausgelöst haben

Ihr müsst meine Größe auf dem Türrahmen festhalten – Mummy war 1,55 groß und wog normalerweise um die 55 Kilo

Lass sie nicht Motorrad oder Motorroller fahren, vor allem nicht auf der Straße

Halt sie vom Rauchen ab, erinnere sie daran, warum sie es nicht tun sollen

Fände es schön, wenn die Jungs nach der Schule einen Klub besuchen würden – Finn Stagecoach, Reef Jungpfadfinder

Lass doch die Einfahrt herrichten

Lass bei einem Streit nie mehr als eine Woche verstreichen, bis ihr euch wieder aussöhnt – das Leben ist zu kurz

Ruth kennt sich gut aus in Erziehungsfragen, da sie zwei Jungs im gleichen Altersabstand hat – falls es zu Konflikten mit den Ansichten der Großeltern kommen sollte

Finde eine Frau, mit der du zusammenleben kannst, damit die Jungs auch weibliche Einflüsse und Stabilität in ihrem Leben haben

Gib den Jungs zum Abschied beim Zubettgehen immer einen Kuss

Pflanze hin und wieder eine Sonnenblume

Ich möchte, dass Reef und Finn schwimmen können, bevor sie allein aufs Boot gehen: fünfzig Meter ohne Maske und Schnorchel

Bin sehr für einen Esstisch, an dem ihr wenigstens einmal in der Woche als Familie zusammen essen könnt

Möchte, dass jedes Jahr die Schulfotos gekauft werden

Nimm die Jungs mit auf ein internationales Rugbyspiel

Gestalte Kartons als Urkundenschachteln – für Schwimmabzeichen, schulische Leistungen etc.

Bitte lehre sie, Frauen zu respektieren und sie nicht zu hintergehen

Es wäre schön, wenn sie eher früher als später eine Familie gründen, damit du die Enkel noch erleben kannst

Ich würde mich freuen, wenn sie einen dieser Märchenpilze fänden, von diesen roten mit den weißen Punkten

Ich möchte, dass du mit ihnen an Mummys Lieblingsstrand spazieren gehst, dort wo sie als Kind immer war

Fahr mit den Jungs über Neujahr in die Schweiz und besuch mit ihnen den speziellen Ort, wo Daddy um Mummys Hand angehalten hat

Bitte verwende das Geld dafür, dass die Jungs ein Spielzimmer bekommen, da Ken dir wahrscheinlich ein Stück
von seinem Land zum Spielen überlässt, das ihr dann
Mum's Place oder Priddy Pools nennt

Hätte gern Zeichnungen (irgendwelche aus der Schule etc.),
Fotos von den Jungs und Kleidung bei mir [in der Urne
mit ihrer Asche], Weihnachtskarten, Geburtstagskarten

Ich wäre gern oben auf dem Schrank [in der Urne] bei den
Kuscheltieren, um noch eine Weile länger bei den Jungs
sein zu können

Das Funkeln in Reefs und Finns Augen, als wir in Lappland
waren, hat Mummy geliebt

Mummy liebte es, wenn Reef sich nachts an sie kuschelte

Suchte den Himmel gern nach Satelliten und Sternschnup-
pen ab

Liebte Meerschweinchen und Schmetterlinge, Walnut
Whips, Erdbeerkäsekuchen

Versuch die Jungs davon abzuhalten, zur Armee zu gehen

Zieh runter in den Süden, wenn der Rest der Familie dies
plant

Mochte gern Wildblumen – Rote Lichtnelke, Wiesenschaumkraut, Gänseblümchen, Schlüsselblumen und
Brautsträuße

Mummy liebe Spaziergänge am Strand und in den Mendip
Hills, das Erforschen von Felsentümpeln und Waldspaziergänge und freute sich über jedes Geschöpf, das sie
fand

Mummy gefiel der Begriff »Unendlichkeitselfen«

Sucht an den üblichen Stellen gemeinsam nach vierblättrigen Kleeblättern

Macht jede Menge Fotos, vor allem in den Teenagerjahren

Legt Sammelalben von euren Abenteuern an

Häng Fotos von uns ins Kinderzimmer

Gib ihnen einen Kuss, auch wenn du nur kurz weg bist

Schulfotos im letzten Buch

Halte ihre Leistungen fest

Hilf ihnen immer, wenn sie dich darum bitten

Finns Liebkosungen waren immer etwas ganz Besonderes

Zeig ihnen das Nordlicht

Mummy liebte Nachtfalter, Schlangen und Blindschleichen, Orangenbiskuitkekse, Marmelade und Gelee, Zitronenaufstrich

Mummy liebte cremefarbene Rosen, Efeu, Schleierkraut

Besucht Skippy und Rachel in Australien

Fahr mit den Jungs nach Lundy

Biete der All Saints School deine Hilfe an und sieh zu, dass
Reef zusätzliche Unterstützung bekommt

Bleib in Kontakt mit Maria und Lynne vom Behindertenteam

Reist nach Ägypten und schnorchelt im Roten Meer

Und, wenn die Jungs gute Taucher sind, zum Blue Hole,
Belize

Kauf ein Boot mit Sitzen, damit Reef und Finn vom Wasser
aus das Meer beobachten können

Nimm die Jungs im Sommer mit nach Llantwit Major, den
Strand in South Wales, wo Mummy als Kind ihre Ferien
verbracht hat

Feiert die Geburtstage groß

Kümmer dich um das Aquarium, das Kieselstein-Schach-
spiel, die Korbballecke

Als ich alles niedergeschrieben hatte, scrollte ich an den Anfang und überschrieb die Punkte mit »Kates Liste«.

KAPITEL 3

»Ich wäre gern oben auf dem Schrank bei den
Kuscheltieren, um noch eine Weile länger bei den
Jungs sein zu können«

Kates Dad hatte eingewilligt, mir bei der Durchsicht unserer Finanzen zu helfen. »Gemeinsame Bankkonten auf deinen Namen – lass dir in Finanzfragen von Dad helfen« stand ganz oben auf der Liste.

Ich habe damals die Augen verdreht, als Kate dies schrieb.

»Du weißt, dass das sinnvoll ist«, meinte sie mit einem ermunternden Lächeln.

Sie hatte recht. Martin war der richtige Mann für diese Aufgabe. Wir sind so verschieden wie Tag und Nacht: Martin ist bestens organisiert und hasst jedes Risiko, ich habe eine Papierkram-Phobie und handele am liebsten nach Gefühl und Intuition.

Perfekte Ordnung gab es bei Kate und mir nie, denn sie war mir sehr ähnlich: viel zu sehr mit Leben beschäftigt, als Zeit fürs Mikromanagement zu erübrigen. Dennoch war sie besser organisiert als ich. Während ich stapelweise alte Post bloß »für alle Fälle« aufbewahrte, dann aber unter all dem Müll wichtige Dokumente verlegte, fand sie alles in Sekundenschnelle.

Nachdem sie nun seit mehr als einer Woche tot war, hatte ich das starke Bedürfnis, Kates Haus in Ordnung zu bringen. Es gab jetzt so viel zusätzlichen Papierkram zu erledigen, dass ich mir bereits ausmalte, wie sich die lästige Pflicht zu einem Alptraum auswuchs, ehe alles im völligen Chaos versank. Das hätte Kate nicht gefallen, außerdem standen auf ihrer Liste viele Dinge, die Geld kosteten. Ich musste herausfinden, wo genau ich finanziell stand, damit ich die nächsten Schritte planen konnte.

Man riet mir, als Erstes das DSS (Department of Social Security) aufzusuchen, das Sozialamt, und Martin begleitete mich dabei. Ich war ihm sehr dankbar dafür, denn als wir dort ankamen, fühlte ich mich krank und elend. Ich würde über so unvorstellbare Dinge wie eine Witwerpension sprechen, und ohne Martin, der mir zur Seite stand, hätte ich mich sicherlich hingesetzt und losgeheult oder auf dem Absatz kehrtgemacht und die Flucht ergriffen. Man stellte uns einer freundlichen älteren Dame vor, die uns erklärte, sie sei auf Rechtsfragen in Trauerfällen spezialisiert und dies sei ihr letzter Arbeitstag, bevor sie ihren Ruhestand antrete.

»Da habe ich ja Glück?«, sagte ich und lächelte sie erleichtert an, dass eine derart erfahrene Kraft uns half.

»Das sollte wohl so sein«, sagte sie und lehnte sich über den Tisch, um mir ein paar Formulare und Broschüren auszuhändigen.

Dabei schwang ein silbernes vierblättriges Kleeblatt, das an einer Halskette baumelte, nach vorn und glänzte direkt vor meiner Nase. Mir blieb der Mund offen stehen.

»Oh«, war glaube ich alles, was ich herausbrachte.

Martin sah mich an und erklärte der Dame höflich, dass Kate mit Begeisterung vierblättrige Kleeblätter gesucht hatte und darin sehr erfolgreich gewesen war. Ich hörte kaum, was er sagte. Ich war in Gedanken ganz bei Kate, dem verschwommenen Bild von Kate vor meinem geistigen Auge.

»Sieh nur, was ich gefunden habe!«, triumphierte sie und streckte mir ihre Hand hin.

Sie hatte drei frisch gepflückte vierblättrige Kleeblätter in ihrer Hand, dazu funkelten ihre Augen wie Saphire.

»Ist das nicht unglaublich?«, sagte sie grinsend.

»Nicht wirklich, du bist doch Expertin darin«, erwiderte ich lachend. »Ich weiß wirklich nicht, wie du das anstellst!«

»Ich habe seit einer Ewigkeit keins mehr gefunden, Singe«, widersprach sie sanft, und das stimmte.

Als Kind, während der Campingurlaube in Llantwit Major, hatte Kate Unmengen gefunden. Wenn sie nach einem Picknick losgezogen sei, so erzählte sie mir, habe sie stundenlang das Gras durchsucht und dabei Käfer aufgesammelt und Schmetterlinge gejagt. Jeden ergatterten Glücksklee überzog sie gleich mit Tesafilm, um ihn so zu glätten und zu konservieren, und sie hob alle in einem speziellen Töpfchen auf.

Als sie älter war, setzte sie die Suche auf Spaziergängen und am Flussufer hinter unserem Haus fort. Eingehüllt in Tesafilm verteilte sie die Glücksbringer überall – in ihrer Handtasche, dem Auto, in der Schublade ihrer Frisierkommode –, um das Glück in die Welt zu tragen oder es wenigstens zu versuchen. Es war wohl tatsächlich ein paar Jahre her gewesen, dass sie das letzte Mal ein vierblättriges Kleeblatt gefunden hatte, und jetzt waren es erstaunlicherweise gleich drei auf einmal, die sie während eines Hundespaziergangs entlang des Flusses eins nach dem anderen entdeckt hatte.

Dies geschah an dem Tag, als ihre Großmutter starb, und kurz nachdem Kates Krebsbehandlung im Herbst 2009 abgeschlossen war. Sie nahm die drei Kleeblätter als positives Zeichen, und mich munterte es auf, zu sehen, dass es ihr selbst in der Trauer um ihre über alles geliebte Oma und obwohl sie von der Chemotherapie geschwächt war, gelang, so positiv und optimistisch zu sein. Das war ebenso liebenswert wie motivierend.

Ich versuchte mich wieder auf den Rat zu konzentrieren, der mir gerade erteilt wurde, und sagte mir, dass der silberne Glückskleeanhänger ein positives Zeichen war. So hätte Kate es gesehen, deshalb wollte sie auch, dass ich mit Reef und

Finn Jagd auf vierblättrige Kleeblätter machte. »*Ich fände es schön, wenn die Jungs ihre eigenen vierblättrigen Kleeblätter fänden*«, schrieb sie auf ihre Liste und ergänzte später noch, um ja sicherzugehen: »*Sucht an den üblichen Plätzen nach Glücksklee.*«

Natürlich würde ich diesem Wunsch nachkommen. Ich war nicht verbittert. Die Kleeblätter hatten Kate zwar nicht das verdiente Glück gebracht, sie haben ihr jedoch Hoffnung gegeben, und das war wichtig. Ich würde dafür sorgen, dass auch die Jungs mit Hoffnung in ihren Herzen aufwuchsen.

Wie sich herausstellte, gab es gute Nachrichten hinsichtlich der Finanzen. Nachdem wir beim DSS gewesen waren, gingen Martin und ich zu den Banken, wo wir herausfanden, dass Kate auf insgesamt siebenundzwanzig Konten und Investmentfonds Geld gebunkert hatte. Ich führe meine eigene Firma für Erlebnisveranstaltungen mit dem Namen Training Saints, und wenn ich geschäftlich einen erfolgreichen Monat hatte oder von der Versicherungsfirma, bei der Kate angestellt war, eine Dividende ausgezahlt wurde, schaffte sie ein paar Ersparnisse beiseite. Wir waren uns beide einig, dass wir nichts mitnehmen konnten, und gaben immer so viel aus, wie wir verantworten konnten. Diese Ersparnisse waren für Urlaube gedacht und dafür, den Jungs so viel Spaß wie möglich zu bieten.

Ich erfuhr außerdem, dass dank Kates vernünftigen Investitionen und Versicherungen der Kredit für das Haus abbezahlt war und ich einen Batzen Geld zu meiner Witwerpension dazubekäme. Dadurch war mir eine große Last von den Schultern genommen, entsprechend fühlte ich mich, als ich an diesem Abend zu Hause eintraf, als hätte ich mehrere Säcke Stress abgelegt. Ich war nun nicht gezwungen, wie ein Verrückter zu arbeiten, um all die Dinge in die Tat umzusetzen, die Kate sich für Reef und Finn wünschte. Das Geld würde mir mehr Zeit mit den Jungs erkaufen, was, wie Kate nur allzu gut wusste, ohnehin unbezahlbar war.

Auf dem Heimweg schossen mir meine Gedanken kreuz und quer durch den Kopf, verweilten bei Kates Liste und machten dann wieder einen Satz in die Zukunft, in der ich viele Punkte von der Liste abzuhaken hoffte. Wir könnten das Haus erweitern, damit ein Esstisch hineinpasste, und ein Spielzimmer mit dem Geheimdurchgang bauen, den die Jungs sich wünschten. Ich könnte mich darum kümmern, Reef und Finn taufen zu lassen, ihnen richtig gute Schachteln für ihre Andenken gestalten und sogar mit den Planungen für einige der größeren Reisen beginnen. Als Erstes vielleicht Schnorcheln im Roten Meer? Kate und ich hatte diese Reise während ihrer Krankheit dreimal gebucht und jedes Mal wieder abgesagt, immer in der Hoffnung, sie werde gesund genug zum Reisen sein, eine Hoffnung, die aber jedes Mal enttäuscht wurde.

»Deine Tochter war erstaunlich«, sagte ich zu Martin, als ich all die guten Neuigkeiten verdaut hatte.

Er war überaus erleichtert über unsere finanzielle Situation, denn er hatte sich immer daran gestört, dass wir unser Geld für extravagante Reisen und Abenteuer verpulverten und nichts für »schlechte Zeiten« zurücklegten. Als nun die schlechten Zeiten auf spektakuläre Weise über unser Leben hereinbrachen, war Kate schließlich doch gut vorbereitet – und sie hatte außerdem jede Menge Spaß in den guten Zeiten gehabt.

Völlig überraschend legte Martin seinen Arm um meine Schulter und drückte mich.

»Ich danke dir, dass du ihr so ein gutes Leben ermöglicht hast«, sagte er. Nach einer kleinen Pause räusperte er sich und ergänzte: »Du hast ihr die Welt gezeigt, und Gott sei Dank hast du das getan.«

Ich spürte, dass ich rot wurde und meine Augen brannten. War es doch ungeheuer großmütig von ihm, mir das zu sagen. Ich hatte ihm seine Tochter entrissen, ehe er bereit gewesen war, sie in die große weite Welt zu entlassen. Ich hatte ihm in Kates Jugend schlaflose Nächte und großen Kummer bereitet. Noch in den letzten Jahren hatten Martin und ich Differenzen gehabt, weil unser Blick auf die Welt so verschieden war, obwohl er und Christine die engagiertesten und aufopferndsten Eltern, Schwiegereltern und Großeltern waren, die man sich nur wünschen konnte.

»Danke«, sagte ich. »Das bedeutet mir viel. Alles andere als eine Kleinigkeit, mir das zu sagen. Ich danke dir.«

Ich musste über das Wort »Kummer« nachdenken. Der sogenannte Kummer, den ich Kates Eltern damals bereitet hatte, schien so trivial verglichen mit dem wirklichen Kummer, den wir jetzt alle erlitten. Heftige Teenagerleidenschaft auf der einen und tiefe elterliche Angst auf der anderen Seite sind im Vergleich dazu kleine Fische, sagte ich mir. Der Tod erschüttert den Boden unter deinen Füßen und lässt dich die Welt aus anderen Blickwinkeln sehen. Ich fing gerade erst an zu trauern.

Ich war sehr stolz darauf, dass Kate und ich das Leben immer in vollen Zügen genossen hatten und dass sie sich von Herzen wünschte, wir würden so weiterleben und unsere Söhne ermutigen, es genauso zu machen. Dazu den Segen ihres Vaters zu bekommen rührte mich zutiefst. Es war, als wäre vor meinen Augen ein grünes Licht angegangen, das mir erlaubte, richtig loszulegen und mich durch Kates Liste zu arbeiten.

Voller Vorfreude rief ich noch am selben Abend einen befreundeten Baumeister an.

»Ich habe eine ganz genaue Vorstellung davon, wie es werden soll«, erklärte ich ihm. »Komm vorbei und sag mir, was du davon hältst.«

Kate und ich hatten oft darüber diskutiert, einen Anbau an das Haus zu machen. Es war auf unserer gemeinsamen To-do-Liste, aber wir hatten keine Ahnung, wann wir es uns jemals leisten könnten. Als wir damals das Haus kauften, war Reef unterwegs. Ich hatte gerade erst meine Firma aufgebaut und war noch dabei, Erlebnis- und Trainingskurse wie Motorboot fahren und Schnorcheln zu entwickeln, die ich nun für diverse Firmen, Schulen und Colleges anbot und durchführte. Da Kate Mutterschaftsurlaub von ihrem Bürojob als Versicherungsagentin nahm, war das Geld ein wenig knapp.

Der vorherige Besitzer des Hauses hatte etwa ein Dutzend Hunde gehabt, weswegen wir, um es bewohnbar zu machen, viele unserer Vorhaben streichen mussten. Ich glaube, die Leute hielten uns für verrückt, weil wir uns ein Anwesen anschafften, in das man so viel Arbeit stecken musste, aber wir hatten beide eine Vision, die über die angenagten Fensterrahmen und Hundehaare hinausreichte, und waren bereit, uns unser Traumhaus hart zu erarbeiten. Da es über drei Garagen verfügte, in denen wir unser gewaltiges Arsenal an Sport- und Segelausrüstung sowie den Jetski unterbringen konnten, ganz zu schweigen von dem Hof, der uns erlaubte, ein Boot zu haben und später noch anzubauen, wussten wir, dass wir das große Los gezogen hatten.

»Das einzig echte Problem sehe ich darin, dass es im jetzigen Zustand nicht genügend Platz für einen Esstisch gibt«, sagte Kate, bevor wir einzogen. »Ich hätte so gern, dass wir um den Tisch sitzen und gemeinsame Familienmahlzeiten einnehmen können.«

Das war, bevor Reef geboren wurde, noch bevor wir einen Hochstuhl für ihn gekauft haben. In der Zeit zog ich sie oft ziemlich fies auf, weil sich Kate von dem Moment an, da sie schwanger geworden war, in ein richtiges kleines Hausmütterlein verwandelt hatte.

»Was ist aus der alten Kate geworden?«, lachte ich. »Was ist mit der ›Lass uns eine Pizza bestellen‹-Kate geworden? Wo ist die ›Lass uns mit einem Fertiggericht aufs Sofa legen‹-Kate?«

Bevor Kate Mutter wurde, kannte ich sie fast zwanzig Jahre, und es war faszinierend und rührend zu erleben, wie ihre mütterliche Seite zum Leben erweckt wurde und sich wie ein Lauffeuer ausbreitete. Wir diskutierten darüber, den Wintergarten abzubrechen, der die Garagen beidseits des Hauses an dessen Rückseite miteinander verband, und ihn durch einen zweigeschossigen Anbau zu ersetzen. Damit wäre genug Raum für eine große Küche und einen Essplatz geschaffen. Darüber hinaus wollten wir unten noch eine Nasszelle installieren, die sehr praktisch wäre, wenn wir feucht und verdreckt vom Jetski-Fahren oder Tauchen nach Hause kamen. Und oben, da waren Kate und ich uns einig, wollten wir mehr Platz für Schlafräume.

»Du weißt ja, dass ich mindestens zwei Kinder haben möchte«, sagte Kate und streichelte dabei ihren schwellenden Leib. »Idealerweise aber drei. Das müssen wir berücksichtigen, wenn wir den Anbau in Angriff nehmen.«

»Nun mach mal halblang! Das Erste ist doch noch nicht mal da!«, gluckste ich.

Für mich war es völlig unverständlich, dass Kate bereits an das nächste Kind dachte, wenn sie gerade mal mit dem ersten schwanger war, aber auch das war typisch für Kate – eine Enthusiastin, wie mir sonst keine begegnet ist.

Jetzt unterbreitete ich all diese Pläne dem Baumeister, doch anstatt mehrere Schlafzimmer zu bauen, wie Kate und ich das besprochen hatten, beschloss ich, einen einzigen großen Raum für die Jungs zu schaffen, den sie erst gemeinsam benutzen, den man aber in der Mitte durch eine Trennwand teilen konnte, wenn sie älter waren.

Kate und ich hatten davon geträumt, eines Tages auch ein kleines Mädchen zu bekommen. Wir hatten bereits einen Namen für sie – Coral –, doch als feststand, dass wir keine weiteren Kinder mehr bekommen würden, nannten wir stattdessen unseren kleinen Terrier Coral.

»So haben wir doch noch unsere Coral bekommen«, freuten wir uns. »Sie ist hübsch, auch wenn sie nicht ganz die Tochter ist, die wir uns vorgestellt hatten!«

Ich erklärte dem Baumeister, wie wichtig es mir war, dass es für die Jungs auch im Garten genug Platz zum Spielen gab, wie Kate das festgelegt hatte, und dass ich über einen Geheimdurchgang nachdachte, der zu einem zusätzlichen Spielraum im Dachboden führte. Der Essplatz müsste so groß sein, dass wir einen richtig großen Holzesstisch mit mindestens sechs Stühlen stellen konnten, um die von Kate gewünschten Familienmahlzeiten genießen zu können, und wir diskutierten auch darüber, ein riesiges Aquarium einzubauen, das den Essbereich vom Wohnbereich abtrennte. Da Reef erklärtermaßen behindert war, war ein Badezimmer im Erdgeschoss nun kein Luxus mehr, sondern eine absolute Notwendigkeit.

Die Jungs wurden ganz aufgeregt, als sie von den Plänen erfuhren.

»Wird das schon bald fertig sein, Daddy?«, wollte Finn wissen. »Wie oft müssen wir noch schlafen, bis wir ein großes, riesiges, tolles Zimmer haben?«

»Kriegen wir dann auch neue Bettbezüge?«, fragte Reef. »Kann meiner bitte der von Ben 10 sein?«

»Das wird noch eine Weile dauern, Jungs«, sagte ich. »Es ist ein großes Projekt, und vorher müssen wir Mummys Beerdigung organisieren.«

»Hilft Omi dir dabei?«, erkundigte sich Reef.

»Haben wir dann einen Tag schulfrei?«, wollte Finn wissen.

»Ja zu beiden Fragen. Wir werden dafür sorgen, dass es ein schöner Tag wird, an dem wir uns an Mummy erinnern und von ihr Abschied nehmen.«

Ich hatte eine Todesanzeige in die Lokalzeitungen setzen lassen und las diese jetzt. Sie schwarzweiß gesetzt zu sehen machte Kates Tod real und endgültig und jagte mir einen Schauer durch Mark und Bein.

GREENE Kate. Eine liebevolle Frau und wunderbare Mutter. Du wirst uns auf unseren Abenteuern durchs Leben immer begleiten. Wir werden unsere beste Freundin und Seelengefährtin unglaublich vermissen. Bis ans Ende der Welt. Dein liebender Ehemann Singe und die Unendlichkeitselfen Reef und Finn.

Kate hatte die Jungs in Lappland Elfen genannt und hängte dann noch das Wort »Unendlichkeit« dran, wie sie das auch zu tun pflegte, wenn sie mich ihrer Liebe versicherte. »Unendlich bis ans Ende der Welt«, sagte sie. Das war nicht zu toppen, also erwiderte ich immer: »Unendlich bis ans Ende der Welt.« Jetzt hatten die Jungs ihren passenden Spitznamen »Unendlichkeitselfen«.

Am nächsten Tag begleitete Christine mich zum Beerdigungsinstitut, um einen Sarg auszusuchen. Ich wollte Kate nicht in eine harte Holzkiste legen, und als der Bestatter uns einen schönen Sarg aus Seegras zeigte, waren Christine und ich uns sofort einig: »Das ist Katie ... den nehmen wir.« Er war wie ein Picknickkorb geflochten, und Kate liebte Picknicks. Allein das Wort »Seegras« war mir sympathisch. Mein Sternzeichen sind die Fische und das von Kate ist Widder. Ich stellte mir vor, dass Fisch und Widder See und Gras miteinander vereinten.

Kate und ich hatten nicht über die Einzelheiten ihrer Beerdigung gesprochen. Das war einfach zu morbid, außerdem sagte sie, sie vertraue darauf, dass ich schon wüsste, was sie gewollt hätte. Eine der wenigen Anweisungen, die sie mir dazu gab, stand auf der Liste: »*Hätte gern Zeichnungen (irgendwelche aus der Schule etc.), Fotos von den Jungs und Kleidung bei mir, Weihnachtskarten, Geburtstagskarten.*«

Eigentlich wollte ich Kate im Beerdigungsinstitut gar nicht sehen. Ich wollte mich an sie erinnern, wie sie sich beim Bungee-Springen die Seele aus dem Leib schrie, und nicht, wie sie kalt und still dalag, aber ich hatte das Gefühl, ihr meine letzte Ehre erweisen zu müssen, und wollte ihr ja auch die gewünschten Gegenstände bringen.

Im entscheidenden Augenblick unterzog ich mich wohl einer Art von Gehirnwäsche. Anschauen konnte ich sie kaum, denn was ich sah, war nicht meine Kate, nicht wirklich. Deshalb ist dieses Bild auch verschwommen, als wollte ich einfach nicht zulassen, das Gesehene in mich aufzunehmen. Es war eine Kate-Replik. Eine Kopie meiner Kate. Eine tote Kate, die ich nicht wiedererkannte, weil ich den Funken in ihren Augen nicht sah.

Als Termin für die Beerdigung im Worle Crematorium war der 2. Februar, ein Dienstag, vereinbart worden. Der Tag rückte näher, und meine Gedanken drehten sich nur noch um Reef und Finn. Sie mussten natürlich dabei sein, aber ich war sehr besorgt, wie sie damit zurechtkämen. Ich hielt es für die beste Strategie, sie auf ihre Weise damit klarkommen zu lassen, sie jedoch immer im Auge zu behalten. Also habe ich ihnen erlaubt, dabei zu sein, während ich alles regelte, damit sie schon ein wenig Bescheid wussten, was sie erwartete. Und ich habe ihnen erklärt, dass sie in ihren schicken neuen Kleidern bestimmt »abgefahren« aussähen.

»Können wir zu Mummys Beerdigung die von Blue Man haben?«, erkundigte sich Reef, als er mitbekommen hatte, dass ich mit dem Pfarrer über die Musik sprach.

»Natürlich können wir das. Das würde ihr gefallen. Eine tolle Idee!«

Finn klatschte begeistert in seine kleinen Hände. Wir hatten erst vor wenigen Wochen in Amerika eine Aufführung der Blue Man Group in den Universal Studios gesehen, und Kate und die Jungs waren von ihrer theatralischen Comedyshow verzaubert gewesen. Die Künstler sahen mit ihren blauen Händen und Gesichtern wie Aliens aus, und ich glaube nicht, dass ich die Jungs jemals so lange habe still sitzen sehen. Sie klebten mit ihren Augen förmlich an der Bühne. Kate lachte so herzhaft, dass ihr die Seiten wehtaten. Es war fantastisch, sie so zu erleben, und ich wollte sie lachend in Erinnerung behalten, nicht schweigsam und reglos.

Am Tag der Beerdigung wimmelte es nur so von Leuten im Krematorium. Wohin ich auch sah, überall entdeckte ich Freunde und Verwandte, darunter auch Rettungsschwimmer und Sanitäter, Eltern von der Schule, Kumpels von der Polizei, Kollegen aus den Freizeitzentren, alte Nachbarn und viele Gesichter, die ich schon seit Jahren nicht mehr gesehen hatte.

Der Parkplatz war binnen Minuten belegt, und die Autos blockierten sogar die Straßen davor. Jemand erzählte mir, dass die öffentlichen Busse umgeleitet werden mussten, was Kate sicherlich gefallen hätte. Es war, als wäre jeder, mit dem Kate jemals in Kontakt gestanden hatte, gekommen, um sich von ihr zu verabschieden, und wenn sie nicht persönlich anwesend sein konnten, hatten sie aus der ganzen Welt Trauerbotschaften geschickt. Das überraschte mich nicht im Geringsten. Kate war ein so reizender und allseits beliebter Mensch. Kate nicht zu mögen war unmöglich, man musste sie einfach lieben.

Ich ließ meinen Blick über die voll besetzten Bänke schweifen und fühlte mich äußerst privilegiert, ihr Ehemann zu sein. Die Gefühlswallung machte sich erst mit einem Kloß im Hals bemerkbar, aber als die Musik einsetzte, verlor ich jegliche Kontrolle über mich. Bei »Can't Help Falling in Love« von Lick the Tins, dem ersten Song, brach ich in Tränen aus. Diesen Song hatten wir auf unserer Hochzeit gespielt, nachdem wir bei einem gemeinsamen Kinobesuch eine Version davon in dem Heath-Ledger-Film *10 Dinge, die ich an dir hasse* gehört hatten. Unser Hochzeitstag war wunderbar gewesen. Ich hatte Freudentränen geweint, als Kate den Gang entlanggeschritten kam, eine strahlende Erscheinung in ihrem elfenbeinfarbenen Hochzeitskleid. Jetzt, bei der Zeile »nimm auch mein ganzes Leben« brach ich zusammen. Kate war damals mein ganzes Leben gewesen und war es auch heute noch.

»Pst!«, sagte Reef und warf mir einen unnachgiebigen Blick zu, der mich zurück in die Gegenwart riss. »Jetzt hör um Gottes willen zu weinen auf, Daddy.«

Das stoppte meinen Tränenfluss für eine Weile. Reef hörte sich an wie ein tyrannischer Lehrer, der mich regelrecht abkanzelte. Kate hätte gelacht, wenn sie das mitbekommen hätte. Andere in der Trauergemeinde lachten, als »Does Your Mother Know?« aus den Boxen ertönte. Das Abba-Stück war meine freche Anspielung auf unsere Teenagerromanze, als Kate sich immer davonschlich, um mich zu treffen. Es gehörte zum Soundtrack unseres Lebens und war einer von Kates absoluten Lieblingssongs. Ich sah sie vor mir, wie sie ihn in voller Lautstärke im Auto hörte, obwohl sie längst selbst Mutter war.

Keiner außer mir und den Jungs hatte einen Anhaltspunkt, was die Instrumentalmusik der Blue Man Group bedeutete, aber mich führte sie auf direktem Weg zurück in ihre Bühnenshow, bei der Kate sich vor Lachen gar nicht mehr eingekriegt hatte. Vermutlich war es das letzte Mal gewesen, dass ich sie derart unkontrolliert hatte lachen sehen, und es war einer der unvorhergesehenen Höhepunkte unserer Amerikareise. Das konnte doch unmöglich erst zwei Monate her sein?

Ungläubig betrachtete ich Kates Seegrassarg. Dann weinte ich wieder, genauso wie ich geweint hatte, als ich Kate an unserem Hochzeitstag neben mir am Altar hatte stehen sehen. Sie war so schön gewesen, aber jetzt war das Bild von ihr im Sarg viel lebendiger. Ich wusste genau, wie sie aussah und was neben ihr im Sarg lag, schließlich hatte ich geholfen, ihn zu füllen, bevor der Deckel endgültig zuging.

Kate trug ihren schwarzen Lieblingshosenanzug, den ich für sie aus dem Schrank geholt hatte. Ich ging davon aus, dass sie schick sein wollte. Sie trug baumelnde Ohrringe und das

Delphinhalsband, zur Erinnerung an Florida, und ein paar Handschuhe, um die sie gebeten hatte, damit ihre Hände warm blieben. In ihrer Hand lag ein Kristall. Ihr gefiel die Vorstellung, von einem Kristall Trost zu empfangen, wenn schon keine Heilung. Eigentlich glaubte sie nicht an alternative Therapien, aber sie war bereit, alles zu versuchen, was ihr Leben verlängern könnte. Kate hatte gewollt, dass auch etwas von den Jungs Getragenes zu ihr gelegt wurde, deshalb hatte ich ein paar ihrer T-Shirts und Socken zusammengerollt, denen immer noch ihr Geruch anhaftete. Ich hatte sämtliche Kleidungsstücke, darunter einen von Finns winzigen Strampelanzügen, behutsam und liebevoll um sie herum angeordnet, und Christine hatte noch einen von Kates kleinen silbernen Taufarmreifen dazugelegt.

Auch hatte ich dafür gesorgt, dass Kate ein halbes Dutzend Bilder der Jungs mit auf ihre letzte Reise bekam, dazu einige mit »Unendlichkeitselfen« unterschriebene Zettel von ihnen, mehrere Fotos von uns als glücklicher Familie und die Weihnachts- und Geburtstagskarten, um die sie auf ihrer Liste gebeten hatte. Schließlich legte ich auch meine eigene Nachricht an sie dazu, die mit den Worten endete: »Du wirst nie vergessen sein, bis ans Ende der Welt.« Zu guter Letzt umrahmte ich Kates Körper mit fünf Muscheln. Sie stammten von unseren fünf liebsten Tauchplätzen und repräsentierten die Welt, die wir teilten und schätzten: Australien, die Karibik, Llantwit, Torquay und die Malediven.

Ich kann nicht behaupten, dass es ein Trost war zu wissen, dass sie alles, was sie sich wünschte, bei sich hatte. Es war einfach nur sehr, sehr traurig. Zwar hatte ich mein Bestes getan, doch besser wurde dadurch nichts. Es war nur ein weiterer Schritt auf einem schrecklichen Weg, der leider gegangen werden musste. Es wurden noch viele Tränen geweint, als der Gottesdienst seinen Gang nahm, vor allem, als Christine Reef und Finn mit nach vorne nahm, damit sie Schneeglöckchen auf Kates Sarg legen konnten. Wo sie die Blumen im Februar gefunden hatte, weiß ich nicht, aber ich bin froh darum. Zu meiner großen Überraschung und Erleichterung war die Trauerfeier dennoch weniger düster als erwartet.

Anschließend versammelten wir uns alle an einem Ort namens Plantations mitten im Moorgebiet von Kingston Seymour. Dieser ganz besondere Ort wird von Reefs Behindertenteam benutzt, das so freundlich war, uns für diesen Nachmittag seine Räumlichkeiten zur Verfügung zu stellen. Besser hätten wir es nicht treffen können, nicht nur wegen der Abgeschiedenheit, sondern vor allem wegen seiner schönen Lage inmitten der Natur. Kate wäre sicher hinausgerannt, um Käfer und vierblättrige Kleeblätter zu suchen, denn das tat sie oft bei unseren Besuchen hier draußen.

Die Gäste brachten Spiele und Harry-Potter-DVDs als Geschenke für die Jungs mit, und wir spielten den Blue-Man-Soundtrack, der sie bei Laune hielt. Mein Onkel hatte ein Video und jede Menge alter Fotos zusammengeschnitten, die als Endlosschleife auf einem großen Bildschirm gezeigt wurden. Ich hatte keine Ahnung, wie es ihm gelungen war, das alles so schnell zusammenzustellen – ich war überwältigt.

Ich sah Schnappschüsse aus Kates Leben und aus meinem gemeinsamen Leben mit ihr. Und in jedem Stadium dieses gemeinsamen Lebens hatte ich sie wahnsinnig geliebt. Sie blieb sich treu und hatte, selbst als ihr Leben sich dem Ende zuneigte und sie unter schlimmen Schmerzen litt, noch immer dieses freche Funkeln in ihren Augen, das ich zuerst an Kate dem Teenager gesehen hatte.

Die Jungs weinten nicht wirklich, es wühlte sie bloß auf, wenn sie andere sahen, die sich von ihren Gefühlen hinreißen ließen. Dennoch war ich froh, als der Tag vorbei war. Wir hatten Kate einen wunderbaren Abschied beschert, aber jetzt freute ich mich auf eine privatere Form der Trauer, eine, die Kate initiiert hatte, als sie auf ihre Liste schrieb: *»Ich wäre gern* *oben auf dem Schrank bei den Kuscheltieren, um noch eine Weile länger bei den Jungs sein zu können«.*

Ich erinnere mich, dass mich dieser Wunsch, gelinde gesagt, verwirrt hatte. Es war mir einfach eine unbegreifliche Vorstellung, meine Frau, die warme, fühlbare, süß duftende Kate, reduziert zu kalter schwarzer Asche in einer Schachtel auf einem Schrank stehen zu haben – und zwar nicht auf irgendeinem Schrank, sondern dem Schrank im Zimmer der Jungs. Ich war misstrauisch, aber Kate hatte an alles gedacht. Sie wusste, dass es zwischen der Einäscherung und der Urnenbeisetzung eine zeitliche Lücke geben würde. Kate hatte dies gut durchdacht und beschlossen, dass sie nicht im Regal des Bestattungsunternehmers gelagert werden wollte, wenn sie genauso gut bei uns zu Hause sein konnte.

Bei diesen Worten blutete mir das Herz. Sie war sich ihres Schicksals so sehr bewusst, dass es fast banal geworden war, darüber zu reden. Sie äußerte ihren Wunsch in einem Ton, als bitte sie mich, die Wäsche aufzuhängen oder die Fische zu füttern. Ich fühlte mich unwohl dabei, doch auf keinen Fall wollte ich mit ihr Streit anfangen.

Jetzt fand ich Kates Bitte gar nicht mehr so merkwürdig, und als ich sie am nächsten Tag vom Krematorium abholte, berichtete ich meinem Bruder ziemlich nüchtern am Telefon: »Ich habe gerade Kate abgeholt.«

»Okay, Singe«, erwiderte Matt behutsam. »Ich habe nur angerufen, um mich zu vergewissern, dass du okay bist – äh, bist du dir da auch sicher?«

»Ja«, sagte ich. »Mir geht's gut, Kumpel.«

Kate ruhte in einem schönen Körbchen, das zu ihrem Sarg passte. Es sah tatsächlich wie ein kleines Picknickkörbchen aus, und genau das hatte ich beabsichtigt. Es war sehr hübsch und passte ausgezeichnet zu Kate. Damit konnte ich sie auch problemlos unter den Teddys verstecken.

Als wir wohlbehalten zu Hause angekommen waren, trug

ich Kate nach oben und erzählte ihr dabei, dass die Jungs noch immer in der Schule waren und wir das Haus eine Weile ganz für uns hatten. Während ich zwischen Finns Lieblingslöwen und Reefs Giraffe, die mit ihm im Krankenhaus gewesen war, und einer Sammlung knuddeliger Disneyfiguren, Teddybären, Kuschelhunde und einem flauschigen Meerschweinchen Platz machte, stellte ich sie auf dem Teppich ab.

»So, das hätten wir!«, sagte ich, als ich sie vorsichtig an ihren Platz stellte und die Spielsachen um sie herum gruppierte. »Ist das gemütlich so, Kate?«

Hätte mich jemand reden gehört, hätte er mich sicher für bekloppt gehalten, aber ich hielt es für angebracht, mit ihr zu reden. Ich *wollte* mit ihr reden und fühlte mich zu meiner Überraschung recht wohl dabei. Mir wurde bewusst, dass Kate auf dem Schrank nicht nur ihren Willen bekam, sondern mir auch beim Trauern half. Sie bekam ihren Wunsch erfüllt, noch eine Weile bei den Jungs sein zu können, und ich durfte noch ein wenig länger bei ihr sein. Genauso hatte sie sich das vorgestellt, da war ich mir sicher.

An jenem Abend schielte ich, nachdem ich die Jungs ins Bett gebracht und beide zweimal geküsst hatte, hoch zum Schrank, bevor ich sagte: »Gute Nacht, schlaft gut.« Zwei kleine Stimmen erwiderten: »Gut' Nacht, Daddy.« Ich spürte Kates Präsenz im Raum so stark, dass ich fast damit rechnete, ihre Stimme zu hören. Gern hätte ich den Jungs gesagt, dass ihre Mummy über sie wachte, dass sie sich noch nicht ganz verabschiedet hatte, aber mir war klar, dass ich sie damit nur verwirrt, wenn nicht gar verängstigt hätte, und es wäre auch nicht richtig gewesen. Außerdem wusste ich nicht einmal, ob es stimmte oder einfach nur Wunschdenken meinerseits war.

Kate und ich teilten christliche Werte und Moralvorstellungen und hatten für die Jungs eine christliche Schule gewählt, weil wir fest an deren Ethos glaubten, obwohl wir selbst keine regelmäßigen Kirchgänger waren. Wenn es einen Gott gab, warum hatten wir dann so viel durchmachen müssen? Das zu verstehen fiel mir schwer. Doch Kates Gegenwart war an diesem Abend fast greifbar gewesen. Es lag eine wohlige Wärme in der Luft, und als ich die Tür aufstieß, um den Jungs gute Nacht zu sagen, kam es mir vor, als bewegte ich mich in eine große Umarmung hinein. Das gefiel mir, und bald schlummerten die Jungs friedlich ein und sahen aus wie zwei sehr glückliche Häschen.

An diesem Abend durchkämmte ich das Internet auf der Suche nach Andenkenkisten und fand zu meiner Freude bei eBay ein paar fantastische Piratenkisten. Ich bestellte bei einer Firma in Deutschland sofort zwei in gleicher Größe und dazu noch eine ganz große, weil ich die Andenkenkisten in Angriff nehmen wollte, solange Kate noch im Haus war. Und ich wusste, dass sie auch den Jungs gefallen würden.

Die Urnenbestattung würde erst in ein paar Wochen stattfinden. Ich hatte mir den 31. März ausgesucht, da dies unser Hochzeitstag war. Wir waren damals auf dieses Datum gekommen, weil wir herausgefunden hatten, dass die Ziffern ein Herz bildeten, wenn man sie ins Handy eintippte. Mir kam in den Sinn, dass es auch passend wäre, dieses Datum für die Taufe der Jungs ins Auge zu fassen, damit wir ihr Leben und das von Kate zusammen mit unserem Hochzeitstag feiern konnten. Hochzeit 1996, Tod 2010. Wer hätte je gedacht, dass diese Ereignisse in einem so kurzen Zeitraum passieren würden?

Sie in diesem Jahr zu taufen wäre verfrüht und auch unpassend, ganz zu schweigen davon, dass es auch völlig unpraktisch wäre, dies am Tag der Urnenbeisetzung zu tun. Doch ich beschloss, dass der 31. März 2011 perfekt geeignet wäre und ich dann auch den nächsten Punkt auf der Liste abhaken konnte: »*Lass die Jungs taufen – Noel.*« Auf diese Weise wäre dieses Datum mit einer neuen, glücklichen Erinnerung verbunden. Ich teilte Kate meine Idee mit und wusste, dass sie ihren Beifall fand.

»Nur schade, dass wir die Jungs nicht früher getauft haben«, sagte ich. »Das hätte dir gefallen. Aber so haben wir wenigstens jetzt etwas, worauf wir uns freuen können, und ein Datum, das wir in Ehren halten werden.«

Ich wusste, dass Noel uns nur zu gern behilflich wäre. Er ist der Pfarrer der Kirche, die zur All-Saints-Schule gehört, auf der Reef Schüler war und Finn bald eingeschult werden würde. Noel hat auch zwei kleine Jungs und ist Mitglied des Schulbeirats, und er und Kate waren immer gut miteinander ausgekommen.

Die Anlässe ließen mich nicht los. Hochzeit, Urnenbeisetzung und die Taufe unserer Kinder. Die richtige Reihenfolge war das nicht. Ich griff nach meinem Handy, um das Datum einzutippen, weil ich die Herzform sehen wollte und mich daran erinnerte, wie Kate und ich es einander per SMS schickten, egal ob wir Hochzeitstag hatten oder nicht. Doch ehe ich dazu kam, klingelte mein Telefon und der Klingelton von Transvision Vamp erschreckte mich.

»Hast du an morgen Abend gedacht?«

Es war Rachael, eine gute alte Freundin von mir und Kate. Sie und ihr Ehemann Stuart hatten mich dazu überredet, zu einem Tanz in der Dorfscheune mitzukommen. Ganz verschwommen erinnerte ich mich, unter Druck zugesagt zu haben. Ich mag Rachael und Stuart gern, vor allem weil sie wie Kate und ich ein bisschen verrückt sind. Rachael zieht mich immer auf und bringt mich zum Lachen, und Stuart ist auch ein großer Spaßvogel. Außerdem ist er ein geschickter Zimmermann, und ich hatte ihn bereits gefragt, ob er unseren Anbau machen möchte. Ich wollte für diese Arbeit so viele Kumpel wie möglich engagieren, denn so hätte Kate es auch gemacht.

»Es wird dir guttun, mal einen Abend rauszukommen«,

meinte Rachael. »Du kannst doch nicht immer nur allein Trübsal blasen, nein, nein, das geht nicht!«

Sie kannte Kates sämtliche Wünsche und wollte offenbar keine Zeit verlieren, mich wieder unter die Leute zu bringen, damit ich neue Bekanntschaften machte, auch wenn seit Kates Tod erst ein paar Wochen vergangen waren.

»Ich habe keinen Babysitter bestellt«, sagte ich, weil ich ziemlich Muffensausen vor dem Tanzabend hatte und verzweifelt nach einer Ausrede suchte, nicht mitkommen zu müssen.

»Kates Eltern werden doch sicherlich die Jungs zu sich nehmen. Die sind in dieser Hinsicht doch immer einmalig. Oder was ist mit Kirsty, eurem Babysitter?«

»Okay, ich sehe schon, du hast das alles durchdacht«, gluckste ich. »Was muss ich denn zu so einem Scheunentanz anziehen? Ich will schließlich an meinem ersten Abend, an dem ich als alleinstehender Kerl ausgehe, nicht wie ein fetter Cowboy aussehen!«

Rachael brach in Gelächter aus.

»Wir holen dich morgen so um sieben ab«, sagte sie. »Stuart und ich werden mit dir zusammen hingehen.«

Ich trat vor meine Seite des Kleiderschranks und sah meine Hemden durch. Es war ein komisches Gefühl, sich wie damals als Teenager wieder Gedanken zu machen, worauf ich mich da einließ und wen ich wohl kennenlernte. Dabei fiel mir ein, dass ich seit meinem dreizehnten Lebensjahr nie mehr Single gewesen war – über dreißig Jahre. Ich wollte auch kein Single sein und auch keine vierundvierzig, doch für die Dating-Szene war ich noch in keiner Weise bereit, geschweige denn für eine neue Beziehung.

Als alleinstehender Mann auszugehen war eine völlig neue Herausforderung, ein ganz fremdartiges Unterfangen, aber ich wusste, dass ich mich daran würde gewöhnen müssen. Auch den ganzen folgenden Tag über war ich wegen des

Tanzabends beunruhigt, aber im Nachhinein wäre das wirklich nicht nötig gewesen. Als wir dort eintrafen, besorgte Stuart mir einen Woods Rum mit Cola, obwohl ich nur selten Alkohol trinke, doch das half mir, ein wenig aus mir herauszugehen. Ich tanzte ein paar Mal, lachte mit einigen Müttern von der Schule, und so wurde es ein durch und durch vergnüglicher Abend.

Um Mitternacht begleiteten Rachael und Stuart mich nach Hause. Es war eine kalte, frostige Nacht, und mein Atem formte weiße Hauchwölkchen. Mal aus dem Haus zu kommen tat tatsächlich gut, wie ich zugeben musste. Ich hatte beim Tanzen und Plaudern zwar Kate vermisst, es aber trotzdem genossen, woanders zu sein und frische Luft zu schnappen, fern der Erinnerungen, die sich zu Hause häuften. An diesem Abend war ich ein Erwachsener, einfach nur ein alleinstehender Mann, der Witze machte und sich mit Freunden vergnügte. Der Druck, alleinerziehender Vater und trauernder Witwer zu sein, war zum ersten Mal seit Wochen von mir genommen, und ich war froh, mir diesen Ruck gegeben zu haben.

Unvermittelt kam ein Auto um die Ecke gerast, und seine Scheinwerfer fielen auf ein Paar, das auf dem Gehweg der anderen Straßenseite entlanglief. Die beiden hatten Köpfe und Körper so dicht aneinandergeschmiegt, dass es wie eine einzige Person aussah. Dieser Anblick versetzte mir ganz unvermittelt einen Stich, der meiner heiteren Stimmung ein Ende bereitete und mich mit Selbstmitleid überschwemmte.

Warum konnten das nicht ich und Kate sein? Warum ging ich allein auf der anderen Straßenseite, einzig und allein umschlungen von der kalten Nachtluft? Ich schaute hoch in den Himmel und fragte mich, ob Kate wohl auf mich herabsah. Der Himmel war klar und voll funkelnder Sterne. Deren Anblick baute mich auf und erinnerte mich an die Nächte, in denen Kate und ich als junges Liebespaar in den Mendip Hills gepicknickt hatten.

»Keine Sorge, ich werde nicht alt und verbittert werden«, ließ ich Kate wissen, als ich nach Hause kam. »Mach dir keine Sorgen, wenn du mich sauer und aufgewühlt siehst. Das wird nicht für immer so sein, das verspreche ich dir.«

Am nächsten Morgen, einem Samstag, erlaubte ich den Jungs fernzusehen, während ich duschte. Es lief *Scooby Doo,* was sie liebten. Als ich aus dem Badezimmer kam, hörte ich unglaubliches Gelächter die Treppe heraufschallen. Reef und Finn kriegten sich nicht mehr ein vor Lachen und brachten damit das ganze Haus zum Wackeln. Nur mit einem Handtuch bekleidet ging ich nach unten, um zu sehen, was an *Scooby Doo* so lustig war, doch ich entdeckte, dass sie sich einen alten Norman-Wisdom-Film anschauten, in den sie zufällig hineingezappt hatten. Den beiden liefen buchstäblich die Tränen über die Wangen, und jedes Mal, wenn sie mit dem Finger auf den Bildschirm zeigten, wurden sie von einer neuen Lachsalve geschüttelt.

»Sieh nur, Daddy, dieser dumme Mann wird von einem Polizisten gejagt!«, platzte es schließlich aus Finn heraus.

»Er ist wie die Blue Men«, sagte Reef, bevor seine Stimme kichernd abbrach. »Mummy hätte sich nicht mehr eingekriegt.«

Das war gewiss. Slapstick-Humor war genau auf ihrer Wellenlänge, aber darüber hinaus hätte sie alles darum gegeben, die Jungs wieder so lachen zu hören. Das gab mir zu denken. Ich musste an mein Selbstmitleid angesichts des eng umschlungenen Paars denken, das ich am gestrigen Abend auf dem Gehweg gesehen hatte, und verpasste mir einen kleinen Rüffel. Es gab so viel, wofür ich dankbar sein konnte, ich durfte mich nicht unterkriegen lassen. Ich musste lächeln wie Reef und Finn, denn welche Alternative gab es dazu? Keine, jedenfalls keine, die Kate gutgeheißen hätte.

Ich hatte mich gegen ihren Wunsch gesträubt, mir jemand anderen zu suchen. Dies schien mir eine unmögliche Aufgabe zu sein. Kate war unersetzlich, und das hatte ich ihr ganz offen gesagt. Sie war meine Seelenverwandte, und ich hatte Zweifel, dass man so viel Glück haben konnte, in einem Leben noch eine zweite Seelenverwandte zu treffen. Aber Kate bestand darauf. Also sah ich dabei zu, wie sie sagte und schrieb: »*Finde eine Frau, mit der Du zusammenleben kannst, damit die Jungs auch weibliche Einflüsse und Stabilität in ihrem Leben haben.*«

Die Erinnerung an ihren Gesichtsausdruck beim lauten Vorlesen dieser Worte tat weh. Sie versuchte mich anzulächeln, weil sie mich glücklich sehen wollte, konnte aber ihren Tränenfluss nicht stoppen. Jetzt begriff ich zum ersten Mal in voller Tragweite, warum sie das auf ihre Liste gesetzt hatte. Sie war als Ehefrau selbstlos und fürsorglich und unglaublich großzügig. Das wusste ich bereits. Es war ihr letzter ultimativer Liebesbeweis für mich. Aber nun verstand ich auch die tiefere Bedeutung ihrer Worte und erkannte etwas, worauf der Mutterinstinkt Kate schon lange vor mir aufmerksam gemacht hatte: Da die Jungs noch so klein waren, wirkte sich meine Zufriedenheit ganz unmittelbar auf die ihre aus. Ein alleinerziehender Vater, der sich elend fühlte, war kein guter Umgang für sie. Ich musste dafür sorgen, dass ich mich gut fühlte und positiv dachte, und Kate kannte mich gut genug, um zu wissen, dass es mir schwerfallen würde, dies allein hinzukriegen.

Ich bekam in dieser Woche noch eine weitere Einladung, diesmal für die Geburtstagsfeier der Freundin meines Bruders, die achtzehn wurde. Sie fand in einem Nachtklub in Weston-super-Mare statt. Es war der 12. Februar, gerade mal zehn Tage nach Kates Trauerfeier, und ich glaube, dass meine Freunde und meine Familie überrascht und erfreut zugleich waren, als ich zu kommen versprach. Dabei half mir, dass ich bereits beim Scheunentanz gewesen war, und ich war diesmal weniger unsicher, weil ich mich von meiner Familie umgeben wusste.

Und dennoch war es nicht ganz einfach, mich allein fertigzumachen und dann auch noch allein zum Klub zu fahren. Auf dem Weg dorthin drehte ich im Auto die Musik laut und versuchte auf diese Weise den leeren Platz an meiner Seite zu füllen. Als ich endlich ankam und zur Party stieß, dröhnte mir der Kopf, und ich machte wohl einen ziemlich ferngesteuerten Eindruck. Ich hatte nicht darüber nachdenken wollen, dass ich ohne Kate hier war, wollte einfach nur den Abend überstehen und es mit viel Glück schaffen, einen Abend lang meiner Vollzeittrauer zu entkommen. Doch mein Kopf hatte andere Pläne, und mein Unterbewusstes spielte mir einen Streich.

»Was willst du trinken?«, fragte Matt.

An diese Frage meines Bruders werde ich mich immer erinnern und nie vergessen, dass ich mich daraufhin umdrehte und Kate fragte, was sie gern trinken würde. Ich war überzeugt davon, dass sie dabei war und neben mir an der Bar des Nachtklubs stand. Kates Silhouette hob sich vor dem Hintergrund der Discolichter und des Trockeneisnebels ab, dessen war ich mir ganz sicher. Es war schön, sie wiederzusehen oder wenigstens ein Trugbild von ihr, die Vision, die ich in den leeren Raum neben mir projiziert hatte.

Mein Bruder war natürlich entsetzt über meinen Irrtum, aber der Abend wurde dadurch nicht verdorben. Ich beeilte mich, ihm zu versichern, dass es mir gutging, und ich zog weiter und mischte mich unter die Partygäste. Ich lächelte und plauderte, und es gelang mir auch, mit den peinlichen Situationen umzugehen, die sich ergaben, wenn Leute mich sahen und nicht wussten, was sie sagen oder tun sollten. Ich hatte meine Frau verloren, aber nicht meine Persönlichkeit, sagte ich mir, während ich das Eis brach und ihnen zeigte, dass ich noch immer der alte Singe war, immer offen für einen Lacher und ein Schwätzchen.

Ich weiß, dass es einige Leute erstaunte, mich so bald nach

dem Verlust von Kate auf einer Party zu sehen, ich glaube, jene, die wussten, dass ich zugesagt hatte, rechneten damit, dass ich mich in eine Ecke hockte und Trübsal blies oder heulte. Auf der Heimfahrt war ich recht zufrieden mit dem Verlauf des Abends, und das sagte ich Kate auch, als ich mich in dieser Nacht auf Zehenspitzen ins Zimmer der Jungs schlich und im Dunkeln mit der Sammlung seltsam geformter Schatten oben auf dem Schrank sprach.

Ich erzählte ihr, wie geschockt mein Bruder darüber gewesen war, dass ich sie an meiner Seite geglaubt hatte. Und ich erklärte ihr, dass ich an der Bar davon ausgegangen war, sie wie üblich an meinem Arm zu haben, es mich aber nicht aus der Fassung gebracht hatte, als der Groschen dann gefallen war. Stattdessen hatte ich mich im Stillen darüber gefreut, sie zu sehen. Außerdem erzählte ich ihr, wie mich beim Anblick der tanzenden Teenager Erinnerungen an unsere frühen gemeinsamen Tage überschwemmt hatten, an denen wir bei unseren Mitternachtspicknicks in Priddy miteinander verschmolzen waren. Schließlich teilte ich Kate auch noch mit, dass ich mit den Jungs zum Tummelplatz von Priddy Pools gehen würde, um dort nach Käfern und Reptilien und Kröten zu suchen. Wir wollten uns dort in die kleinen Grasmulden legen, die sich in die Landschaft eingegraben hatten, weil Mummy das so gern tat.

»Ich werde mir auch Mühe geben, eines Tages eine neue Frau zu finden«, sagte ich, ohne recht daran zu glauben. »Ich verspreche dir aber nichts. Auf jeden Fall wird es bis dahin noch sehr, sehr lange dauern.«

KAPITEL 4

»Mummy war ganz glücklich über das Funkeln in Reefs
und Finns Augen, als wir in Lappland waren«

Ein paar Wochen nach Kates Trauerfeier kehrten wir für einen
vom North-Somerset-Behindertenteam organisierten Fami-
lienspaßtag nach Plantations in Kingston Seymour zurück.
»Bleib in Kontakt mit Maria und Lynne vom Behindertenteam«, hatte Kate mich gebeten, und das hatte ich auch
vor.

Maria und Lynne sind ein hervorragendes Team, und Kate
hatte sich gut mit den beiden verstanden. Als es Kate sehr
schlecht ging, brachten die beiden manchmal die Jungs zur
Schule, was mich entlastete, weil ich dann früher zur Arbeit
gehen oder Kate zu einem Termin im Krankenhaus bringen konnte. Beide hatten sehr viel Humor, der immer wieder
durchblitzte, egal wie krank oder behindert die Kinder in ihrer Obhut waren.

»Hallo Singe, hallo Reef, hallo Finn!«, begrüßte Maria uns
fröhlich, als wir eintrafen.

Die Jungs machten Stielaugen, als sie die riesige Hüpfburg,
den bunt gekleideten Zauberer und den Eiscremestand in Re-
genbogenfarben sahen. Maria schloss die Jungs in ihre Knud-
delarme und überschüttete sie mit Liebe und Zuneigung.
Auch Lynne entdeckte uns und kam winkend und lächelnd
auf uns zugelaufen. Die beiden zogen sich immer gegenseitig
auf, wobei Maria stichelte, dass Lynne vom vielen Yoga immer
dünner wurde, worauf diese ihr zum Scherz deren Vorliebe

für Kuchen und Schokolade unter die Nase rieb. Der heutige Tag machte keine Ausnahme.

»Ich bin noch nicht fertig mit Knuddeln«, warnte Maria Lynne, als die sich näherte.

Und ergänzte mit einem Augenzwinkern an die Jungs: »Und mein Knuddeln mögen sie lieber als deins, weil an mir viel mehr dran ist!«

Lynne rollte die Augen, und sofort entspannte ich mich. Ich war ein wenig in Sorge gewesen, wie es wohl wäre, allein hierherzukommen. Kate und ich waren immer gern hier gewesen, weil es ein so entspannender Rückzugsort war, weit weg von der deprimierenden Welt der Kinderkrebsstationen, die einen auslaugte. Man konnte einen Kaffee trinken und mit anderen Eltern plaudern, und als Reef seine Behandlung bekam, war dieser Ort ein Gottesgeschenk, denn hier konnte er draußen spielen, ohne das Risiko, sich zu infizieren, wie das auf einem öffentlichen Spielplatz der Fall gewesen wäre.

»Wie geht es Kate?«, erkundigte sich einer der anderen Väter.

Diese Frage überraschte mich, weil ich davon ausging, dass alle über ihr Hinscheiden Bescheid wussten. Kate und ich hatten alles zusammen gemacht, und für mich war die Tatsache, dass sie nicht wie üblich an meiner Seite war, Aussage genug.

»Wir haben Kate leider vor ein paar Wochen verloren«, antwortete ich.

Er sah mich beschämt an. Die meisten anderen Eltern hatten ein behindertes Kind. Dies war kein Zufluchtsort für kranke Eltern und Witwer, und es war ihm anzusehen, wie schwer er sich damit tat, meine Worte zu verdauen.

»Es tut mir so leid«, sagte er.

»Uns auch«, erwiderte ich und lächelte ihn aufmunternd an. »Danke, dass Sie sich nach ihr erkundigt haben, Sie konnten das nicht wissen.«

Ich setzte mich ans Ende einer Bank und fühlte mich nur als halber Mensch. Kate und ich waren das perfekte Team, ein

Paar, das sich ergänzte, genauso wie Maria und Lynne als Arbeitskolleginnen ein perfektes Paar sind. Jetzt musste ich die andere Hälfte mit übernehmen, und das war ein seltsames Gefühl.

Die Jungs hatten einen fantastischen Tag, ihre Augen glänzten, während sie sich an den tollen Dingen ergötzten, die vor ihnen ausgebreitet waren. Diesen Glanz in ihren Augen hatte ich schon mal gesehen, zusammen mit Kate. *»Mummy war ganz glücklich über das Funkeln in Reefs und Finns Augen, als wir in Lappland waren«,* hatte sie geschrieben. Auch mir war der Glanz ihrer Augen nicht entgangen, als wir in Lappland waren, und ich freute mich auch heute daran. Was für ein Glück, dass ich ihnen noch immer in die Augen schauen konnte. Das sagte ich mir, als an diesem Tag der Raum neben mir leer blieb.

Kate hatte im Dezember 2009 darauf bestanden, dass wir mit den Jungs nach Lappland fuhren, obwohl sie nach einem Jahr Krebstherapie noch immer sehr geschwächt war.

»Bist du dir sicher, Kate, dass wir diese Reise machen sollen?«, hatte ich sie gefragt. »Ich weiß, wir haben sie geplant und freuen uns schon seit einer Ewigkeit darauf, aber wir können das auch nächstes Jahr nachholen.«

Kate hatte sowohl ihre Chemotherapie als auch ihre Bestrahlungen abgeschlossen und außerdem noch an einem Medikamentenversuch teilgenommen. Auch lag unsere fantastische Reise zum Disneyland in Florida erst einen Monat zurück. Wir waren so froh, dass sich unser Leben nicht mehr länger um Krankenhaustermine drehte, aber dennoch war Kate noch nicht wieder ganz hergestellt und noch lange nicht über dem Berg. Als Folge der Krankheit und all der Medikamente, die sie bekommen hatte, war sie erschöpft und zerbrechlich. Der Rücken tat ihr weh, und sie hatte einen schlimmen, lästigen Husten. Es lag auf der Hand, dass noch eine lange Genesungszeit vor ihr lag.

Wie bei den meisten Krebspatienten würde es fünf Jahre dauern, bis man bei Kate rein praktisch gesehen von Remission sprechen konnte oder hoffen durfte, das magische Wort »Entwarnung« zu hören. Selbst Reef hatte dieses Stadium damals noch nicht ganz erreicht, und er war Kate ein paar Jahre voraus. Wir wussten nur, dass Kates Behandlung abgeschlossen war, sie schien erfolgreich gewesen zu sein, und Kate hoffte, schon bald kräftig genug für die Brustrekonstruktion zu sein, auf die sie sich freute.

»Ich wollte meinen Busen immer vergrößern lassen, und jetzt zahlt mir das sogar die Krankenkasse«, gluckste Kate.

Das hatte ich sie oft zu ihren Freundinnen sagen hören. Ich freute mich darüber, weil diese Haltung ein Schritt nach vorn war und eine weitere Tür vor dem Brustkrebs schloss.

»Nein, Singe, ich möchte unsere Lapplandreise nicht verschieben«, sagte Kate entschlossen. »Stell dir nur mal vor, was die Jungs für einen Spaß haben werden. Sie sind jetzt im perfekten Alter, um den Weihnachtsmann am Nordpol zu sehen. Es wird einfach zauberhaft sein. Wir müssen es jetzt machen, bevor es zu spät ist.«

Für mich hieß das: Bevor die Jungs zu alt dafür waren. In der Theorie hatte Kate ja recht. Reef war fünfeinhalb und Finn fast vier, also waren sie im absolut idealen Alter.

»Du darfst aber die Jungs nicht immer an die erste Stelle setzen«, sagte ich. »Natürlich sind sie jetzt im perfekten Alter, aber sie werden es auch im nächsten Jahr noch genießen und du ebenso, weil du dann kräftiger bist.«

Sie schüttelte den Kopf, und ich sah den eisernen Willen in ihren Augen.

»Wir fahren«, sagte sie mit Nachdruck. »Egal was du sagst, du wirst es mir nicht ausreden können. Wir werden es nicht bereuen. Und außerdem, seit wann lässt du dich von einer Reise abbringen?«

Ich lachte. »Es gibt für alles ein erstes Mal«, sagte ich.

»Und dieses Jahr an Weihnachten werden die Jungs zum ersten Mal nach Lappland fahren«, erwiderte Kate.

Ich stritt mich nicht weiter, stattdessen buchten wir den Urlaub für den Tag, an dem die Jungs ihren letzten Schultag hatten. Am Heiligen Abend sollten wir zurückkommen. Als die Tickets eintrafen, war Kate vor Freude ganz aus dem Häuschen und klatschte in die Hände wie ein kleines Mädchen. Reef und Finn sprangen auf die Nachricht hin auf und ab, kreischten und jubelten, und der ganze Dezember gestaltete sich zu einem aufgeregten Countdown, weil die Jungs ständig fragten: »Wie oft müssen wir noch schlafen, bevor wir nach Lappland fahren?«

Kate stürzte sich mit Begeisterung in die Vorbereitungen, obwohl sie jedes Mal, wenn der Tag sich neigte, ziemlich mitgenommen aussah.

»Bist du dir absolut sicher, dass du das packst«, fragte ich sie mehrmals.

»Singe, hör auf, mich das ständig zu fragen!«, protestierte sie. »Es wird mir gutgehen.«

Kate putschte die Jungs für die Reise derart auf, dass ich mich am Ende auch von diesem Zauber einfangen ließ. Ich malte mir die perfekte Weihnachtswunderwelt aus, in die wir, sobald wir aus dem Flugzeug stiegen, eintauchen würden, eine Welt wie Disneyland, aber mit Schnee. Tatsächlich jedoch war es ein ziemlicher Schock für mich, weil ich nicht damit gerechnet hatte, wie fürchterlich kalt und dunkel es sein würde. Als wir am frühen Nachmittag ankamen, war der Himmel bereits schwarz, und ich fand es kälter als überall anders, wo ich bisher gewesen war. Die eisige Luft verschlug mir den Atem, und jedes Stück Haut, das ihr ausgesetzt war, brannte vor Kälte.

»Darauf war ich nicht gefasst«, sagte ich zu Kate und stemmte mich gegen den heftigen Wind. »Ist bei dir alles gut? Haben wir genug warme Sachen dabei?«

»Unmengen«, erwiderte Kate lächelnd, setzte eine dicke Fellkappe auf und wickelte Reef und Finn in Anoraks, Mützen, Schals und Handschuhe.

Kate sah glamourös und schön aus. Ihre Haare, seit der Chemo zwar nachgewachsen, waren kurz und dünn und viel dunkler als zuvor. Jetzt, da ihre neuen Haare unter der Kappe versteckt waren, sah Kate wieder viel mehr wie sie selbst aus. Es hätte mich nicht überrascht, wenn sie beim Absetzen der Kappe wieder ihr glänzendes blondes Haar frei geschüttelt hätte.

Wir gingen gleich am ersten Abend mit Reef und Finn neben dem Hotel Schlitten fahren. Beide Jungs stürzten sich furchtlos den Abhang hinunter und rasten mit halsbrecherischer Geschwindigkeit durch die eisige Luft. Finn wollte typischerweise schneller und weiter fahren als alle anderen.

»Ich frage mich, von wem er das hat?«, zog Kate mich auf. »So ein verrücktes Huhn!«

»Du musst grad reden«, frotzelte ich zurück. »Ich denke, er hat auch ein paar Gene seiner waghalsigen Mutter mitbekommen.«

In dem Moment startete Finn noch extravaganter als zuvor, nämlich Kopf voraus im Skeleton-Stil. Er ging ab wie eine Rakete. »Bist du wahnsinnig, Finn!«, schrie Kate. Dann schrien wir unisono: »Finn, NEIN!«, derweil mussten wir mit ansehen, wie er direkt auf den Grill zuraste, der neben dem Picknickbereich des Hotels stand.

»Singe!«, kreischte Kate und wandte sich in Panik an mich. »Schnell, halt ihn auf!«

Ich begann den Abhang hinunterzurutschen und zu schlittern, aber es war sinnlos. Finn raste mit Lichtgeschwindigkeit hinunter, ich hatte keine Chance, ihn zu erwischen. Man hörte einen abscheulichen Aufprall, dann war alles still. In der Ferne war es sehr dunkel, deshalb konnten wir nicht sehen, was passiert war. Als wir eine Sekunde später aus dem

Dunkel Finns Hilfeschrei hörten, waren wir unglaublich erleichtert.

Während ich auf den Grill zuschlitterte, sah ich zu meinem Erstaunen, dass Finn und der Schlitten unter dem Grillstand feststeckten. Seine Füße ragten auf der einen, sein Kopf auf der anderen Seite heraus. Er hatte Ruß auf seiner gelben Mütze und war zu Tode erschrocken, schien aber wundersamerweise unverletzt zu sein.

»Hilf mir, Daddy!«, sagte er. »Zieh mich schnell raus!«

Es dauerte ein paar Minuten, bis ich ihn freibekam, und als er wieder auf seinen Füßen stand, fing er zu giggeln an. Kate starrte ihn verdutzt an, stimmte dann aber in sein Lachen ein. Ihr liefen Tränen übers Gesicht, so sehr lachte sie, jedoch vor Erleichterung, wie ich betonen muss.

»Was habe ich gesagt?«, japste sie. »Ein verrücktes Huhn wie sein Vater!«

»He, sag das nicht«, erwiderte ich lachend und zielte mit einem Schneeball auf sie.

Als Kate zu lachen aufhörte, fing sie zu husten an. Die kalte Luft drang auch in ihren Hals ein, also beschlossen wir, dass es für diesen Tag genug war. Ich sah ihr an, dass sie sich den Jungs zuliebe gewaltig anstrengte, und ganz sicher merkte sie umgekehrt, dass ich mir Mühe gab, sie darin zu unterstützen und normal zu reagieren.

Das war nicht leicht, das können Sie mir glauben. Am liebsten hätte ich Kate in Watte gepackt, damit sie es warm hatte und keiner Gefahr ausgesetzt war. Ich wollte sie nicht den Elementen ausgesetzt sehen, ständig bemüht, so zu tun, als wäre alles wieder normal bei ihr. Kate war entschlossen, alles abzuhaken, was wir uns in unseren Träumen für Lappland vorgenommen hatten, und es hatte keinen Zweck, darüber mit ihr zu diskutieren.

Im Laufe der nächsten Tage besuchten die Jungs den Weihnachtsmann in seiner Glitzergrotte am Nordpol, und wir unternahmen gemeinsam Rentierfahrten. Die Unschuld der Jungs war anrührend. Sie sagten dem Weihnachtsmann, sie wünschten sich ferngesteuerte Autos und eine DVD der Blue Man Group. Und als der Weihnachtsmann dann sein Verslein sagte von den Wünschen, die für »brave Jungs« in Erfüllung gingen, wisperte Finn kaum hörbar: »Und dass es Mummy nicht mehr so schlecht geht.« Der Weihnachtsmann tätschelte ihm freundlich den Kopf und schien um Worte verlegen zu sein.

Kate war sehr gerührt und drückte die Jungs fest an sich. Sie war so glücklich, musste schließlich aber doch zugeben, dass sie erschöpft war. So erschöpft, dass wir uns vom Hotel einen Rollstuhl ausleihen mussten, um weiterhin mobil zu sein. Doch bald schon tauschte sie den Rollstuhl gegen ein Schneemobil aus, und ich werde nie vergessen, wie sie darin vor dem Hotel vorfuhr, eingewickelt in eine Decke, unter der sie es sich mit Reef und Finn gemütlich gemacht hatte, und fröhlich grinsend. Die Jungs gackerten glücklich, und Kates Lächeln war so breit wie der Gürtel des Weihnachtsmanns.

»Danke«, flüsterte sie mir eines Nachts zu. »Mit Lappland ist ein Traum in Erfüllung gegangen.«

»Du hast ihn wahr werden lassen«, rief ich ihr in Erinnerung.

»Könntest du mir einen Gefallen tun, Singe?«, fragte sie unvermittelt.

»Es ist gut möglich, dass man von hier das Nordlicht sieht, das habe ich mit meinem Smartphone recherchiert. Kannst du bitte rausgehen und für mich nachgucken? Ich würde es so gern sehen, das bringt Glück, weißt du?«

Ich wickelte mich warm ein und ging hinaus in den knirschenden Schnee, sah aber sofort, dass nichts auf das Nordlicht hindeutete. Ich hatte es vor vielen Jahren, kurz bevor ich Kate kennenlernte, in Skye in Schottland gesehen und das

Schauspiel begeistert verfolgt. Doch hier war der Himmel pechschwarz, und kaum ein Stern zeigte sich am Himmel.

»Wir haben kein Glück heute Abend«, berichtete ich ihr traurig, als ich zurückkam und sie und die Jungs bereits im Bett liegend vorfand.

Sie schlief ein, während ich noch wach war, und ich machte mir Sorgen, weil sie so schwer Luft bekam. Womöglich hatte sie sich doch zu viel zugemutet. Jede Nacht schickte sie mich los, um nach dem Nordlicht Ausschau zu halten, und jedes Mal wurde sie enttäuscht.

»Wir werden ein andermal Gelegenheit haben«, sagte ich ihr. »Wenn wir es hier nicht sehen, können wir irgendwann mal nach Skye fahren.«

Nach einer Woche freute ich mich darauf, an Weihnachten wieder zu Hause zu sein, wo wir die Schotten dichtmachen und dafür sorgen konnten, dass Kate es bequem hatte.

»Wie kommen Sie mit den Andenkenkisten voran?«, erkundigte sich Maria. Mit ihrer freundlichen Stimme zog sie mich wieder zurück auf die Bank in Plantations und rettete mich somit vor der eisigen Erinnerung an das, was nach Lappland gekommen war.

»Lustig, dass Sie Andenken erwähnen«, sagte ich und musste lächeln, als ich versuchte, das Bild von Kate auf dem Schneemobil gedanklich festzuhalten.

Maria lächelte mich warmherzig an. Ich erzählte ihr von den Piratentruhen, die ich in Deutschland bestellt hatte, und sie meinte, ich könne auch professionelle Hilfe in Anspruch nehmen, um Zeitungsausschnitte zu schützen, Fotos zu laminieren und so weiter.

»Ich kann mir vorstellen, dass Sie jetzt viel auszusortieren haben«, sagte sie einfühlsam.

Ich sah den Jungs zu, die auf der Hüpfburg ihren Spaß hatten. Sie machten einen völlig unbeschwerten Eindruck. Ihre

Erinnerungen an Kate konnten nur zwei, höchstens drei Jahre zurückreichen. An Lappland und Disneyland würden sie sich erinnern, und ich war mir auch ziemlich sicher, dass Reef sich noch an seine Zeit im Krankenhaus, mit seiner Mama an seinem Bett, erinnerte. Und hoffentlich erinnerten die Jungs sich auch noch daran, wie sie mit Kate im letzten Sommer Krabben am Strand gefangen haben, immerhin haben wir damals ein großes Trara darum veranstaltet und hinterher ein wunderschönes Foto gerahmt, um ihrer Erinnerung auf die Sprünge zu helfen. Ein Abzug davon würde auf jeden Fall einen Ehrenplatz in ihren Schatztruhen bekommen.

Aber was sonst? Es gab so viele Geburtstage und Weihnachten, so viele Höhepunkte, die Kate wichtig waren und die sie nicht vergessen sollten.

Es gab natürlich auch Tiefpunkte, und dabei fiel mir ein, dass ich darauf achten musste, die Vergangenheit nicht zu verklären. Das Leben war kein einziges großes Fest, vor allem war Kate ein Mensch, der die kleinen Dinge des Lebens genauso zu schätzen wusste wie die großen aufregenden Ereignisse.

Daran erinnerte mich Kates Liste. »*Mummy liebte Nachtfalter, Schlangen und Blindschleichen, Orangenbiskuitkekse, Marmelade und Gelee, Zitronenaufstrich.*« »*Liebte Meerschweinchen und Schmetterlinge, Walnut Whips, Erdbeerkäsekuchen.*«

Ich musste mich Kates Führung anvertrauen und auch Andenken an ganz gewöhnliche Alltagserlebnisse aufbewahren, obwohl wir in unserer Welt immer bemüht waren, jeden Tag zu einem besonderen und außergewöhnlichen zu machen.

An diesem Abend schliefen die Jungs ein, sobald ihre Köpfe die Kissen berührten. Es war ein großartiger Tag gewesen, und ich fühlte mich motiviert, die Andenkenkisten in Angriff zu nehmen. Nachdem ich den Jungs ihre Gutenachtküsse gegeben hatte, ließ ich das auch Kate wissen.

»Pass bitte auf die Jungs auf, bist du so nett?«, flüsterte ich mit Blick zu ihr da oben auf dem Schrank. »Ich habe einen großen Auftrag zu erledigen.«

Wir hatten unzählige Fotoalben und stapelweise Fotos auf die Schränke des ganzen Hauses verteilt. Ich wusste, dass einige davon hastig zusammengeworfen waren, andere aber von Kate liebevoll beschriftet und mit Andenken bestückt wie Tickets vom Bungee-Springen oder einer Rechnung aus einem Café am Great Barrier Reef. Anfangs hatte mich die Aussicht, die Fotos durchforsten zu müssen, entmutigt, aber jetzt fühlte ich mich dazu bereit und schlich leise durchs Haus, um sie zusammenzusuchen.

Außerdem zog ich die alten Zeitungs- und Zeitschriftenausschnitte aus den Ordnern und Umschlägen, die im Lauf der Jahre Staub angesetzt hatten, und ging noch einmal an die Schachteln mit den Liebesbriefen, weil ich überlegte, einen oder zwei davon zusammen mit ein paar Hochzeitsbildern in die Andenkenkisten der Jungs zu legen. Schließlich setzte ich mich, umgeben von den vielen Souvenirs meines Lebens mit Kate, auf den Holzfußboden am Fußende meines Bettes.

Als Erstes nahm ich den Deckel einer alten Dokumentenschachtel ab, aus der mich quicklebendig die Bilder unserer Vergangenheit ansprangen. Da war Katie Johnson im Alter von siebzehn Jahren, wie sie in einem Badeanzug posierte und im alten Lido von Clifton einen Strandball hochhielt. »Beach Babe«, lautete die Überschrift der Lokalzeitung und lag damit nicht falsch. Sie war wirklich eine blonde Sexbombe. Ich weiß noch genau, wie die anderen Jungs ein Auge auf sie in ihrem schwarzen Badeanzug warfen und wie froh ich war, dass ich an diesem Tag Dienst als Rettungsschwimmer hatte und meine Katie gut im Auge behalten konnte. Das Papier vergilbte bereits, aber Kate war noch immer deutlich zu erkennen. In meiner Erinnerung war sie noch so lebendig, als wäre das Foto erst gestern gemacht worden.

Als Nächstes entdeckte ich ein paar Fotos, auf denen wir, unglaublich jung damals, als Models posierten. Einer von Kates Kommilitonen am College machte eine Ausbildung zum Fotografen und bat sie, ihm Modell zu sitzen. Sie saß in einem hübschen Garten und machte das ganz fabelhaft; sie sah umwerfend aus mit ihrem fröhlichen Lachen, das ihre Wangen wie Pfirsiche rundete.

»Komm her, Singe, mach mit«, rief sie und streckte mir ihre Hand hin. Ich ging und setzte mich neben sie.

»Soll wohl die Schöne und das Biest werden?«, scherzte ich und lächelte in die Kamera.

Im Unterschied zum »Beach Babe«-Foto kam es mir vor, als lägen die Model-Aufnahmen mehrere Leben zurück. Erinnerungen waren eben unberechenbar, sagte ich mir. Man wusste nie, wie sie auf einen wirkten. Als Nächstes sah ich ein verblasstes Foto von Katie in einem Flugzeug, ich war ebenfalls mit auf dem Bild und saß neben ihr. Wir waren unterwegs nach Österreich, wo wir Ski fahren wollten. Seltsam, dachte ich. Unser erster gemeinsamer Urlaub fand im Schnee statt, genau wie unser letzter in Lappland. Das Foto fing Kate vor ihrem allerersten Flug ein, und ich konnte noch immer die Aufregung in ihrem Gesicht erkennen, als wir uns startklar machten.

Wie sich herausstellen sollte, wurde es ein Horrorflug, der schlimmste, den ich je erlebt habe. Kate war so glücklich, dabei zu sein, denn ihre Eltern hatten sich dagegen gewehrt, uns gemeinsam in Urlaub fahren zu lassen. Sie hatte sogar die Unterschrift ihres Vaters gefälscht, um einen Pass zu bekommen. Das kam allerdings heraus, als er den Brief der Zollbehörde öffnete, weil sie das Formular nicht korrekt ausgefüllt hatte. Daraufhin kam es unvermeidlich zu Krach und Tränen, Entschuldigungen und Ultimaten, ehe Kates Eltern endlich die Erlaubnis zur Reise erteilten.

»Ist das normal?«, erkundigte sich Kate und ergriff meine Hand.

Es war ein Nachtflug, und wir hatten mit fürchterlichen Turbulenzen zu kämpfen, während das Flugzeug von einem Unwetter ins nächste trudelte. Die Passagiere kreischten, weil sie auf ihren Sitzen hin und her geschleudert wurden. Taschen und Skistiefel purzelten aus den Gepäckfächern über unseren Köpfen, und die Stewardessen wurden wie Streichhölzer herumgeworfen.

»Äh, es kommt schon mal vor, dass es ein wenig böig wird«, bluffte ich. »Mach dir keine Sorgen, Katie, halt meine Hand fest, dann wird alles gut. Es dauert nicht mehr lang.«

Ich muss zugeben, dass ich selbst auch Angst bekam, als wir zum Landeanflug ansetzten. Man spürte regelrecht, wie das Flugzeug vom Wind herumgeschubst wurde, bis es plötzlich wie ein Stein vom Himmel fiel. Es war eine sehr unsanfte Landung, halb auf der Landebahn, halb auf der Wiese. Kate hielt meine Hand so fest, dass sich ihre Nägel in meine Haut gruben. Später erfuhren wir, dass wir 800 km/h Rückenwind und 80 km/h Seitenwind hatten – eine höchst prekäre Kombination.

»Das war nicht wirklich normal, oder, Singe?«, fragte Kate anklagend, als wir die Sicherheit des Terminals erreicht hatten.

»Äh, nicht ganz«, erwiderte ich mit schuldbewusstem Lächeln. »Einen derart schlimmen Flug habe ich bisher noch nicht erlebt. Aber es war die Aufregung wert. Ich kann es gar nicht erwarten, dir Ski fahren beizubringen, du bist bestimmt ein Naturtalent.«

Sie gab mir einen verschmitzten Klaps auf den Rücken.

»Genauso, wie du es wert bist«, sagte sie.

Kate hatte eigentlich vor nichts Angst. Entsprechend schnell lernte sie, Ski zu fahren, und hatte großen Spaß daran. Ich konnte mein Glück kaum fassen, nicht nur eine Freundin zu haben, die umwerfend gut aussah, sondern eine, die wie ich sportbegeistert und abenteuerlustig war. Wie ich wollte

Kate so viel wie möglich in jeden einzelnen Tag hineinpacken, und jeder Augenblick sollte so aufregend wie möglich sein.

Ich legte die Österreich-Fotos beiseite und nahm ein schweres, teuer aussehendes Fotoalbum zur Hand. Auf der ersten Seite prangte ein Hochzeitsfoto, das Kate und mich zeigte, wie wir aus der Kirche kamen und mit strahlenden Gesichtern unter einem Konfettiregen einhergingen.

Keiner hätte uns zugetraut, dass wir heiraten würden, und es dauerte auch Jahre, bis wir uns nach unserer Verlobung das Jawort gaben, denn immer wieder kam uns ein anderer Urlaub dazwischen, mussten andere Dinge in Angriff genommen werden, an die wir uns später erinnern konnten.

Von unseren zweiundzwanzig gemeinsam verbrachten Jahren waren wir nur knapp vierzehn Jahre ein Ehepaar gewesen, aber ich bedauerte es nicht, dass wir nicht früher geheiratet hatten, denn das war unwichtig. Katie und ich haben schon alles gemeinsam gemacht, bevor sie meine Frau wurde, und danach haben wir nicht damit aufgehört. Wir waren an unserem Hochzeitstag noch genauso vernarrt ineinander wie als verliebte Jugendliche, und so blieb es, bis der Tod uns schied.

Wohin wir auch fuhren, fotografierten wir wie wild, und ich bin froh darum. Ich wusste, dass die Jungs eines Tages Spaß daran haben würden, sich die Bilder anzusehen, und ich fühlte mich Kate so nah, wenn ich meine Gedanken immer und immer wieder auf Zeitreise schickte.

Ich entdeckte ein Foto von Kate, das sie beim Schnorcheln zeigte, und musste laut auflachen. Darauf sieht man sie Nase an Nase mit einem zornigen Clownsfisch, der sich wütend vor ihr aufbläst. Kate lacht sich um Kopf und Kragen. Dieses Foto sagt so viel aus über Kate. Sie war immer eine Ulknudel, fand immer etwas, worüber sie lachen konnte. Ihr war bewusst, dass Clownsfische ziemlich ärgerlich werden können, wenn man über ihrer Seeanemone schwebte. Dann kommen sie herausgeschwommen und nähern sich deinem Gesicht bis auf wenige Zentimeter. Wenn sie dann ihr eigenes Spiegelbild in deiner Tauchermaske sehen, drehen sie völlig durch und leuchten dir heim.

An jenem Tag quälte Kate viele dieser kleinen Fische. Sie klappte in Sitzposition zusammen, um ihren Auftrieb perfekt zu kontrollieren, bevor sie ein Seeanemonenfeld querte. Ein winzig kleiner Clownsfisch war so wütend auf sie, dass er sich in ihrem Haar verbiss und daran zog. Kate fand das unglaublich komisch. Die Interaktion zwischen Kate und Geschöpfen aller Art war faszinierend, und sie in Aktion zu erleben genoss ich mindestens so sehr, wie selbst zu tauchen und zu schnorcheln.

In einem anderen Fotoalbum fand ich einen Reiseplan, den Kate abgetippt hatte und in dem alle Einzelheiten aufgelistet waren, die mit unserer 1998 unternommenen einmonatigen Reise nach Australien, Neuseeland und Fidschi zu tun hatten.

Dienstag, 3. November: Fahrt nach Cairns, um die nächste Bootsfahrt und Unterkunft zu buchen. Wette für den Melbourne Cup auf Champagne abgegeben, der als Zweiter einlief! Die Crystal Cascades besucht, Schmetterlinge und Schlange gesehen, Dinner bei McDonald's. Fahrt zum Wild World Zoo, dort einen Aborigine aus Yeovil und einen Koala namens Hamilton getroffen. Fahrt nach Port Douglas zum Tee.

Jeder Tag war voller Action. Ich musste unweigerlich grinsen, als ich das las. Auf dieser Reise hatten wir beide uns wie im Paradies gefühlt. Wir waren über Europa und Dubai nach Australien geflogen und mit einem Zwischenstopp in Amerika zurück nach Hause, nachdem wir noch Neuseeland und

Fidschi besucht hatten, sodass wir sagen konnten, die Welt umrundet zu haben. Ich las weiter und schwelgte in Erinnerungen.

»Mittwoch, 4. November: Bin viermal getaucht, alle Tauchgänge waren gut. Habe einen Kartoffelbarsch beruhigt und Singe gerettet.«

»Ich kann mich nicht erinnern, dass ich gerettet werden musste, Kate«, sagte ich ironisch und drehte dabei meinen Kopf in Richtung Schrank im Zimmer der Jungs. Ich erinnerte mich tatsächlich nicht und wünschte, ich hätte Kate bitten können, mir die Geschichte wieder ins Gedächtnis zu rufen.

»Samstag, 21. November: Haben die Frühmaschine nach Auckland genommen und dann nach Fidschi. Sky Tower gesehen. Helikopterflug zur Insel, dort geschnorchelt. Tolle Sterne und Geisterkrabben gejagt. Haie gefüttert und Nachttauchen.«

»Wir müssen die Insel ganz umrunden«, hatte ich zu Kate gesagt.

Wir befanden uns auf der Matamanoa-Insel von Fidschi, in der Nähe der Stelle, wo Tom Hanks den Film *Cast Away – Verschollen* gedreht hat. Es war Idylle pur, aber Kate sah mich entsetzt an.

»Singe, man hat uns doch gesagt, wir sollen die andere Seite der Insel meiden«, sagte sie aufgebracht.

Sie hatte recht. Wir waren gewarnt worden, dass die Küste dort aus gefährlich zerklüfteten Felsen und Korallen bestand, aber ich konnte der Herausforderung nicht widerstehen, auch Matamanoa zu umrunden.

»Ich weiß, dass es dort an einigen Stellen ein wenig zerklüftet ist«, gab ich zu. »Aber das sind doch nichts weiter als ein

121

paar alte Felsen und Korallen. Wir schaffen das.« Kate sah mich zweifelnd an und war ein wenig sauer.

»Erinnerst du dich noch an unser Motto?«, fragte ich. »›Wenn du nichts riskierst, bist du fehl am Platz.‹«

Sie zuckte seufzend die Achseln und nickte dann widerwillig.

»Dagegen kann ich nichts sagen. Dann also los.«

»Das ist meine Kate!«

Ich nahm sie an der Hand, und sie lächelte mich an. Ihre kleinen zarten Finger umschlossen meine. Auf keinen Fall würde ich Kate einer Gefahr aussetzen, nicht in einer Million Jahren. Bei mir war sie sicher, ich würde auf sie achtgeben und vor Schaden beschützen.

Es war eine atemberaubende Wanderung. Der Sand unter unseren Füßen war weiß, der Himmel türkis und silbern, und Kate und ich hatten das Gefühl, dass die heiße Sonne nur für uns schien. Als wären wir die einzigen Menschen auf der Welt.

»Ich liebe dich, Singe«, sagte Kate, »obwohl du manchmal komplett verrückt bist.«

Wir suchten uns nun unseren Weg über das zerklüftete Stück der Küste, während Wellen hinter uns in die Höhe brandeten. Kate mochte es nicht, wenn sie knurrend gegen die Felsen klatschten und wie wütende Hunde drohten, uns in die Fersen zu beißen. Sie kreischte jedes Mal und klammerte sich verzweifelt an mich.

»Du machst das ganz ausgezeichnet«, sagte ich. »Geh einfach weiter.«

Das tat sie, aber es ging mir ziemlich an die Nieren, als ich merkte, dass Kate vor lauter Angst zu weinen angefangen hatte. Das war nicht geplant gewesen.

»Na, komm schon, geh weiter«, ermunterte ich sie. »Ich lass dich nicht los. Halt dich an mir fest und geh weiter.«

Mutig nahm Kate den letzten schroffen Felsen in Angriff,

der uns schließlich zu dem Ort zurückführte, wo wir vor ein paar Stunden gestartet waren.

»Dafür habe ich eine Medaille verdient«, sagte sie und schnaubte vor Erleichterung, als sie auf den trockenen, flachen Sandstrand sprang.

»Die ist dir gewiss. Wir werden sicherlich was Entsprechendes zur Erinnerung finden.«

Während ich noch sprach, überspülte eine Welle den Strand und legte Kate eine perfekte, glänzende Nautilusmuschel vor die Füße. Das Timing war unglaublich, und ich nahm meine Kamera und fotografierte sie dabei, wie sie die Muschel aufhob.

»Da hast du deine Medaille«, lachte ich. »Für Kate, die ewige Gewinnerin!«

Den Ausdruck von Entzücken und Befriedigung auf Kates Gesicht werde ich nie vergessen. Wie immer war ihre Angst schnell vergessen, und die Nautilusmuschel wurde zu ihrer bleibenden Erinnerung an Fidschi.

Meine Erinnerungen überwältigten mich. Sie waren allesamt glücklich, doch genau das machte sie jetzt so tragisch. Diese vielen Fotos und Videos waren dafür gedacht gewesen, dass wir sie uns gemeinsam anschauten und dabei in Erinnerungen schwelgten, wenn wir alt und grau waren und nicht mehr reisen konnten.

Jetzt konnte ich keinen dieser Orte mehr mit Kate aufsuchen, weder in Person noch im Geiste. Sie waren nur noch Teil unserer Geschichte und für die Ablage in Andenkenkisten bestimmt. Unsere gemeinsame Reise war zu Ende, und es traf mich hart, dass sie viel zu früh geendet hatte. Aber ich durfte Kate nicht enttäuschen. Ich musste an den glücklichen Erinnerungen festhalten. Wir hatten zusammen ein so wunderbares Leben gehabt, und das hatte unabänderlich Bestand.

Mein Blick fiel auf ein Foto von unserem klugen alten Cairn Terrier Frazzle, der ein paar Jahre vor Kate gestorben war. Er war in erster Linie mein Hund gewesen und hatte es nie versäumt, früh am Morgen auf meine Seite des Bettes zu springen, ohne Kate dabei eines Blickes zu würdigen. Als Reef geboren war, stellten wir sein Bettchen neben Kates Bettseite, und als Frazzle am nächsten Morgen hereinkam, sah er sich erst wachsam um, bevor er, ohne mich zu beachten, zur anderen Seite tapste, um sich den neugeborenen Reef anzusehen und zu beschnüffeln. Dann sprang Frazzle hoch zu Kate und leckte sie zustimmend ab.

»Ich könnte schwören, das Frazzle lächelt«, lachte Kate. »Sieh dir nur sein Gesicht an!«

Es war ein wunderbarer Augenblick – ein gutes Omen, wie wir dachten. Wir waren eine glückliche kleine Familie, durch Liebe fest miteinander verbunden, und selbst der Hund war zufrieden.

Als Nächstes öffnete ich ein verblasstes gelbes Paket mit Fotos, komplett mit Negativen, und sah mich und Kate in einem Restaurant auf Menorca mit ihren Eltern. Als Vorspeise hatten Kate und ich das Teuerste auf der ganzen Speisekarte bestellt: Riesengarnelen in Knoblauch. Danach wurde uns fürchterlich übel, und Kates Eltern, die mit ihrer Minestrone auf Nummer sicher gegangen waren, hatten Spaß daran, sich über uns lustig zu machen. Ich erinnerte mich, dass Kate ein von mir ausgesuchtes T-Shirt getragen hatte, das mit »vorne« und »hinten« bedruckt war, meine freche Anspielung darauf, dass sie ziemlich flachbrüstig war.

»Du kannst nicht alles haben«, sagte ich, als sie deswegen schmollte. »Du hast blonde Haare und blaue Augen und eine umwerfende Figur – nun werd mal nicht gierig!«

»Irgendwann mal werde ich mir den Busen vergrößern lassen«, erwiderte sie darauf immer. »Ich hätte auch gern Busen.«

»Du bist perfekt so, wie du bist«, erwiderte ich immer und meinte es auch so.

Gott sei Dank hatten wir keine Kristallkugel.

In einem anderen Album sah ich uns beide in Israel auf Kamelen in einem Beduinenlager reiten. Wie üblich befanden wir uns an der Spitze der Gruppe. Bei allem, was wir unternahmen, kümmerten Kate und ich uns um die besten Plätze. Sie sieht auf dem Foto so unglaublich jung aus, war vermutlich noch keine zwanzig. Nachdem wir jene erste Reise nach Österreich gemacht hatten, konnte uns nichts mehr aufhalten, und wir unternahmen so viele Urlaube, wie wir uns nur leisten konnten.

Einmal gewannen wir einen Urlaubsgutschein über fünfhundert Pfund, nachdem wir für einen Fotowettbewerb die Nahaufnahme eines Pufferfischs eingereicht hatten, der eine Ray-Ban-Sonnenbrille trug. Wir waren uns sofort einig, dass wir das Geld für eine Reise nach Antigua ausgeben wollten. Ich schloss meine Augen und stellte mir vor, wie wir diese prächtigen Inseln der Karibik umsegelten. Wir machten eine Schiffsreise, auf der Kate, die es nicht gewohnt war, viel zu trinken, von dem Gratisrum an Bord ziemlich betrunken wurde.

»Komm tanzen!«, rief sie jedem zu, der es hören wollte, und der Bootsbesitzer legte mit ihr ein paar schnelle Rumbas und Mambos aufs Parkett. Er fand Kate toll und genoss die Zeit mit uns so sehr, dass er mir erlaubte, seinen millionenteuren Katamaran, die Kokomo Cat, auf drei Viertel der Strecke rund um Antigua zu steuern, sehr zu Verärgerung einiger deutscher Touristen, denen er dieses Privileg verweigerte. Das war eine ganz typische Kate-Situation. Wenn man mit ihr zusammen war, passierten einem tolle Sachen, jedenfalls war das damals so.

Wir erfuhren, dass Antigua über dreihundertfünfundsechzig Strände verfügt, für jeden Tag des Jahres einen. Ich verlor den Überblick, an wie vielen wir Hand in Hand entlangliefen und Mangos, Ananas und Kokosnüsse aßen, die wir dort, wo sie vom Baum gefallen waren, einfach auflasen.

»Wäre es nicht fantastisch, ein ganzes Jahr hier zu verbringen, jeden Tag an einem anderen Strand?«, meinte Kate.

Wir überlegten beide kurz und tauschten dann einen wissenden Blick.

»Nee«, sagte ich lachend. »Es gibt noch viel zu viel anderes zu sehen!«

»Genau«, schloss Kate sich lächelnd an. »Wohin fahren wir als Nächstes?«

Afrika war das nächste Album, das ich heraussuchte. Kate liebte Tiere aller Art, und ich sehe sie vor mir, wie sie erst ein Buschbaby mit Bananenstückchen füttert und sich im nächsten Augenblick in unserem Hotel in Kenia einen Riesenpython um den Hals wickelt. Voller Bewunderung beobachtete ich sie dabei, wie sie kundig über dessen Schuppen strich, wo andere kreischten und entsetzt zurückschreckten. »*Mummy mochte Schlangen.*« So viel steht fest.

Wir besichtigten die Tierreservate Tsavo East und Tsavo West. Unter einer erbarmungslos herabbrennenden Sonne fuhren wir mit Staub im Mund im Safarijeep über holprige Pisten und wurden mit dem Anblick von Zebras, Giraffen, Elefanten, Büffeln, schwarzen Nashörnern und Löwen belohnt. Eine Nacht lang beobachteten wir ehrfürchtig eine Herde von etwa fünfzig Elefanten, angeführt von einer gewaltigen Matriarchin, die sich leise dem Wasserloch vor unserer Lodge näherte. Trotz ihrer gewaltigen Größe schafften die erwachsenen Tiere es, sich geräuschlos und routiniert paarweise so aufzustellen, dass ein sicherer Durchgang für die Elefantenkinder entstand und auch sie trinken konnten. Es war atemberaubend.

In einer anderen Nacht klopfte es um ein Uhr morgens an unserer Zimmertür. Vom Hotel war frisches Fleisch als Köder auf einer Plattform ausgelegt worden, die von unserem Fenster aus zu sehen war. Wir hatten darum gebeten, informiert zu werden, sollte sich dort etwas tun.

»Draußen sind zwei Leoparden«, teilte uns der Nachtportier flüsternd mit. »Versuchen Sie ganz leise zu sein und bleiben Sie im Zimmer. Letztes Jahr wurde einer unserer Kellner getötet.«

Ich schlief zwar schon halb, war aber so aufgeregt, dass ich in meiner Eile, mich anzuziehen, versehentlich mit beiden Beinen in ein Hosenbein schlüpfte und gegen das Fenster knallte. Kate hielt erst die Luft an und prustete dann los, als sie sah, was ich getan hatte. »Du hättest selbst als Köder enden können«, meinte sie. »Hoffentlich hast du sie jetzt nicht verschreckt!«

Wir spähten gemeinsam hinaus und trauten uns kaum zu atmen, als wir zwei prächtige Leoparden auf Beutezug sahen. Verzaubert beobachteten wir sie, völlig hingerissen von ihrer Majestät und Schläue. Es waren ein Männchen und ein Weibchen, und nachdem sie das Fleisch wachsam verputzt und sich die Lippen geleckt hatten, schlichen sie sich davon. Später sahen wir, wie sie sich in der Ferne paarten.

»Wir werden zurückkommen müssen, um ihre Jungen zu sehen«, wisperte Kate.

Wir waren inzwischen älter, Kate Ende zwanzig, ich in den Dreißigern. Wir überlegten auch, nach Amerika zu fahren, und waren uns beide einig, dass dies als »absolutes Muss« auf unserer Liste stand.

»Wir sollten warten, bis wir Kinder haben, dann können wir nach Florida und Disneyland«, meinte Kate.

Dem konnte ich nur von ganzem Herzen zustimmen. Mir war bewusst, dass Kates biologische Uhr inzwischen tickte. Es gab nur wenige Vorschläge von ihr, mit denen ich nicht einverstanden war, und dieser sah ganz nach einem Plan aus. Immer schon wollten wir eines Tages gemeinsame Kinder haben, und sollte uns dieses Glück beschieden sein, stand für uns fest, dass wir auch weiterhin reisen und das Leben in vollen Zügen auskosten wollten. Unsere Kinder würden wie wir in der ganzen Welt tauchen, Jetski fahren und Bungee-Springen. Jedenfalls erhofften wir beide uns das.

Bei uns stand immer ein Boot in der Einfahrt oder auf dem Hinterhof. Das letzte gemeinsame hatten wir *Singe 1* getauft. Es war ein knallgelbes 4,8 Meter Ribcraft, das wir mit einem 90 hp Motor ausgestattet hatten, um es von einem Wasserskiboot in ein Überschallboot umfunktionieren zu können. Wir hatten es seit nunmehr zehn Jahren und holten es bei jeder sich bietenden Gelegenheit heraus, um es zu unseren Lieblingsorten in Torquay, Lyme Regis und hinunter zum Bristol Channel zu schleppen, komplett mit der Ausrüstung fürs Windsurfen und Scuba-Tauchen oder unserem silbernen Jetski.

In den Anfangstagen hatten wir nicht viel Geld und blieben mit unserem alten Skoda oder Cavalier oft liegen. Dann mussten wir den Abschleppdienst des Automobilklubs bemühen, um wieder nach Hause zu kommen. Doch es war die Mühe jedes Mal wert. Draußen auf dem Meer zu sein war für uns beide mit das Schönste. Kate und ich schliefen sogar mehr als fünfzehn Jahre auf einem Wasserbett und machten Scherze darüber, dass wir niemanden kannten, der so viel Zeit auf dem Wasser verbrachte wie wir. Als die Jungs kamen, nahmen wir sie mit auf unsere Touren und brachten ihnen, noch bevor sie laufen konnten, bei, wie man ein Boot steuerte.

Inzwischen war *Singe 1* alt, und Kate hatte mir geraten, einen Teil des Geldes aus ihrem Nachlass für den Kauf eines tollen neuen Bootes auszugeben. Und wie immer war sie auch hier um die Sicherheit der Jungs bedacht. *»Kaufe ein Boot mit Sitzen, damit Reef und Finn darin sitzen und das Meer beobachten können.«*

»Bitte sei vorsichtig, Singe«, sagte sie und ließ sich Zeit mit dem Niederschreiben dieses Wunsches auf ihre Liste. »Diddy ist ein Draufgänger, genau wie du«, ergänzte sie und warf mir einen wissenden Blick gemischt mit Stolz und Sorge zu. »Sei

vorsichtig, um mehr bitte ich dich gar nicht.« Den Spitznamen Diddy haben wir Finn verpasst, nachdem er als winziges Frühchen geboren wurde. »Und Reef muss wegen seines
Beins auf sein Gleichgewicht achten. Ich möchte nicht, dass
sie auf den Reifen fahren. Bitte kauf ein wirklich gutes Boot
und achte auf bequeme Sitze, damit ihre Sicherheit gewähr-
leistet ist.«

Sie schloss kurz die Augen, und ich nahm an, dass sie sich
vorstellte, wie wir drei in einem schönen neuen Boot übers
Meer flitzten. Dabei machte sie, wie ich fand, einen sehr ruhigen und friedlichen Eindruck, doch als sie ihre Augen wieder
öffnete, waren sie feucht.

»Ich verspreche es dir«, sagte ich. »Ich werde auf die Jungs
gut aufpassen und ihnen beibringen, wie Mummy das Wasser zu lieben.«

Wir lagen einander weinend in den Armen.

Als ich ein Fotoalbum nach dem anderen zuklappte und
mich wieder in die Gegenwart zurückholte, zurück auf den
Fußboden am Fuße meines Bettes, kamen mir wieder die
Tränen.

Der 22. März war Kates Geburtstag. Sie wäre neununddreißig
Jahre alt geworden. Ich sah diesem Tag mit sehr gemischten
Gefühlen entgegen, seit ihrem Tod hatte ich mich bereits mit
dem Valentinstag und dem Muttertag befassen müssen.

Der Valentinstag war grauenhaft gewesen. Ich glaube, es
war das erste Mal, seit ich etwa zehn Jahre alt war, dass ich
keine Karte bekam. Kate und ich gingen immer essen. Ich
kaufte ihr Blumen, wir tranken Champagner, und dann
durfte ich mich an ihr schadlos halten. Dieses Jahr versuchte
ich es einfach zu verdrängen. Es war ein leeres Datum in meinem Terminkalender, und ich redete mir gut zu, dass es für
mich keine Bedeutung hatte, und das stimmte ja auch. Doch
ich weiß noch gut, dass ich, als die Jungs am Abend dieses

Tages im Bett waren, den Wasserkessel aufsetzte, um mir Tee zu machen, und mich währenddessen zur Ablenkung durch die Fernsehkanäle zappte. In rascher Folge sah ich drei Bilder von sich küssenden Paaren: das eine in einer Dokumentation aus dem wirklichen Leben, ein anderes in einer Soap und dann noch eins in einem schmalzigen Film. Ich schaltete den Fernseher aus, ging zurück in die Küche, wo der Dampf bereits die Fliesen beschlug, und fing an zu weinen. Eine Zeitlang starrte ich die Tropfen an, die an der Wand abperlten, bis ich mich wieder erinnerte, dass ich mir Tee aufbrühen wollte. Als ich dann aber keine Teebeutel fand, setzte ich mich auf den Boden und heulte mir stattdessen die Augen aus dem Kopf.

Am Muttertag, der immer am vierten Fastensonntag gefeiert wurde und in diesem Jahr auf den 14. März gefallen war, hatte ich versucht, mich auf alle meine »Mütter« zu konzentrieren – meine Mutter, meine Stiefmutter, Kates Mutter. Jede bekam von mir eine Karte, ich unterhielt mich mit ihnen allen, und Martin und Christine nahmen Reef und Finn mit zu Kates Grab, auf das sie eine Rose legen durften. Die Lehrer in der Schule kümmerten sich einfühlsam darum, dass die Jungs trotzdem Karten basteln konnten, die sie dann an »Nanny«, also ihre Großmutter, anstatt an »Mummy« adressierten. Doch wie am Valentinstag war ich froh, als der Tag vorüber war. Reef und Finn hatten keine Mummy mehr, und dieser Tag diente nur dazu, mir das wieder in Erinnerung zu rufen.

Kates Geburtstag verlief jedoch anders. Sie hatte mich ausdrücklich gebeten, »*Geburtstage groß zu feiern*«, also beschloss ich, ihren davon nicht auszunehmen, egal ob sie das damit gemeint hatte oder nicht. Ich war bereits seit mehreren Wochen auf der Suche nach einem Boot unterwegs gewesen und hatte zu meiner großen Freude eins entdeckt. Als Abholtag wählte ich Kates Geburtstag, der auf einen Montag fiel. Wie das Glück es wollte, wurden an diesem Tag auch Gelder aus Kates Nachlass freigegeben, sodass ich nicht nur die Hypothek zurückzahlen, sondern auch noch das Boot kaufen konnte.

»Ich kann Ihnen gar nicht sagen, wie perfekt dieses Timing ist«, erzählte ich Mark, dem Chef von Ribcraft in Yeovil, als er mich anrief, um mir zu sagen, dass das Boot abgeholt werden konnte. Er hatte Kate persönlich gekannt, weil sie bei seinen Mitarbeitern ihren Fortgeschrittenenkurs für Motorbootfahren gemacht hatte. Als einzige Frau im Kurs, der ansonsten aus einer Gruppe von Fischern, älteren Rettungsschwimmern und fortgeschrittenen Segellehrern wie mir bestand, hatte sie ziemlich Eindruck gemacht.

Ich habe diesen Kurs noch gut in Erinnerung. An dem Abend, als wir den Hafen von Weymouth verließen, blies eine steife Brise und ließ bis zu zwei Meter hohe Wellen an Deck unseres Fischerboots krachen. Kate hatte ihren Spaß daran, aber einige der anderen Kandidaten kamen mit den Umständen nicht so gut zurecht, sodass wir wieder an Land gehen mussten. Am folgenden Abend war das Meer glatt, ruhig und kristallklar. »Das gefällt mir auch«, sagte Kate. »Ich komme mir vor wie bei einem richtigen Abenteuer!« Ich wusste genau, was sie meinte. Nach Einbruch der Dunkelheit unter einem schwarzen Himmelszelt auf dem ruhigen Meer zu sein hatte etwas Aufregendes und fast Urzeitliches.

Alle Mitarbeiter von Ribcraft waren entsetzt, als sie von Kates Tod erfuhren, und überschlugen sich fast, als ich auf der Suche nach einem neuen Boot zu ihnen kam. Ich wählte ein Festrumpfschlauchboot – ein RIB (rigid inflatable boat). Es war für eine Bootsausstellung gebaut worden, und sobald ich es sah, wusste ich, dass es das Unsere werden musste. Kate wäre davon begeistert gewesen. Es hatte mattschwarze Schläuche, der Schiffskörper war leuchtend gelb – genau die Farben, die unsere Boote schon immer hatten. »Es wird aussehen wie eine mit Steroiden vollgepumpte Wespe, wenn wir sie aufs Wasser lassen«, scherzte ich. »Die Jungs werden aus dem Häuschen sein. Ich muss es haben!«

Ich bestellte sämtliche Extras wie einen A-Frame und eine Befestigung für das Schleppseil, damit ich Reef und Finn Wasserski fahren beibringen konnte, serienmäßig verfügte es über einen 100 hp Suzukimotor, der wunderbar schnurrte und pfeilschnell war. Zu Ehren von Kate wurde mir ein großzügiger Rabatt gewährt, was ich absolut rührend fand. Damit die Jungs mitkommen konnten, vereinbarte ich einen Abholtermin nach der Schule.

»Wie sieht das neue Boot denn aus, Daddy?«, erkundigte Reef sich aufgeregt.

»Es ist cool«, sagte ich.

»Was daran ist cool?«, hakte Finn nach.

»Das werdet ihr schon sehen.«

Ich drehte im Wagen die Musik laut, und Reef übernahm die Regie über den iPod und spielte Hits von Rihanna, seiner Lieblingssängerin. Als wir uns Riocraft näherten, wechselte Reef zu »The Boys Are Back in Town« von Thin Lizzy. Wir waren alle wie im Rausch, und mein Herz klopfte wie wild, als wir vor dem Showroom parkten.

»Wir sind da!«, kreischte Finn.

Ich spürte ein regelrechtes Prickeln in meinen Adern. Es war ein vertrautes Gefühl, das ich aber schon seit einer Ewigkeit nicht mehr gehabt hatte. Mir wurde bewusst, dass dies das erste Mal seit Kates Tod war, dass ich mich wieder meinem früheren Ich annäherte, mich glücklich und normal fühlte, ganz zu schweigen von meiner Aufregung.

Finn entdeckte es als Erster und zeigte auf das glänzende schwarz-gelbe Motorboot, das vor dem Laden geparkt war.

»Können wir so eins haben, Daddy?«, gluckste er.

»Mir würde ein solches Boot gut gefallen«, sagte Reef. »Können wir so eins kriegen?«

Um der Dramatik wegen ließ ich ihre Worte einen Moment in der Luft hängen.

»Das hier?«, fragte ich und blieb stehen, um es mir anzusehen.

»Ja!«, schrien beide wie aus einem Mund. »Bitte, Daddy!«

»Ja, okay, das nehmen wir!«, erwiderte ich begeistert und kostete den Moment aus.

Beide Jungs sahen mich erstaunt an und brachen dann in Jubelgeschrei aus.

»Wiiirklich?«, sagte Reef ungläubig. »Können wir das wirklich haben?«

Ich legte meine Arme um beide Jungs.

»Ja, das können wir ... weil das nämlich unser Boot ist, Jungs!«, verkündete ich triumphierend.

Ich beobachtete sie dabei, wie sie, aufgeregten Ameisen gleich, mit glänzenden Augen darauf herumkletterten, jubelten und lachten. Ich sagte ihnen, der Name des Boots sei *4 Saints*. Die Jungs tragen beide St John als zweiten Vornamen, das machte mit mir drei Heilige. Da Kate nun irgendwo auf einer Wolke saß, fand ich, dass man auch ihr den Heiligenstatus zusprechen konnte. Der Name schien stimmig zu sein, zumal meine Firma »Training Saints« hieß.

Die Jungs setzten sich in die zwei Sitze im hinteren Teil des Boots, und ich bat sie, einen Moment lang gut zuzuhören.

»Mummy wollte, dass wir dieses Boot bekommen«, erklärte ich ihnen. »Und heute ist Mummys Geburtstag. Ich denke, es wäre schön, wenn wir diesen Tag immer ›Mum's Day‹ nennen würden. Was haltet ihr davon?«

»Ja!« Reef war begeistert.

»Jaa, Daddy«, schloss Finn sich an. »Das gefällt mir. Können wir in diesem Boot jetzt richtig schnell flitzen? Wie schnell können wir fahren?«

Einer der Verkäufer kam heraus, um uns zu begrüßen.

»Alles in Ordnung, Singe?«, erkundigte er sich.

»Das kann man wohl sagen«, erwiderte ich strahlend und nickte Reef und Finn zu. »Die Jungs sind im siebten Himmel!«

Ich schaute hoch und fragte mich, ob Kate wohl auch im Himmel war und womöglich tatsächlich auf einer Wolke saß und auf uns herabschaute.

»Danke, Kate«, sagte ich, als ich später einen Moment für mich hatte, für den Fall, dass es so war.

Kate wäre begeistert gewesen, die leuchtenden Augen der Jungs zu sehen, so wie in Lappland. Ihr hatten wir es zu verdanken, und ich war so dankbar, dass ich hätte weinen können. Ich würde alles daransetzen, dass die Jungs viele Stunden Spaß auf diesem Boot hatten, und ich würde jedes Jahr an Kates Geburtstag an dieses fantastische Geschenk denken.

Am folgenden Wochenende fuhren wir mit der *4 Saints* um die Hafenanlagen von Bristol. Die Jungs waren komplett aus dem Häuschen und wollten unbedingt, dass Coral uns auf unserer Jungfernfahrt begleitete. Also steckte ich sie in eine hundegroße Schwimmweste, dann machten wir uns zu viert auf den Weg. Es war ein unglaublich emotionaler Augenblick, als wir aufs Wasser gingen, als würde ich zu einer neuen Reise aufbrechen, einem neuen Leben ohne Kate.

»Können wir nicht schneller fahren?«, quengelte Finn.

»Schneller, schneller!«, forderte Reef.

»Wisst ihr denn nicht mehr, dass ich euch gesagt habe, wir müssen das Boot erst einfahren? Wir müssen die ersten zwanzig Stunden langsam fahren, ehe wir richtig Gas geben können, sonst nimmt der Motor Schaden.«

Beide waren sauer und verärgert und fingen an zu jammern: »Das ist ja langweilig!« Ich verdrehte die Augen, weil es einer dieser Momente war, wo ich wie so oft gern einen wissenden Blick mit Kate gewechselt hätte. Stattdessen schaute ich einfach hoch in den Himmel. Sie hätte über dieses Gejammer der Jungs einfach nur lauthals gelacht.

KAPITEL 5

»Mummy hat gern Krabben gefangen«

»Es ist dein letzter Tag auf dem Schrank«, sagte ich zu Kate. »Die Jungs sind mit Nanny und Großpapa unterwegs, und ich möchte dir gern erzählen, was ich geplant habe«, flüsterte ich, obwohl ich allein im Haus war. »Ich habe deine Urnenbeisetzung für den 31. März vereinbart, unseren Hochzeitstag. Ich dachte, dass ich auf diese Weise immer glückliche und traurige Erinnerungen gleichermaßen mit diesem Datum verbinde, und wenn ich die Jungs nächstes Jahr zu diesem Termin taufen lasse, werden die guten Erinnerungen sogar überwiegen.«

Ich versuchte, zu ihr hinaufzulächeln, aber meine Lippen waren steif. Mir war klar, dass sich, sobald ich sie bewegte, die Schleusen öffnen und einen Sturzbach von Tränen freilassen würden. Ich setzte mich auf Reefs Bett und versuchte meine Fassung wiederzuerlangen. Auf seinem Bettregal neben mir stand ein Foto von Kate und den Jungs und dem Weihnachtsmann in Lappland. Es war erst vor drei Monaten aufgenommen worden. Kates Wangen waren rosig, und sie lächelte stolz, die Arme schützend um die Jungs in ihren blauen Anoraks gelegt. Sie sah so glücklich aus, so wohlauf.

Ich hatte bereits ein paar besondere Fotos und Souvenirs und von den Jungs gemalte Bilder zu ihr in den Korb gelegt. Ich war mir nicht sicher gewesen, ob sie sie zur Trauerfeier in ihrem Sarg oder in diesem Korb mit ihrer Asche haben wollte, vermutlich aber in beidem. Was Verbrennungen und Urnenbeisetzungen betraf, war ich ein unbeschriebenes Blatt, aber

Kates Tod hatte mir einen Crashkurs verpasst, und ich lernte, während ich mich mühsam vorantastete.

»Ich habe einen Grabstein für dich entworfen«, stotterte ich.

Ich habe ihre Worte noch deutlich in Erinnerung. »Mach was Besonderes daraus, Singe. Du wirst schon wissen, was zu tun ist.«

»Ich habe ihn so persönlich gestaltet, wie du es wolltest, Kate …«

Das laute Aussprechen ihres Namens erschütterte mich, und augenblicklich liefen die Tränen und ließen große feuchte Flecken auf Reefs blaugestreifter Decke zurück.

Mein Dad ist Steinmetz und hatte sich um das Behauen von Kates Grabstein gekümmert. Ich hatte ein Stück schwarzen Granit ausgesucht und das von mir gewünschte Design skizziert: einen Strauß Blumen mit vierblättrigen Kleeblättern, einem großen Gänseblümchen, zwei kleinen Gänseblümchen als Knospe und einem verwelkten Gänseblümchen. Ich unterzeichnete mit: Von Singe und den »Unendlichkeitselfen« und fügte noch »bis ans Ende der Welt« hinzu.

Mit tränenerstickter Stimme beschrieb ich Kate den Stein und erklärte ihr, sie werde wie besprochen in ihrem Korb neben dem Grab ihrer Großeltern bestattet werden. Nach der riesigen Trauerfeier wollte ich die Urnenbeisetzung bewusst klein halten, eine Privatangelegenheit, bei der nur ich und die Jungs und Kates Eltern anwesend sein würden. Noel, der Pfarrer der Kirche, die zur Schule der Jungs gehörte, würde Kates Wunsch gemäß die Zeremonie durchführen.

Ich hatte Angst vor der Endgültigkeit der Beisetzung und ließ Kate das auch wissen. Da ich mich so sehr an sie dort oben auf dem Schrank gewöhnt hatte, fand ich den Gedanken, sie mehrere Kilometer von zu Hause entfernt in einem Loch zu vergraben, unendlich aufwühlend.

»Wir werden dich oft besuchen kommen«, sagte ich. »Du wirst nicht allein sein.«

An diesem Abend las ich den Jungs einen ganzen Haufen Gutenachtgeschichten vor, weil ich wusste, dass es Kates letzte Chance war, sie zu hören.

»Können wir noch eine bekommen?«, fragte Reef, nachdem wir schon mindestens ein halbes Dutzend Bücher durchhatten.

»Also gut!«, sagte ich und erntete dafür entzückten Jubel von beiden Jungs. »Aber danach wird das Licht ausgemacht. Wir haben morgen wieder einen großen Tag für Mummy vor uns.«

»Verpassen wir wieder die Schule?«, fragte Reef.

»Ja, das tut ihr.«

»Hurraaah!«, rief Finn.

Wie gern hätte ich einen kleinen Teil dieser Unschuld konserviert und selbst eine Prise davon genommen. Mir wurde übel bei dem Gedanken daran, Kate morgen zu ihrem letzten Ruheplatz zu befördern, und ich fragte mich, wie viel ich davon noch ertragen konnte. Die Trauer hatte mich ausgelaugt, und ich wollte, dass der Verlustschmerz um Kate nachließ, doch gleichzeitig wollte ich sie auch nicht gehen lassen. Ich wollte ihr auch weiterhin zeigen, wie sehr ich sie vermisste, und ihrem Andenken in jeder Hinsicht gerecht werden.

Ich schlief schlecht. Kates Parfüm, das ich auf mein Kissen gesprüht hatte, verfehlte seine Wirkung. Wie ein kleiner Junge klammerte ich mich daran, verloren und allein. Die Erinnerung an glückliche Zeiten machte den Verlust nur noch schmerzhafter. Als ich daran dachte, dass sie mir entglitt und im Boden begraben wurde, drehte ich völlig durch, und mit dem Wunsch, sie zurückzuholen, löste ich die grausamste Form der Selbstqual aus, weil ich ja wusste, dass es unmöglich war. Doch der Versuch, nicht an sie zu denken, führte mich nur in eine andere Hölle, eine, die ich genauso wenig mochte.

Der nächste Morgen kam mir vor wie ein schlimmer Murmeltiertag. Als ich meine Augen aufschlug, hatte ich denselben Gedanken wie jeden Morgen. Ich erinnerte mich daran, dass Kate tot war, und richtete meinen Blick dann auf ihre Bettseite, nur um Gewissheit zu haben. Deren Leere bestätigte mir, was ich fühlte. Ich hatte sie verloren. Es war nicht einfach ein Alptraum, denn ich war hellwach, und zum wiederholten Male drang der Verlust in mein Bewusstsein.

Als die Jungs und ich uns an diesem Tag für Teil zwei von Kates Beerdigung fertigmachten, bekam ich gleich die doppelte Dosis Murmeltiertag. Ich fürchtete mich davor. Dies war tatsächlich das Ende. Niemals mehr würde ich Kate berühren, und die letzten Fragmente ihres Körpers würden unser Haus zum allerletzten Mal verlassen.

Die Jungs waren beim Frühstück still und nachdenklich. Sie erinnerten sich noch gut an den Ablauf nach Kates Einäscherung, der allein schon aufwühlend war.

»Reef, kümmere dich heute bitte um deinen Bruder«, instruierte ich meinen Erstgeborenen.

»Wir kommen schon klar«, sagte er.

»Werden wir danach noch zur Schule gehen?«, erkundigte sich Finn.

Ich glaube, ihm war gerade klar geworden, dass ein schulfreier Tag nicht notwendigerweise eine Belohnung war.

»Nein, heute nicht. Wir werden uns heute noch mal von Mummy verabschieden.«

»Oh, na gut.« Traurig zuckte er mit den Schultern.

Als es dann auf dem Friedhof der St-Andrews-Kirche in Clevedon endlich so weit war, gestaltete sich alles halb so schlimm, wie ich befürchtet hatte. Das Grab von Kates Großeltern liegt auf einem Felsen, von dem aus man den Bristol Channel sieht. Hinter der Umfriedungshecke der Kirche führt ein Pfad rund um den Felsen, es ist der unglaublich schöne Poet's Walk, berühmt dafür, große Dichter wie Tennyson, Thackeray und Coleridge inspiriert zu haben. Ich hätte mir keinen perfekteren Ort wünschen können.

Wir setzten Kate auf ihren Großeltern bei, so nah an der Friedhofsgrenze wie möglich. Reef deutete auf eine Lücke in der Hecke, durch die man den Kanal sehen konnte. »Mummy kann ein Auge auf uns haben, wenn wir im Boot sind«, sagte er.

Als Kates kleiner Korb in der Erde lag, wurde er mit ihrem Grabstein zugedeckt. Es dauerte eine Weile, bis es so weit war, weil das Loch zunächst nicht groß genug für den Korb war und erst noch Erde ausgehoben werden musste. Typisch Kate, sagte ich mir, sorgt noch am Ende für ein kleines Drama und zeigt der Welt, dass sie nicht freiwillig geht. Für die Dichter, die auf diesem Pfad lustwandelten, wäre das sicherlich ein toller Tag für neue Inspirationen gewesen.

Um Kates Grabstein legte ich einen hübschen weißen Rand aus Muscheln, die wir auf unseren Reisen gesammelt hatten, und Noels schlichte Zeremonie wurde vom fröhlichen Gesang eines Rotkehlchens untermalt. Ich war überaus dankbar dafür, dass Kate an einem so wunderschönen Ort ihre letzte Ruhe fand. Und es tröstete mich zu wissen, dass sie, wann immer wir mit dem Boot draußen waren, auf uns aufpassen und wir durch die Lücke in der Hecke zu ihr hinaufschauen konnten. Ich verstreute auch noch Wildblumensamen um Kates Grab, was ihr sicherlich gefallen würde.

Als die Zeremonie vorbei war, erfasste mich unerklärlicherweise ein Glücksgefühl. Mir will kein besseres Wort einfallen, um meine Verfassung zu beschreiben. Ich spürte, dass Kate ihre Ruhe gefunden hatte, und das erleichterte und beruhigte mich. Die Jungs empfanden das wohl auch so, als sie, bevor wir aufbrachen, Kates Grabstein mit einem schmerzlichen Lächeln bedachten und winkten. Mehr als zwei Monate waren seit ihrem Tod vergangen, und auf einmal fühlte es sich richtig an, dass sie schließlich den Schrank verlassen hatte, und genauso richtig war es, dass wir jetzt von hier weggehen mussten – ohne sie.

»Können wir herkommen und Mummy wieder besuchen?«, fragte Finn nachdenklich.

»Natürlich können wir das! Wir können herkommen, wann immer ihr wollt, und wir können ihr auch zuwinken, wenn wir mit dem Boot draußen sind.«

»Gut«, meinte er lächelnd und senkte scheu seinen Blick. »Mummy war lieb und lustig.«

»Ja, das war sie. Und sie hat euch Jungs wirklich sehr geliebt.«

Als wir uns langsam entfernten, drehte Finn sich plötzlich um und schaute zurück zum Grab.

»Bye-bye, Mummy«, sagte er, winkte noch mal kurz, wandte sich dann an mich und sagte munter: »Ich hab dich lieb, Daddy.«

Normalerweise war es Reef, der den Nagel auf den Kopf traf, aber an diesem Tag machte Finn das auf spektakuläre Weise.

»Ich hab dich auch lieb«, sagte ich mit unsicherer Stimme.

»Weinst du, Daddy?«, fragte Finn.

»Ja, mein kleines Äffchen. Weil du mir eine große Freude gemacht hast!«, stotterte ich in dem Versuch, die Stimmung aufzuhellen.

»Entschuldige.«

»Du brauchst dich nicht zu entschuldigen. Manchmal tut es gut zu weinen.«

Mir fiel auf, dass Reef sehr still war. Er war immer der nachdenklichere der beiden Jungs, und ich nahm an, dass er alles etwas schwerer nahm, weil er ein wenig älter war. Kates Grab liegt dicht an dem eines kleinen Jungen, den wir kannten und der an Krebs gestorben war, aber ich war mir nicht sicher, ob Reef sich an ihn erinnerte oder auch nur sein Grab gesehen hatte. Ich erwähnte es nicht, weil ich Reef nicht noch trauriger machen wollte, und wir fuhren schweigend los.

»Was ist, wenn mein Krebs zurückkommt?«, wollte Reef wissen.

Als er mir diese Frage stellte, waren seit Kates Urnenbeisetzung ein paar Wochen vergangen, dennoch fühlte ich mich sofort auf den Friedhof zurückversetzt und erinnerte mich, wie still und nachdenklich er an diesem Tag gewesen war. Ich hätte es wissen können. Ich hätte mich damit befassen müssen, was ihm an diesem Tag durch seinen kleinen Kopf ging, und zwar vor allem anderen.

Jetzt saßen wir im Auto auf dem Weg zum Krankenhaus zu seiner routinemäßigen Kernspinuntersuchung. Die Ärzte waren mit Reefs Fortschritt zufrieden, es gab keine Anzeichen darauf, dass der Krebs wieder zurückkam, trotzdem benötigte er noch immer regelmäßige Scans und Untersuchungen und würde seine ganze Kindheit über unter Beobachtung stehen, um auf der sicheren Seite zu sein. Ich war nicht begeistert über diesen Termin. Zum ersten Mal musste ich ohne Kate dorthin und fragte mich, wie Reef wohl damit klarkäme, ohne dass seine Mama ihm die Hand hielt.

Kate war phänomenal, als Reef krank war. Selbst als sie mit Finn hochschwanger war, begleitete sie Reef auf jedem Schritt seines Wegs, hatte immer ein tröstendes Wort, eine Umarmung oder ein Päckchen Buntstifte im richtigen Moment parat, um ihn aufzumuntern. Immer und immer wieder setzte sie ihre eigenen Gefühle hintan, selbst wenn sie Reef in den Arm zwicken musste, damit er vor der Kernspinuntersuchung schrie und das Narkosemittel einatmen konnte, das ihn so weit betäubte, dass er in dem Gerät still lag. Jedes Mal brach es ihr fast das Herz, aber sie tat es für ihn, weil er viel zu große Angst hatte, sich im Wachzustand in die Röhre zu legen.

Was würde Kate jetzt wohl zu Reef sagen? Wie würde sie diese schreckliche Frage beantworten, die zwischen uns in der Luft hing: »Was ist, wenn mein Krebs zurückkommt?«

»Bitte bring ihnen bei, zu sagen, was sie meinen.«

Ich schaltete das Autoradio aus.

»Wir werden auch das meistern, wenn es je dazu kommen sollte«, sagte ich zu Reef.

»Wie meinst du das?«, fragte er ernst.

»Ich meine, ich weiß es nicht, Reef. Ich kann nicht in die Zukunft schauen.«

»Werde ich sterben wie Mummy? Mummy ist an ihrem Knoten gestorben. Werde ich an meinem Knoten auch sterben?«

»Reef, keiner weiß, was die Zukunft bringt. Was wir jedoch wissen, ist, dass die Ärzte deinen Knoten weggemacht und dafür gesorgt haben, dass es dir besser geht, und dir geht es wirklich richtig, richtig gut.«

Reef sagte darauf nichts, und ich hoffte, so wahrheitsgemäß und taktvoll geantwortet zu haben, wie Kate sich das gewünscht hätte.

»Was wir noch wissen, ist, dass Mummy uns, als sie starb, eine Liste hinterlassen hat mit besonderen Dingen, von denen sie möchte, dass wir sie tun«, sagte ich ein wenig unbeholfen und in einem Singsangton, der in meinen Ohren falsch klang, machte aber dennoch weiter und hoffte, dass Reef es nicht mitbekam. »Einer dieser Punkte ist, dass wir Urlaub im Wohnwagen machen sollen – und genau das werden wir auch am Ende der Woche tun! Zuerst müssen wir zum Arzt und dich untersuchen lassen, nur um uns zu vergewissern, dass du fit bist und es dir gutgeht.«

»Können wir im Urlaub Drachen steigen lassen?«

»Ja, das können wir«, sagte ich und stieß einen erleichterten Seufzer aus.

Am liebsten hätte ich gewendet, um runter an den Strand zu gehen und gleich jetzt den Drachen steigen zu lassen, doch ich fuhr weiter zum Bristol Royal Infirmary. Wie viele Male war ich diese Strecke mit Kate gefahren, sowohl für Reefs Behandlung als auch für ihre? Wie lange würde der Krebs sich noch in unser Leben einmischen? Doch dieser Gedanke beschämte mich plötzlich. Im Vergleich zu Kate hatte ich so vieles, wofür ich dankbar sein konnte. Sie hätte alles darum gegeben, heute Reefs Hand zu halten.

Ich weiß noch genau, wie Kate Reef zum ersten Mal in ihren Armen hielt und seine winzige kleine Hand mit ihrer umklammerte, als er gerade geboren war. Ein Ausdruck unfassbarer Liebe lag auf ihrem Gesicht, als wäre ein mütterliches Licht angeknipst worden. Sie strahlte vor Erfüllung – ein Ausdruck, der mir auf wunderbare Weise vertraut wurde.

»Ist er nicht wunderschön, Singe?«, gurrte sie. Wir hatten vier oder fünf Jahre davor schon mal versucht, ein Baby zu bekommen, ein paar Jahre nach unserer Hochzeit, aber Kate hatte damals eine Fehlgeburt. Es war grauenhaft, und ich hätte es am liebsten vergessen. Sie hatte Angst und schrie, als sie ins Krankenhaus musste, weil es sie an ihre Kindheit erinnerte, als ihr im Krankenhaus die Mandeln und Polypen entfernt worden waren. Ich wollte sie beschützen, als wäre sie wieder das kleine Mädchen.

Ehrlich gesagt hatte ich keine Eile, nach dieser Erfahrung einen erneuten Versuch zu starten, aber als Monat um Monat verging und Kate nicht schwanger wurde, begann sie sich Sorgen zu machen.

»Was ist, wenn dies unsere einzige Chance war, ein Baby zu bekommen, Singe? Wenn ich nie wieder schwanger werden kann?«

»Ich bin mir ganz sicher, dass wir eines Tages gemeinsame Kinder haben werden«, beruhigte ich sie jedes Mal. »Es wird dazu kommen, wir müssen nur Geduld haben. Hör auf, dir Gedanken zu machen.«

Kate kam aber nicht davon los. Mir fiel es ziemlich schwer, mit ihrer Reaktion klarzukommen, denn eigentlich entsprach sie damals ganz gewiss nicht dem, was man unter dem »mütterlichen Typ« verstand, war sogar weit entfernt davon. In erster Linie brauchte Kate Action und war ein Adrenalinjunkie. Ihre Fehlgeburt war zwar traurig, und es tat mir leid, aber in Panik geriet ich deshalb nicht. Mir war klar, dass Kate eines Tages eine ganz tolle Mutter sein würde, wenn die Zeit dafür gekommen war.

»Wir haben noch jede Menge Zeit, bevor wir uns Sorgen machen müssen«, argumentierte ich. »Und es gibt noch so viele Dinge, die wir in der Zwischenzeit gemeinsam unternehmen wollen. Vielleicht ist der richtige Zeitpunkt noch nicht gekommen. Lass der Natur ihren Lauf.«

Kate war von meinen Worten alles andere als beruhigt. Die Fehlgeburt hatte sie ängstlich gemacht, und irgendwie glaubte sie, mich zu enttäuschen, wenn sie mich nicht zum Vater oder ihre Eltern zu Großeltern machte. Also ließen wir uns beide testen. Kate bekam die Diagnose, dass sie unter dem recht weit verbreiteten polyzystischen Ovarialsyndrom litt, wodurch eine Schwangerschaft zwar erschwert wurde, jedoch keinesfalls unmöglich war.

Zu diesem Zeitpunkt war Kate gerade mal Anfang dreißig, und wir würden noch viele Jahre vor uns haben – dachten wir jedenfalls. Doch die Diagnose beruhigte sie einigermaßen. Wir kamen beide überein, uns nicht Monat für Monat wegen der Schwangerschaft verrückt zu machen, sondern diese Zeit zu nutzen, um noch ein paar Dinge auf unserer Planungsliste abzuhaken, bevor wir Eltern wurden.

Ein Jahr verging, und wir fuhren im Urlaub nach Tobago. Im Rückblick kann ich kaum fassen, wie einfach das Leben damals war. Abgesehen von der Fehlgeburt war uns nie etwas Schlimmes widerfahren. Wir ließen uns durchs Leben treiben, packten Gelegenheiten beim Schopf und planten immer schon das nächste große Abenteuer. Kate war nicht schwanger, also traten wir unseren Urlaub an. Das Leben war völlig unkompliziert, aber ich muss zugeben, dass in Kate der Kinderwunsch von Monat zu Monat stärker wurde.

Während dieses Urlaubs saßen wir einmal gemeinsam auf einem Ponton und ließen uns nach einem Tauchgang in der Karibik von der Sonne wärmen. Wir hatten uns gerade angelächelt, als wir mitbekamen, wie ein Vater seinen Sohn dazu brachte, wie ein Verrückter loszukichern.

»Was für ein irres Kichern«, sagte Kate. »Ich bin neugierig, wie sich mal das Kichern unserer Kinder anhören wird.«

»Hast du dir zugehört?«, zog ich sie auf. »Gestern erst hast du einen Tauchgang fürs Blue Hole gebucht.«

»Zum Blue Hole, Belize, wenn die Jungs gute Taucher sind.« Das Blue Hole – eins der fantastischsten Tauchgebiete des Planeten – stand auf meiner und Kates Wunschliste, lange bevor es Kates richtige Liste gab. Wir hatten uns nach Flügen und Hotels erkundigt und gehofft, damit unser letztes großes Hurra-Erlebnis als DINKYs zu machen (wie die Abkürzung für Paare mit doppelten Einkommen, aber noch ohne Kinder lautete – Double Income No Kids Yet).

»Wir können beides tun«, grinste sie. »Kinder werden uns nicht verändern. Ich möchte alles mit dir machen.«

Kates romantische Worte vor dem Hintergrund des schallenden Kinderlachens waren unglaublich verführerisch. Zudem sah sie sehr sexy aus in ihrem knappen schwarzen Bikini. Die Sonne wärmte unsere Körper, während wir dem sich entfernenden Tauchboot hinterherschauten, und ich küsste sie leidenschaftlich. Ich wollte derjenige sein, der Kate zur Mutter machte, und ich betrachtete es als Segen, dass eine derart umwerfende Frau meine Babys, unsere Babys wollte. Wir vereinbarten, noch mal medizinischen Rat einzuholen, wenn wir nach Hause kamen, und außerdem an dem Urlaub in Belize mit dem Blue Hole festzuhalten.

Ohne zu zögern, verschrieb unser Arzt das Fruchtbarkeitsmedikament Clomid, um Kates Empfängnischancen zu erhöhen, warnte uns aber, dass es wegen der polyzystischen Ovarien dennoch Jahre dauern könnte, bis sie schwanger wurde. Wir unterhielten uns auch über die Möglichkeit einer künstlichen Befruchtung, sollte das Fertilitätsmedikament versagen, und Kate und ich kamen überein, mit einer entsprechenden Behandlung zu beginnen, wenn wir vom Blue Hole zurückkamen.

Vor einem derart großen Tauchurlaub wollte Kate ihre Qualifikation fürs Scuba-Tauchen auffrischen, und wir beschlossen, eine Reise nach Teneriffa zu buchen, damit sie dort im Sonnenschein einen Intensivlehrgang für Scuba-Tauchen absolvieren konnte. In der Zwischenzeit legte Kate großen Wert darauf, dass wir weiterhin für ein Baby »übten«. Selbst wenn ich gerade in Gummihandschuhen bis zu meinen Achselhöhlen vor dem Abwasch stand oder Rettungswesten in der Garage verstaute, sprang sie mich ohne Vorwarnung an.

»Kein Zeitpunkt ist besser als jetzt«, schnurrte sie und schielte mich aufreizend an, während sie bereits an meinen Kleidern zerrte.

Mit Kate zu schlafen war immer toll, und Babys zu machen war der Wahnsinn.

»Bei all unserer Übung wird es nicht lange dauern«, scherzte ich, aber Kate wurde dennoch nicht schwanger.

Im November 2003 fuhren wir nach Teneriffa. Zwei Ereignisse während dieses Urlaubs haben sich in mein Gedächtnis eingebrannt. England gewann den Rugby World Cup, und Kate sprach die lebensverändernden Worte: »Ich bin über der Zeit. Ich glaube, ich bin schwanger.«

»Hör auf!«, erwiderte ich verblüfft. »Erzähl keinen Blödsinn!«

Sie hatte erst die Hälfte des Tauchlehrgangs hinter sich, und mit dieser Neuigkeit hatte ich nun überhaupt nicht gerechnet. Ich glaube, ich hatte mich dazu konditioniert zu glauben, das Baby käme wie bestellt nach dem Blue Hole und bevor wir uns mit einer künstlichen Befruchtung befassten.

Doch Kates Instinkt täuschte sie natürlich nicht. Sie war tatsächlich schwanger, und als dies nach unserer Heimkehr durch den Test bestätigt wurde, weinten wir beide ganze Eimer voll.

»Weinst du, weil wir das Blue Hole nicht machen können oder weil du Vater wirst?«, fragte Kate mich scherzhaft.

»Das Blue Hole wird auch noch da sein, wenn das Baby alt genug ist, um uns zu begleiten«, sagte ich. »Sagtest du nicht, dass Kinder unseren Lebensstil nicht verändern würden. Beantwortet das deine Frage?«

»Ja, wir werden alle gemeinsam dort hinfahren«, strahlte sie. »Du, ich und unsere Kinder.«

»Nun mal langsam, wie viele bekommen wir denn?«

»Ich hätte gern drei«, sagte sie.

»Drei?!«, stammelte ich.

»Ja, drei«, sagte sie, verdrehte ihre Augen und drückte mir einen Kuss auf den Mund, der mein Herz zum Schmelzen brachte. »Du weißt doch, dass ich immer drei haben wollte!«

»Lass uns erst mal das erste bekommen, dann sehen wir weiter.«

Wir entschieden uns für den Namen Coral, wenn es ein Mädchen wurde, und für Reef, wenn es ein Junge wurde, abgeleitet von Teneriffa wie auch von den Korallenriffen, die wir so gern erforschten.

Ein paar Monate später bannte ich eine von Kates Ultraschalluntersuchungen im Krankenhaus auf Video, obwohl das nicht erlaubt ist, und darauf war zweifelsfrei zu erkennen, dass ein kleiner Junge unterwegs war.

»Hallo, Reef«, winkte Kate ekstatisch dem Ultraschallbild zu.

Die Aufregung, die unglaubliche Freude darüber, dass in Kate unser Baby heranwuchs und wir seine Umrisse auf dem Bildschirm sehen konnten, sind unvergesslich. Durch sie bekam ich den größten Adrenalinschub meines Lebens, und das will was heißen.

Und jetzt brachte ich Reef ohne seine Mummy zu seiner Kernspinuntersuchung. Unser winziges kleines Wunder war allen Widrigkeiten zum Trotz zu einem lebhaften Fünfjährigen herangewachsen.

Reef schaltete die Musik im Auto wieder an, während ich unsere Fahrt zum Krankenhaus fortsetzte, und zu meiner Überraschung wählte er »Brighter Side« von OPM. Ich hatte ganz vergessen, dass sich dieser Song auf meinem iPod befand, aber Reef fand ihn, als wir uns an diesem Tag Bristol näherten.

»Hör dir das an«, sagte er. »Das erinnert mich an Mummy.«

Er drehte die Lautstärke voll auf, und die Worte trafen mich wie eine Lawine. Ich biss mir auf die Lippen, um nicht loszuheulen, aber es nützte nichts. Ich hatte diesen Song unzählige Male gehört, aber nun klang jede Zeile so, als wäre sie für Kate geschrieben. Ich stellte mir sie so vor, wie es im Lied hieß, als schöne Seele an einem strahlenderen Ort, jedoch immer noch ein Teil von uns, wie der Mond immer auch ein Teil des Meeres ist. Und wie es im Text hieß, war jeder Augenblick, den sie gelebt hatte, ein Segen für uns. Jetzt, da sie weggeflogen war, mussten wir ohne sie weitermachen, aber alles würde gut werden.

»Erinnert dich das auch an Mummy?«, fragte Reef unschuldig, als er meinen Blick im Rückspiegel einfing.

»Ja, Reef«, sagte ich mit gebrochener Stimme, unfähig, meine Gefühle zu verbergen. »Tut mir leid, Reef, damit hast du bei mir ins Schwarze getroffen«, ergänzte ich schniefend und trocknete mir die Augen. »Das erinnert mich wirklich an Mummy.«

»Ist alles in Ordnung mit dir, Daddy?«

»Ja, Reef. Und mit dir?«

»Everything's gonna be alright«, zitierte er lächelnd den Songtext und nickte dazu.

Kates Mum wartete im Krankenhaus auf uns.

»Ich dachte, du freust dich vielleicht über ein wenig Hilfe«, meinte Christine freundlich.

»Ich bin immer froh über Hilfe, wenn es um den kleinen Miky Tyson hier geht«, scherzte ich und spielte auf das eine Mal an, als Reef so sauer auf den Anästhesisten war, dass er diesem einen Kinnhaken verpasste.

Inzwischen war Reef fünf, und ich hoffte, er würde es schaffen, sich kampflos und bei Bewusstsein unter den Scanner zu legen. Zu meiner Erleichterung willigte er ein, es zu versuchen.

»Bekomme ich dann hinterher was geschenkt?«, fragte er keck.

»Ja«, antworteten Christine und ich unisono.

Der Scanner machte schreckliche Trommel- und Klickgeräusche, weshalb ich Reef Kopfhörer aufsetzte, damit er stattdessen Musik hören konnte. Ich fand auch eine Position, die es mir erlaubte, seine Hand zu halten, und ihm, mich zu sehen, während das Gerät seine Arbeit tat. Er musste mehr als zwanzig Minuten lang stillhalten, was verdammt viel verlangt war, aber er schaffte es.

»Gut gemacht, Reef, du warst ganz toll«, lobte ich ihn hinterher.

»Krieg ich nun das ferngesteuerte Auto, das mit den Lasern?«

»Ja, das kriegst du«, gab ich nach.

»Dann braucht Finn aber auch eins, damit wir gegeneinander kämpfen können. Wenn ich drei seiner Lichter kaputtmache, ist er DRAUSSEN!«, erklärte er mir und zitierte damit ganz klar etwas, was er in einer Werbung aufgeschnappt hatte.

Nach der Kernspinuntersuchung musste Reef sich noch wie üblich Blut abnehmen und wiegen und dann von Ärzten und Schwestern abtasten und untersuchen lassen.

»Alles sieht so aus, wie es sein soll«, sagte schließlich einer der Ärzte. »Die Ergebnisse der Kernspinuntersuchung sollten wir in drei oder vier Tagen erfahren.«

Das Warten war eine Qual, trotz der Zuversicht des Arztes, ich konnte mich auf nichts anderes konzentrieren. Am folgenden Abend saß ich allein auf dem Sofa und beobachtete die Jungs bei ihrem Kampf mit den Laserautos. Sie gingen völlig darin auf, was ich auch sehr angemessen fand, denn immerhin hatten mich die von Reef, diesem Frechdachs, ausgesuchten Autos um siebzig Pfund ärmer gemacht, wesentlich mehr, als von mir veranschlagt.

Ich dachte zurück an die Zeit, als Reef noch ein Baby gewesen war und Kate mit ihm genau an derselben Stelle dieses Sofas gesessen und sich Sorgen wegen seiner erhöhten Temperatur gemacht hatte.

»Das ist nicht normal, Singe. Er hat jetzt 39 Grad Fieber.«

Reef war neun Monate alt und hatte kurz zuvor seine Masern-Mumps-Röteln-Impfung bekommen, die, wie man uns gewarnt hatte, Fieber und Unruhe auslösen konnte. Bis zu diesem Zeitpunkt war er ein lebhafter Zappelphilipp gewesen, der bereits laufen konnte, was unglaublich früh war. Jetzt jedoch war er geisterhaft blass und am Abend schlapp und so heiß, dass man die Hitze durch seinen Strampler spürte. Anfangs gaben wir ihm Calpol, und als das nicht anschlug, gingen wir mit ihm immer wieder zum Arzt. Endlich, als Reef keine Besserung zeigte und aus Tagen Wochen geworden waren, meinte man, es könne sich um eine reaktive Arthritis handeln, eine mögliche Nebenwirkung der Impfung. Man erklärte uns, dass Impfungen vorübergehend Schmerzen und Gelenkschwellungen zur Folge haben können, von denen man jedoch hoffte, dass sie ohne Behandlung wieder verschwanden. Kate war entsetzt – wir beide waren entsetzt.

»Dann können wir jetzt nur abwarten?«, fragte Kate und konnte nicht begreifen, dass eine Routine-Immunisierung bei ihrem Baby derart verheerende Folgen hatte. »Das ist ein Alptraum, Singe.«

Ich habe Kates Worte noch klar und deutlich in Erinnerung, weil wir tatsächlich in einen Alptraum geraten waren, auch wenn wir zum damaligen Zeitpunkt noch überhaupt keine Ahnung hatten, wie schrecklich dieser Alptraum sein würde. Und nun, nach fünf Jahren, sorgte ich mich noch immer und wartete, aber diesmal ganz allein. Das war unglaublich schwer, trotz der Tatsache, dass es Reef so gut ging und der schlimmste Alptraum vorbei war.

Als im Wohnzimmer das Telefon läutete, schreckte ich hoch.

»Wie lief's im Krankenhaus?«, erkundigte sich Ruth.

»Noch nichts Neues, wir kriegen die Befunde am Donnerstag.«

»Was? Ihr müsst noch zwei Tage auf die Ergebnisse warten?«

»Ja leider, du weißt ja, wie das ist.«

»Wie hat Reef sich angestellt?«

»Ganz toll! Wir mussten ihn nicht betäuben.«

»Das ist fantastisch, Singe, das hast du gut gemacht! Gib mir Bescheid, sobald du was erfährst.«

Ich versprach es und war sehr dankbar für Ruth' Anruf. Sie lenkte meinen Blick darauf, was für ein Fortschritt es war, dass ich Reef nicht nur ohne seine Mum, sondern auch ohne Narkose durch die Kernspinuntersuchung bekommen hatte. Er war großartig gewesen, und tief in meinem Herzen hatte ich ein gutes Gefühl hinsichtlich der Ergebnisse. Doch ich musste noch zweimal schlafen, wie Finn sagen würde, bevor ich Gewissheit hatte, und diese Nächte waren alles andere als friedlich.

Ich fühlte mich völlig ausgelaugt, als ich am Donnerstag schließlich die Klinik betrat, doch als der Arzt mir die Neuigkeiten unterbreitete, traute ich meinen Ohren kaum.

»Die Untersuchung war ohne Befund«, teilte er mir mit einem Lächeln mit.

Ich muss sagen, dass meine Erleichterung meine Freude überwog. Vielleicht war ich zu müde, um zur Feier des Tages Räder auf dem Korridor zu schlagen, oder vielleicht kam auch mein Selbstschutzinstinkt zum Tragen. Wir hatten auch Kates Krebs für besiegt gehalten, doch dann war er zurückgekommen. Ich hatte gelernt, mich von beruhigenden Untersuchungsergebnissen lieber nicht mitreißen zu lassen, weil man nie weiß, was einen an der nächsten Ecke erwartet. Die Worte »ohne Befund« waren zweifellos ermutigend, aber seit wir mit Reefs Behandlung begonnen hatten, waren erst vier Jahre vergangen. Seine Remission war noch nicht offiziell, und ich wusste nur zu gut, dass ein »ohne Befund« nach der wichtigsten Untersuchung nach fünf Jahren weitaus bedeutsamer wäre.

»Es ist ein tolles Ergebnis«, berichtete ich Ruth später.

»Du musst doch vor Freude ganz außer dir sein, Singe«, erwiderte sie.

»Ja, es sind ganz hervorragende Nachrichten«, sagte ich, obwohl meine Freude ganz und gar nicht ungetrübt war. Natürlich freute ich mich für Reef, aber ich vermisste Kate so sehr. Ich wünschte mir, sie könnte unseren kleinen Jungen in ihre Arme nehmen und ihn küssen und ihm sagen, wie tapfer er war. Dachte daran, wie schön es wäre, wenn sie selbst sehen könnte, dass wir uns immer weiter von dem Alptraum wegbewegten, der vor mehr als fünf Jahren begonnen hatte, aber das war unmöglich. Kate befand sich nicht einmal mehr auf dem Schrank. Ich war völlig auf mich allein gestellt, und sie hatte diesen ermutigenden Schritt nach vorn verpasst.

Am nächsten Tag fuhren wir in unseren Osterurlaub. Ich hatte eingewilligt, mit den Jungs zum Wohnwagenurlaub im Ruda Holiday Park an der Croyde Bay, Devon, zu fahren, wo wir uns mit noch etwa zwanzig anderen Mitgliedern von

Kates Familie treffen würden. Kate liebte diese Art von Urlaub, weil daran glückliche Erinnerungen an ihre Kindheit geknüpft waren.

Ich hasse Wohnwagenurlaube. Weshalb man freiwillig in einer Kiste auf einem Feld schläft, wenn man daheim im eigenen bequemen Bett liegen könnte, hat sich mir nie erschlossen. Für mich sind Urlaube dazu gedacht, sich verwöhnen und nach Strich und Faden bedienen zu lassen. Wohnwagenurlaube erinnerten mich an Arbeit, denn ich hatte zahllose Campingreisen für Studenten des Duke of Edinburgh Award organisiert und auch durchaus genossen, aber derart primitiv zu leben gehörte nicht zu den Dingen, die ich mir für meine Freizeit vorstellte.

Ich kann mich noch gut an den letzten Wohnwagenurlaub mit Kates erweiterter Familie erinnern. Das war Ostern 2008, und wir waren völlig ausgelaugt, nachdem wir Reef praktisch drei Jahre lang während seiner Chemotherapie und Bestrahlungsbehandlung gepflegt hatten. Finn war inzwischen ein äußerst ungestümer Zweijähriger. Ich erinnere mich an meinen völlig angeschlagenen Zustand, während wir den Wagen mit lächerlich viel Zeug vollpackten. Es war schon in den besten Zeiten nicht einfach, für eine Campingreise zu packen, aber mit zwei sehr kleinen Kindern brauchten wir alles, vom Reisebett über Fläschchen und Windeln für Finn zu Reinigungstüchern, Spielsachen und einer wahnwitzigen Sammlung von Medikamenten für Reef. Beide Jungs machten, kaum dass ich den Motor angeworfen hatte, Ärger und traten schreiend von hinten gegen unsere Sitze und verlangten was zu trinken.

»Ich weiß nicht, warum ich mich darauf eingelassen habe«, herrschte ich Kate an. »Ich muss völlig verrückt gewesen sein!«

Kate sah mich bestürzt an und versuchte mich zu beruhigen.

»Es wird uns gefallen, wenn wir erst mal dort sind«, beschwichtigte sie. »Die Abwechslung wird uns allen guttun. Ich weiß es ja zu schätzen, Singe, dass du dich drauf einlässt.«

»Okay, aber es ist das allerletzte Mal, dass ich das mitmache!«, schnaubte ich.

Endlich schliefen die Jungs ein, während Kate und ich einander ignorierten. Nach einer Weile, als der Motor sich auf halber Strecke zu unserem Ziel den Telegraph Hill hinaufquälte, unterbrach ein extrem lautes Geräusch das frostige Schweigen. Auf dieser Steigung waren mir schon etwa drei Kupplungen durchgebrannt, und ich erkannte die warnenden Geräusche auf Anhieb. Kurz darauf kamen wir mit einem dumpfen Laut abrupt zum Stehen, und aus dem Motor quoll Rauch hervor.

»Ich fass es nicht!«, polterte ich. »Das hat uns gerade noch gefehlt! Jetzt bleiben wir auch noch liegen!«

Beide Jungs wurden wach und fingen zu weinen an. Wir mussten die Pannenhilfe rufen, und als das Pannenfahrzeug endlich eintraf, kam bestimmt mehr Qualm aus meinen Ohren als aus der Kühlerhaube des Wagens.

»Du hast einfach keine Lust, Zeit mit meiner Familie zu verbringen«, wütete Kate anklagend. »Du warst von Anfang an gegen diese Reise eingestellt!«

»Ich wünschte, ich hätte gar nicht erst zugesagt«, konterte ich. »Aber nein, ich mache mit, und was hab ich davon – Ohrenschmerzen und Genörgel. Ich weiß nicht, warum ich mich auf so was einlasse.«

Wir setzten unseren Streit auf dem ganzen Weg fort und waren noch immer wütend aufeinander, als wir am Campingplatz eintrafen. Es blieb keinem verborgen, in welch übler Verfassung wir waren. Kate war das peinlich vor ihrer Familie, aber ich war nicht in der Stimmung, mich um Frieden zu bemühen, und so blieb die Atmosphäre angespannt und feindselig.

»Auf gar keinen Fall werde ich nach einem solchen Tag

im Wohnwagen schlafen«, schrie ich, sobald der Wagen ausgepackt war.

»Gut!«, erwiderte Kate.

»Mir reicht es, ich fahre nach Hause!«

»Ich hab's doch gesagt!«, giftete Kate. »Du willst einfach keine Zeit mit meiner Familie verbringen!«

»Ich hasse Wohnwagenurlaub, Kate, nicht deine Familie! Gib mir eine Auszeit!«

Ich war gerade mal zwanzig Minuten da, und schon trat ich allein und mit einer Mordswut im Bauch die zweistündige Heimfahrt an. Kate rief mich dann später am Abend an, als wir uns beide wieder beruhigt hatten.

»Du hast vermutlich das Richtige getan«, erklärte sie großzügig. »Ich denke, wenn es um Wohnwagenurlaube geht, müssen wir uns eingestehen, dass wir nicht einer Meinung sind.«

»Tut mir leid, Kate. Ich vermisse dich. Gib den Jungs einen Kuss von mir. Bis ans Ende der Welt.«

»Bis ans Ende der Welt.«

Wir gingen nie im Streit zu Bett. »*Lass bei einem Streit nie mehr als eine Woche verstreichen, bis ihr euch wieder aussöhnt – das Leben ist zu kurz.*«

Als Kate das auf ihre Liste setzte, versprach ich, immer an diesen Anruf zu denken und den Jungs beizubringen, sich so schnell wie möglich wieder zu vertragen.

Jetzt packte ich den Wagen nur für mich und die Jungs. Am nächsten Morgen kam ein aufgeregter Finn in aller Herrgottsfrühe mit Sonnenbrille und einer Kappe in die Küche gerannt, den von Büchern und Spielsachen ausgebeulten Rucksack bereits umgeschnallt.

»Können wir jetzt fahren, Daddy? Können wir?«, fragte er aufgeregt.

»Ja, wir können fahren, sobald du dein Frühstück aufgegessen hast«, sagte ich und zauste ihm das Haar.

Dann tauchte Reef frisch wie der junge Frühling auf.

»Ich kann es gar nicht erwarten, Nanny zu sehen«, sagte er.

»Das freut mich.«

»Sie hat ein neues Spiel für meinen Nintendo, weil ich mich habe scannen lassen.«

Seine Worte versetzten mir einen Stich. Es war völlig normal für Reef, dass er über Scans sprach. Er wusste mehr, als ein Kind seines Alters über Krankenhäuser und Krebs wissen sollte, und ich schwor mir in diesem Moment, alles daranzusetzen, dass sein Urlaub so fröhlich wie möglich wurde.

»Na dann los, ihr fröhlichen Camper!«, sagte ich, und wenig später kletterten wir drei federnden Schrittes in den Freelander.

Ungeachtet unseres Streits blieb Kate eine Anhängerin der Wohnwagenurlaube mit der Familie, und deshalb stand »*Unternehmt Wohnwagenurlaube mit den Cousins oder lass die Jungs für lange Wochenenden mitfahren*« ganz oben auf ihrer Liste. Fürsorglich hatte sie für mich eine Klausel eingefügt, die es mir erlaubte, mich davor zu drücken. Sie wusste, dass ihre Eltern die Jungs immer mitnehmen würden, wenn ich keine Lust dazu hatte. Doch dafür war es noch viel zu kurz nach ihrem Tod, wie ich fand. Ich wollte so viel wie möglich mit Reef und Finn zusammen sein, selbst wenn dies bedeutete, dass ich in einer Kiste auf einem Feld schlafen musste.

Das Auto war von unten bis oben vollgepackt mit Drachen, Schnorchelausrüstung, Eimern und Spaten, und wir spielten laute Musik und erzählten uns auf dem ganzen Weg nach Ruda alberne Witze.

»Wie nennt man einen Mann mit einem Spaten im Kopf?«, fragte ich.

»Weiß nicht. Sag's uns, Daddy!«, rief Finn.

»Doug!«, sagte ich.

»Da-dddy, das ist so albern!«, gluckste Reef. »Erzähl uns noch einen!«

Als wir den Campingplatz erreichten, schien die Sonne, und der Ferienpark wirkte ruhiger, als ich ihn in Erinnerung hatte. Bald schon wurde mir auch klar, warum: Wegen der Aschewolke, die nach dem Vulkanausbruch auf Island über uns schwebte, war ein Startverbot für Flugzeuge verhängt worden, sodass der Himmel über uns ungewöhnlich ruhig und still war. Ich erklärte das auch den Jungs, und Reef überlegte kurz, bevor er meinte: »Dann wird Mummy uns auch keine Küsse schicken können.« Es war für die Jungs so was wie ein Hobby geworden, den Himmel nach weißen Küssen abzusuchen, seit die zwei Flugzeuge an dem Tag, als Kate gestorben war, ein perfektes Kreuz über uns zurückgelassen hatten. Dennoch war ich auf diesen Kommentar nicht gefasst gewesen.

»Es wird nicht lang andauern«, sagte ich mit zugeschnürter Kehle und erstaunt, dass Reef es wieder mal geschafft hatte, mich derart zu überraschen.

Die Jungs und ich hatten bald einen festen Tagesablauf, indem ich morgens Speck und Eier zum Frühstück briet, die Kids daraufhin den Wohnwagen von Nanny und Großpapa stürmten und mit diversen Cousins, Onkeln und Tanten spielten, bevor wir gemeinsam Drachen steigen ließen oder zum Pool oder zum Strand gingen.

Kates Familie war ganz wunderbar. Wir hatten zusammen etwa acht Wohnwagen, und ständig begegnete einem ein vertrautes Gesicht. Alle boten ihre Hilfe und Unterstützung an, daher war ich nur selten allein, obwohl ich mich ohne Kate unglaublich einsam fühlte.

»Mummy ist mit uns da runtergegangen«, sagte Finn und deutete eines Morgens auf ein paar Felsentümpel am Strand.

»Ich weiß«, sagte ich. »Erinnerst du dich noch an den Tag, als wir alle in Llantwit Major die Felsentümpel durchsucht haben und Mummy diese richtig große Krabbe fing?«

Beide Jungs nickten. Sie waren damals noch sehr klein gewesen. Es war jetzt über ein Jahr her, und vielleicht erinnerten sie sich eher an das fantastische Foto, das wir damals gemacht hatten und das bei uns gerahmt zu Hause hängt, als an den Tag selbst.

»Wir müssen mit den Jungs nach Llantwit fahren«, hatte Kate gesagt. »Ich kann es kaum erwarten, ihnen beizubringen, wie man Krabben fängt.«

Im Frühjahr 2009 waren wir endlich zusammen dort. Kate absolvierte problemlos ihre Chemotherapie und sprach bereits vom Ende ihrer Behandlung und davon, dass sie es kaum erwarten könne, die lang ersehnte Brustrekonstruktion vornehmen zu lassen.

»Ich werde mein Leben nicht auf Eis legen«, sagte sie viele Male und hielt Wort. Wenn Kate sich etwas in den Kopf setzte, dann wollte sie es gleich umsetzen und nicht auf die lange Bank schieben. Auf unserer Reise im Frühling schilderte sie den Jungs, was sie als Kind in Llantwit erlebt hatte.

»Zusammen mit meinen Cousins und unserem Onkel Ben bin ich den Pfad vom Wohnwagenpark hinunter zum Strand gelaufen«, sagte sie. »Es war ein weiter Weg, für den wir einen halben Tag benötigten, aber es hat sich immer gelohnt. Wenn wir den Strand erreichten, suchten wir stundenlang die Felsentümpel ab und fingen jede Menge Krabben und Shrimps.«

»Mummy ist zu bescheiden, euch zu erzählen, dass sie die allerbeste Krabbenfängerin war!«, warf ich verschwörerisch ein. »Wartet nur, bis ihr sie in Aktion erlebt – sie ist große Klasse!«

Kate lachte.

»Ich hatte meinen eigenen Felsen«, fuhr sie fort. »Und auf dem saß ich dann stundenlang und hab Krabben gefangen. Ich hoffe nur, dass wir ihn finden.«

Um der alten Zeiten willen beschlossen wir, oben am Campingplatz zu parken und Kates gut ausgetretenem Pfad zum Strand zu folgen. Für Reef nahmen wir den Buggy mit, weil wir in Sorge waren, es könnte für ihn zum Laufen zu weit werden. Doch ich musste belustigt feststellen, dass wir schon nach gerade mal zehn Minuten den Strand erreichten, entsprechend zog ich Kate gnadenlos auf.

»Du hast gesagt, es wäre eine halbe Tagestour! Dabei ist es ein Katzensprung!«

Sie wunderte sich. »Ganz ehrlich, meinem Gefühl nach war das damals eine richtige Wanderung«, lachte sie. »Ist das nicht seltsam, wie die Zeit und das Alter einen täuschen können?«

Kates alten Felsen zu finden war ganz einfach, da dieses Stück Strand, zu dem der Pfad uns führte, gar nicht so viele Felsen zur Auswahl hatte. Das war die nächste Überraschung – nach Kates begeisterter Beschreibung hätte jeder eine weitläufige Landschaft erwartet, mit Felsentümpeln in Hülle und Fülle, so weit das Auge reichte. Kate war ganz aus dem Häuschen, als sie sich auf ihren alten Felsen setzte und sich über den Tümpel aus trübem Wasser beugte, und Reef und Finn erwiesen sich als das aufmerksamste Publikum, das man sich nur wünschen konnte.

Ich liebte sie so sehr. Sie hatte keine Haare, sondern trug eine Perücke, und von ihrem Arm baumelte der Schlauch eines PICC-Line Katheters, der hoch zu ihrem Arm und über die Brust in eine große Vene direkt über ihrem Herzen führte, um ihr die Chemo und andere Drogen zuzuführen. Als man ihr diesen alarmierend langen Schlauch unter Lokalanästhesie gelegt hatte, hatte sich mir schon beim Gedanken daran alles zusammengezogen. Kate hatte es achselzuckend hingenommen, weil es bei der Menge der von ihr benötigten Medikamente die effizienteste Darreichungsmethode war und es sinnlos gewesen wäre, sich darüber Gedanken zu machen.

»Wartet, wartet …«, warnte sie, bevor sie geschickt ein wunderbares Exemplar einer Krabbe fing.

Die Jungs kreischten vor Begeisterung.

»Sieh nur, Daddy, was Mummy gefangen hat!«, sagte Reef.

Ehe er sich's versah, hatte sie schon die nächste Krabbe in der Hand, die sie ihm zum Halten gab, nachdem sie ihm gezeigt hatte, wie er sie anpacken musste.

»Ich hab euch doch gesagt, dass sie Meisterin darin ist«, sagte ich und lächelte Kate zu, während sich die drei auf meine Initiative für ein Foto aufstellten.

Dieses Foto liebe ich heiß und innig. Kate war in ihrem Element und sah so gut und glücklich aus, ihre Augen leuchteten vor Liebe für ihre kleinen Jungs, mit denen sie so viel Spaß hatte. Keiner hätte sie für krebskrank gehalten, und ich empfand diesen Tag als einen Meilenstein auf dem Weg ihrer Genesung. Während wir uns ein Eis genehmigten, sagte Kate: »Das müssen wir nächstes Jahr wiederholen.« Jeder, der uns beobachtete, hätte uns für eine ganz normale Familie auf einem Tagesausflug zum Strand gehalten, ein glücklich verheiratetes Paar mit zwei süßen kleinen Jungs mit dem gleichen Grinsen und den gleichen T-Shirts.

Und bald schon würden wir tatsächlich wieder normal sein. Kates Behandlung ging dem Ende zu, und wir würden am Strand liegen, wie wir das auch getan hatten, als Reefs Behandlung vor einem Jahr abgeschlossen war, und sagen: »Wir haben es geschafft!« Das hoffte und erflehte ich jedenfalls und ging davon aus, dass es genauso eintreffen würde.

Ich schaffte es ganz gut, den Jungs in Ruda eine schöne Zeit zu bereiten, aber leicht war es gewiss nicht. Nach unserem Zerwürfnis 2008 hatte Kate diese Reise 2009 mit den Jungs allein unternommen. Nun war ich an der Reihe, sie allein zu machen, und wurde dabei nie das Gefühl los, in Kates Fußstapfen zu treten. »*Ich möchte, dass du mit ihnen an Mummys Lieblingsstrand spazieren gehst, dort, wo sie als Kind immer war*«, hatte Kate gesagt. Sie hatte außer Llantwit Major noch mehrere Lieblingsstrände, und Croyde Bay neben dem Caravanpark war einer davon.

Ich nahm die Jungs dorthin mit und fand alles so sinnlos. Zum Glück hatte ich ein paar Kaugummis in meiner Tasche, denn dies war einer der Momente, in denen wir alle ein Kaugummi haben sollten.

»Warum bist du traurig, Daddy?«, wollte Finn wissen, als er beim Verteilen der Kaugummis mein gerötetes Gesicht sah.

»Es ist etwas ganz Besonderes, einen von Mummys Lieblingsplätzen zu besuchen«, erklärte ich.

Er nickte und stapfte dann am Ufer entlang, um zusammen mit seinem Bruder Krabben zu suchen.

»Und so musst du es machen«, hörte ich Reef Finn erklären, der wie ein Verrückter in einem Felsentümpel herumzuspritzen begann, sodass zweifelsohne sämtliche Krabben der Küste vor Angst Reißaus nahmen.

»Du musst ganz sanft und still sein!«, schrie Reef, als beide ins Wasser langten.

»Kommt her, Jungs, lasst es uns in einem anderen Tümpel versuchen, wie wär's mit dem hier? Darf ich es diesmal probieren?«

Diese Worte hätten gut von Kate stammen können, aber sie kamen aus meinem Mund. Einen unangenehmen Moment lang hatte ich das Gefühl, tatsächlich zu versuchen, wie Kate zu sein, und das gefiel mir nicht. Selbst ihre Familie erwartete von mir, dass ich mich wie Kate verhielt und genau das tat, was sie tat oder getan hätte – jedenfalls kam es mir so vor.

Sie kannten Kate als die perfekte Tochter, die hingebungsvolle Mutter, die liebevolle Schwester, Cousine, Nichte oder Tante, die für jeden Spaß zu haben war. Sie war all dies, aber ich kannte eine Kate, die kein anderer kannte. Sie war meine blonde, leidenschaftliche, umwerfende Ehefrau und Geliebte. Keiner sonst kannte diese Seite von Kate, und das war auch richtig so. Das war unser Privatleben, aber in diesem Urlaub fühlte ich mich dadurch vom Rest der Familie ein wenig ausgeschlossen. Wenn die anderen gelegentlich eine alte Geschichte von Kate zum Besten gaben, konnte ich darauf einsteigen, aber sie wussten nichts von meiner Hälfte des Lebens mit Kate und all den wunderbaren gemeinsamen Erinnerungen. Die kannten nur Kate und ich, und jetzt hatte ich niemanden mehr, mit dem ich sie teilen konnte.

»Komm zurück, Kate, dir ist alles verziehen«, sagte jemand eines Tages zum Scherz, als ich aus Versehen Sonnencreme auf Reefs T-Shirt spritzte. Die Worte waren als unbekümmerte Hommage an Kates mütterliche Fähigkeiten gedacht gewesen, aber ich fand sie schockierend. Natürlich war mir klar, dass solche Bemerkungen nur ein Weg waren, das Gedenken an Kate hochzuhalten oder sich auf sie zu beziehen, ohne eigentlich über sie zu reden. Das verstand ich schon, aber es gefiel mir nicht.

Viel lieber hätte ich ein vertrauliches Gespräch geführt und Erinnerungen an Kate ausgetauscht, als stumpfsinnige Anspielungen auf ihre hervorragenden Fähigkeiten als Mutter zu hören.

Doch ich biss mir auf die Zunge und akzeptierte ziemlich widerwillig, dass ich mich den anderen Leuten anpassen musste, die alle Kate auf ihre ganz verschiedene Art und Weise geliebt hatten und vermissten. Wir besuchten einen Dinosaurier-Park, wo wir praktisch nur auf Kates Spuren wandelten. Es war, als würden die Jungs den ganzen Tag, während wir uns von Attraktion zu Attraktion bewegten, nur sagen: »Mummy tat dies« und »Mummy tat das«, und das zehrte an mir.

Vor meinem geistigen Auge sah ich Kate, wie sie ihnen alles über die Fleischfresser und die Pflanzenfresser erklärte, sie herbeirief, damit sie sich die Dinosauriereier und die Fossilien anschauten, und sich vor Lachen nicht mehr einkriegte, wenn das gewaltige Velociraptor-Modell seinen Kopf schüttelte und so wütend brüllte, dass es den Besuchern einen gehörigen Schrecken einjagte.

Irgendwann musste Reef so verzweifelt aufs Klo, dass er hinter einem Busch verschwand. Ulkigerweise wartete er, bis der T-Rex in die andere Richtung schaute, und flüsterte dann verschwörerisch: »Hoffentlich dreht er sich jetzt nicht um, oder wir bekommen alle GROSSEN Ärger!« Das war so lustig, dass ich entspannt loslachte. Dabei musste ich an eine ähnliche Situation in der Zeit von Reefs Behandlung denken, als er Kate während eines Wohnmobilurlaubs in Wales zum Lachen gebracht hatte, indem er auf Zehenspitzen in den Wald schlich und eine Ewigkeit brauchte, bis er den richtigen Busch gefunden hatte, wo keiner ihn sehen konnte.

Da wurde mir klar, dass Kates Reaktion auf die Jungs ganz wesentlich zum Spaß auf den Familienausflügen beigetragen hatte. An Tagen wie diesem gingen wir normalerweise Hand in Hand direkt hinter den Jungs, damit wir ein Auge auf sie haben und ihre Reaktionen beobachten konnten. Jetzt fühlte ich mich einsam und lächelte in mich hinein.

Der Tisch, an dem wir uns im Restaurant setzten, war genau der Tisch, an dem Kate mit ihnen im letzten April gesessen hatte, ziemlich genau vor einem Jahr.

»Mummy hat einen RIESIGEN Erdbeereisbecher gegessen«, erinnerte sich Reef beim Blick auf die Speisekarte.

»Mummy hat einen Schmetterling gefangen«, sagte Finn später. »Kannst du auch einen fangen, Daddy?«

»Nein«, sagte ich instinktiv. »Mummy war eine großartige Schmetterlingsfängerin, viel besser als ich. Ich kann nicht alles so gut wie Mummy, wisst ihr.«

Es folgte ein etwas unangenehmes Schweigen, und beide Jungs erforschten mein Gesicht.

»Das ist schon okay, Daddy«, sagte Reef schließlich. »Du bist trotzdem cool, weißt du.«

»Dann schlagt ein«, sagte ich und hob grinsend meine Hände. Beide Jungs klatschten mich ab, dann stiegen wir ins Auto.

Erleichtert trat ich die Rückreise an. Ich hatte nicht nur den Urlaub überlebt, sondern auch daraus gelernt. Ich brauchte kein Klon von Kate zu sein, um die Jungs glücklich zu machen. Es wäre im Gegenteil sogar falsch, Kate kopieren zu wollen. Sie war ihre Mama und nur sehr schwer zu imitieren. Es war gut und richtig, ihr Andenken lebendig zu halten, aber genauso richtig war es, den Jungs zu zeigen, dass die Dinge jetzt anders waren.

KAPITEL 6

»Mummy mochte Spaziergänge am Strand und
in den Mendip Hills, das Erforschen von Felsentümpeln
und Waldspaziergänge und freute sich über jedes
Geschöpf, das Sie fand«

»Wie lange dauert es noch, bis die große Schule für mich anfängt, Daddy?«, fragte Finn eines Morgens.

Er besuchte noch immer den netten kleinen Montessori-
Kindergarten, den Kate bereits für Reef in Clevedon ausgesucht hatte, aber er konnte es kaum erwarten, zu seinem großen Bruder in die All-Saints-School zu kommen.

»Nun, es ist jetzt fast Juni, und im September fängst du mit
der Schule an«, sagte ich. Finn sah mich verdutzt an. »Da
musst du noch viele, viele Male schlafen – etwa hundertmal«,
erklärte ich ihm. »Bis zu den Sommerferien sind es noch etwa
acht Wochen, danach sind sechs Wochen Ferien, und dann
fängst du in der großen Schule an.« Finn machte ein langes
Gesicht. »Das ist ja eine Ewigkeit«, beklagte er sich. »Warum
kann ich nicht schon jetzt hingehen!«

Doch bevor ich antworten konnte, war er schon nach oben
in das freie Zimmer gerannt, wo er gleich darauf auf seinem
Spielzeugschlagzeug loszutrommeln begann. Das hatte er
von einem Nachbarn geschenkt bekommen, der von Kates
Wunsch erfahren hatte, er solle Schlagzeug spielen lernen,
und Finn hatte einen Riesenspaß daran.

»Mach nicht so einen Krach, Finn«, schrie Reef aus ihrem gemeinsamen Zimmer. »Warum musst du immer so LAUT sein!«

Reef las ein Buch, und mir wurde schlagartig klar, wie schnell die Jungs groß wurden. Seit sie in Windeln herumgekrochen waren, schienen noch keine fünf Minuten vergangen zu sein, und jetzt sah ich sie zu meinem Entzücken plötzlich als zwei kleine Männer, die unheimlich schnell ihren jeweils eigenen Charakter entwickelten. Dabei fiel mir Kates Liste ein. Ich hatte bereits so viele Dinge erledigt, fragte mich aber trotzdem, ob ich sie auch schnell genug abhakte. Selbst einige der einfachen Dinge waren noch nicht auf den Weg gebracht, wie etwa Flöten- oder Gitarrenunterricht für Reef und Schlagzeug- und Keyboardunterricht für Finn. Solange Kate noch lebte, wollte ich immer der perfekte Ehemann sein, weil Kate so eine perfekte Ehefrau war. Seit sie nicht mehr da war, wollte ich noch immer ihr perfekter Ehemann sein, aber gelang mir das auch? Bald schon würden Reef und Finn gemeinsam zur Schule gehen, und nicht mehr lang, bis sie mich immer weniger brauchten. Und wenn ich es nun nicht schaffte, die Liste abzuarbeiten, bevor die Jungs erwachsen waren? Ich würde es mir nie verzeihen, wenn ich Kate enttäuschte.

Ich ging nach oben und holte eine Kopie von Kates Liste von meinem Nachttisch. Es war das erste Mal seit Monaten, dass ich mich nach einem ersten kurzen Überfliegen intensiv damit beschäftigte. Ich schaute auf Kates Bettseite.

»Hilf ihnen immer, wenn sie dich darum bitten«, hatte sie gesagt.

»Natürlich werde ich das«, hatte ich ein wenig verdutzt erwidert und überlegt, warum sie mich um etwas derart Naheliegendes bat. Sie wusste doch, dass ich ihnen immer helfen würde, auch ohne extra darum gebeten werden zu müssen. Doch jetzt erkannte ich die tiefere Bedeutung. Die Jungs würden mich immer brauchen. Ich war auch noch ihr Dad, wenn sie selbst erwachsen waren und eigene Kinder hatten. Und das verdeutlichte mir, dass auch viele der anderen Punkte auf der Liste immer ihre Berechtigung hatten, egal wie viel Zeit ins Land ging.

Mein Blick fiel auf die kleinen, von Kate ausführlich beschriebenen Dinge, die sie mochte oder nicht mochte. »Liebte Meerschweinchen und Schmetterlinge, Walnut Whips, Erdbeerkäsekuchen.« – »Mochte kein windiges Wetter.« – »Mochte gern Wildblumen – Rote Lichtnelke, Wiesenschaumkraut, Gänseblümchen, Schlüsselblumen und Brautsträuße.« – »Mummy liebte Nachtfalter, Schlangen und Blindschleichen, Orangenbiskuits, Marmelade und Gelee, Zitronenaufstrich.« – »Mochte keine Tomaten, außer in Soßen oder Suppen.« – »Mummy liebte cremefarbene Rosen, Efeu, Schleierkraut.«

Während ich auf die Worte starrte, wurden sie zu Bildern, die mein Gehirn wie Videoclips projizierte und mir Kate zeigten, wie sie unsere Meerschweinchen hinten im Garten streichelte, dann das Papier eines Orangenbiskuits löste oder ein Messer nahm, um Zitronenaufstrich auf ihrem Toast zu verteilen. Ich sah Kate, die richtig wütend wurde, als sie am Strand versuchte, den Jetski zusammenzupacken, wobei ihr der Wind die Haare ins Gesicht blies. Sie hasste den Wind, sie konnte ihn nicht ausstehen. Im nächsten Clip sah ich sie mit ihrem Hochzeitsstrauß in der Hand, das schönste Gebinde aus cremefarbenen Rosen und Schleierkraut, das ich je gesehen hatte, und Kate begann zu strahlen, als sie sich darüberbeugte und den süßen Duft der Blumen einatmete.

Als sie damals diese Dinge aufschrieb, empfand ich sie als rührende, persönliche Details ihres Lebens, maß ihnen aber nicht die gleiche Bedeutung bei wie den Anweisungen und Bitten, die sie einfügte. Jetzt sah ich sie in einem anderen Licht. Es waren unglaublich wichtige Gedächtnisstützen, ohne die wir im Lauf der Zeit vielleicht vieles vergessen würden, was mit Kate zu tun hatte. Es waren Dinge, die ich den

Jungs jederzeit erzählen konnte, wichtige Erinnerungen an Kate, die uns unser Leben lang begleiten würden.

Ich starrte lange auf ihre Liste. Zum ersten Mal fiel mir auf, dass Kate die Vergangenheitsform wählte, wenn sie von sich sprach. Sie wusste, dass es kein Wenn gab, als ich sie fragte: »Und wenn du mich verlässt?« »Wenn« war ein Wort, das sie nicht benutzte. Sie wusste lange vor mir, dass die Frage nur noch lauten konnte, wann sie mich verließ.

Ich holte tief Luft und dachte daran, wie stark und tapfer sie gewesen war. Meine Fürsorge für Reef und Finn würde ein Leben dauern, und deshalb bestand keine Notwendigkeit, irgendwas auf der Liste zu überstürzen. Es würde Kate nicht gefallen, wenn ihre Liste schnellstmöglich abgehakt wurde, und dieser Gedanke tröstete und befreite mich.

Noch etwas fiel mir ins Auge: »Mummy mochte Spaziergänge am Strand und in den Mendip Hills, das Erforschen von Felsentümpeln und Waldspaziergänge und freute sich über jedes Geschöpf, das sie fand.« Priddy war immer unser liebster Platz in den Mendips. Dort gibt es natürliche Quellen, und wenn man weiß, wo man suchen muss, findet man jede Menge Blutegel, Kröten, Frösche, Eidechsen, Schlangen und Molche.

»Wir brauchen gar keine Decke, das Gras ist wie eine Decke!«, hatte Kate kichernd gesagt, als ich mit ihr in der Anfangszeit unserer Liebe zum ersten Mal dorthin gefahren war.

»Weißt du denn, warum es so weich ist?«, fragte ich sie.

»Nein, erzähl es mir.«

»Es gibt hier Millionen von Kaninchen, und die haben das Gras abgeknabbert, sodass es immer wie frisch gemäht aussieht.«

Diese Vorstellung entzückte sie.

»Wo ist der beste Ort, um nach Blindschleichen zu suchen?«, fragte sie. »Ich liebe nämlich Blindschleichen.«

Kate war außergewöhnlich. Ich liebte diese erdverbundene Seite an ihr, die sie auch nie verlor. Jahre später, als ich Kurse durchführte, unternahm ich mit Gruppen Mountainbike-touren in Priddy. Kate half mir, interessante Routen auszuarbeiten, die immer einen großen Bogen um die Areale mit kostbarer Fauna machten, damit der natürliche Lebensraum geschützt blieb. In den letzten Jahren verwöhnten wir uns von Zeit zu Zeit mit besonderen Picknicks, die wir dort abhielten. Ich machte Saucisson-Sandwiches mit unserem knusprigen Lieblingsbrot, dem Tiger Bread, und Butter, und wir holten dann die Champagnerflasche aus dem Handschuhfach des Autos und kühlten sie zwischen den Gräsern der Quelle, bis sie eiskalt war.

»Wer fährt?«, fragte Kate beim letzten Mal.

»Ich«, erwiderte ich.

»Dann nur ein Glas für dich, Singe.«

»Abgemacht, aber du weißt schon, was das bedeutet?«, sagte ich.

Kate gluckste. Es bedeutete, dass sie sich einen Schwips antrinken konnte und ich sie zu Bett bringen musste.

»Abgemacht«, sagte sie und beugte sich über mich, um mich so leidenschaftlich zu küssen, wie wir das auch vor Jahrzehnten getan hatten, als wir beim mitternächtlichen Picknick auf einer Decke lagen.

Es machte uns beiden Freude, die Jungs bei der Erforschung der Priddy Pools anzuleiten, dem perfekten Ort für Kinder.

»Warum suchen wir denn hier, es gibt doch gar nichts zu sehen«, sagte Reef einmal.

»Dann komm mit mir«, entgegnete Kate und nahm ihn bei der Hand. »Lass uns mal diesen Stein anheben und darunter nachschauen, sollen wir?«

Und Reefs Gesichtchen strahlte, als er die vielen Käfer sah, die seine Mummy aufgedeckt hatte.

»Jetzt kannst du wohl nicht mehr sagen, dass es hier nichts zu sehen gibt, oder? Sollen wir jetzt nach Schlangen suchen?

Einige hier sind giftig, die meisten aber nicht. Ich werde dir beibringen, wie du sie unterscheiden kannst ...«

Beide Jungs waren begeistert von Priddy, aber aufgrund der Ereignisse der letzten Zeit dürfte wohl ein ganzes Jahr vergangen sein, seit wir das letzte Mal dort ein Picknick veranstaltet hatten. Auf jeden Fall war ich seit Kates Tod mit den Jungs nicht mehr dort gewesen.

»Sollen wir mal wieder zum Picknicken nach Priddy fahren?«, rief ich die Treppe hoch. Finn hörte sofort zu trommeln auf.

»Jaaaa!«, schrien sie beide herunter.

»Kann Kirsty mitkommen?«, schob Reef nach.

Kirsty ist unser Babysitter und ein toller Kumpel. In den vergangenen Monaten war sie uns eine große Hilfe, und die Jungs lieben sie über alles. Sie ist gerade mal Anfang zwanzig und bringt immer frischen Wind mit. Auch Kate hatte sie sehr gern.

»Ich werde sie anrufen«, sagte ich, ohne zu zögern, und wählte Kirstys Nummer.

»Natürlich komme ich mit, Singe, ich freu mich drauf!«, sagte Kirsty sofort. »Danke für die Einladung. Das wird bestimmt lustig. Sag den Jungs, dass ich es gar nicht erwarten kann.«

Spontane Unternehmungen waren mir die liebsten. Auf diese Weise sind Kate und ich auch zu einigen unserer unvergesslichen Picknicks gekommen, und auch dieses sollte ein großer Erfolg werden. Ich glaube, es half uns allen sehr, dass Kirsty dabei war. Nicht nur freute ich mich über die erwachsene Gesellschaft, zusätzlich waren wir durch sie davor gefeit, dass dieser Ausflug zu einer Wiederholung der Picknicks wurde, die Kate und ich dort erlebt hatten. Kirsty machte sich nicht auf die Suche nach Blindschleichen oder Schlangen oder vierblättrigen Kleeblättern, und wir aßen auch keine Saucisson auf Tiger Bread. Es war einfach nur ein fröhlicher

Tag im Freien, zwar von Erinnerungen ausgelöst, aber nicht von ihnen beherrscht. Die Jungs rannten in der frischen Luft umher, ich forderte sie heraus, Jagd auf Käfer zu machen, und wir alle genossen einfach nur den Sonnenschein.

Irgendwann nahm Kirsty beide Jungs an der Hand und spazierte mit ihnen zur Quelle. Da legte ich mich zurück auf das von den Kaninchen abgeknabberte Gras und schloss meine Augen. Ich spürte die Wärme der Sonne auf meinen Lidern und konnte zum ersten Mal seit einer Ewigkeit richtig entspannen. Es gab keine Krankenhausbesuche zu planen, keine Trauerfeier zu organisieren und keine amtlichen oder finanziellen Dokumente auszufüllen.

Auf der Heimfahrt fiel mir die Champagnerflasche in meinem Handschuhfach ein. Kate und ich erneuerten diese immer gleich wieder, wenn wir in Priddy eine Flasche leer getrunken hatten, und so lag immer eine für das nächste Mal bereit. Es war ein gutes Gefühl, sie dort zu wissen. Sie erinnerte mich an unser gemeinsames Leben und daran, dass wir immer voller Optimismus nach vorn schauten, immer in Erwartung der nächsten Feier, bereit, sie zu genießen. Während der gesamten Behandlungszeit von Reef hatten wir eine dort liegen. Als seine Chemo vorbei war, tranken wir sie, und desgleichen, als Kates Behandlung abgeschlossen war.

Mir wurde klar, dass die nächste Flasche, diejenige, die jetzt im Handschuhfach lag, dafür gedacht gewesen war, auf Kates großartige Genesung anzustoßen. Damit hatte ich ohne den Schatten eines Zweifels gerechnet und es mir ausgemalt. Jetzt konnte ich mir keinen Anlass vorstellen, um die Flasche zu öffnen, auch hätte ich nicht gewusst, mit wem ich sie teilen sollte, aber sie deshalb zu entfernen wäre mir nie in den Sinn gekommen. Kate hätte gewollt, dass ich sie dort verwahrte, und zu meiner Freude entdeckte ich, dass auch ich sie dort aufheben wollte.

Mein Tag mit Kirsty und den Jungs hatte so viel Spaß gemacht, dass ich mir zum ersten Mal, seit ich Kate verloren hatte, vorstellen konnte, mein Leben irgendwann einmal mit einer anderen Frau zu teilen. Ich wusste nicht, wer sie sein mochte, und der Gedanke an eine andere Seelengefährtin war mir noch immer fremd, aber ich wusste, dass ich nicht allein sein wollte. Ich konnte nicht allein sein. Ich vermisste die Nähe einer Beziehung, den Herzschlag des anderen. Es war nicht nur ein Wunsch oder eine Sehnsucht, es war eine physische Notwendigkeit.

»Kate hat die Latte sehr hoch gelegt«, hatte ich im Laufe der letzten Monate vor vielen nahen Freunden betont. Es war meine Standardantwort, wann immer jemand Anspielungen auf eine andere Partnerin machte. Ruth und ein paar der Mütter aus der Schule begnügten sich natürlich nicht mit Anspielungen. In den letzten Wochen hatten ein paar gute alte Freunde damit begonnen, mir rundweg zu sagen, sie würden eine neue Frau für mich finden, und einige waren bereits dazu übergegangen, mir übers Handy Fotos von alleinstehenden Freundinnen zu schicken, die »zu haben waren«. Anfangs lachte ich darüber.

»Sehen wir sie uns doch mal an«, schlug Ruth vor, als ich ihr von den jüngsten Fotos erzählte. Wir unterhielten uns über den neuesten Klatsch, während wir vor der Kinokasse anstanden. Ruth war in dieser Hinsicht ganz fantastisch gewesen, hatte mich zum Kino oder zum Essen geschleppt, wann immer sie konnte. Sie wusste, wie man sich fühlte, wenn man alleinerziehend war. Seit ihrer Scheidung hatte sie sich ganz hervorragend um ihre beiden Jungs im Teenageralter gekümmert, und ich bewunderte sie sehr. Wir standen uns bereits sehr nahe, als Kate noch lebte. Jetzt war mein Verhältnis zu ihr wie das zu einer Schwester, die an mir herumnörgelte, mich schikanierte, vor allem aber jeden meiner Schritte überwachte.

Ich zeigte ihr zwei Fotos von attraktiven Frauen, begleitet

von begeisterten kleinen Textnachrichten auf meinem Telefon. »Was meinst du, Singe … ist doch perfekt, oder?!!«, lautete eine.

Eine andere, zu der ein lustiges Foto von einer blonden Frau gehörte, die ein albernes Gesicht zog, lautete: »Reizende Lady für dich … total übergeschnappt wie du!«

Ruth studierte die Fotos und las die Nachrichten.

»Du solltest einfach mal was mit ihnen trinken gehen, einen Abend lang ausgehen, dann siehst du schon, was passiert«, sagte sie. »Selbst wenn sich nichts ergibt, tut es dir gut, mal Gesellschaft zu haben.«

»Du hast wie üblich recht«, sagte ich zögernd und schloss sie in meine Arme. »Was täte ich ohne dich?«

Dank Ruth und der »Mütterarmee«, die es sich auf ihre Fahnen geschrieben hatte, mich vor meinem Alleinsein zu retten, machte ich mich nach und nach mit der Idee vertraut, dass ich, auch wenn ich keine andere Kate fand, wenigstens Spaß haben könnte, es zu versuchen.

In der Woche nach dem Picknick in Priddy willigte ich endlich ein, mit der frisch geschiedenen Freundin einer Freundin was trinken zu gehen. Kirsty kam zum Babysitten zu uns, und ich brachte die Jungs ins Bett. Wieder einmal gelang es Reef, mich zu verblüffen, diesmal mit seinem bisher spektakulärsten Schlag.

»Wann werden wir eine neue Mummy bekommen?«, fragte er allen Ernstes und sah mir dabei direkt in die Augen.

»Ich weiß es nicht«, erwiderte ich ruhig und mit ausdrucksloser Miene, weil mir nichts Besseres einfiel.

Finn sah mich erwartungsvoll an und zog seine Brauen hoch, als wollte er mich zu einer Antwort drängen.

»Ihr seid mir ein Paar«, stotterte ich leicht nervös, um die Stimmung aufzulockern. »Ich tue mein Bestes, seid ihr damit zufrieden?«

Sie nickten beide und lächelten.

»Okay, Daddy. Aber beeil dich lieber!«, sagte Reef und zog sich die Decke über den Kopf, bevor er loskicherte.

Finn stimmte in das Gelächter ein, und ich musste einfach mitlachen. Ich brach fast federnden Schrittes auf, weil mir neben Kates Segen, eine andere Frau kennenzulernen, nun auch der der Jungs gewiss war.

Als ich an diesem Abend mein »Date« traf, hatte ich gar nicht das Gefühl, eine Verabredung zu haben. Wir plauderten sehr freundschaftlich über unsere Kinder, ihre Schulen, unsere Jobs und Pläne für den Sommer und darüber hinaus. Ich erzählte ihr, dass ich mich in der Schule der Jungs noch mehr einbringen wollte, und wir unterhielten uns über die Aufgaben von Schulbeiräten.

»Kate wollte, dass ich noch mehr Aufgaben an der All Saints übernehme«, sagte ich, ohne dass es mir unangenehm war, denn auch sie erwähnte ihren Exmann mehrmals.

Wir genossen die Gesellschaft des anderen, konnten lachen und kamen überein, dass wir uns vielleicht mal wieder treffen würden. Auf der Heimfahrt war ich froh, diesen Sprung gewagt zu haben. Sie war eine unterhaltsame Dame, und wir hatten einen netten Abend verbracht, obwohl ich gemerkt hatte, dass es für mehr nicht reichte. Dieses Gefühl war gegenseitig, und somit war alles gut.

»Und?«, fragte Ruth mich am nächsten Tag am Telefon. »Wie lief es mit deinem Date?«

»Gut«, sagte ich aufrichtig.

»Nur ›gut‹?«, hakte Ruth nach.

»Ja«, sagte ich. »Und gut reicht mir. Ich habe den Abend genossen. Wenn man mit über vierzig zum ersten Mal mit jemandem ausgeht, ist das nicht ganz dasselbe wie als Teenager.«

Ruth lachte. »Da hast du den Nagel auf den Kopf getroffen, Singe. Aber ich bin froh, dass du den Versuch gewagt hast. Kate wäre sehr zufrieden.«

Wenn sie neben mir gestanden hätte, hätte ich Ruth jetzt

in meine Arme geschlossen. Sie sagt immer das Richtige und bringt die Dinge auf den Punkt, und genau das tat mir gut an diesem Tag.

»Du bist einfach fantastisch, Ruth«, sagte ich.

Im Laufe der folgenden Wochen traf ich die Entscheidung, für den Vorsitz des Elternbeirats von All Saints zu kandidieren. In dieser Position könnte ich mich stärker für die Erziehung der Jungs engagieren, wie Kate sich das gewünscht hatte. Diese Aufgabe hätte sie womöglich selbst übernommen, wenn sie noch da wäre. Selbst während ihrer Chemo hatte sie sich freiwillig für Standdienste gemeldet, am Sporttag mitgeholfen und Benefizveranstaltungen organisiert. Ich wollte mich für zwei einbringen und gern noch darüber hinaus, was mir der Umstand, dass ich nicht mehr Vollzeit arbeiten musste, natürlich erleichterte.

Ich war bereits Beiratsmitglied und hatte auch schon einige »Wow«-Aktivitäten, wie ich sie nannte, für die Kids organisiert. Ich hatte Überlebenskurse geleitet, darunter auch einen im Wald, und mich um einen »Begegnungstag mit Tieren« gekümmert, an dem die Kinder den Umgang mit Skorpionen, Spinnen und Bartagamen lernten, die von einem ortsansässigen Experten in die Schule gebracht wurden. Das hatte mir Spaß gemacht. Unter dem Gekreische hüpfender Kinder hatten wir eine Unmenge Grillen auf dem Boden freigesetzt und dann die Agamen losgelassen, die über die Insekten herfielen und sie verschlangen. Das kam unheimlich gut an und beförderte außerdem den Ruf der Schule, innovative Lehrmethoden anzuwenden.

Ich machte mir Gedanken, was ich der Schule sonst noch anbieten könnte, etwas, was über die Pflichten, die man als Beirat hatte, hinausging. Dank meiner Bootskontakte war ich schon mehrmals gebeten worden, *The Matthew* bei ihrer Fahrt um den Bristol Harbour zu begleiten. Dieses Schiff ist der fabelhafte Nachbau eines alten Handelsschiffes aus der

Tudor-Zeit, und mir kam die Idee, dass es doch wunderbar sein müsste, den Kindern aus der Schule eine Fahrt auf diesem Schiff zu ermöglichen. Meine Begeisterung ging mit mir durch, und ich konnte es kaum erwarten, die Jungs in meine Idee einzuweihen, aber mir war natürlich klar, dass das Projekt erst in trockenen Tüchern sein musste.

Ich spielte gerade in Gedanken alles durch, da kam Reef außer Atem hoch in mein Arbeitszimmer gerannt. Was er sagte, raubte auch mir den Atem.

»Mummys Fische und Mummys Krabben sterben«, verkündete er unter Tränen.

Meine überschwängliche Laune verpuffte augenblicklich, und ich rannte mit einem flauen Gefühl im Magen die Treppe hinunter. Das riesige, einen Meter zwanzig lange Aquarium in unserem Wohnzimmer war ein Geschenk für Kate gewesen. Zwei Wochen nachdem ihr Tumor diagnostiziert worden war, hatte ich es für sie nach Hause gebracht, weil ich wusste, dass ihre Behandlung es ihr nicht mehr erlaubte zu tauchen, sie aber das Meer vermissen würde.

»Das ist eine fantastische Idee, Singe«, strahlte sie damals und weidete sich an den tropischen Fischen, Korallen und Krabben, die ich eingesetzt hatte.

»Was Schöneres hättest du mir nicht schenken können. Ich liebe dich, ich liebe dich!«

»Sprichst du von mir oder den Fischen?«, scherzte ich.

»Von beiden! Sieh nur! Sieh dir den an. Kannst du sehen, wie er sich hinter dem Einsiedlerkrebs versteckt?«

Kate hatte es raus, die interessanten kleinen Stunts zu entdecken, die die Fische hinlegten, und holte mich immer wieder herbei, um mich darauf aufmerksam zu machen. Manchmal brauchte ich eine Ewigkeit, bis ich herausfand, was ich mir eigentlich anschauen sollte.

»Siehst du diese Koralle, also wenn sie pulsiert, dann achte auf diesen Weihnachtsbaum dahinter …«

Kate mit siebzehn. Das Mädchen mit der Sonne im Haar.

Kate mit dem Teddy Barnaby. Kurz bevor wir uns kennenlernten.

Kates achtzehnter Geburtstag. Kate in der Mitte – mit diesem berühmten Funkeln in ihren Augen, und ich stehe hinter ihr.

Wunderschöne Kate, während eines Urlaubs auf Mallorca.

Als verliebte Teenager in unserem ersten gemeinsamen Urlaub.

Die obligatorischen Urlaubsschnappschüsse. Hier zeigen wir gerade unsere Muskeln in Zypern.

Kate hat immer das Meiste aus ihrem Leben herausgeholt. Hier ist sie in Ägypten auf ihrem 200. Tauchgang.

Beim Skifahren in der Schweiz 1995, wo ich Kate den Heiratsantrag gemacht habe.

Mit Kates Mutter, Vater und Bruder Ben in der Schweiz und in der Türkei.

Vor der Kapelle des Clifton-College: der lachende Bräutigam und die errötete Braut.

nsere Flitterwochen. Auf dem rühmtesten Steg der Maledi-en. Der bis dahin beste Urlaub.

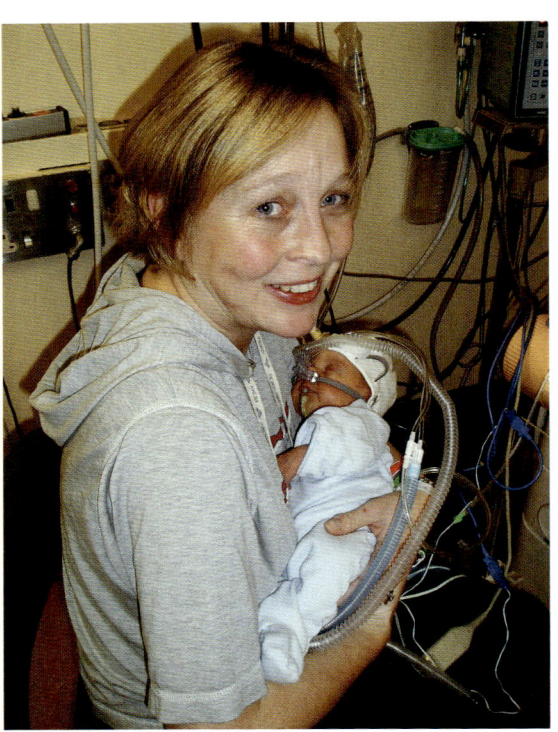

Beim Kampf um sein Leben.
Der winzige Finn kam zwei
Monate zu früh auf die Welt.

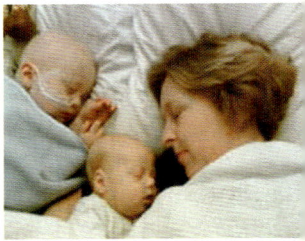

Einer der seltenen Momente
der Ruhe, nach einer von Reefs
Strahlenbehandlungen.

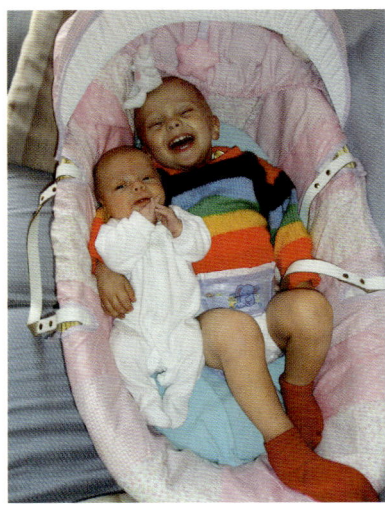

Jede Menge Spaß
– die beiden Jungs
zusammen.

Der lang ersehnte Tag: Finns und
Reefs erster gemeinsamer Schultag.
Was für ein Morgen!

Reefs Wunschreise nach Disney
World in Florida. So viele tolle
Erinnerungen sind von diesem
Urlaub geblieben.

Kate bereits in Therapie, und die Jungs vor dem
Baum des Lebens. Wir hatten gehofft, dass er uns
Glück bringen würde.

Kate mit Reef auf dem Riesenrad
Weston Eye.

tes letzter Sommer war voller Spaß. Hier führt sie
e Jungs beim Ponyreiten in den Mendip Bergen.

Ich habe noch immer jeden Liebesbrief, den Kate mir geschrieben hat.

Fahrten mit unserem Boot *Vier Heilige* haben uns ein wenig aufmuntern können in den ersten Monaten nach Kates Tod.

Unser erstes Weihnachten ohne Kate war schrecklich traurig. Die ganze Familie ist nach Ägypten gereist und erfüllte damit einen von Kates Wünschen.

»Feiert die Geburtstage groß«. Reefs sechster Geburtstag an Bord der *Matthew*.
Photo © Northcliffemedia

Kates Augen flitzten von Fisch zu Fisch, wenn sie wie ein Kind, das an einem bunten Cartoon klebte, aufgeregt ihre Bewegungen verfolgte. Als ihre Behandlung ihr die Energie raubte, saß sie oft stundenlang vor dem Aquarium und knabberte Coco Pops, weil sie auf nichts anderes mehr Appetit hatte.

Jetzt stand ich entsetzt vor dem Aquarium. Sämtliche Fische schwammen mit dem Bauch nach oben, und die Krabben sahen alles andere als lebendig aus.

»Ist das Aquarium gestorben, Daddy?«, wollte Finn traurig wissen.

»Ich weiß es nicht«, sagte ich. Es schnürte mir die Kehle zu, so aufgewühlt war ich.

Finn fing zu weinen an, und Reef wiederholte kläglich: »Mummys Fische und Mummys Krabben sterben.«

Schuldbewusst dachte ich an die letzten Wochen. Wir besaßen eine riesige Lederkoralle, die um das Vierfache gewachsen war. Ich hatte bei unserem Gartencenter Wasser gekauft und es dazugegossen, aber eine Reinigung des Aquariums war überfällig. Offenbar stimmte der pH-Wert nicht mehr, und das war alles mein Fehler. Ich hatte es vernachlässigt.

»Es tut mir so leid«, sagte ich und sah, als ich beide anschaute, Kate zwischen ihnen stehen. »Wir werden versuchen, so viele wie möglich zu retten.«

»Mummy wäre traurig«, sagte Finn, und nun fing auch Reef zu weinen an.

Die Jungs so aufgewühlt zu sehen tat mir in der Seele weh, zumal etwas starb, das Kate gehört hatte. Es war grässlich.

»Wisst ihr, was Mummy von uns erwartet hätte?«, sagte ich.

»Dass wir das Aquarium sauber machen?«, lautete Reefs logische Antwort.

»Ja genau, das würde sie wollen. Und ich werde das jetzt tun und dabei so viele von Mummys Fischen und Krabben wie möglich retten. Aber sie hat mich auch gebeten, euch zu einem echten Korallenriff zu bringen, damit ihr dort Scuba-tauchen und tropische Fische aus nächster Nähe im Meer sehen könnt, wie sie das getan hat.«

»Ist das so etwas wie ein Urlaub?«, wollte Finn wissen.

»Ja, Finn, es ist ein Urlaub. Ich habe beschlossen, dass ich mit euch zum Roten Meer in Ägypten fahre. Mummy hat mich darum gebeten.«

»Wann können wir losfahren?«, fragte Reef und wurde gleich fröhlicher. Mir fiel auf, dass er Finns Hand hielt, was er inzwischen instinktiv tat, sobald Finn wegen irgendwas aufgeregt oder durcheinander war.

Ich hatte schnell reagiert, weil ich die Jungs unbedingt aufheitern wollte, und dies drängte sich mir als die perfekte Möglichkeit auf.

»Wie wär's mit Weihnachten?«, fragte ich.

Ihre Augen wurden groß. »Wird es an Weihnachten nicht kalt sein?«, wandte Finn ein.

»Nicht in Ägypten. In Lappland war es kalt, weil es nah am Nordpol liegt, aber Ägypten ist ein wunderbar warmes Land mit Stränden und einem warmen Meer, um darin zu tauchen.« Kate und ich waren mit den Jungs tatsächlich schon mal in Sharm El Sheik gewesen, aber sie waren damals viel zu klein gewesen, um sich noch daran erinnern zu können.

Als ich über diesen Urlaub sprach, spürte ich ein kleines Beben in meiner Brust. Es war teils Aufregung, teils Erleichterung. Ein weiteres eiskaltes Weihnachtsfest könnte ich nicht ertragen, so viel stand fest. Ich wollte keinen Schnee sehen, weil mich das viel zu sehr an das vergangene Jahr erinnern würde, an Kates arme Lungen, die mit der eiskalten Luft in Lappland klarkommen mussten. Die Weihnachtstage zu Hause zu verbringen war genauso unvorstellbar. Ein halbes Jahr lag schon hinter uns, aber meine Trauer würde noch nicht so schnell ein Ende finden. Und ehe wir uns versahen, stünde Weihnachten vor der Tür, und daheim ohne Kate zu feiern wäre zu schmerzlich.

Wegfahren, um mit den Jungs was Schönes in der Sonne zu unternehmen, war genau die richtige Antwort. Die Idee, nach Ägypten zu fahren, war mir natürlich schon eine ganze Weile im Kopf herumgegangen, weil es auf Kates Liste stand, aber ich hatte noch keine Gelegenheit gehabt, es ernsthafter in Erwägung zu ziehen. Und als es jetzt passierte, schien es das Richtige zu sein.

»Ihr müsstet euch allerdings anstrengen im Schwimmkurs«, sagte ich den Jungs. »Um im Roten Meer schnorcheln zu können, müsst ihr gute Schwimmer sein. Abgemacht?«

»Abgemacht«, sagte Reef.

Finn nickte folgsam und machte große Augen.

Mit ihnen allein in Urlaub zu fahren wäre eine echte Herausforderung und bedeutete große Verantwortung, zumal bei einem Schnorchelurlaub, aber ich war entschlossen, es zu tun. Ich musste wieder daran denken, wie Kate und ich dreimal versucht hatten, diese Reise zu unternehmen, aber wegen ihrer Behandlung immer wieder absagen mussten. Ich hatte großes Glück, eine vierte Chance zu bekommen, und wollte für einen denkwürdigen Urlaub sorgen.

»Außerdem sollten wir zusehen, dass ihr viel Praxis im Boot fahren bekommt«, sagte ich. »Wir könnten morgen eine Fahrt um den Hafen machen. Ist das in Ordnung, Schiffskameraden?«

Die Jungs nickten. Wenn Kate und ich auf dem Meer waren, gab es für uns nichts anderes mehr, und ich wünschte mir, dass auch die Jungs dieses Gefühl der Freiheit kennenlernten. Ich wollte nicht, dass sie im Haus mit den sterbenden Fischen im Aquarium blieben. Sie mussten raus, wo der Wind die Wolken vertrieb.

»Keine Sorge, zuerst kümmere ich mich um das Aquarium«, versicherte ich ihnen. »Mal sehen, was wir noch retten können.«

Wie sich herausstellte, hatte das Aquarium einen »Korallen-Crash«, der den pH-Wert explodieren ließ und alle wirbellosen Tiere und Korallen und auch die meisten Fische umbrachte. Wir waren alle entsetzt, aber es gelang mir, das Wasser zu stabilisieren, und dank der paar Fische, die überlebt hatten, beruhigten auch die Jungs sich wieder. Aber das Aquarium sah sehr verschmutzt aus und benötigte eine gründliche Reinigung und Umgestaltung. Noch besser wäre es allerdings, es durch ein neues zu ersetzen, sobald das mit dem Anbau erledigt war.

Am nächsten Morgen weckte ich die Jungs zeitig und verließ mit ihnen das Haus. Das Aquarium beherrscht das ganze Wohnzimmer und ist unmöglich zu übersehen, also hielt ich es für das Beste, zur Ablenkung ein Unterhaltungsprogramm auf dem Meer zu organisieren. Die Jungs in ihren Rettungswesten waren immer ein erfreulicher Anblick, wenn sie bei rasanter Fahrt übers Wasser vor Vergnügen kreischten, und jetzt, da das Boot eingefahren war, konnte ich es auch voll ausfahren.

»Fahr schneller, Daddy! Fahr schneller!«, feuerten sie mich an, obwohl ich die Geschwindigkeitsgrenze schon fast überschritt und es sich anfühlte, als würden wir mit 160 Stundenkilometern über den Bristol Channel flitzen. Kate wäre begeistert gewesen, sie so zu sehen, mit Wind in den Haaren, die Augen schimmernd wie das Meer. Vor allem Finn, an dessen Gegiggel sie sich nicht satthören konnte, kriegte sich während der ganzen Zeit kaum mehr ein vor Lachen.

Während unserer Fahrt dachte ich an Kates Grab. Es ermutigte mich, sie mir gleich oben auf der Klippe vorzustellen, nicht weit entfernt von uns, von wo aus sie womöglich durch die Lücke in der Hecke auf uns herabsah.

Ich dachte auch an eine meiner liebsten Erinnerungen an Kate auf dem Wasser. Sie war damals mit Reef schwanger, also dürfte es etwa im Frühjahr 2004 gewesen sein. Wir waren mit unserem alten Boot vom örtlichen Segelklub in Portishead losgefahren. Das herrliche Wetter beim Start hielt nicht, bald schon ballten sich über uns Wolken zusammen, und der Wind wurde heftiger. Je weiter wir den Bristol Channel hinunterfuhren, umso kabbeliger wurde die See.

»Training auf dem Rettungsboot«, sagte ich und deutete auf ein großes RIB, ein sogenanntes Festrumpfschlauchboot, mit acht großen behaarten Kerlen an Bord, dem der Wind ebenfalls hart zusetzte.

Kate klagte über den Wind, der ihr ins Gesicht blies, obwohl sie auch bei dieser Windstärke kein bisschen Angst hatte. »Eine gute Übung für Seenotretter«, lautete ihr ganzer Kommentar.

»Ich denke, wir sollten umkehren«, sagte ich kurz darauf.

»Wieso?«

»Weil du im fünften Monat schwanger bist und das Wetter umgeschlagen ist!«

»Also gut, du hast recht, Spielverderber!«, willigte Kate zögernd ein.

Auf dem Rückweg beobachteten wir, wie die Crew des Rettungsbootes uns folgte und ihr Boot an seinem Anlegeplatz festzumachen versuchte. Sie scheiterten kläglich. Kate und ich verfolgten amüsiert, wie eine Reihe von Riesenwellen seitlich über das Boot schwappte und dafür sorgte, dass drei der bärenstarken Männer wenig elegant über Bord gingen. Der Rest von ihnen sprang vom Schiff, weil sie bereits dicht an der Ablaufbahn waren, anschließend kletterten sie beschämt und ein wenig mitgenommen ans Ufer.

»Braucht ihr Hilfe?«, rief ich ihnen zu.

»Ja bitte, Singe!«, kam dankbar die Antwort von einem aus der Crew, den ich kannte.

»Schaffst du's allein, unser Boot reinzufahren, während ich ihnen zur Hand gehe?«, fragte ich Kate.

Kate nickte, also kletterte ich über Bord und ließ ihr das Kommando über *Singe 1*. Sie stellte sich jeder Herausforderung und »zeigte die Kate«, wie ich zu sagen pflegte. Dies war keine Ausnahme, und sie »zeigte die Kate« an diesem Tag mit viel Stil, indem sie unser Boot wunderschön und im perfekten Winkel steuerte, ehe sie es gekonnt auf den Trailer setzte.

»Gut gemacht, Kate«, rief ich ihr zu und schaute dann hinüber zu den acht verdutzten Männern, die jetzt an der Ablaufbahn standen. Sie starrten allesamt mit offenem Mund und völlig perplex auf diese hübsche Blondine, die bei dieser kabbeligen See ganz allein und mit so viel Geschick ihr Boot an Land gebracht hatte, wo sie kollektiv versagt hatten.

»Mannomann, ist das ein blonder Feger!«, hörte ich einen sagen, während ich auch ihr Schlauchboot sicher an Land brachte.

Mir schwoll die Brust, und Kate machte wirklich eine umwerfende Figur, als sie sich seitlich an *Singe 1* herabgleiten ließ und dann hüpfend die Ablaufbahn hochkam.

»Und ich bin schwanger!«, sagte sie und warf den Männern ein keckes Lächeln zu.

Wir mussten oft an diese Geschichte denken und lachten dabei jedes Mal herzhaft, und an diesem Tag erzählte ich den Jungs die Kurzfassung davon.

»Mummy war wirklich tapfer und furchtlos«, sagte ich. »Sie wäre auf euch zwei Seeleute richtig stolz, ihr macht das sehr gut.«

Reef und Finn waren äußerst zufrieden mit sich. Ihren kleinen Gesichtern war es stets anzusehen, wenn sie was Neues auf dem Boot lernten, und ich hatte meine Freude daran.

»Erzähl uns die Jetski-Geschichte, Daddy!«, bettelte Reef. »Das ist so eine tolle Geschichte von Mummy!«

Ich glaube nicht, dass Finn sich an sie erinnerte, und begann mit großem Vergnügen eine weitere meiner Lieblingsgeschichten über Kate zu erzählen.

»Nun, wie ihr euch wahrscheinlich noch erinnern könnt, war Mummy eine sehr, sehr gute Jetski-Fahrerin.« Die Jungs nickten.«»Eines Tages brachten wir den Jetski an den Strand von Clevedon. Ich sah Mummy zu, wie sie rausfuhr – sie sah wirklich cool aus. Sie trug einen großen silbernen Helm, der gut zu den silbernen Blitzen passte, die seitlich ihres Jetskis angebracht waren. Mummy hatte es gern richtig schnell, wie ihr beiden auch, und sie konnte auch Tricks, wie zum Beispiel über die Wellen springen.«

»Erzähl Finn von den alten Leuten, Daddy!«, forderte Reef mich mit glänzenden Augen auf.

»Dazu komme ich schon noch. Es war jedenfalls mitten am Nachmittag, und jede Menge Omas aus einem der Altenheime waren unterwegs zu einem Spaziergang an der Promenade. Ich hörte eine der alten Damen sagen: ›Oooh, sieh dir diesen jugendlichen Raser an, Gladys‹, und weißt du, wen sie damit meinte?«

»Mummy!«, kreischte Finn.

»Genau. Dann war ich an der Reihe rauszufahren, deshalb winkte ich eurer Mummy zu, dass sie zurückkommen soll. Sie steuerte die Küste an, als wollte sie mir eine Chance geben, änderte dann aber ihre Meinung. Sie schrie ziemlich dreist ›Neee‹, schüttelte ihren Kopf und lachte. Gleichzeitig wendete sie den Jetski scharf, etwa so, wie man mit dem Auto eine Handbremsenkehre macht, und badete mich auf diese Weise mit einem riesigen Schwall Meerwasser, unter dem ich fast das Gleichgewicht verloren hätte. Die alten Leutchen kommentierten das mit ›Ooh‹ und ›Ah‹, und eine von ihnen sagte: ›Jetzt seht euch an, wie schnell der fährt! Ich finde, der fährt ein wenig riskant!‹ Ich konnte es kaum erwarten, bis eure Mummy endlich reinkam, und als sie dann zurück war und ihren Helm absetzte, rechnete ich fest damit, dass einige der alten Damen in Ohnmacht fielen. ›Das ist ja ein Mädchen!‹, sagten sie und deuteten auf Mummy, deren langes blondes Haar über den Rücken ihres Neoprenanzugs fiel. Mummy sprang auf den Strand, schüttelte ihr Haar und fing an zu lachen. Ich glaube, so geschockt waren die alten Leute noch nie!«

Die Jungs strahlten genauso, wie Kate an diesem Tag gestrahlt hatte. Sie hatten ihren Sinn für Spaß und Abenteuer geerbt, und es war mir Aufgabe und Freude zugleich, diesen lebendig zu halten.

Glücklicherweise hatte ich bereits ein weiteres kleines Abenteuer für die Jungs in petto, da ich eingewilligt hatte, in wenigen Wochen mit ihnen und meinen Eltern einen Wohnmobilurlaub zu machen. An jenem Abend weihte ich Reef und Finn ein, dass wir zusammen mit Grampy und Nanny P., wie sie meinen Dad Bob und meine Stiefmutter Pauline nannten, an der World Heritage Coast in einem Caravanpark nahe Bridport in Dorset Urlaub machen würden. Die Gegend dort ist zauberhaft, und wir waren schon mal dort gewesen, doch daran konnten sie sich bestimmt nicht mehr erinnern.

»Man hat dort eine fantastische Aussicht, und unser Wohnwagen wird am Klippenrand stehen, sodass wir den besten Blick der ganzen Anlage haben werden«, erzählte ich den Jungs voller Begeisterung.

Meine Einstellung zum Wohnwagenurlaub änderte sich dadurch nicht. Niemals werde ich nachvollziehen können, was den Reiz des Schlafens in einem leicht gebauten Wohnmobil ausmacht, wenn man zudem wie zu Hause auch noch kochen und abwaschen muss, jedoch unter wesentlich schlechteren Bedingungen. Doch für die Jungs ist es ein Abenteuer, das sich zudem leicht ermöglichen lässt, weshalb ich bereit bin, die Unannehmlichkeiten ihretwegen auf mich zu nehmen. Ich bin außerdem der Meinung, dass es nach dem Verlust ihrer Mum für sie sehr wichtig ist, Zeit mit allen ihren Großeltern zu verbringen – ein weiterer Grund für mich, meine eigene Befindlichkeit hintanzustellen.

»Was kann man dort unternehmen, Daddy«, erkundigte sich Reef.

»Schwimmen im Pool, Ausflüge an den Strand und mit dem Boot, einkaufen in Lyme Regis, Fossiliensuche am Strand ... wie schmeckt euch das?«

Die Jungs jubelten. »Ich kann es kaum erwarten!«, sagte Reef. »Muss ich mit zum Einkaufen? Wie oft müssen wir noch schlafen?«

»Nun, je schneller ihr heute Abend zu Bett geht, umso weniger oft müsst ihr noch schlafen«, sagte ich. »Höchste Zeit für euch, nach oben und ins Bad zu gehen.«

Sie trotteten nach oben, und ich folgte ihnen, um Wasser einlaufen zu lassen, während die Jungs sich auszogen. Sie waren fertig, bevor die Wanne voll war, so nutzte ich die Gelegenheit, mir Reefs Bauch anzusehen. Das machte ich immer mal wieder, eine Gewohnheit, die ich wohl nie loswerde. Man hatte mir erklärt, dass die meisten Krebserkrankungen, die wiederauftauchen, an derselben Stelle auftauchen, an der der ursprüngliche Tumor entfernt worden war – entweder das, oder sie setzt sich in den Lymphknoten fest und verteilt sich dann im ganzen Körper, wie das bei Kate der Fall gewesen war.

»Lass mich mal einen Blick auf deinen Bauch werfen«, sagte ich routinemäßig und bat Reef, sich flach auf die Badematte zu legen.

Nach der Operation zur Entfernung des Tumors aus seinem Abdomen waren bei Reef »Schrotkugelknoten« auf seinem Bauch und Unterleib zurückgeblieben, die wie winzige Beulen unter der Hautoberfläche aussahen. Man hatte mir empfohlen, sie im Auge zu behalten, denn sollten sie wachsen, wäre dies ein Warnzeichen, dass etwas nicht stimmte.

Mir wurde ganz eng in der Brust, als ich mir an diesem Abend Reefs Bauch ansah, und meine Nerven vibrierten, als hätten sich Glassplitter in meinen Adern festgesetzt. Die Knoten waren überdeutlich vergrößert. Mein Mund wurde trocken, und mir blieb die Luft weg, als hätten sich in meinem

Körper Schmetterlinge breitgemacht und verkrampft, um mir die Luft abzupressen. *Das kann nicht sein, das kann nicht sein,* dachte ich und holte so tief Luft wie möglich, ohne dass ich Reef verängstigte.

»Ist alles in Ordnung, Daddy?«, fragte Reef fröhlich.

»Wie fühlst du dich?«, fragte ich ihn, obwohl ich kaum ein Wort herausbrachte.

»Gut!«, sagte er und fing an zu kichern, als ich seinen Bauch berührte. »Du kitzelst mich! Hör auf!«

»Na gut, dann schnell in die Wanne mit dir, und beeilt euch, dann bleibt uns noch Zeit für eine Geschichte.«

Ich rief sofort den Facharzt Professor Mike Stevens an. Er ist ein wunderbarer Mensch, einer der führenden Fachärzte in Europa für seltene Krebserkrankungen wie die von Reef. Wir hatten uns im Lauf der Jahre so gut kennengelernt, dass ich ihn direkt anrufen konnte, wofür ich sehr dankbar war.

»Bringen Sie ihn morgen vorbei«, sagte er, nachdem er sich meine Beschreibung der Knoten angehört hatte. »Wir werden ihn gründlich untersuchen. Versuchen Sie bis dahin, sich nicht allzu große Sorgen zu machen.«

Ich fand kaum Schlaf in dieser Nacht. Ständig gingen mir als Endlosschleife dieselben zwei Gedanken durch den Kopf. Bei Reef waren sie davon ausgegangen, dass er kaum eine Überlebenschance haben würde, während sie Kate gute Genesungsaussichten bescheinigt hatten.

»Seine Überlebenschancen sind so gering«, hatte Kate damals geschluchzt. »Was ist, wenn wir ihn verlieren?«

Reef schaffte es entgegen aller Wahrscheinlichkeit, und dann war Kate an der Reihe, ihre Chancen zu übertreffen. Diese standen sehr viel besser als die von Reef – eine achtzigprozentige Wahrscheinlichkeit verglichen mit den mageren sechs Prozent seiner Ursprungsdiagnose. »Du schaffst das«, sagten wir alle zu Kate und waren davon überzeugt. Wir lagen alle falsch. Reef hat überlebt, Kate ist gestorben. Reef hatte so gut wie keine Überlebenschance, dennoch überlebte er. Kate sollte aller Voraussicht nach leben, und sie starb. Immer wieder nickte ich kurz ein, ohne die Tretmühle meiner Gedanken verlassen zu können. Ich wünschte mir Kate an meiner Seite, wollte die Wärme ihrer Haut an meiner spüren.

»Und wenn wir ihn verlieren, Singe?«

Das konnte ich sie sagen hören, und meine Antwort hörte ich ebenfalls.

»Wir müssen positiv bleiben«, sagte ich ihr. »Er hat die beste Mummy an seiner Seite. Er wird es schaffen, da bin ich mir ganz sicher. Wir müssen nur daran glauben.«

Kate klammerte sich an mich, und ich war glücklich, ihr Fels zu sein. Dieser Fels musste ich noch immer sein und positiv denken, obwohl jetzt Angst und Furcht meinen Körper lähmten. Bleib positiv, sagte ich mir. Schlaf jetzt, suggerierte ich mir. Ich versuchte Bilder von Reef am Ende seiner Behandlung heraufzubeschwören und sagte mir, dass er seinen Krebs wie ein kleiner Drachentöter besiegt hatte. Er war als Sieger hervorgegangen und würde immer ein Überlebenskünstler sein.

Ich musste an Reefs Party zum vierten Geburtstag denken. Obwohl er noch immer in Therapie war und von Remission noch keine Rede sein konnte, war es ein unglaublicher Fortschritt, dass er so weit gekommen war. Es war der Juli 2008.

»Lass uns seinen Geburtstag groß feiern«, hatte Kate gesagt.

»Unbedingt! Was wollen wir machen?«

Wir waren wie Kinder, die sich auf Weihnachten freuten. Dass es mit Reef aufwärtsging, war ein unglaubliches Geschenk. Wir konnten es kaum glauben, dass er vier Jahre alt wurde, es war ein Wunder, dass er diesen Meilenstein erreicht hatte.

Wir mieteten das Curzon-Kino in Clevedon an, eines der

ältesten Kinos der Welt, und luden mehr als zweihundert Freunde und Familienmitglieder zu einer Privatvorstellung von Ice Age 3 ein.

»Wir feiern, als gäbe es kein Morgen!«, gluckste ich.

»Damit willst du aber doch wohl sagen, dass es viele Morgen gibt?«, stellte Kate klar.

»Aber selbstverständlich! Auf die Zukunft, darauf, dass wir noch jede Menge Geburtstage feiern.«

Als ich am nächsten Morgen aufwachte, fielen mir sofort wieder Reefs Knoten ein, und alle positiven Gedanken, an denen ich mich in der Nacht hochgezogen hatte, waren wie weggeblasen. Augenblicklich fühlte ich mich verängstigt und allein. Im Haus war es still, und ich kam nicht an gegen diesen einen hartnäckigen Gedanken, der gegen meinen Schädel schlug. »Du hast dir bei Kate Hoffnungen gemacht«, stichelte er. »Und du lagst falsch.«

Ich sah Kates Umrisse im Türrahmen auftauchen. »Ich habe einen kleinen Knoten, Singe«, sagte sie, als sie aus der Dusche ins Schlafzimmer kam. Sie hatte ein Handtuch umgewickelt und hielt schützend ihre Hand über ihre linke Brust. Es war ein heißer Tag im August 2008, nur wenige Wochen nach Reefs Geburtstagsparty im Kino.

Arme Kate, dachte ich zuerst. Nach allem, was Reef widerfahren war, konnte ich es ihr kaum verdenken, dass sie ein wenig paranoid war, was ihre Gesundheit betraf. Jedes Mal, wenn wir ihm Calpol gaben, um seine explodierende Körpertemperatur in den Griff zu bekommen, hatte Kate sich Sorgen gemacht, etwas übersehen zu haben.

»Und wenn er nun wirklich was Ernsthaftes hat?«, fragte sie immer wieder. »Wenn wir was übersehen?«

Auch als sie darauf keine Antworten bekam, gab sie nicht auf – keiner von uns gab auf. An Reef wurde ein Test nach dem anderen durchgeführt, aber es dauerte Monate, bis man herausfand, was mit unserem einst so aktiven Kind geschehen war.

»Wir haben neun Monate vergeudet«, schluchzte Kate, als Reefs Krebserkrankung endlich diagnostiziert wurde. »Wir haben Krebs mit Calpol behandelt«, weinte sie. »Hätte man diese Diagnose eher gestellt, wäre er vielleicht nicht behindert.«

Dieser Gedanke verfolgte Kate, und ich musste ihr immer wieder gut zureden, dass sie ihr Bestes getan hatte, dass wir beide unser Bestes getan hatten. Wir waren unseren Instinkten gefolgt und hatten immer wieder darauf bestanden, dass Tests an Reef durchgeführt wurden, und auch die Ärzte hatten ihr Bestes gegeben, obwohl viele Monate ins Land gegangen waren, in denen Reefs Zustand sich immer mehr verschlechtert hatte.

Ich konnte mir gut vorstellen, was ihr an diesem Morgen durch den Kopf ging, als sie aus dem Badezimmer kam, aber ich wollte auf keinen Fall, dass sie sich unnötig sorgte. Sie hatte ohnehin schon viel zu viel Stress gehabt.

»Es wird eine Zyste oder dergleichen sein, Kate«, sagte ich, als sie mich den kleinen Knoten ertasten ließ.

Er fühlte sich nicht größer an als die Spitze eines Bleistifts.

»Mach einen Termin aus und lass ihn untersuchen. Wenn du möchtest, komme ich mit.«

Ich denke, dass Kate mich an diesem Morgen ansah und befand, dass auch ich genug Stress gehabt hatte.

»Nein«, sagte sie tapfer. »Du hast sicherlich recht. Ich werde mir einen Termin geben lassen, nur um auf der sicheren Seite zu sein, aber es ist nicht nötig, dass du dir deswegen freinimmst.«

Im Lauf des vorangegangenen Jahres war Kate zum Blutspenden gegangen. Sie wollte dem National Health Service für all das, was es für Reef getan hatte, etwas zurückgeben, es war ihre Art, danke zu sagen. Sowohl Kate als auch Reef hatten eine sehr seltene Blutgruppe: 0 negativ, weshalb sich das Blutspenden lohnte. Kate spendete mehrmals erfolgreich, aber ich erinnere mich, dass sie von ihrer letzten Sitzung ziemlich erschöpft nach Hause gekommen war.

»Du bist unglaublich«, hatte ich an dem Tag zu ihr gesagt. »Die wenigsten Leute würden sich nach allem, was du bei Reefs Behandlung mitbekommen hast, freiwillig in die Nähe einer Krankenschwester oder einer Nadel begeben.«

»Sie wollten mir heute gar kein Blut abnehmen«, sagte sie und klang ziemlich verschnupft. »Offenbar bin ich anämisch. Sie haben mir gesagt, ich soll mir keine Sorgen machen, sondern Eisentabletten nehmen. Vermutlich bin ich ein wenig ausgelaugt.«

Diese Worte kamen mir wieder in den Sinn, als Kate sich ihren Knoten untersuchen ließ. Ich gab gerade einen Lebensretterkurs im Esporta-Freizeitzentrum in Weston-super-Mare und versuchte zuversichtlich zu bleiben. Mit Kate war bestimmt alles in Ordnung, redete ich mir gut zu. Genauso wie ihre Anämie war dies sicherlich nichts, weswegen man sich Sorgen machen müsste, bestimmt gab es eine einfache Erklärung.

Kates Termin war im Weston General Hospital, nur ein Stück die Straße runter, und den ganzen Morgen wartete ich auf einen erleichterten Anruf von ihr mit der Nachricht: »Du hattest recht, Singe – es ist eine harmlose Zyste. Nichts, weswegen wir uns Sorgen machen müssten!« Aber mein Telefon läutete nicht. Ich wollte mir meine Zuversicht trotzdem nicht nehmen lassen und sagte mir, dass es in der Klinik bestimmt zu Verzögerungen gekommen war und man sie hatte warten lassen, weil sie kein dringender Fall war.

Zur Mittagszeit aß ich gerade gemeinsam mit den Lebensrettern einen Happen, als Kate durch die Tür kam. Sie setzte für die Gruppe ein Lächeln auf, bevor sie leise zu mir sagte: »Können wir draußen kurz miteinander reden?« Ich wusste, dass etwas im Busch war, weil es so gar nicht Kates Art war, nicht allgemein hallo zu sagen und mit den Leuten ein Gespräch anzufangen, selbst mit denen, die sie nicht kannte.

»Entschuldigt mich, Jungs, ich muss mal kurz raus«, sagte ich und spürte, wie sich mir die Nackenhaare aufstellten.

Kate ging schweigend mit mir zum Parkplatz. Als wir bei ihrem Auto angekommen waren, ließ sie den Kopf hängen und sah mich voller Bedauern an.

»Die Untersuchung hat nichts Gutes ergeben«, sagte sie. »Tut mir leid, Singe, ich muss noch heute Nachmittag zur Biopsie.«

Die Worte blieben in der Luft hängen, als sie ins Auto stieg, als wollte sie von ihnen loskommen. Als ich mich neben sie setzte, klammerte sie sich an mich und hielt mich fest, so fest, wie sie nur konnte. Sie fing zu weinen an, und für eine so kleine Person drückte sie wirklich fest zu und presste mir fast die Luft ab.

»Ich bin doch bei dir«, stammelte ich, »wir werden das gemeinsam durchstehen.«

»Ich kann einfach nicht fassen, was da passiert«, sagte sie und schluchzte dabei so heftig, dass ihre Tränen mein Hemd durchnässten. »Wie sollen wir das den Jungs sagen?«, jammerte sie. »Was sollen wir ihnen nur sagen?«

Sie war völlig verzweifelt, und es tat weh, sie so zu sehen.

»Wenn es Brustkrebs ist, Kate, dann stehen die Chancen doch sehr gut, dass du ihn überstehst«, sagte ich und versuchte einen kühlen Kopf zu behalten, obwohl mich meine eigenen Worte schockierten. Wir wussten beide, was ich meinte, dass es nämlich unmöglich schlimmer sein konnte als Reefs Krebserkrankung, und wir sahen einander entsetzt an.

Ich hatte nicht damit gerechnet, wieder in das dunkle Loch der Krankenhäuser zurückzufallen, dem wir gerade erst entkommen waren, und konnte selbst kaum glauben, dass ich Kate nun fragte, welcher Art die Untersuchung war, wie ich das so viele Mal getan hatte, als es um Reef gegangen war. Wie konnte eine Familie so sehr vom Unglück verfolgt sein, dass sie gleich von zwei Krebsfällen heimgesucht wurde? Reefs Krebs war so selten, und man hatte uns versichert, dass er nicht genetisch vorbelastet war. Vielleicht war das ein Irrtum. Oder vielleicht erwischte man Kates winziges Knötchen in einem so frühen Stadium, dass man es schnell und leicht entfernen konnte?

»Es bringt nichts, sich jetzt zu viele Gedanken zu machen, bevor wir die Ergebnisse der Biopsie haben«, sagte ich zu Kate. »Vielleicht ist es ja gar kein Krebs. Warte hier auf mich, während ich mit den Lebensrettern rede, dann fahren wir gleich wieder zurück zum Krankenhaus.«

Kate war unheimlich tapfer, als die Nadel in sie eindrang, sie biss die Zähne zusammen und hielt meinen Blick eisern und entschlossen fest, wie um mir zu sagen: »Du weißt doch, dass ich eine Kämpfernatur bin.« Sie war auch unglaublich tapfer, als uns später eine Krankenschwester, die speziell für Krebserkrankungen geschult war, in ein hübsches kleines Nebenzimmer bat.

Obwohl Kate und ich versucht hatten, einander zu trösten und Mut zuzusprechen, während wir zur Beruhigung unserer Nerven warmen Tee tranken, glaube ich, dass wir beide die schlechte Nachricht kannten, bevor wir aufgefordert wurden, in diesem gemütlichen pastellfarbenen Raum Platz zu nehmen. Die Atmosphäre war erstickend, und der einfühlsame Blick, mit dem uns die Krankenschwester bedachte, erinnerte uns an den Moment, als wir Reefs Diagnose erfahren hatten.

»Es tut mir sehr leid, aber es ist was Ernstes«, sagte sie. »Es sind zwei Knoten, einer etwas kleiner als der andere. Wir werden eine komplette Brustamputation vornehmen.«

Kate weinte nicht, sie starrte nur ernst zu Boden. Ich brach von innen her völlig zusammen. Mein Herz pumpte wie verrückt Blut in meinen Kreislauf, und mein Gehirn pulsierte so heftig, dass es zu platzen drohte. Mir liefen kalte Schauer über den Rücken, unter meinem Kragen schwollen die Zornesadern. Ich zitterte vor Schock, und Tränen mischten sich mit dem Schweiß meines geröteten Gesichts.

Die Krebskrankenschwester schien es zu amüsieren, dass mich die Situation sichtlich stärker aufwühlte als Kate.

»Wir haben schon schlimmere Nachrichten erhalten«, sagte Kate gelassen zur Erklärung.

Jetzt machte die Krankenschwester ein verdutztes Gesicht, und während ich meinen Kopf in meine zitternden Hände legte, konnte ich hören, wie Kate ihr ein wenig über Reef erzählte, dessen Krebs so selten war, dass es davon nur acht Fälle auf der Welt gab.

»Man hat ihm eine sechsprozentige Überlebenschance eingeräumt, trotzdem hat er letzten Monat seinen vierten Geburtstag gefeiert«, sagte Kate couragiert. »Wir haben ein ganzes Kino angemietet und ihn groß gefeiert.«

Dann brach Kate schließlich doch zusammen, und wir hielten uns weinend in den Armen, während die entsetzte Krankenschwester sich davonschlich, allerdings erst, nachdem sie uns gesagt hatte, wir sollten uns Zeit lassen und sie werde uns nützliches Informationsmaterial zusammenstellen.

In den folgenden Wochen erfuhren wir, dass Kates Krebs sich als »triple-negativ« herausstellte, was nach der Brustamputation eine Chemotherapie und eine Bestrahlungstherapie erforderlich machte. Man bot uns zudem an, an einer Studie mit einem neuen Medikament namens Avastin teilzunehmen. Das könne ihre Überlebenschancen erhöhen, die man schließlich mit ermutigenden achtzig Prozent veranschlagte.

»Ich nehme das Zeug«, verkündete Kate tapfer. »Einen Versuch ist es wert. Wenn Reef den Krebs besiegen kann, dann kann ich das auch.«

Ich glaubte fest daran. Für mich stand außer Frage, dass sie es schaffte, und ich glaube nicht, dass sie selbst auch nur den

Schatten eines Zweifels hatte, jedenfalls lange Zeit nicht. In der Nacht vor ihrer Brustamputation klammerten wir uns im Bett aneinander.

»Wirst du auch noch Lust auf mich haben, wenn ich nur noch einen Busen habe?«, fragte sie mich kläglich und schaute mich mit großen blauen Hundeaugen an.

»Du machst wohl Witze?« Ich lachte. »Ich werde nie aufhören, Lust auf dich zu haben – und ich habe vielleicht sogar noch mehr Lust auf dich, wenn du deine Brustvergrößerung hinter dir hast.«

Sie kicherte und küsste mich zärtlich. »Und was ist mit der Chemo? Was wird die mit mir machen? Ich werde schrecklich aussehen.«

»Nun, vielleicht kriegst du ja eine sexy Perücke aus langen blonden Haaren, falls deine Haare tatsächlich ausfallen sollten«, schlug ich neckisch vor.

Sie trommelte auf meine Brust ein und nahm mich fest in den Arm. »Ich liebe dich, Singe«, sagte sie.

»Ich liebe dich auch«, erwiderte ich und küsste ihr Haar. »Ich wünschte, du müsstest das alles nicht über dich ergehen lassen, und ich würde am liebsten schon zum Ende der Behandlung vorspulen, aber das geht nicht. Wir haben das einmal durchgemacht, und wie es aussieht, müssen wir es eben noch mal durchstehen.«

Und nun sind wir schon wieder an diesem Punkt, sagte ich mir, als ich zu Reefs Termin mit Professor Stevens am Bristol General vorfuhr, und die vergrößerten Knoten drückten schwer auf mein Gemüt. Zum Glück schien Reef meine Notlüge geschluckt zu haben, dass wir nur zu einer weiteren Routineuntersuchung mussten, jedenfalls fragte er nicht nach, warum wir so kurz nach seiner erfolgreichen Kernspinuntersuchung schon wieder ins Krankenhaus fuhren.

»Gehen wir erst in das blaue Stockwerk?«, fragte er, weil er das Prozedere bereits kannte.

»Genau«, sagte ich mit aller Munterkeit, die ich aufbringen konnte, froh, dass er es leichtzunehmen schien.

Wir kannten die Abläufe beide ganz genau. Nachdem ich unterschrieben hatte, nahmen wir eine Karte fürs Röntgen, gingen dann hoch in den dritten Stock, wo wir warteten, bis wir in die Kabine gerufen wurden. Reef ging ganz locker damit um und blieb ganz still sitzen, während die Röntgenassistentin die Aufnahmen machte, vergaß auch nicht, bitte und danke zu sagen. Mir ging das Herz über vor Liebe. Wenn ich jetzt auch noch Reef verlor …

»Reef Greene zu Professor Stevens«, rief die Krankenschwester. Ich wurde sofort ruhiger, als ich Reef in den erfahrenen Händen von Professor Stevens sah, war aber dennoch voller Sorge. Wir gingen die üblichen Fragen über Reefs momentane gesundheitliche Verfassung durch, sprachen über erhöhte Temperatur, Übelkeit, Bauchbeschwerden oder Stürze, die er möglicherweise gehabt hatte.

»Er ist auf dem Spielplatz hingefallen und hat sich dabei eine böse Schnittverletzung zugezogen, aber das ist natürlich nichts Ungewöhnliches«, berichtete ich. Reef hatte immer irgendwelche Schnitte und Blutergüsse, weil er sich von seinem kranken Bein nicht ausbremsen lassen wollte. Er verliert öfters mal das Gleichgewicht und hat deshalb schon recht viele Stürze erlebt.

Professor Stevens untersuchte die Knoten auf Reefs Unterleib und gab zu, dass auch er ein wenig besorgt war und sie genauer untersuchen wollte. Mir wich die Farbe aus dem Gesicht, aber Professor Stevens erklärte elegant, dass möglicherweise eine Infektion infolge der Schnittwunde zu den Lymphknoten hochgewandert war und diese hatte anschwellen lassen, weil sie die eindringenden Keime bekämpften.

Ich stieß einen stillen Seufzer der Erleichterung aus, würde mich aber erst überzeugen lassen, wenn ich in der folgenden Woche entsprechende Resultate bekam. Es war wie ein

Déjà-vu, als ich wieder einmal auf Scan-Resultate wartete und die Tage und Stunden zählte, bis ich sie erhielt, um dann hoffentlich wieder ins normale Leben zurückkehren zu können. Ich lenkte mich mit den Vorbereitungen auf unseren nächsten Wohnwagenausflug ab.

Am Montagmorgen hatten wir alles gepackt und waren startklar, als das Telefon läutete. Ich hatte meine ganze Willenskraft darauf gelenkt, dass der Anruf vor unserer Abfahrt erfolgte, und ich lauschte mit angehaltenem Atem der Nachricht, die Professor Stevens mir ausrichten ließ.

»Wegen Reefs Knoten brauchen Sie sich keine Sorgen zu machen«, beruhigte mich die sanfte Stimme einer Krankenschwester. »Wie Professor Stevens gehofft hatte, sind es harmlose ›Schrotkugelknoten‹, höchst wahrscheinlich ausgelöst durch Reefs letzten Sturz.« Die Worte waren so beruhigend, dass es mir vorkam, als wären sie durchs Telefon gekommen und hätten meine Sorgenfalten geglättet, während sie mir ins Bewusstsein drangen.

»Herzlichen Dank«, sagte ich und musste plötzlich nach Luft schnappen, weil ich den Atem so lange angehalten hatte. Mein Puls raste, und mir war ganz schwindelig vor Erleichterung. Als meine Angst verpuffte und sich in ein Glücksgefühl verwandelte, das sich in jeder Zelle meines Körpers ausbreitete, konnte ich das fast hören.

Ich war in Hochstimmung und hatte auf dem ganzen Weg zum Campingplatz ein breites Lächeln im Gesicht.

»Wir werden unglaublich viel Spaß haben«, sagte ich zu den Jungs mit echter Überzeugung, und den hatten wir dann auch.

Kate hatte diesen Platz geliebt, weil hier immer jede Menge Kaninchen um den Wohnwagen hoppelten. Die hatte sie fasziniert beobachtet, wenn sie einander jagten oder am Gras mümmelten, und sich vom Anblick der Jurassic Coast verzaubern lassen. Es tat gut, sie so in Erinnerung zu haben, aber als wir so richtig angekommen waren in unserem Urlaub, stellte ich zu meiner Erleichterung fest, dass diese Reise nicht durch Erinnerungen an Kate dominiert wurde, wie das noch bei unserem letzten Wohnwagenurlaub der Fall gewesen war. Ich glaube, die Jungs erwähnten Mummy nicht einmal, vermutlich weil wir mit meiner Seite der Familie und nicht mit ihrer unterwegs waren. Auch das fand ich nicht schlimm. Vergessen würde Kate niemals sein, doch unser Leben ging weiter, und ich schaute mit einem guten Gefühl in die Zukunft.

KAPITEL 7

»Feiert die Geburtstage groß«

»Wird es zu meinem Geburtstag eine Party geben, Daddy?«,
wollte Reef wissen.

»Weiß nicht, hab noch nicht darüber nachgedacht«, sagte
ich, konnte mir dabei aber ein Lächeln nicht verkneifen.

»Erzähl mir, was es ist!«, kreischte Reef aufgeregt, weil ihm
sofort klar geworden war, dass ich noch einen Trumpf im Ärmel hatte.

»Oh, ich dachte, wir fahren mit einem Boot raus …«

»Mit was für einem Boot? Unserem Boot? Das ist doch langweilig, das machen wir doch ständig!«

»Na gut, wenn Boote langweilig sind, dann …«

»Sag's mir, Daddy!«, quengelte Reef, als er an meinem
Grinsen merkte, dass ich nicht unser Boot meinte. Er sprang
jetzt auf und ab, unfähig, seine Ungeduld noch länger im
Zaum zu halten.

»Erzähl's mir bitte, bitte!«

»Ich dachte, wir machen mit *The Matthew* eine Fahrt durch
den Hafen und laden dazu deine ganze Klasse ein. Wir können uns alle als Piraten verkleiden und eine echte Kanone
abfeuern. Wie findest du das?«

Reef wälzte sich jetzt auf dem Boden und hielt sich die Seiten, weil er so unbändig lachte.

»Ist das wahr? Stimmt das?«

Ich versicherte ihm, dass es aller Wahrscheinlichkeit nach
klappen würde und dies genau die Party war, die er zu seinem

wichtigen sechsten Geburtstag verdient hatte. Seit Reef krank geworden war, hatten seine Geburtstage jedes Jahr mehr Bedeutung bekommen, weil sie wieder einen Sprung in seinem Genesungsprozess markierten, und nichts würde mich davon abhalten, auch diesen Geburtstag »groß« zu feiern, wie Kate sich das gewünscht hatte.

Reef sprang glücklich in den Wintergarten, weil er unbedingt sein Piratenschwert aus Plastik finden wollte.

»Viel Glück dabei, es könnte nämlich unter all den Spielsachen, die du da draußen hortest, tiefer vergraben sein als eine Schatztruhe«, rief ich ihm hinterher. »Und die Stelle ist mit keinem X gekennzeichnet!«

Reef verdrehte die Augen. Ich genoss es sehr, ihn dabei zu belauschen, wie er Finn, nachdem er ihn für die Suche nach dem Schwert rekrutiert hatte, von seiner Geburtstagsparty erzählte, worauf Finn ebenfalls aufgeregt loskicherte.

Sechs Jahre. Seit fast sechs Jahren war ich nun Vater und hatte dabei die meiste Zeit auf des Messers Schneide gelebt. Im Rückblick war es, als hätte jemand, als Reefs Krankheit ausbrach, einen dicken schwarzen Vorhang über unser altes Leben gezogen. Der ließ keine Sonne herein und hielt uns in der erstickenden, beängstigenden und strapaziösen Welt der Krankenhäuser, Operationssäle und Chemotherapieräume gefangen. Und in dem Moment, als sich dieser Vorhang zu lüften begann und Licht hindurchsickerte, fielen die Fensterläden zu, als auch bei Kate Krebs diagnostiziert wurde.

Ich musste an die neun langen Monate denken, in denen es Reef so schlecht ging, wir aber noch keine Diagnose hatten. Während es mit Reefs Gesundheit immer weiter bergab ging, stellte Kate fest, dass sie mit Finn schwanger war. Ich weiß noch, wie geschockt ich darauf reagierte.

»Wie ist das passiert?«, fragte ich Kate verblüfft. »Du hast mir doch gesagt, du hättest nach Reef noch nicht wieder deinen normalen Zyklus gehabt. Du hast gesagt, du könntest nicht schwanger werden!«

»Aber ich habe nicht bemerkt, dass du dich in dieser Nacht beklagt hättest«, meinte sie augenzwinkernd.

Da hatte sie recht. Nach Reefs Geburt und den damit verbundenen schlaflosen Nächten hatte unser Sexleben einen Einbruch erlitten, aber eines denkwürdigen Abends hatte Kate mich verführt. Es war das erste Mal nach vielen Monaten, dass wir wieder Sex hatten, und ich hatte ihr scherzhaft vorgeworfen, mich betrunken gemacht und dann nach oben abgeschleppt zu haben, um dann geil über mich herzufallen. Natürlich war es nicht so gewesen. Kate brauchte mich nie abzuschleppen, und die Lust war immer beidseitig und der Sex einvernehmlich. Anschließend gestand Kate mir, dass sie sich diese Nacht ausgesucht hatte, weil unser nächstes Kind, sollte sie tatsächlich schwanger werden, sehr wahrscheinlich am Valentinstag zur Welt käme. »Was soll ich dagegen sagen, ich bin doch schließlich auch ein romantischer Narr?«, gab ich nach, als ich die Information verdaute. Ich bin unheimlich sentimental, und Kate, diese schlaue kleine Hexe, wusste das nur zu gut.

Doch während Kates Umfang wuchs, wurde Reef immer kränker, was ganz klar so nicht geplant gewesen war. Anfangs kamen seine Fieberschübe nur nachts, wenn er schlapp und alarmierend blass wurde, aber es dauerte nur wenige Wochen, bis es ihm auch tagsüber schlecht ging. Unser kleiner Junge, der uns immer in Erstaunen und Entzücken versetzt hatte, wenn er listig wie ein Fuchs durch die Katzenklappe gekrabbelt war, konnte sich so gut wie nicht mehr rühren.

Als die Ärzte meinten, seine Krankheit sei vermutlich eine reaktive Arthritis als Folge seiner Masern-Mumps-Röteln-Impfung, beteten wir, dass sie vorüberging und Reef sie überwand, ohne dass eine Behandlung nötig wurde. Es war erschreckend und fast nicht hinzunehmen, dass wir tatenlos zusehen mussten, doch eine andere Erklärung war nicht in Sicht.

Aber Reef ging es zunehmend schlechter anstatt besser, und wir verbrachten inzwischen mehr Zeit im Krankenhaus als zu Hause, weil er sich zahllosen Tests unterziehen musste, die erklären sollten, warum er immer lethargischer und teilnahmsloser wurde. Für Kate bedeutete dies unvorstellbaren Stress. Schwanger und mit einem kranken Kind im Buggy ging sie unbeirrbar immer wieder ins Krankenhaus, weil sie instinktiv wusste, dass Reef an einer schweren Krankheit litt, und sie betete inständig, die Ärzte würden endlich eine Diagnose stellen und auch eine wirksame Behandlung anbieten.

Ich erinnere mich noch genau, dass das Leben nur noch aus Herzmonitoren, Röntgenuntersuchungen, Schläuchen und Injektionen bestand, die wir durch einen Tränenschleier wahrnahmen, je intensiver die Untersuchungen wurden. Kate weinte jeden Tag, und ich schlief kaum mehr. Ich übernahm zahllose Nachtwachen im Krankenhaus, wo ich mich mit Red Bull vom Schlafen abhielt, während ich auf Reef aufpasste. Es vergingen Monate und er schien jegliche Energie verloren zu haben. Kurz nach seinem ersten Geburtstag wurde er so schwach, dass er künstlich ernährt werden musste.

»Ich halte das nicht mehr aus«, schrie Kate immer häufiger.

»Du machst das wunderbar«, sagte ich. »Sieh dich um. Andere Eltern trennen sich und brechen völlig zusammen. Du bist so stark. Du bist fantastisch. Wir werden das gemeinsam durchstehen.«

Sie nickte und erwiderte das Kompliment. »Wir sind miteinander verstrickt«, sagte sie in Anspielung auf den Satz, den sie in der Anfangszeit unserer Liebe so oft benutzt hatte. Ich hatte ihn seit Jahren nicht mehr gehört.

»Untrennbar«, sagte ich froh, dass auch mir der Satz wieder einfiel.

Der Durchbruch kam schließlich, nachdem sich dank Kates Hartnäckigkeit ein privater Facharzt mit Reefs Zustand befasst hatte. Durchbruch ist vielleicht nicht das richtige Wort, denn was wir erfuhren, war alles andere als positiv.

»Wir haben eine große Geschwulst in Reefs Unterleib gefunden«, sagte eine Stimme.

Ebenso gut hätte ein Alien mit uns sprechen können, so seltsam hörte sich das an. Man hatte früher nur Reefs Knie und Hüfte gescannt und geröntgt, aber jetzt zum ersten Mal seinen Unterleib. Zu diesem Zeitpunkt war Reef siebzehn Monate alt und ans Bett gefesselt.

Die Geschwulst war nicht nur groß, sie war gigantisch. So groß wie eine Grapefruit, füllte sie drei Viertel seines Unterleibs und reichte bis zu seiner Leiste. Kate und ich klammerten uns aneinander und weinten, dann stellten wir unter Tränen die hoffnungsvolle Frage: »Wie kann das behandelt werden?«

Die Entdeckung der Geschwulst führte zu gemischten Gefühlen. Ich erinnere mich, irgendwie erleichtert gewesen zu sein, dass man endlich nach acht langen Monaten der Ungewissheit die Quelle von Reefs Krankheit gefunden hatte, aber natürlich waren es, wie man es auch drehte und wendete, keine guten Neuigkeiten. Jetzt lastete auf uns eine weitere bohrende Sorge, deren Tragweite wir noch gar nicht ermessen konnten.

»Was für eine Geschwulst ist das, Singe?«, schluchzte Kate und versuchte dabei in meinen Augen einen tröstlichen Funken zu entdecken. »Ich habe solche Angst. Ich habe Angst, ihn zu verlieren. Ich könnte nicht weiterleben, wenn er stirbt.«

»Bitte hör auf zu weinen, Kate. Du bist jetzt im siebten Monat schwanger. Du darfst so nicht denken. Bleib zuversichtlich, das ist für Reef das Beste. Für ihn musst du stark sein.«

Aber Kate war machtlos gegen ihre Tränen. Ich hielt sie schweigend in den Armen, während sie sich schluchzend von

Reef abwandte. Er hatte schwarze Ringe unter seinen Augenhöhlen und starrte ins Leere. Seine Haut war schneeweiß, und sein Atem ging flach. Es fiel mir sehr schwer, aufmunternde Worte für Kate zu finden. Keiner von uns nahm das »K«-Wort in den Mund, obwohl es uns auf Schritt und Tritt verfolgte, wie ein böser, raubgieriger Elefant, der unsere Welt niederzutrampeln und zu vernichten drohte.

Wir mussten einige Tage auf die Testergebnisse der Gewebeprobe aus der Geschwulst warten, was eine einzige Qual war. Ich schickte Kate zum Ausruhen nach Hause und blieb über Nacht bei Reef und beobachtete ihn im Schlaf. Er sah so erbärmlich aus.

»Ich habe Angst, Singe«, schluchzte Kate ins Telefon.

»Ich weiß, mir geht es genauso, aber denk an unser neues Baby. Versuch deine Füße hochzulegen, Musik zu hören, irgendwas, was dir hilft, dich abzulenken. Du hast noch zwei Monate vor dir, und du musst an dich denken. Ich bin hier bei Reef. Ich werde die ganze Nacht bleiben, du löst mich dann bei Tag ab, wenn ich in der Arbeit bin. Ich liebe dich bis ans Ende der Welt.«

So überbrückten wir zwei Nächte und drei Tage, bevor Reef nach Hause entlassen wurde, obwohl die Testergebnisse noch ausstanden. Das Wetter war scheußlich, schwere Schneewolken hingen am Himmel.

Es war die Woche zwischen Weihnachten und Neujahr, entsprechend erstrahlten alle Läden und Häuser im Lichterglanz. Kate und ich hatten völlig mechanisch Geschenke ausgetauscht und waren bei der Familie zum Truthahnessen, aber wir feierten nicht richtig. Wir hatten damit gerechnet, dass Weihnachten, sobald wir Eltern waren, noch einen zusätzlichen Zauber bekäme, stattdessen erlebten wir die absolute Hölle mit der Frage, ob Reef noch ein weiteres Weihnachtsfest erleben würde.

Am 29. Dezember brachte Kate Reef nach den Feiertagen

wieder ins Krankenhaus zu einer weiteren Untersuchung. Ihre Mutter und ihr Vater fuhren sie zum Bristol Royal Infirmary und zurück, da ich ein paar Kilometer entfernt in Nailsea einen Job zu erledigen hatte.

Als das Telefon läutete, rechnete ich damit, den neuesten Stand von Reefs Zustand zu erfahren.

»Kannst du schnell nach Hause kommen, Singe?«, sagte Kate hastig. »Ich habe Wehen. Sie setzten auf dem Rückweg vom Krankenhaus ein.«

»Bin schon unterwegs«, sagte ich.

»Sei vorsichtig«, ermahnte mich Kate. »Es schneit.«

»Ich weiß – wenn das nicht cool ist?«, erwiderte ich begeistert und war plötzlich ganz ausgelassen vor Vorfreude. Ich war nervös und aufgeregt, ein verrückter Gefühlscocktail, der sich in meinem Körper in unterschiedliche Richtungen bewegte.

»*Du* bist doch auch während eines Schneesturms zur Welt gekommen!«, sagte ich zu Kate. »Ist das nicht unglaublich?«

Ein Adrenalinstoß jagte durch meinen Körper, ich wollte unbedingt so schnell wie nur möglich bei Kate sein.

»Ja, Singe«, sagte Kate und hielt inne, um ein wenig zu stöhnen. »Der Schnee ist fantastisch, aber ich hatte eigentlich die Hoffnung, dass es bei der Geburt dieses Babys schon etwas frühlingshafter ist!«

»Ich weiß, ich weiß, bin gleich bei dir, ich werde auch vorsichtig fahren.«

Sobald ich um die Ecke unserer Sackgasse bog, kam Kate bereits keuchend und sich den Bauch haltend aus dem Haus gewatschelt. »Mum und Dad werden bei Reef bleiben«, sagte sie. »Wir müssen so schnell wie möglich zum Southmead Hospital.«

Ich stellte im Geiste eine kurze Berechnung an. Die Entbindungsstation des Southmead Hospital lag im Norden von Bristol, gute dreißig Kilometer von hier, bei diesen Witterungsbedingungen würde ich bestimmt eine gute halbe Stunde dafür brauchen.

Ich drückte in unserem kleinen Rover Metro, so gut es ging, aufs Gas, ohne dabei ins Rutschen zu geraten, so rasten wir zum Krankenhaus, wobei Kate während der ganzen Fahrt mein linkes Bein drückte.

Es war bereits dunkel, das machte die Fahrt durch den heftig wirbelnden Schnee besonders anstrengend. Mein Adrenalinstoß verebbte und ließ eine eklige Flüssigkeit in meiner Magengrube zurück. Kate war doch erst im siebten Monat. Unser Baby sollte erst in zwei Monaten zur Welt kommen. Was sollten wir tun, wenn nun Reefs Diagnose wirklich schlimm war und das Baby tatsächlich noch heute Abend zur Welt kam?

Doch diese Überlegungen behielt ich für mich und schaute in Kates entschlossenes kleines Gesicht. Was auch immer geschah, sie würde ihre Sache hervorragend machen. Ich vertraute ihr und versuchte mir einzureden, dass die Wehen womöglich wieder aufhörten, sobald Kate im Krankenhaus zur Ruhe gekommen war. Die Sorge um Reef hatte ihr so viel Stress gemacht, vielleicht brauchte sie einfach nur Bettruhe.

Als wir das Krankenhaus erreichten, ließ ich den Wagen am Eingang stehen, half Kate beim Aussteigen und begleitete sie zur Entbindungsstation. Ich traute meinen Ohren nicht, als sie zur ersten Hebamme, die sie sah, sagte: »Ich möchte einen Kaiserschnitt – SOFORT!«

Ich musste tatsächlich lachen, als ich sie hastig in einen Kreißsaal brachte, was aber vor allem an meinen Nerven lag. Kate hatte sich bei Reef verzweifelt eine natürliche Geburt gewünscht, musste dann aber als Notfall per Kaiserschnitt entbunden werden, weil es ihm in ihrem Körper nicht gut ging. Wie in der Rückblende sah ich die Chirurgin eine Markierung auf Kates Bauch machen, ehe sie den Schnitt setzte. »Können Sie nicht ein wenig tiefer ansetzen«, fragte ich dreist, weil ich wusste, dass Kate die Narbe sicherlich gern unter ihrem Bikinihöschen versteckte. Die Chirurgin kannte mich von meiner Arbeit als Sanitäter und setzte alles dran, Kate den tiefstmöglichen Schnitt zu verpassen, und sie ließ sogar zu, dass ich ihr half, Reef auf die Welt zu bringen, was wirklich phänomenal war.

»Ich dachte, du wolltest es diesmal mit einer natürlichen Geburt versuchen«, sprudelte es aus mir heraus.

»Sei still, Singe!«, sagte Kate und schaffte es sogar, zwischen schmerzbedingten Grimassen noch ein Grinsen zuwege zu bringen.

Im Auto hatte Kate mir erzählt, dass ihre Wehen eingesetzt hatten, sobald ihre Eltern nach Reefs Termin den Parkplatz des Bristol Royal Infirmary verließen. Ihre Wehen wurden sehr rasch sehr heftig, sodass Christine anfing, die Zeit dazwischen zu messen. Sobald sie merkten, dass sie immer rascher aufeinanderfolgten, riefen sie erst mich und dann das Southmead Hospital an, damit man dort auf unser Kommen vorbereitet war.

Die uns zugewiesene Hebamme kam zu Kates Erleichterung nur wenig später.

»Ich möchte einen Kaiserschnitt«, flehte Kate sie fast an.

»Na gut, meine Liebe, dann lassen Sie uns mal nachsehen. Ich untersuche Sie jetzt.«

Die Hebamme war sehr groß und gertenschlank, also fuhr sie das Bett zu seiner vollen Höhe aus, um die Untersuchung durchzuführen, ohne sich allzu sehr bücken zu müssen. Es folgte eine kurze Pause, dann verkündete die Hebamme: »Für einen Kaiserschnitt kommen Sie zu spät, meine Liebe – ich kann schon das Köpfchen sehen!«

Ich sah die Hebamme völlig perplex an, gab dann Kate rasch einen Kuss und trat ans Fußende des Bettes, um ja nichts zu verpassen. Ein unvermitteltes »Peng« ließ mich wie angewurzelt stehen bleiben. Es hörte sich an wie eine aufplatzende Wassermelone, und als ich wieder hinsah, war die Hebamme von Kopf bis Fuß mit allen möglichen eklig aussehenden Flüssigkeiten getränkt. Eine entsetzte Kate, die wegen der Schmerzen Lachgas und Sauerstoff inhalierte, schrak erstaunt auf. Dann sah ich, wie ihr Blick zur Hebamme wanderte, die sich ihr Gesicht und die Haare mit Papierhandtüchern abwischte, und Kate bekam einen hysterischen Lachanfall, den sie nur unterbrach, um Lachgas und Luft einzuatmen.

»Ist das gerade passiert, Singe?«, keuchte Kate. »Ist mein Fruchtwasser soeben über die Hebamme gespritzt?«

Ich nickte, und sie bekam den nächsten Lachanfall, der mich auch ein wenig ansteckte, doch da ich mich nicht aufs Lachgas berufen konnte, war es mir dann doch peinlich.

»Das tut mir wirklich sehr leid«, sagte ich zu der Hebamme. »Mehr fällt mir dazu nicht ein.«

Zum Glück war Kates Gegacker so ansteckend wie immer, und die Hebamme fing mutig selbst an zu lachen.

»Ist schon gut«, sagte sie, »entschuldigen Sie mich für eine Minute. Ich schicke eine Ersatzhebamme, während ich mich reinige.«

Sie ging über den Flur zum Schwesternzimmer, und als das brüllende Gelächter ihrer Kolleginnen zu uns drang, musste Kate erneut loslachen. Gleich darauf tauchte eine neue Hebamme auf. Zu meiner Überraschung schien diese drei Köpfe kleiner zu sein als ihre Kollegin und kam auf dem erhöhten Bett kaum an Kate ran. Seitlich des Bettrahmens gab es einen Knopf, den sie rasch mehrmals drückte, trotzdem senkte sich das Bett nur im Zeitlupentempo. Und jedes Mal, wenn es wieder ein Stück nach unten ging, schienen Kates Wehen an Tempo zuzulegen. Als das Bett sich endlich in der gewünschten Höhe befand, stieß Kate einen ohrenbetäubenden Schrei aus. Und zu unser aller Erstaunen kam unser Sohn mit gefühlten hundertsechzig Stundenkilometern herausgeschossen.

Ich fing ihn gerade noch rechtzeitig auf, bevor er aufs Bett fiel, und betrachtete ihn voller Ehrfurcht und Angst. Er war das winzigste kleine Würmchen, das ich je gesehen hatte, so klein, dass mein Ehering größer war als seine ganze Hand, wie ich erschrocken feststellte.

»Ist mit ihm alles in Ordnung?«, erkundigte Kate sich ängstlich und schielte nach unten.

Die Hebamme und ich kümmerten uns gemeinsam um ihn, klemmten die Nabelschnur ab und durchtrennten sie. Ich fand es aufregend, auch bei dieser Geburt eine Rolle zu spielen. Auch bei Reef hatte ich die Nabelschnur durchtrennen dürfen, nachdem wir ihn zur Welt gebracht hatten. Ich hatte ihn sogar gesäubert und ihm eine Windel angelegt, ehe die Hebamme Gelegenheit dazu hatte. Sie war davon keineswegs begeistert und sagte mir, er sei das einzige Baby, dem sie in ihren mehr als zwanzig Jahren als Geburtshelferin keine Windel angelegt habe. Doch Kate und ich waren so glücklich, dass wir uns von diesem Rüffel nicht stören ließen. Uns kam es nur darauf an, Reef abwechselnd in den Arm zu nehmen.

Diese Geburt hier war jedoch anders, und unser Baby in den Arm nehmen kam nicht in Frage. Sobald Finn abgenabelt war, bekam er einen Strampelanzug in Puppengröße angezogen und wurde auf schnellstem Weg in den Inkubator gebracht, wo er Sauerstoff und ultraviolette Bestrahlung erhielt.

»Er wird noch ein wenig Unterstützung brauchen, aber er sieht gut aus«, sagte die Hebamme. »Herzlichen Glückwunsch!«

Es war der 29. Dezember 2005, und Finn wog fünf Pfund. Wie bei Reef hatten wir auch hier gewusst, dass es ein kleiner Junge werden würde, und schon einen Namen für ihn ausgesucht.

»Für ein Frühchen ist er groß«, versicherte ich Kate.

»Aber er ist trotzdem ein kleiner Diddy«, sagte sie. »Ich möchte ihn doch nur in den Arm nehmen.«

»Ich weiß, aber ›Diddy‹ muss auf die neonatologische Intensivstation.«

»Für wie lange? Wie lange muss ich warten, bis ich ihn in den Arm nehmen kann?«

»Das können sie noch nicht sagen, Kate, aber mach dir keine Sorgen. Er ist in besten Händen. Nimm stattdessen mich in den Arm.«

Ich drückte sie sanft an mich, während sie mit ihren Händen über ihren entleerten Bauch strich.

»Er sollte noch hier drin sein«, sagte sie nüchtern. Dem war nichts hinzuzufügen. Man brauchte kein Arzt zu sein, um zu erkennen, dass Kates Frühwehen durch extremen Stress hervorgerufen worden waren. Ihr Gesicht war von Sorge gezeichnet.

»Und wenn es bei Reef nun schlechte Nachrichten sind? Was ist, wenn es bei Finn Komplikationen gibt? Bei Frühgeborenen kann alles Mögliche passieren, vor allem, wenn sie so früh zur Welt kommen. Und wenn er es nun … nicht schafft?«

Ich küsste Kates Stirn. Meine Frau und meine beiden kleinen Jungs lagen nun alle auf die eine oder andere Weise im Krankenhaus. Das Leben beider Jungs hing in der Schwebe, wie sollte ich unter diesen Umständen etwas Positives sagen?

»So darfst du nicht denken«, war das Beste, was mir einfiel, obwohl mir sicherlich ins Gesicht geschrieben stand, dass ich Kates düsterste Befürchtungen teilte.

»Hab's gefunden!«, schrie Reef. »Darf ich das mit zu meiner Party nehmen?«

Ich war so sehr in meine Erinnerung versunken gewesen, dass ich ganz vergessen hatte, wo ich mich befand und wonach Reef gesucht hatte. Bis er wild mit seinem Plastikschwert fuchtelnd aus dem Wintergarten auf mich zugestürmt kam, Finn ihm direkt hinterher.

»Wir haben eine Ewigkeit Piraten gespielt, Daddy. Was hast du gemacht?«

»Nachgedacht«, sagte ich.

»Worüber?«, wollte Reef wissen.

»Über alles Mögliche – darunter auch dein Geburtstag.«

»Das ist ungerecht, ich habe kein Schwert, Daddy«, warf Finn verärgert ein. »Krieg ich vielleicht eins für die Party? Bitte?«

»Mir fällt sogar noch was Besseres ein«, sagte ich, getragen von einer Woge der Dankbarkeit, die durch meinen Körper floss und die dunklen Ängste der Vergangenheit wegspülte. Es war unglaublich, dass wir es so weit geschafft hatten und beide Jungs gut gediehen. »Ich kümmere mich darum, dass wir alle drei komplette Piratenkostüme bekommen. Es wird die beste Piratenparty aller Zeiten werden!«

Dann setzte ich mich mit den Jungs hin und erzählte ihnen die Geschichte von *The Matthew*.

»Vor mehr als fünfhundert Jahren setzte ein Mann namens John Cabot an Bord der Original-Matthew Segel, um nach Asien zu fahren. Es war ein Handelsschiff der Tudors, und er wollte mit den Leuten in Asien Handel treiben. Aber wisst ihr, wohin er tatsächlich fuhr?«

Beide Jungs schüttelten die Köpfe.

»Nach Amerika!« Er landete an der Küste von Neufundland – also war eigentlich er der Mann, der Amerika entdeckte, und nicht Christopher Kolumbus!«

»Oooh«, sagte Reef. »Ist es genau dieses Schiff, auf das wir kommen?«

»Nein, das im Hafen ist der Nachbau davon. Man hat beim Bau darauf geachtet, dass es genauso aussieht wie das ursprüngliche Schiff, und es ist ein wirkliches cooles Boot mit großen Segeln.«

Im Laufe der folgenden Woche führten wir mehrere Gespräche wie dieses, während wir auf Reefs großen Tag – den

29. Juli – warteten. Mit viel Spaß stellten wir unsere Piraten-kostüme zusammen, komplett mit Augenklappen, Hals-tüchern und weißen Hemden mit Pluderärmeln.

Eine Lokalzeitung bekam Wind von der Party und wollte eine Geschichte dazu bringen, nachdem Kate und ich im Lauf der Jahre ein paar Interviews über Reefs Krebserkrankung gegeben hatten und über Kates Tod ausführlich berichtet wor-den war. Als ich mit dem Reporter am Telefon sprach, erin-nerte ich mich an eine besonders aufmunternde Schlagzeile zu den Fortschritten, die Reef machte, und die ich nachgele-sen hatte, nachdem die Andenkenkisten gekommen waren. »Unser kleines Wunder«, hieß es in dem alten Zeitungsaus-schnitt. Ich wollte ihn noch mal lesen und kramte ihn deshalb am Abend vor Reefs Party aus, um mich an der Lektüre zu er-freuen. Ich erinnere mich noch gut, dass auf der Seite ein Foto zu sehen war, das mich und Kate glücklich vereint mit den beiden Jungs zeigte, und Kate dem Journalisten, der den Arti-kel schrieb, einen ausführlichen Bericht über Reefs Krankheit geliefert hatte.

Ich musste die Schatztruhen durchwühlen und fand den Artikel schließlich ganz oben auf einem Stapel verblasster Zeitungsausschnitte, die ich in einen braunen Umschlag ge-steckt hatte. Meine Augen fielen sofort auf Kate. Der Fotograf hatte sie so aufgenommen, dass auf dem größten Teil ihres Gesichts ein Schatten lag. Dadurch wirkte ihre Haut grauer, als sie war, und sie sah auch älter aus. Der Artikel stand im Weston Mercury und stammte vom 30. Juli 2008, dem Tag nach Reefs viertem Geburtstag. Ich überflog ihn, bis ich auf Kates Worte stieß, und während ich sie las, erinnerte ich mich daran, wie sie unten auf dem Sofa gesessen und dem Reporter tapfer und mit fester Stimme diktiert hatte.

»Wir hätten nie gedacht, dass wir diesen Tag erleben dür-fen. Als man uns die Prognose mitgeteilt hat, war gar nicht daran zu denken, dass wir dieses Stadium erreichen würden.

Er hat sich wirklich außerordentlich gut gemacht ... Es war surreal mit beiden Söhnen in verschiedenen Krankenhäusern. Zu diesem Zeitpunkt hatten wir zwei Kinder mit minimalen Überlebenschancen ... Reef hat sechzig Vollnarkosen, dreißig Bestrahlungen und vierzig verschiedene Chemotherapiesitzungen bekommen, aber er hat sich erstaunlich gut damit arrangiert und ist immer fröhlich und gut gelaunt ... Er passt sich an, um Dinge tun zu können. Er kann die Treppen nicht gut hochsteigen und hat Probleme, seine Socken anzuziehen, aber er stellt sich auf die Gegebenheiten ein. Er lernt und improvisiert ständig, er ist unglaublich ...«

Es war schwer, Kates Worte zu lesen und sie Kate in meinem Kopf sagen zu hören. Genau zwei Jahre waren seitdem vergangen. Eigentlich keine Zeitspanne, doch Kate hatte um ihr Leben gekämpft und verloren, während ihr »kleines Wunder« weiterhin unglaubliche Fortschritte machte.

Ich kann mich noch gut an Kates Reaktion erinnern, als wir endlich die ganze Diagnose von Reefs Krankheit erfahren hatten. Es war vier Tage nach Finns Geburt, und wir waren beide in schlimmer Verfassung. »Diddy« lag noch immer auf der Intensivstation unter ultraviolettem Licht und bekam Sauerstoff zur Unterstützung seiner Atmung. Keiner konnte uns versprechen, dass wir bald ein gesundes Baby mit nach Hause nehmen würden, Kate war jedes Mal am Boden zerstört, wenn sie Finn durch seine sterile Glasblase ansehen musste, ohne die Möglichkeit, ihren Neugeborenen im Arm zu halten. Sie konnte ihn nur durch die Luken im Plastikbettchen ein wenig streicheln oder kitzeln.

Der Gipfel an Surrealität war erreicht, als wir Finn allein im Southmead Hospital zurückließen, um ans andere Ende der Stadt zu fahren, wo man uns Reefs Diagnose mitteilte. Kate und ich redeten uns selbst und gegenseitig mit aller Kraft ein, dass wir unmöglich noch weitere schlechte Nachrichten bekommen konnten, aber natürlich erwartete uns genau dies.

Als wir das Bristol Royal Infirmary erreichten, führte man uns in ein abgetrenntes Familienzimmer. Man musste kein Genie sein, um sich auszumalen, dass wir dort etwas sehr, sehr Ernstes erfahren würden. Außer einem besorgt blickenden Facharzt und mehreren Krankenschwestern, darunter auch Reefs Stationsschwester Jamie, nahm auch eine Krankenschwester von CLIC Sargent daran teil, die, wie ich wusste, speziell für den Umgang mit Krebspatienten im Kindesalter ausgebildet war.

Kate und ich hielten uns an der Hand, als der Facharzt mit gedämpfter, aber ernster und verbindlicher Stimme zum Schlag ausholte. Er sagte etwa Folgendes: »Leider müssen wir direkt und aufrichtig sein ...«, ehe er die erste Schreckenszeile aussprach: »Es tut mir sehr leid, Ihnen mitteilen zu müssen, dass die Geschwulst, der Tumor in Reefs Unterleib, krebsartig und bösartig ist.«

Das »K«-Wort, das uns verfolgt und geängstigt hatte, war keine schattenhafte Bedrohung mehr, es war real. Der Krebs attackierte Reef und damit indirekt auch mich und Kate. Die Worte trafen mich wie ein körperlicher Schlag. Ich fühlte mich verletzt und hätte mich am liebsten übergeben. Kate las in meinem Gesicht, und ich verfolgte, wie ihres in sich zusammenfiel. »O Singe«, schluchzte sie. »Ich kann es nicht glauben. Ich kann es einfach nicht glauben.« Ich hielt sie fest, spürte ihr Zittern und Schluchzen, während mir selbst die Tränen über die Wangen liefen und in Kates Haare tropften.

»Ich auch nicht«, war alles, was ich sagen konnte. »Ich auch nicht.«

Durch einen Tränenschleier erreichte uns die Information, dass Reef an »rhabdoidem Weichteilsarkoma« erkrankt war, einer extrem seltenen Krebsform. Während der Tumor wuchs, hatte er sich um den großen Oberschenkelnerv seines Beins gewickelt, und es bestand die Gefahr, dass die aggressive Behandlung, die Reef benötigte, den Nerv noch weiter schä-

213

digte. Man räumte ihm eine Überlebenschance von sechs Prozent ein und warnte uns, dass er womöglich nie wieder laufen konnte.

Das war unfassbar. Wir hätten mit einem aufgeregten Reef das neugeborene kleine Brüderchen besuchen sollen, doch selbst das Leben von Finn, der viel zu früh das Licht der Welt erblickt hatte und so zerbrechlich war, stand auf der Kippe. Die Lage hätte schlimmer nicht sein können. Ich war angeschlagen und hilflos wie ein Schwimmer in einem Eismeer, über den eine gefrorene Welle nach der anderen hereinbricht und damit all seine Kraft aufzehrt und ihm das Atmen unmöglich macht.

Reefs Krebs war so selten, dass, ihn eingeschlossen, bisher nur acht diagnostizierte Fälle existierten, zudem erfuhren wir, dass das älteste überlebende Opfer dieser Erkrankung nur sechzehn Jahre alt geworden war. Weil der Tumor bei Reef so aggressiv sei, so der Facharzt, müssten wir damit rechnen, dass unser Sohn deutlich früher daran sterben würde. Einen Fall wie seinen hätten sie noch nicht gesehen, denn der Tumor sitze im Beckenbereich, entsprechend wüssten sie noch nicht, wie sie ihn behandeln sollten.

»Wie lang geben Sie ihm?«, erkundigte Kate sich tapfer. Sie zitterte von Kopf bis Fuß.

Insgeheim befürchtete ich, sie würden fünf Jahre sagen oder sogar zehn. Er war ein Kleinkind, gerade mal achtzehn Monate alt, aber er würde doch bestimmt das Teenageralter erreichen, selbst wenn er es nicht bis zu seinem sechzehnten Geburtstag schaffte?

»Es tut uns sehr leid, aber Reef wird womöglich nur noch ein paar Tage zu leben haben«, lautete die unfassbare Antwort.

»Tage?«, hakte Kate verzweifelt nach. »Tage?« Ihre Stimme klang brüchig und verwirrt. Sie hatte keine Farbe mehr im Gesicht und sah aus wie ein Schatten ihrer selbst. Ich schlang meine bebenden Arme um sie, besorgt, sie könnte vollkommen ausgedörrt zu Boden sinken. Wir klammerten uns aneinander und schauten uns ungläubig in die Augen, bevor wir mit Entsetzen Zeugen einer Diskussion unter den Ärzten wurden, ob sie noch abwarten sollten, bis sie mehr über Reefs Tumor wussten, ehe sie mit einer auf ihn zugeschnittenen Chemotherapie begannen.

Obwohl Kate und ich am Boden zerstört waren und uns völlig verloren vorkamen, waren wir uns in einem Punkt absolut einig: Reef ging es so schlecht, dass man ihn sofort mit irgendeiner der allgemeinen Chemotherapien behandeln sollte. »Bitte fangen Sie jetzt gleich mit der Behandlung an«, flehte Kate die Ärzte an. »Ich möchte keine Zeit mehr verlieren. Wir haben keine Zeit zu verlieren.« Ich drückte ihre Hand und nickte zustimmend.

Die Ärzte waren einverstanden und leisteten Erstaunliches. Obwohl ihnen eine derart schwierige Aufgabe bevorstand, versuchten sie die Wogen zu glätten, indem sie uns Mut machten und Reef behandelten. Wir sollten trotz der schlimmen Diagnose die Hoffnung nicht aufgeben, erklärten sie uns.

Reef bekam seine ersten Krebsmedikamente, während eine Notfallszintigraphie am Knochen, Blutuntersuchungen und Kardiogramme gemacht wurden, um einen Langzeitplan für seine Chemotherapie auszuarbeiten. Wir gaben unsere Zustimmung, Reef mit so viel Chemo- und Radiotherapie vollzudröhnen, wie sein kleiner Körper verkraften konnte, eine Behandlung, die etwa ein Jahr dauern würde, sofern er das Glück hatte, so lange am Leben zu bleiben.

»Die Chancen, von diesem Krebstypus heimgesucht zu werden, sind so gering wie die, vierzigmal hintereinander in der Lotterie zu gewinnen.« Diese Worte eines Arztes habe ich noch im Ohr, obwohl vieles, was zu diesem Zeitpunkt geschah oder gesagt wurde, verschwommen ist. Es klang so surreal, aber damals fühlte sich alles surreal an.

Kate brach so oft zusammen, dass ich aufhörte zu zählen. Eigentlich hätte sie die letzten Schwangerschaftswochen und ihren wohlverdienten Schwangerschaftsurlaub genießen sollen, anstatt all die schrecklichen Nachrichten verdauen zu müssen, während auch Finn in seinem einsamen kleinen Inkubator am anderen Ende der Stadt um sein Leben kämpfte. Wie liefen wie Zombies umher, weinten, zitterten vor Angst, wir waren mit den Nerven am Ende und immer in Angst, jemand könnte anrufen oder ein Arzt uns auf die Schulter tippen und weitere schlimme Nachrichten überbringen.

»Ich wünschte, ich hätte den Krebs, nicht Reef«, sagte Kate, als wir eines Abends allein waren. Und ich weiß, dass es ihr ernst damit war.

»Sag das nicht, Kate«, widersprach ich, weil ich einen derartigen Gedanken auch nicht für den Bruchteil einer Sekunde zulassen wollte.

»Es ist aber wahr. Ich würde sofort mit ihm tauschen. Wie soll ein so kleiner Junge eine derart aggressive Behandlung überstehen?«

Ich hatte keine Antwort.

»Und was ist, wenn sich Finns Zustand verschlechtert? Bei unserem Pech könnte es gut sein, dass wir beide verlieren.«

Jede Faser meines Körpers schmerzte vor Anspannung, gleichzeitig lief mein Herz über vor Liebe für Kate. Ich konnte ihr keine Antwort geben, weil ich nicht begreifen konnte, wieso unser Leben in so kurzer Zeit eine derart schlimme Wendung genommen hatte. Zum ersten Mal in meinem Leben hatte ich das Gefühl, keinerlei Kontrolle mehr über unsere Zukunft zu haben. Noch nie hatte ich mich derart verwundbar gefühlt. Es war, als wäre unser komplettes Leben von einem Augenblick zum anderen völlig umgekrempelt worden.

Wie war es dazu gekommen? Kate und ich hatten immer zu den Glücklichen gehört, waren das Goldpärchen gewesen, das gemeinsam die Erde bereiste und ein Abenteuer nach dem anderen genoss, während schon das nächste in Planung war. Ihr habt euer Glück selbst in der Hand, hatte ich Freunden immer geantwortet, wenn sie uns um unseren aufregenden Lebensstil beneideten. Als Reef dann kam, war er die Krönung von allem, was wir uns erträumt hatten, und mehr. Ich weiß, das sagen alle Eltern von ihrem Kind, aber Reef war wirklich das vollkommenste und schönste Baby, das wir uns vorstellen konnten. Er sah umwerfend aus und hatte ein fröhliches, sonniges Gemüt, das zu seinem blonden Haarschopf passte, wir vergötterten ihn.

Am Anfang von Reefs Krankheit war ich voller Zuversicht, dass unser blauäugiger Junge sie abschütteln und bald wieder lächeln würde. Ich ging davon aus, dass wir, sobald Kate unser zweites Kind zur Welt gebracht hatte, eine perfekte vierköpfige Familie sein würden, die ganz oben durchs Leben schwimmen und sich ohne einen Blick zurück sagen würde: »Gott sei Dank ist das alles vorbei. Was für ein Glück, dass wir zwei so wunderbare kleine Jungs haben.« In unseren dunkelsten Tagen, während wir zwischen den beiden Krankenhäusern hin und her pendelten, um unsere zerbrechlichen Kinder zu besuchen, wünschte ich mir nur, meine Frau wieder glücklich zu sehen. Erleben zu dürfen, wie sie unsere zwei umwerfenden kleinen Jungs im Sonnenschein an sich drückte, war ein Traum, den ich mit aller Kraft Wirklichkeit werden lassen wollte. Mehr konnte ich nicht erwarten.

Mein Wunsch ging schließlich in Erfüllung, nachdem Reef mehr als zwei Jahre permanente Krebstherapie überlebt hatte. Zu der Therapie gehörten neben einer großen Operation zur Entfernung des Tumors zahllose Blut- und Blutplättchentransfusionen sowie unzählige Scans und Röntgenaufnahmen zur Kontrolle der Funktion seiner Nieren und seines Herzens. Dazu kamen intensive Antibiotika-Behandlungen wegen seines geschwächten Immunsystems, das seinen kleinen Körper für schlimme Infektionen empfänglich machte, diese jedoch führten zu Erbrechen und Schmerzkrämpfen. All dies bekam er natürlich zusätzlich zu seinen Megadosen an Chemotherapie und Bestrahlung, die ebenfalls zu Übelkeit führten und ihn gefährlich schwächten – so sehr, dass die Behandlung ihn mehr als einmal fast umgebracht hätte.

Der Zeitungsausschnitt in meiner Hand erinnerte mich daran, welch unglaublichen Kampf Reef gekämpft hatte, um zu überleben. Er war tatsächlich unser »kleines Wunder«, und natürlich überlebte auch Finn, obwohl es vier lange Wochen dauerte, ehe er endlich aus seinem Inkubator durfte und Kate ihn an sich drücken und küssen konnte. Kate, die gesunde Kate, hatte danach unsere beiden kleinen Jungs jeden Tag an sich gedrückt und war dankbar für das, was sie hatte, obwohl sie sich nach Normalität sehnte. Sie musste noch zwei lange Jahre warten, bis sie langsam glauben konnte, dass Reef tatsächlich ein medizinisches Wunder war und genauso überleben würde wie »Diddy«.

War Reefs vierter Geburtstag schon ein kostbarer Meilenstein gewesen, war natürlich der fünfte Geburtstag, den er im Juli 2009 feierte, ein noch größerer. Damals hatte Kate schon fast ein Jahr Krebstherapie hinter sich, aber das hielt sie nicht davon ab, mit ihm zu feiern und auf ihre eigene kostbare Genesung zu hoffen.

Wenn Kate uns jetzt beobachtete, würde sie sehen wollen, wie ich unsere beiden Jungs im Sonnenschein an mich drückte, wie sie es getan hatte, den Augenblick genoss und mit Hoffnung im Herzen weiterlebte.

»Legt Sammelalben von euren Abenteuern an«, hatte sie auf ihre Liste geschrieben.

»Das werde ich«, sagte ich leise, als ich den Zeitungsausschnitt wegpackte.

Als ich den Jungs ihre Gutenachtküsse gab, erzählte ich ihnen, dass jemand von der Lokalzeitung käme, um am Tag von

Reefs Geburtstagsparty von uns ein Foto auf *The Matthew* zu machen.

»Das wird ein großes Abenteuer, und wir haben auf diese Weise ein ewiges Andenken«, erzählte ich ihnen fröhlich.

Für mich stand außer Zweifel, dass die Party ein toller Erfolg werden würde. Ich hatte bereits mehrere Klassen älterer Kinder aus Reefs Schule auf *The Matthew* mitgenommen für einen von mir geplanten Ausflugstag, der begeistert aufgenommen worden war.

Sowohl der Direktor der Schule Mr Webber als auch der Bürgermeister von Bristol, der sich als Tudor-Kaufmann verkleidet hatte, hatten uns auf dem Schulausflug begleitet. Zum Höhepunkt dieses Tages kam es jedoch, als wir am Pub von Pill vorbeisegelten, wo sich viele Eltern versammelt hatten, um ihren Kindern an Bord zuzuwinken. Die Erwachsenen saßen in der Sonne und tranken Bier oder Wein, als wir auftauchten, und hatten nicht die leiseste Ahnung, was sie erwartete. Doch alle Kinder waren in das Geheimnis eingeweiht und brannten vor Aufregung.

»Wisst ihr noch, was ich euch gesagt habe?«, fragte ich sie. Es waren etwa fünfzig Kinder, die alle vor Vorfreude nickten und kicherten.

»Wenn wir die Kanonen abfeuern, drückt ihr eure Hände auf eure Ohren, da sonst euer Trommelfell platzt. Ihr schreit alle ›Aufgepasst!‹, wie das die richtigen Piraten dazumal auch getan haben. Seid ihr bereit, Schiffskameraden?«

Alle Kids jubelten und gaben ein Piratengebrüll zum Besten, bei dem einem das Blut in den Adern gefror, während wir in rascher Folge mit zwei Kanonen auf die Eltern eine ohrenbetäubende Breitseite abfeuerten. Damit hatten sie nicht gerechnet, und es war ausgesprochen amüsant zuzusehen, wie sie vor Schreck aus der Haut fuhren, als die Lärmattacke auf sie zukam. Mehrere Eltern, die auf dem Mäuerchen des Pubs gesessen hatten, fielen buchstäblich herunter, und ich sah, wie sie unter Lachen Getränke verschütteten oder vor Schock die Luft anhielten. Lustiger hätte es bei dem Ausflug nicht zugehen können, und ich wollte, dass Reefs Geburtstag genauso denkwürdig wurde.

Schon viele Wochen vor seiner Party war ich damit beschäftigt, Süßigkeiten einzukaufen, die zur Piratenthematik passten, außerdem unsere Piratenkostüme. Wir luden Reefs ganze Klasse und dazu noch ein paar Freunde ein, und alle Eltern kamen zum Hafen, um zuzusehen, wie ich mit etwa fünfzig verwegenen Kindern Segel setzte. Eltern, die sich verkleidet hatten, durften mit an Bord, aber es waren so viele, dass sich zu The Matthew auch noch zwei Schlauchboote gesellten, randvoll mit Müttern und Vätern mit Augenklappen, falschen Narben und gepunkteten Kopftüchern.

Unter der wehenden Jolly-Rogers-Flagge ließen wir uns um den Bristol Harbour treiben, während die Kinder auf die Takelage kletterten, das Schiff der ganzen Länge nach erforschten und Piratenspiele spielten und dabei eine Menge Spaß hatten. Mit Begeisterung schlugen sie auf die Papagei-Piñatas ein, und bald schon lagen überall auf dem Deck Schädel mit gekreuzten Knochen, Süßigkeiten, goldene Schokomünzen und silberne Piratenringe, auf die sich die Kinder stürzten. Wir machten einen Zwischenstopp, um für das Partyessen auch noch Pommes an Bord zu holen, und die Erwachsenen tranken einen Tee mit Sahne. Das Abenteuer gipfelte in einem von der gesamten Crew und allen Gästen geschmetterten »Happy Birthday«, worauf Reef die sechs Kerzen auf seinem Kuchen mit dem Totenschädel und den gekreuzten Knochen ausblies. Sein Gesicht war ein Bild der Freude. Er genoss jeden Augenblick und wollte am Ende des Tags gar nicht mehr runter vom Schiff.

»Danke, Daddy«, sagte er strahlend. »Ich hab dich lieb, Daddy.« Ich schloss ihn fest in meine Arme. »Happy Birthday«, sagte ich. »Ich habe dich auch lieb.«

Ich freute mich wie ein Kind.

»Dazu fällt mir nicht mehr ein als ›wow‹!«, sagte eine der Schulmütter. Eine andere schalt mich scherzhaft dafür, die Latte so hoch gelegt zu haben. »Was um Himmels willen soll nach einem solchen Ereignis denn der Rest von uns noch für die Partys der Kinder auffahren? Wie soll man das noch toppen?«, lachte sie.

»Glaubt ihr denn, das hätte Kate gefallen«, fragte ich, obwohl ich die Antwort bereits wusste.

»Das wissen Sie doch!«, kam die begeisterte Antwort. »Gut gemacht!«

Zur Schlafenszeit bat Reef mich, am Türrahmen seine Größe zu messen, wie Mummy das immer an den Geburtstagen gemacht hatte.

»Können wir auch die von Mummy jetzt richtig einzeichnen?«, fragte er und sah mich dabei mit treuen Hundeaugen an, denen ich mich unmöglich verweigern konnte, auch wenn sowohl er als auch Finn völlig fertig und mehr als bettreif waren.

Im vergangenen Jahr hatten Kate und die Jungs mit Büchern herumgefuhrwerkt, die sie sich gegenseitig auf den Kopf legten. Zudem existierte ein schwacher Bleistiftstrich von Reef, der, wie ich mich erinnerte, Kates Größe markieren sollte. Er war alles andere als genau, da er am Türrahmen gar nicht hoch genug greifen konnte, aber sie ließ ihm seinen Willen, und der Strich blieb.

»Ihr müsst meine Größe auf dem Türrahmen festhalten – Mummy war 1,55 groß« stand auf der Liste, also sollten wir es jetzt richtig machen.

»Dann holt ein Buch und einen Bleistift, und ich suche das Metermaß«, willigte ich ein.

Reef sah mich mit einem frechen Siegerlächeln an, das mir sagte, dass es hier genauso um das Hinauszögern der Schlafenszeit wie um das Festhalten der Größen ging. Unnötig zu erwähnen, dass auch Finn mitspielte, und die beiden holten aus der Übung heraus, was es herauszuholen gab, während ich bei ihnen Maß nahm und dann noch eine Kerbe bei einem Meter fünfundfünfzig für Mummy einzeichnete. Diese Taktik musste ich im Auge behalten, sagte ich mir. Finn war noch ein wenig jung, aber Reef war alt genug, um mit meinen Gefühlen zu spielen.

Ein paar Tage darauf druckte die *Bristol Evening Post* eine Geschichte unter der Schlagzeile: »Der tapfere Reef genießt eine Piraten-Geburtstagsparty im Andenken an Mum«.

Auf einem tollen Foto von mir und den Jungs sieht man uns herausgeputzt in unseren Piratenkostümen an Bord von *The Matthew,* und ich werde folgendermaßen zitiert: »Wir feiern Geburtstage immer groß ... das gehört zu den Dingen, die Kate sich für die Jungs gewünscht hat.«

Es war ein befriedigendes Gefühl, diesen Artikel auszuschneiden und nach oben zu den Andenkenkisten bringen zu können, nachdem ich ihn ordentlich in ein Sammelalbum geklebt hatte. Wieder konnte ich einen Punkt auf Kates Liste abhaken, und ich schwor mir, diesen noch oft abzuhaken.

Ich musste an das denken, was eine andere Mutter mir am Tag der Party gesagt hatte: »Nicht viele Leute könnten das tun, was Sie tun, und das so bald ...« Sie unterbrach sich und schenkte mir ein Lächeln, das kaum mitleidig war, anstatt den Satz um das zu ergänzen, was sie hatte sagen wollen: »so bald nachdem Sie Kate verloren haben«. Damals lächelte ich nur und zuckte mit den Achseln.

»Mir gefällt das«, hatte ich ihr geantwortet, und es war mein voller Ernst. »Im Herzen bin ich ein großes Kind, wissen Sie!«

Aber als mir dieses Gespräch jetzt wieder einfiel, verspürte ich auf einmal eine heftige Sehnsucht nach Kate. »Welche andere Möglichkeit habe ich denn, als weiterzumachen und dafür zu sorgen, dass meine Kinder glücklich sind?«, überlegte ich. »Die Alternative dazu mag ich mir gar nicht ausmalen.«

Als mein Blick an diesem Abend auf den von der Party erschöpften Jungs ruhte, erteilte ich mir im Geiste sofort eine Rüge. Ich zog keine Show ab oder gab etwas vor. Es war wirklich schwer, die Jungs allein großzuziehen, aber im Großen und Ganzen hatten wir Spaß, und den nicht zu knapp. Und solange wir so weitermachen, sagte ich mir, können wir nur gewinnen.

Ich gab allerdings auch einem anderen, weniger positiven Gedanken nach. Dieser beschäftigte mich, seit die andere Mutter anlässlich dieser ungewöhnlichen Feier zu der Einschätzung gelangt war, ich hätte »die Latte sehr hoch gelegt«. Ich stellte mich dem und fragte mich ganz offen: »Verwöhnst du die Jungs nicht zu sehr, Singe?« Der Zeitpunkt, diese Frage zu beantworten, schien der richtige zu sein, und ich ließ mich auf ein lebhaftes Gespräch mit mir ein, indem ich beide Seiten im Geiste gegenüberstellte. »Ja, ich verwöhne die Jungs«, gab meine weiche, väterliche Seite, ohne zu zögern, zu. »Aber warum auch nicht?«, argumentierte ich. »Reef und Finn haben so viel Schlimmes durchgemacht, ich versuche nur zu kompensieren, dass sie keine Mama mehr haben. Was soll daran schlecht sein?« Meine rauere, machohaftere Seite war davon nicht ganz überzeugt. »Du willst doch keine verzogenen Bengel großziehen«, klagte sie mich an. »Kate würde nicht wollen, dass sie zu verzärtelten Muttersöhnchen heranwachsen.« Doch zum Glück machten diese vorwurfsvollen Worte keinen Eindruck. Nicht, dass ich sie nicht hätte hören wollen, sie waren einfach nicht zutreffend. »Vielleicht verwöhne ich die Jungs zu sehr, aber verzogene Bengel sind sie deshalb nicht«, widersprach ich voller Zuversicht. »Sie übernehmen viele Aufgaben, die anderen Kindern ihres Alters von ihren Müttern abgenommen werden. Reef und Finn haben mir beim Bettenmachen und Wäschesortieren geholfen, und sie haben die

Spülmaschine aus- und eingeräumt, weil ich nicht alles allein tun konnte. Sie waren gezwungen gewesen, in vielerlei Hinsicht schnell groß zu werden, und dafür finde ich, haben sie ihre Belohnungen verdient.« Jetzt war ich in meinem Element und vertrat meinen Fall mit Leichtigkeit. »Außerdem haben sie allein aufgrund meines Berufs schon immer jede Menge aufregende Aktivitäten erlebt«, ergänzte ich. »Würde Kate noch leben, hätten sie auf jeden Fall draußen auf dem Wasser Spaß ohne Ende, und große Geburtstagsfeiern gab es schon immer, weil wir immer so gelebt haben.«

Ein ähnliches Gespräch führte ich auch mit Ruth ein paar Tage später, um meinen Standpunkt ernsthaft zu testen. »Ich möchte an der Art und Weise, wie ich die Dinge angehe, nichts ändern, aber habe ich auch recht damit?«, fragte ich sie unverblümt.

»Singe, du sagst doch jedem, man soll im Augenblick leben und das Bestmögliche aus diesem herausholen«, erwiderte sie. »Und weißt du was? Du hast absolut recht damit. Ich bin froh, dass du das, was du predigst, auch praktizierst, du zeigst den Jungs, wie man lebt.«

Ich sagte ihr, dass es mir richtig Spaß gemacht habe, Reefs Geburtstagsparty zu planen, und dass es großartig gewesen sei, sich auf etwas derart Aufregendes freuen zu können. Ich sagte ihr auch, dass ich nun, da das Fest vorbei und der Zeitungsartikel zum Andenken für die Nachwelt abgeheftet war, den Drang verspürte, gleich das nächste Abenteuer zu buchen.

»Nun, worauf wartest du noch?«, meinte sie lächelnd.

»Danke, Ruth«, grinste ich. »Genau das wollte ich hören, aber ich weiß, dass du die Erste wärst, die es mir sagt, wenn ich Mist baue.«

Ich dachte voller Zufriedenheit an Ägypten, froh darüber, dieser Reise Priorität eingeräumt zu haben. Nach unseren vorangegangenen Reisen sowohl als Paar als auch mit den noch sehr kleinen Jungs hatte Kate sich nichts mehr gewünscht, als Reef und Finn im Roten Meer schnorcheln zu sehen. Es war einer ihrer Lieblingsorte auf diesem Planeten, und ich werde einen Tauchgang nie vergessen, den ich dort mit Kate unternahm.

Wir befanden uns in dreizehn Metern Tiefe und fütterten einen Kaleidoskopfisch, als aus dem Nichts plötzlich ein Schwarm Hammerhaie auftauchte. Ich schaute hinüber zu Kate, die verglichen mit diesen fünf Meter langen Bestien sehr winzig aussah. Manche waren größer als ein Kleinbus. Sie fuchtelte mit den Armen, und für den Bruchteil einer Sekunde dachte ich, sie bekäme Panik, bis mir klar wurde, was sie tatsächlich tat. Kate zückte ihre Videokamera und schwamm wenige Augenblicke später vollkommen angstfrei direkt auf die Haie zu. Hinter den Hammerhaien tauchte ein Silberspitzenhai auf, auch den bannte Kate auf Film.

Die meisten anderen Taucher flüchteten, nicht aber Kate. Sie war für ihre Größe unglaublich mutig und hatte so viel Mumm, dass es schon irreal war. Sie erntete fantastisches Filmmaterial, und sobald wir wieder auf dem Trockenen waren, lachte sie sich schief über diese gefährliche Begegnung.

»Was hätte ich tun sollen?«, gluckste Kate. »Die Haie waren auf meinem Riff – da hau ich doch nicht ab!«

Sie war ganz aus dem Häuschen von dieser Erfahrung, und ich sah es mit Freude.

»Du bist ein Alptraum!«, sagte ich.

»Also, du bist doch derjenige, der mir beigebracht hat, vor Haien keine Angst zu haben«, sagte sie lachend.

Ich wusste genau, worauf sie anspielte, und kostete auch die dadurch ausgelöste nächste Erinnerung aus, wobei ich selbst laut lachen musste. Es geschah während unserer Flitterwochen auf den Malediven, und ich werde nie müde, diese Geschichte zu erzählen.

225

Wir hatten eine schöne mondhelle Nacht und waren alle startklar zu einem nächtlichen Tauchgang auf einem hübschen Hausriff, verbunden mit der Insel, auf der wir wohnten.

»Das wird sicher atemberaubend werden«, sagte ich. »Hoffentlich sehen wir Anglerfische, Barrakudas, Clownsfische, Papageifisch, Adlerrochen ... du wirst da unten Augen machen.«

Kate spähte vorsichtig über den Rand der Mole, wo es, das muss der Ehrlichkeit halber gesagt sein, dunkel und geheimnisvoll aussah und nicht sehr ermutigend.

»Wird es da auch Haie geben?«, fragte sie nervös.

»Haie?«, spöttelte ich. »Nein, so spät am Abend schlafen die Haie alle.«

»Bist du dir dessen sicher, Singe?«

»Keine Angst!«, sagte ich, als ich Kates besorgten Blick sah. »Ich werde direkt neben dir sein. Hör zu, einige der nachtaktiven Fische wechseln die Farbe, und wenn wir Glück haben, sehen wir Tintenfische oder Oktopusse, die nachts aktiver sind. Es wird ganz toll werden. Deinen ersten Nachttauchgang wirst du nie vergessen.«

Kate holte tief Luft und willigte ein, es zu wagen. Sie streifte ihre Maske über, nahm dann allen Mut zusammen und schwang sich mit einem großen Schritt ins unbekannte Nass. Ich war kurz vor ihr eingetaucht und trieb fünf Meter vom Ende der Mole entfernt. Während ich Kate ein Zeichen gab, dass keine Gefahr bestand und sie ins Wasser kommen konnte, fiel mein Blick nach unten, wo ich die kleine weiße Spitze eines Riffhais auf uns zuschwimmen sah. Was darauf folgte, war wirklich unglaublich. Kate verließ mit einem Schritt den Ponton, und ich verfolgte verblüfft, wie sie es schaffte, rittlings auf dem Hai zu landen. Das Timing war unglaublich und wahrhaft lustig obendrein.

Der erschrockene Hai flüchtete wie eine getretene Katze, während Kate in einem Gestöber aus Luftblasen und Flüchen

226

auftauchte. Auch ich tauchte auf und kriegte mich vor Lachen kaum mehr ein. Das verfehlte jedoch jegliche Wirkung auf Kate, stattdessen brauchte ich einige Minuten, bis ich sie endlich davon abbringen konnte, weiter auf mich einzuschlagen und den Tauchgang abbrechen zu wollen.

»Hast du nicht gesagt, dass die Haie nachts schlafen«, sagte sie. »Hattest du das geplant?«

»Als hätte ich das planen können!«, lachte ich. »Das war keiner zum Aufziehen, weißt du!«

Dennoch war ich gezwungen, ihr zu beichten, dass viele Haie tatsächlich nachtaktiv sind und nachts auf ihren Beutezug gehen.

»Ich hasse dich, Singe«, sagte Kate und verengte ihre Augen zu Schlitzen.

»Wirklich?«, fragte ich.

»Nein!«, lachte sie. »Da du nun mein Ehemann bist, werde ich dich wohl auf Gedeih und Verderb lieben und diesen Moment als einen der schlimmsten abschreiben müssen. Mir wäre das Herz beinahe in meinen Neoprenanzug gerutscht, und ich wage mir kaum vorzustellen, was der arme Hai gedacht haben mag!«

»Das Leben besteht nicht aus der Anzahl der Atemzüge, die du machst«, sagte ich mit einer aus einem Film geliehenen Zeile, um mich aus meinem Schlamassel herauszureden. »Wichtig sind die Momente, die einem den Atem rauben.«

Kate stänkerte noch eine Weile, bevor sie einwilligte, es noch mal zu versuchen. Und dieser Tauchgang erfüllte auf beeindruckende Weise alle meine Vorhersagen. Irgendwann schalteten wir unsere Taschenlampen aus und spielten mit dem phosphoreszierenden Plankton im Wasser, verfolgten, wie es Funken sprühte und schimmerte wie eine Million blauer Halogenbirnen. Erst als eine Feuerkoralle mir ihr Nesselgift injizierte, sodass der letzte Lacher Kate gehörte, gaben wir uns zufrieden.

Da die Jungs jetzt alt genug zum Schnorcheln waren, fänden auch sie sicherlich Gefallen an Ägypten, also beschloss ich, die Reise noch diese Woche zu buchen und mich darum zu kümmern, dass sie die nötigen Impfungen bekamen und sich darauf freuen konnten. Allerdings war mir angesichts der Impfungen etwas mulmig zumute. Als bei Reef Krebs diagnostiziert worden war, hatten wir uns unweigerlich gefragt, was die Ursache sein mochte, wir wollten unbedingt wissen, was schiefgegangen und Auslöser einer derart seltenen und aggressiven Form der Krankheit sein könnte.

Als auch Kate ihre Diagnose bekam, dachten wir, dass es eine gewisse genetische Verbindung geben musste, obwohl auf keiner Seite der Familie in der Vergangenheit Krebserkrankungen aufgetaucht waren. Die Ärzte befanden jedoch, dass zwischen Reefs und Kates Krebs keinerlei Verbindung existierte. Es handele sich nur um eine dieser alarmierenden Lotteriestatistiken, wonach es völlig ausgeschlossen war, dass Mutter und Sohn an zwei völlig verschiedenen aggressiven Krebsarten erkrankten.

»Es müssen die Impfungen gewesen sein«, sagte Kate, die verzweifelt nach Antworten suchte, weil sie aufgrund ihrer mütterlichen Gewissensbisse bei sich selbst die Schuld suchte.

»Wegen unserer ganzen Auslandsurlaube habe ich jede Schutzimpfung bekommen, die man sich nur vorstellen kann. Eine davon muss mich angegriffen haben, als ich schwanger war oder auch schon davor. Oder es war die Mischung der Impfungen, die sich mit mir nicht vertragen hat?«

Es gab absolut keinen medizinischen Beweis, der diese Theorie erhärtet hätte, trotzdem waren Impfungen die einzig möglichen Missetäter, die Kate bei ihrer Suche nach einer Erklärung für Reefs Zustand einfielen. Ihre eigene Krebserkrankung nährte ihre Ängste und ihren Verdacht, und als sie ihre Liste schrieb, vermerkte sie darauf nachdrücklich: *»Bitte* *mach keine Urlaube abseits ausgetretener Pfade, da ich fest davon überzeugt bin, dass Impfungen bei Reef und mir den Krebs ausgelöst haben.«*

Über dieses Dilemma sprach ich mit einigen Mitgliedern meiner Familie, die mich aber alle beruhigten und meinten, ich solle mir keine Sorgen machen. »Kate wollte, dass du mit den Jungs nach Ägypten fährst, es steht auf der Liste«, sagte mein Dad. »Und sie hat mehr als einmal versucht, mit euch gemeinsam dort hinzufahren. Mach dir also keine Gedanken.«

»Ägypten ist keine Reise abseits ausgetretener Pfade«, ergänzte mein Bruder. »Die Jungs brauchen keine exotischen Impfungen, nur die routinemäßigen. Ansonsten hätte Kate gar nicht gewollt, dass du mit ihnen dort hinfährst.« Genau das wollte ich hören, und ich wusste, dass sie recht hatten.

»Ach übrigens, können wir auch mitkommen?«, fragten mich mein Bruder und mein Dad ein paar Wochen später.

»Was? Wirklich?«

Ich war ziemlich überrascht, dass sie mich begleiten wollten, aber vermutlich hing ihr Ansinnen damit zusammen, dass ich über Weihnachten, also zur Familienzeit verreisen wollte.

»Aber gewiss«, sagte mein Dad und fügte hinzu, dass meine Stiefmutter ebenfalls liebend gern mitkommen wollte.

»Es wird bestimmt toll werden«, meinte mein Bruder und erzählte mir, dass auch seine Freundin sich uns anschließen wolle.

Als ich Kates Eltern von den Plänen erzählte, wollten auch sie mitkommen.

»Nun, ich fahre sowieso, und wenn ihr mitkommen wollt, dann nur zu«, sagte ich zu allen, die Interesse anmeldeten. Als wir die Reise schließlich buchten, waren wir eine Gruppe von dreizehn Leuten.

Mein Bruder Matt, seine Freundin Olivia, meine kleine

Schwester Lucinda, mein Dad und meine Stiefmutter und deren beste Freunde, zu denen ich Onkel Normal und Tante Chris sagte, wollten während der gesamten vierzehn Tage mit uns Urlaub machen, wohingegen Christine und Martin zusammen mit Kates Bruder Ben erst in der zweiten Woche zu uns stoßen würden.

Es überraschte mich doch sehr, dass sie alle Lust darauf hatten, und glaubte es auch erst, als alles gebucht und bezahlt war. Vermutlich wollten sie mich Weihnachten nicht allein feiern lassen, aber dieser Gedanke kam mir damals gar nicht. Allein hätte ich mich ohnehin nicht gefühlt, denn das wäre ich ja auch nicht gewesen: Reef und Finn würden mir die ganze Zeit Gesellschaft leisten.

Doch als ich mich an den Gedanken eines großen Familienurlaubs gewöhnt hatte, kam ich dennoch zu dem Schluss, dass es lustig werden würde und zweifellos lustiger, als wenn wir nur zu dritt wären. Als Abreisedatum hatten wir den 17. Dezember festgemacht, auf den Tag genau ein Jahr, nachdem ich mit Kate und den Jungs nach Lappland geflogen war. Ich war froh, dass wir noch ein paar Monate Zeit zum Planen und für die Vorfreude hatten.

Jetzt war es August, und die Sommerferien lagen vor uns. Ich hatte mich um eine ganze Woche Arbeit während einer Surfmesse in Bristol gekümmert, wo ich Teil eines Teams war, das eine Sanitäter-Vorführung organisierte. Ich nahm den Job an, weil er gut bezahlt war, außerdem konnten die Jungs für einen Teil der Woche mitkommen, da es in der Nähe war. Die Bezahlung könnte uns einen kleinen Urlaub während der Sommerferien finanzieren, und ich hatte bereits vereinbart, diesen mit meinem Dad und meiner Stiefmutter im Highlands End Holiday Park in Eype, West Dorset, zu verbringen. Der Ort kam mir sehr gelegen, da ich noch einen anderen Job in Aussicht hatte, genau an dieser Küste, und diesmal handelte es sich um etwas Außergewöhnliches.

Ich war gebeten worden, bei der Herstellung eines Werbevideos mitzuwirken, das in direktem Zusammenhang mit dem Disney-Film *Die Reise auf der Morgenröte* stand, dem dritten Teil der *Chroniken von Narnia*. Dazu musste *The Matthew* entlang der Küste eskortiert werden, und da die *4 Saints* im Lauf der vergangenen vier Monate zum inoffiziellen Rettungsboot von *The Matthew* geworden war, ergab sich diese Gelegenheit. Ich war hocherfreut darüber. Mein Plan sah vor, die Jungs nach ihrem Wohnwagenurlaub mit meinem Dad und meiner Stiefmutter bei ihren anderen Großeltern meinerseits abzuliefern, damit ich den Job übernehmen konnte, während die Jungs weiterhin Ferien machten.

»Werden wir auch in dem Film zu sehen sein?«, erkundigte Finn sich aufgeregt. Er hatte mich am Telefon mit Chris, dem Organisator dieser Reise, reden hören und war ganz Ohr.

»Nein, Finn, ich werde dabei helfen, *The Matthew* die Küste runterzubringen, damit man dort dann eine DVD drehen kann.«

»Wirst du denn in der DVD zu sehen sein?«, hakte er nach.

»Nein«, sagte ich. »Es ist ein bisschen kompliziert zu erklären, aber es haben Leute aus der ganzen Welt bei einem Gewinnspiel über den Film mitgemacht und dürfen nun auf *The Matthew* mitsegeln, die man so herrichten wird, dass sie wie das Segelschiff *Morgenröte* aussieht. Meine Aufgabe besteht nun darin, dabei mitzuhelfen, sie sicher nach Land's End zu segeln, wo man die Leute bei vielen Aktivitäten wie Bogenschießen und Knotenmachen filmen wird.«

»Oooh! Können wir nicht mitkommen?«, bettelte Finn.

»Nein, Finn, leider nicht. Du und Reef bleibt bei euren Großeltern, aber ich werde viele Fotos machen und euch über alles berichten.«

Es war mein erster großer gewerbsmäßiger Auftrag mit der *4 Saints,* und ich war froh, auf diese Weise wieder einen Teil der Kosten hereinzubekommen, doch in erster Linie nahm ich die Arbeit an, weil sie aufregend war und Spaß machte. Da passte es natürlich ganz hervorragend, dass die Jungs bei ihren Großeltern bleiben konnten, während ich ein paar Tage an der Küste entlangzischte.

Als Ruth eines Abends auf eine Tasse Tee vorbeikam, erzählte ich ihr von meinen Ferienplänen.

»Du Glücklicher«, sagte sie. »Viele alleinerziehende Eltern haben große Probleme, die Kids während der Schulferien irgendwo unterzukriegen. Es ist fantastisch, dass du sie manchmal mit zur Arbeit nehmen kannst und außerdem noch so viel Hilfe hast.«

Unter diesem Aspekt hatte ich die Vorteile meines Jobs noch gar nicht betrachtet, ganz einfach, weil es schon immer so gewesen war. Als Kate noch gelebt hatte, war meine Arbeitszeit immer flexibel gewesen, ich konnte sie sowohl an ihren Bürojob als auch an die Schulferien der Jungs anpassen. Als Reef krank war, konnte ich meine Arbeit zwischen Krankenhausterminen und Besuchen einschieben, wobei natürlich außerdem Kates Eltern eine große Hilfe waren. Aber Ruth hatte wieder mal recht.

»Stimmt haargenau«, bestätigte ich. »Aber einen flexiblen Job zu haben ist nicht alles, oder?«

»Wie meinst du das?«, fragte sie.

»Ich meine, dass viel mehr dazugehört, um als Alleinerziehender erfolgreich zu sein.«

»Natürlich«, erwiderte Ruth und nickte weise, als ich fortfuhr.

»Mir erzählen zwar alle, wie toll ich das mache, aber ich bin alles andere als perfekt. Ich habe gute Tage und schlechte Tage, musst du wissen. Manchmal könnte ich nur heulen. Ich frage mich immer, ob ich es so gut mache, wie Kate es gemacht hätte.«

Das rutschte mir einfach so heraus, aber es kam von Herzen.

»Du gibst jeden Tag dein Bestes für die Jungs, Singe«, sagte Ruth. »Kate wäre entzückt. Sie gedeihen prächtig. Solange du ihnen sagst, was in ihrem Leben geschieht, damit sie sich nicht sorgen müssen oder verwirrt sind, musst du dir keine Sorgen machen, wenn du auch noch dein Leben lebst. Ich habe herausgefunden, dass alles dann gut läuft, wenn die Kinder wissen, was los ist, und man sich immer Zeit für sie nimmt und sich an die Absprachen hält.«

Ich konnte mir Kate gut dabei vorstellen, wie sie dasselbe sagte. Kein Wunder, dass sie und Ruth so gute Freundinnen waren. Sie teilten in vieler Hinsicht die gleichen Denkmuster.

»Ich hätte nie gedacht, dass es so bald so weit sein würde, aber langsam verstehe ich, dass Kate recht hatte«, tastete ich mich vor.

»Womit?«, fragte Ruth, dabei verzogen sich ihre Lippen zu einem Lächeln. Ich schätze, sie war mir bereits einen Schritt voraus.

»Die Jungs brauchen wirklich einen weiblichen Einfluss. Ich denke, es ist unmöglich, Mum *und* Dad gleichzeitig zu sein.«

»Es freut mich, dass du das so empfindest, Singe«, sagte Ruth fröhlich. »Das ist normal. Du brauchst keine Schuldgefühle zu haben. Kate hat es so gewollt, und es wird eintreffen, wenn der richtige Zeitpunkt dafür gekommen ist. Und jetzt geh und genieß deine Ferien!«

Ich konnte es kaum glauben, dass wir schon wieder packten und zu unserem dritten Wohnwagenurlaub in diesem Jahr aufbrachen. Wenn Kate auf einer Wolke säße und auf uns herabsähe, würde sie sich bestimmt über mich kugeln vor Lachen.

KAPITEL 8

»Gib ihnen einen Kuss, auch wenn du
nur kurz weg bist«

»Wohin gehst du, Daddy?«, fragte Finn.

»Ich bin unterwegs zu Dreharbeiten mit dem Boot, das habe ich dir doch erzählt, erinnerst du dich?«, erwiderte ich.

Seine Augen wurden groß. »Das hatte ich vergessen. Kann ich mitkommen?«

»Nein, Finn, du kannst diesmal nicht mitkommen, aber ich erzähle dir alles, sobald ich zurück bin.«

Es war die letzte Woche der Schulferien. Wir hatten im Wohnwagenpark trotz ein paar Pannen eine schöne Zeit mit meinem Dad und meiner Stiefmutter verbracht.

Bei der Ankunft an unserem Wohnwagen waren die Jungs vor Begeisterung ganz aus dem Häuschen gewesen.

»Hurra! Das ist unser kleines Haus!«, kreischte Finn. Sowohl er als auch Reef konnten gar nicht rasch genug durch die Tür kommen, sie schwirrten herum und sprühten vor Temperament und legten fest, wer wo schlief. Kate pflegte sie in einer solchen Verfassung nur noch mehr anzustacheln, zweifellos weil sie sich an die eigenen aufregenden Campingurlaube ihrer Kindheit erinnert fühlte. Mich jedoch machte das wahnsinnig, da ich es vorzog, gleich alles auszupacken und mich in aller Ruhe einzurichten, bevor der gemütliche Teil begann. Früher habe ich die Jungs immer Kate überlassen, während ich die Taschen und Vorräte auspackte, und diesmal hatte ich mir vorgenommen, sie einfach nicht zu beachten und zu tun, was ich für richtig hielt. Das war ein großer Fehler. Sie waren wie Wespen über einem Grill und summten mir ständig vor dem Gesicht herum.

»Wo ist die Tasche, die du zum Auto bringen solltest – die mit den Schlafanzügen und den Zahnbürsten?«

»Die ist in meinem Schlafzimmer«, antwortete Reef.

»In welchem Schlafzimmer – dem im Wohnwagen?«

»Nein, zu Hause in meinem Schlafzimmer!«

»Also, das glaub ich jetzt nicht, Reef! Wem soll das zu Hause nützen? Es war doch das Einzige, worum ich dich gebeten hatte.«

Reef ärgerte sich über den Rüffel und schmollte. Finn hingegen schien alles egal zu sein, Hauptsache er konnte auf den Betten herumspringen und mir zwischen die Beine laufen.

Als ich alles ausgepackt hatte, kam mir der Dampf aus den Nüstern, das schwöre ich. Kate hätte die Taschen noch mal überprüft und wäre wie ein aufgeregtes kleines Mädchen herumgerannt, anstatt angespannt vor sich hin zu brüten wie ich. Ruth hatte es gut gemeint, als sie mir versichert hatte, ich würde als alleinerziehender Vater gut zurechtkommen, aber stimmte das auch? Wie sollte ich die Jungs allein genauso großziehen können, wie Kate und ich das gemeinsam getan hätten? An diesem Tag fühlte ich mich, als wäre mir eine Hand am Rücken festgebunden, und ich sah keine Möglichkeit, sie zu befreien.

Doch irgendwann in dieser Woche war ich dann doch so weit, dass ich mich entspannen konnte, indem ich grillte und mit den Jungs schwimmen und Kanu fahren ging, aber mir war auch bewusst, dass es vielleicht genau der richtige Zeitpunkt war, mal für ein paar Tage allein auf *The Matthew* zu entkommen.

Als wir den Wohnwagen verließen, lieferte ich die Jungs bei meiner Mum und meinem Stiefvater in Devon ab, verabschiedete mich und küsste jeden der Jungs zweimal.

»Ich werde nicht lang weg sein, seid lieb zu Nanny und Brian«, sagte ich.

»Erzähl uns *alles*, wenn du zurückkommst!«, sagte Reef.

»Worauf du dich verlassen kannst. Ich werde auch Fotos machen, und ihr macht das auch.«

The Matthew sah fantastisch aus mit dem Narnia-Emblem in Violett auf dem Segel, einem gewaltigen Drachenkopf als Galionsfigur und einem beweglichen Schwanz, der am Heck angebracht war. Die vorgesehene Route sollte um Land's End herum zum St Michael's Mount und Falmouth führen mit Zwischenstopps in Padstow, Tintagel, Lundy und den Isles of Scilly, wo die Gewinner des Preisausschreibens eine Reihe von Verfolgungsspielen austragen sollten.

Neben der *4 Saints* als Begleitschiff fuhr auch noch das Rettungsboot *Mabel Alice* mit, da der Sicherheit der Gäste höchste Priorität eingeräumt wurde. Leider war der Beginn unserer Reise, die uns zwischen Steep Holm und Flat Holm durch den Bristol Channel führte, ziemlich fürchterlich. Das Wetter war zwar nicht allzu schlecht, aber die See war kabbelig und entsprach in keiner Weise dem, was man sich für Ende August erhofft hatte. Die Umstände verschlechterten sich stetig, und so steuerten wir Ilfracombe an, um dort im sicheren Hafen zu warten, anstatt unsere Reise hinunter nach Land's End fortzusetzen.

Unglücklicherweise schlingerte unser Narnia-Schiff, als an diesem Abend die Ebbe einsetzte, gegen ein vertäutes Fährschiff aus Stahl namens Oldenburg, wobei die hölzernen Aufbauten der *Morgenröte* leicht beschädigt wurden. Um *The Matthew* freizubekommen, mussten wir die Spitze ihres Masts mittels eines Seils mit meinem Boot verbinden, und wir verbrachten alle einige Stunden in Panik, bis endlich die Flut hereinkam und *The Matthew* gegen halb elf nachts wieder Segel setzen konnte.

Zu diesem Zeitpunkt war ich fast vierundzwanzig Stunden

lang auf den Beinen und beschloss, unter Deck der *Mabel Alice* ein wenig zu schlafen. Die Organisation bereitete mir ein wenig Bauchschmerzen. Auf beiden Booten gehörten Freiwillige zur Crew, einige davon sehr jung und unerfahren, und wäre ich nicht so müde gewesen, hätte ich bestimmt kein Auge zugetan.

Ich lag eingezwängt in einer kleinen Koje und brauchte einige Zeit, bevor ich endlich einschlief. In Gedanken war ich schon beim nächsten Tag und dem, was uns erwarten mochte. Ich versuchte an die Jungs und die Abenteuergeschichten zu denken, über die wir uns am Ende der Woche austauschen würden. Es war einsam auf dem Rettungsboot im Dunkeln, so schweiften meine Gedanken schließlich zu Kate ab. Ich stellte mir vor, was sie aus dieser Reise machen würde.

Ich musste an ihre Anweisung »*Legt Sammelalben von euren Abenteuern an*« denken und sagte mir, dass sie sicherlich einverstanden gewesen wäre. Ich stellte sie mir vertieft in ihre Sammelalben vor, wie sie Flugtickets und Restaurantrechnungen zwischen die Schnappschüsse klebte, die uns an fremden Stränden zeigten.

Ich konnte Kates mädchenhafte Handschrift sehen und bildete mir ein, dass einer ihrer alten Liebesbriefe in meinem Kopf zum Leben erweckt wurde. Ich sah ihn auf dem Wasser auf mich zutreiben wie eine Flaschenpost, nur dass die Flasche fehlte.

Kate schrieb ihn, während sie im Familienurlaub mit ihren Eltern in der Schweiz weilte. Das war 1987 – ich sah das in schwarzer Tinte ordentlich geschriebene Datum vor mir. »Ich habe letzte Nacht von dir geträumt«, schreibt sie. Kate liest mir diese Worte vor, und ich spüre ihren warmen Atem an meinem Ohr.

Ich sehe eine Teenager-Katie allein in ihrem Einzelbett im Hotelzimmer liegen. »Eine Nacht habe ich hinter mir, zwölf noch vor mir«, flüstert sie im Dunkeln, während sie mir schreibt. »Es hat fast den ganzen Tag über geregnet und gewittert. Ich vermisse dich so sehr. Ich träume von dir. Bitte sorge dafür, dass wir eines Tages für immer zusammen sind. Ich liebe dich, ich liebe dich, ich liebe dich, ich liebe dich ...«

Ich sah Kate, die mir drei Küsse zuhaucht, während sie diese am Ende des Briefs malt. »Ich muss jetzt aufhören, ich liebe dich bis ans Ende der Welt, alles Liebe, Kate xxx« Sie treibt langsam weg, und in meinem Traum springe ich über die Seite des Boots und suche im Wasser nach ihr, versuche, so schnell ich kann, zu ihrem verblassenden Gesicht zu schwimmen, ehe sie ganz aus meinem Blickfeld verschwindet.

Der Mond steht wie eine riesige Uhr im Disney-Stil am Himmel, und jeder Schwimmzug, den ich in dem kalten, dunklen Wasser mache, scheint die Zeiger rückwärts zu bewegen. Ich versuche, in die Schweiz zu schwimmen und die Zeit zurückzudrehen. Um mich herum kreisen Haie im Wasser.

»Pass auf!«, schreit jemand.

Es hört sich an, als wäre es Kate.

»Haie schlafen nachts nicht!«, ruft die Stimme.

»Pass auf! Hilfe! Was ist passiert?«

Es ist nicht Kates Stimme, und die Schreie gehen durch Mark und Bein. Irgendwas stimmt nicht, irgendwie bin ich in Gefahr. Ich sehe den riesigen Drachenkopf der *Morgenröte* in Nahaufnahme vor mir. Ich bekomme Panik, mein Herz schlägt schnell. Jetzt schreit eine andere Stimme und wieder eine andere.

»Pass auf! Oi! Sei vorsichtig – was ist da los?«

Ich spüre, wie meine Gehirnmasse im Schädel hin und her rutscht, weil ich den Wellen ausgeliefert bin. Kate ist in Gefahr! Ich muss Kate erreichen, sonst entgleitet sie mir für immer! Panisch reiße ich meine Augen auf, um nach ihr zu suchen, und merke sofort, dass ich ganz allein bin und im Dunkeln in einer Koje an Bord der *Mabel Alice* liege.

Mein Traum ist vorbei, aber die Stimmen schreien immer noch. Verwirrt springe ich in meinen Shorts aus dem Bett und renne an Deck, um herauszufinden, was dieses Theater soll.

»Der Anker hat sich losgerissen«, hörte ich den Rettungsschwimmer rufen. »Wir kollidieren mit *The Matthew*!«

Mir sank der Mut, im nächsten Moment verfolgte ich hilflos, wie die *Mabel Alice* seitlich gegen *The Matthew* schlug. Vom Gefühl her war es Gott sei Dank nur ein kleinerer Aufprall, der aber großen Tumult ausgelöst hatte.

»Keine Panik«, sagte ich zu ein paar Leuten von der Crew und den Passagieren, die schrien und aufgebracht waren, denn es war vier Uhr morgens und eindeutig nicht die beste Zeit, um einen kühlen Kopf zu bewahren. Sekunden später merkte ich, dass die *Mabel Alice* unerwarteterweise rückwärts sauste. Mit den besten Absichten hatte der Kapitän den Schaden zu begrenzen versucht, indem er das Rettungsboot so schnell wie möglich auf Abstand zu *The Matthew* brachte.

Das Problem war nur, dass er die *4 Saints* vergaß, die hinten am Rettungsboot festgemacht war, und so raste er im Rückwärtsgang mit einem ohrenbetäubenden Knall in mein Schlauchboot. Entsetzt verfolgte ich, wie mein beschädigtes Boot herrenlos im Wasser auf und ab hüpfte. Ich ließ mich von der *Mabel Alice* in die *4 Saints* gleiten, um den Schaden zu besichtigen. Die Konsole und die Windschutzscheibe waren zerschmettert, und nur mit Ach und Krach bekam ich den Motor in Gang, sodass ich mich langsam wegbewegen und in der Dunkelheit außer Hörweite ein paar Flüche vom Stapel lassen konnte. Ich schaute in den Himmel. Auch Kate hätte Gift und Galle gespuckt, mich aber ermahnt, ruhig zu bleiben. Dank der Versicherung konnte das alles repariert werden. Ich wusste das, trotzdem war ich völlig niedergeschmettert, als ich mir ausmalte, wie die Jungs darauf reagieren würden.

Ich spulte im Geiste wieder jenen Moment ab, als Reef das

Boot entdeckt hatte. »Ein solches Boot würde mir gefallen!«, hörte ich ihn sagen und sah beide Jungs grinsen wie die Cheshire Cat, als ich ihnen erzählte, dass das RIB tatsächlich uns gehörte. Wir hatten die 4 *Saints* gerade mal seit fünf Monaten, und jetzt würden wir monatelang auf sie verzichten müssen, während sie repariert wurde. Das Boot war der ganze Stolz und die ganze Freude der Jungs, entsprechend war ich jetzt ihretwegen am Boden zerstört.

Ich verbrachte elende und schwierige drei Stunden unter Wasser, um mitzuhelfen, die *Mabel Alice* loszuschneiden, da meine Bugleine sich während des Unfalls um ihren Propeller gewickelt und diesen stark beschädigt hatte.

The Matthew hatte ihre Reise fortgesetzt und meine ganze Ausrüstung, darunter auch mein Telefon und meine Brieftasche, mitgenommen. Schließlich holte ich sie ein, obwohl die 4 *Saints* nur stotternd vorankam, und als ich meine Habseligkeiten wiederbekommen hatte, musste ich meinen Dad dafür einspannen, mich und die 4 *Saints* einzusammeln, damit er das kaputte Boot nach Hause bringen konnte, während ich über Land weiterfuhr, um in Padstow wieder auf *The Matthew* zu stoßen.

Als ich endlich wieder bei der Gruppe war und wir am späteren Vormittag Tintagel Castle erreichten, hatte meine Laune sich ein wenig gebessert. Ich brachte einer Gruppe von Kindern Bogenschießen bei und erteilte ihnen Schnorchelunterricht in Rock. Es fanden Filmaufnahmen für die DVD statt, die alle glatt über die Bühne gingen. Die meisten Jugendlichen hatten von dem Drama in den frühen Morgenstunden ohnehin nichts mitbekommen, was auch gut so war. »Ende gut, alles gut«, sagte ich mir.

Während ich zurückfuhr, um die Jungs aufzusammeln, kreisten meine Gedanken immer nur um das, was passiert war, und Kates Wunsch *»Gib ihnen einen Kuss, auch wenn du nur kurz weg bist«* bekam dabei eine ganz neue Bedeutung.

Was wäre gewesen, wenn die Sache völlig aus dem Ruder gelaufen und mir was zugestoßen wäre?, fragte ich mich bang. Das erinnerte mich an den Tag, an dem Kate starb und ich den Jungs sagen musste, dass ihre Mum tot war. Und sofort meldete sich wie damals das überwältigende Gefühl der Verantwortung, die ich als alleinerziehender Vater zu tragen hatte.

Ich musste an Kate denken, als sie die Jungs zum allerletzten Mal küsste. Am Tag, bevor sie starb, drückte sie sie fest an sich, ohne zu wissen, ob es womöglich ihre letzte Gelegenheit war, sie zu küssen. Doch sie küsste sie, wie sie das immer tat, mit Freude und Zuneigung und Liebe im Herzen, und gab ihnen damit das Gefühl, die allerwichtigsten kleinen Menschen auf der Welt zu sein. Die Jungs hatten keine Ahnung, dass es das letzte Mal sein könnte, dass es das letzte Mal war. Ihre tapfere Mum sah ihnen in die Augen und lächelte, wie sie das so viele Male zuvor auch schon getan hatte.

»Ich werde meine Handabdrücke auf Leinwand hinterlassen müssen«, teilte sie ihnen mit. Dann folgte eine Pause, in der sie Luft aus ihrer Sauerstoffmaske zog, und ergänzte: »Ich finde es eine hübsche Idee, wenn wir das alle täten und ein Familien-Handdruckbild machen würden.«

»Welche Farbe könnten meine haben?«, fragte Reef.

»Das darfst du selbst auswählen«, sagte Kate.

»Ich möchte grün«, sagte Finn.

»Ich hätte gern rot und blau«, sagte Kate.

Ich machte ein Foto, ohne mir darüber im Klaren zu sein, dass es das letzte von Kate zusammen mit den Jungs sein würde. Nur Kate ahnte es, das glaube ich jedenfalls.

Jetzt empfand ich mit aller Macht, dass man eigentlich nie wissen konnte, was einen an der nächsten Ecke erwartete. Alles konnte passieren, zu jeder Zeit. Reefs Krebs konnte wiederkommen, oder ich könnte morgen auf der Clevedon High Street von einem Bus überfahren werden. Wer weiß? Wir können nur versuchen, jeden Tag so zu leben, als wäre es unser letzter.

Dass ich den Jungs die schlechte Nachricht von unserem demolierten Boot überbringen musste, war keine Freude, aber es war bestimmt nicht das Schlimmste, was ich ihnen je hatte unterbreiten müssen, und als es so weit war, erzählte ich es ihnen geradeheraus.

»Hört zu, Jungs, es tut mir sehr leid, aber unser Boot wurde von einem Rettungsboot gerammt und ist jetzt ziemlich kaputt. Es war ein Unfall, und man kann es reparieren ...«

Reef brach auf der Stelle in Tränen aus, während Finn mit den Schultern zuckte und schmollend davontrottete.

»Wann kriegen wir es zurück?«, schluchzte Reef. Er war am Boden zerstört, und als ich ihn so sah, hatte ich selbst Mühe, meine Tränen zurückzuhalten.

»Wir lassen es so bald wie möglich reparieren, Reef. Ich kann dir nicht genau sagen, wie lange es dauern wird, weil so einiges gerichtet werden muss, aber ich verspreche dir, dass wir es zurückbekommen, und dann wird es besser sein als neu.«

»Wie kann es besser sein als neu?«, fragte Reef vernünftigerweise.

»Ich werde noch ein paar zusätzliche technische Spielereien anbringen lassen, wie Radarreflektoren und ein Funkgerät, damit es in Zukunft sicherer ist«, erklärte ich ihm.

Kurz darauf tauchte Finn wieder auf und drückte mich kurz, was meine Laune hob.

»Ärgert euch nicht allzu sehr«, sagte ich zu beiden. »Es ist kein Weltuntergang. Ich bin selbst sauer und aufgebracht, aber es bringt doch nichts, wenn wir uns jetzt alle ohne Ende aufregen, oder?«

Sie sahen mich beide an und schüttelten die Köpfe, und ich gelobte mir, jetzt und sogleich einen Schlussstrich unter die ganze Angelegenheit zu ziehen. In weniger als vierzehn Tagen begann für Finn die Schulzeit, und wir hatten zu Hause noch jede Menge für das neue Schuljahr vorzubereiten. Das sagte ich auch den Jungs, bevor wir uns von den Großeltern verabschiedeten und nach Hause aufbrachen. Finn war ganz Ohr, als ich ihm sagte, wir müssten noch ein paar Teile seiner Uniform und auch noch Schuhe für die Schule kaufen.

»Es wird schön werden, dich an meiner Schule zu haben«, sagte Reef und nahm Finns kleine heiße Hand in seine. Es schien mir gelungen zu sein, die Jungs zu beschwichtigen und das Thema zu wechseln, aber in mir selbst nagte der Groll über den Verlust des Bootes weiter. Es war ein Geschenk von Kate, gekauft an ihrem Geburtstag, dem Tag, den wir seither Mum's Day nannten. Es stand für ein neues Kapitel in meinem Leben mit den Jungs, und jetzt war es kaputt.

Wenn ich ehrlich zu mir bin, tat ich mir selbst leid, und als die Jungs an diesem Abend im Bett waren, wühlte ich in meinem Schlafzimmer nach Erinnerungen, wobei ich mir nicht ganz sicher war, ob ich mich damit aufmuntern oder ein wenig in Selbstmitleid baden wollte. Die meisten Sachen von Kate waren inzwischen weggegeben worden. Ich hatte sämtliche Kleider und Schuhe eingepackt, die ich weder selbst haben noch Freunden geben wollte, und sie an den Laden einer Wohlfahrtseinrichtung geschickt. Ihr altes Make-up und die Kosmetik waren verschwunden, bis auf ihre letzte Flasche Charlie-Red-Parfüm, die ich mir nachts immer noch aufs Kissen sprühte, um einschlafen zu können.

Das Zimmer erinnerte jetzt eher an das eines Junggesellen. Es gab keine Röcke aus weich fließenden Stoffen und keine Tops mehr, die aus Schränken guckten, keine süß duftenden Lotionen und Tinkturen mehr auf der Frisierkommode und keine baumelnden Ohrringe, die auf dem Nachttisch abgelegt worden waren. Das war jetzt mein Zimmer, nicht mehr unser Zimmer.

Mein Blick fiel aufs Bett, und auch dieses gehörte jetzt mir allein. Kate hatte es bestellt, als sie krank geworden war und das Wasserbett bei ihrem wunden Rücken zu sehr nachgab. Sie wollte es zu ihrem Nest machen, zu einem Ort, an dem die Jungs mit ihr kuscheln konnten, wenn sie zu schwach sein sollte, um aufzustehen. Ich hatte mir unser Liebesspiel in dem neuen Bett ausgemalt, wenn es Kate wieder besser ginge. Da wir wochenlang auf die Lieferung warten mussten, blieb Kate nichts anderes übrig, als in der Zwischenzeit auf das alte elektrisch verstellbare Bett ihrer Großmutter mit einer Memory-Foam-Matratze auszuweichen. Als das neue Bett endlich eintraf, lebte Kate nicht mehr. Sie hatte nie darin geschlafen, nicht ein einziges Mal. Wenn sie jetzt auf mich herabsähe, könnte ich mir vorstellen, dass sie dieses Timing als Segen ansah. So brauchte ich nicht allein in einem Bett zu liegen, in dem wir uns geliebt hatten.

Am Fußende des Bettes standen die mit Erinnerungen angefüllten Schatzkisten. Vor kurzem hatte Kates Mutter mir die Kopie eines E-Mail-Tagebuchs überreicht. Das hatte sie während Kates Behandlung geführt, um enge Freunde und die Familie über Kates Fortschritte zu informieren. Ich war nach dem Artikel über Reefs Geburtstagsparty um ein weiteres Zeitungsinterview gebeten worden, und Christine meinte, dass mir ihr Tagebuch dabei hilfreich sein könnte. Ich hatte es bis jetzt nicht lesen wollen, aber an diesem Abend war ich wohl in der entsprechend weinerlichen Stimmung. Ich zog die ausgedruckten A4-Blätter aus ihrem Umschlag und überflog die erste Seite. Mich sprang das Datum des ersten Eintrags an. Er war auf den Tag genau zwei Jahren alt.

20. August 2008
Ich habe leider unerfreuliche Nachrichten – man hat bei Kate Brustkrebs festgestellt und wird am nächsten Mittwoch, dem 27. August, eine Mastektomie durchführen. Sie hat zwei Knoten in derselben Brust, einen von 1,9 cm und

einen von 4 mm Durchmesser, sodass eine Lumpektomie nicht in Frage kommt.

Es ging alles sehr schnell, und sie wird im Weston General operiert werden. Die Rekonstruktion wird zu einem späteren Zeitpunkt stattfinden. Ob eine Chemo- oder Radiotherapie vonnöten ist, entscheidet sich erst nach Gewebeentnahme bei der Operation. Im Moment wollen sie nicht darüber sprechen, aber den kleinen Jungs geht es gut. Kate hat eine sehr positive Einstellung und sagt sich: »Es ist einfach nur lästig, und wenn Reef nicht geweint hat, werde ich das auch nicht tun!« Man hat es früh erkannt, also drückt die Daumen!

27. August 2008

Kate ist unglaublich wie immer und saß im Bett, als hätte man ihr nur eine Warze entfernt. Sie meint, die kleine Brust, die man ihr entfernt habe, sei nicht größer gewesen als Reefs Tumor, also was soll's! Sie hat Suppe und zwei Brötchen gegessen und ist auch schon aufgestanden und herumgelaufen. Am unangenehmsten sind ihr im Moment die Kanülen (kleine Schläuche) in ihrer Hand.

Stellt euch vor, was Reef sich für Gedanken macht: »Wie soll ich dich als meine Mummy wiedererkennen, wenn du keine Haare mehr hast?« Ich könnte mir vorstellen, dass sich die Jungs mit gelbem Filzstift über ihren Kopf hermachen!

Singe hat sich wacker geschlagen und ist den ganzen Tag bei ihr geblieben. Reef ist derweil mit Lynne, der Betreuerin seiner Behindertengruppe, in den Zoo gegangen und hatte einen schönen Tag. Finn ist bei uns zu Hause geblieben und hat es genossen, ganz allein mit Reefs Spielsachen spielen zu können.

29. August 2008
Kate wird heute aus dem Krankenhaus entlassen und hofft (!!!), sich ausruhen zu können. Sie wird am Montag einen Arzt wegen der Ergebnisse und weiterer Behandlungen aufsuchen.

31. August 2008
Kate ist so unglaublich positiv, dass sie mit Reef am Samstag sogar zu einer Geburtstagsparty gegangen ist. Sie kann ihren Arm gut bewegen und kommt im Moment ohne Schmerzmittel zurecht. Sie möchte einfach nur weiterleben, egal wie sie aussieht!

Ich starrte ungläubig auf die Seite. Was ich dort las, erinnerte mich daran, wie groß unsere Hoffnungen anfangs waren und wie sehr wir darauf bauten, dass Kates Behandlung Erfolg hatte und sie am Ende eine Brustrekonstruktion bekäme.

»Wer hätte gedacht, dass ich auf diese Weise einen größeren Busen bekomme?«, lachte sie müde. »Weißt du noch, wie ich als Teenager immer daran geglaubt habe, dass er noch mal wachsen wird? Ist er aber nie!«

Obwohl Kate immer flachbrüstig gewesen war und es eigentlich kaum auffiel, dass man ihre Brust entfernt hatte, war sie nach der Mastektomie sehr verunsichert. »Ich fühle mich nicht mehr als richtige Frau«, erzählte sie mir danach. »Sei nicht albern«, beruhigte ich sie. »Du bist immer noch purer Sex auf Beinen!« »Nein, Singe, ich habe einen Teil meiner Weiblichkeit verloren, und die muss ich zurückbekommen«, erwiderte sie.

Ich sagte ihr, dass ich sie liebte, egal wie sie aussah, aber Kate fühlte sich nicht wohl in ihrer Haut, selbst als alles verheilt war. Wenn ich sie dort, wo ihre Brust gewesen war, berührte, schob sie meine Hand weg.

»Es fühlt sich so ungeschützt und empfindlich an«, sagte

sie. »Und ich finde es komisch, meine Rippen direkt unter der Hautoberfläche zu sehen.«

Es war wohl unvermeidbar, dass unser Liebesleben litt. Auch in der Vergangenheit war die Leidenschaft bereits vom Stress und der Erschöpfung begleitet gewesen, die das Elterndasein und die Sorge um ein krankes Kind mit sich bringt, und ich vermisste die Intimität.

»Das wird nicht von Dauer sein«, sagte sie.

»Das ist gut, denn ich liebe dich für immer«, versicherte ich ihr.

8. September 2008

Man hat Kate darüber informiert, dass ihre Krebserkrankung im zweiten Stadium und dritten Grades ist und inzwischen als »verbreitet« klassifiziert wurde! Gott sei Dank hat man sie früh erkannt! Die Prognose sieht eine Lebenserwartung von achtzig Prozent für die nächsten zehn Jahre vor, doch sie verbessert sich ständig. Die Streuung hat erst einen Lymphknoten befallen. Kate wird Chemo und Bestrahlung bekommen, Beginn in zwei Wochen. Reef ist diese Woche eingeschult worden und war ganz begeistert. Er benutzt gern den »Puter« (sein Wort für Computer).

15. September 2008

Kate konnte endlich mit dem Facharzt sprechen. Ihr Tumor ist dreifach negativ, was bedeutet, dass er auf die leichteren Hormonbehandlungen nicht anspricht, deshalb braucht sie das volle Programm einer starken Chemotherapie mit anschließender Bestrahlung. Sie wird außerdem an einem klinischen Versuch des Medikaments Avastin teilnehmen, das, wie man hofft, die Wahrscheinlichkeit eines Wiederauftretens reduziert, aber ein Jahr lang in dreiwöchigem Abstand verabreicht werden muss. Es stehen harte Zeiten ins Haus!!

23. September 2008

Kate hat Elektrokardiogramme, Ultraschalluntersuchungen, Bluttests usw. an den Krankenhäusern von Weston und Bristol über sich ergehen lassen. Die Ergebnisse werden den Ausschlag geben, ob sie für den klinischen Versuch von Avastin in Frage kommt. Wenigstens kann sie jetzt wieder allein Auto fahren, da sie nach ihrer Operation ihre Armbeweglichkeit zu hundert Prozent wiedererlangt hat. Die Fahrten zur Schule sind ein wenig einfacher geworden. Nach einer Eingewöhnungszeit, weil sie nun nicht mehr gemeinsam den Montessori-Kindergarten besuchen, haben die Jungs sich ganz gut eingelebt. Trotz ihrer unterschiedlichen Persönlichkeiten kommen sie gut miteinander aus – Reef ist nachdenklicher und fantasievoller als sein kleiner Rabaukenbruder! Die Chemotherapie beginnt in wenigen Wochen, und ich frage mich, ob Kate mit der langen blonden Perücke, die Singe gut findet, nicht wie eine Barbiepuppe aussieht. Wäre doch bloß schon wieder Sommer!

16. Oktober 2008

Katie bekam heute ihre erste Chemotherapie und hatte keine Probleme. Da sie zu drei verschiedenen Chemomedikamenten auch das neue Medikament Avastin bekommt, hat sich die Sitzung ziemlich hingezogen. Sie ist um halb zehn gekommen und um vier nachmittags gegangen, aber wir hoffen, dass es bei den nächsten Besuchen maximal eine Stunde dauern wird. Die Stationsschwester Jamie, die während Reefs ganzer Behandlungszeit die Kinderstation 34 betreut hat, kam vorbei und tröstete Kate, was sehr nett war.

Wahrscheinlich legt man Kate beim nächsten Mal für die Chemotherapie eine Kanüle in ihren Oberarm, die dort ein ganzes Jahr bleiben soll.

Reef hatte heute eine befriedigende Nachuntersuchung

bei seinem Professor und ist mit einem Spezialsticker nach Hause gegangen, der ihm bestätigt, dass er ein guter Junge ist. Anschließend sind wir mit ihm ins Museum gegangen, um uns die Dinosaurierknochen anzuschauen. Finn war am Vormittag im Kindergarten und anschließend mit der Betreuerin der Behindertengruppe im Puxton Park Play Barn.

Als Katie nach Hause kam, war sie müde und fühlte sich ein wenig benebelt, konnte aber ein herzhaftes Abendbrot (hausgemachte Lasagne – danke Ruth!) zu sich nehmen. Sie ist mit einem ganzen Arsenal an Tabletten ausgerüstet, um gegen alle möglichen Nebenwirkungen der Chemo gewappnet zu sein, aber wir drücken die Daumen, dass sie diese nicht allzu oft braucht.

Jedes Mal, wenn ich Reef in der Zeit, als Kate noch in Behandlung war, zu Krankenhausterminen brachte, kam mir das ganze Ausmaß unseres vorherigen wie momentanen Unglücks zu Bewusstsein. Sobald die Diagnose bei Kate feststand, diskutierten wir darüber, wie wir es den Jungs beibringen sollten, ohne ihnen Angst zu machen.

»Vermutlich können wir uns, was das anbelangt, sogar glücklich schätzen«, sagte Kate erstaunlich gefasst. »Ich meine, wir können ihnen sagen, Mummy hat eine Geschwulst, wie Reef eine Geschwulst hatte, und dass man meine genauso entfernen wird wie seine, ich die gleichen fiesen Medikamente bekommen werde wie er und es mir dann hoffentlich besser gehen wird wie ihm auch.«

Ich stimmte ihr zu, obwohl ich insgeheim dachte, dass ich trotz aller Zuversicht hinsichtlich Kates Überlebenschancen noch immer eine fürchterliche Angst davor hatte, Reefs Tumor könnte sich eines Tages zurückmelden. Seine Anfangsprognose war viel schlechter als ihre, und man hatte bei ihm noch immer keine Entwarnung gegeben.

Von einer der Krebsfürsorgeeinrichtungen hatten wir ein Bilderbuch mit dem Titel »Mamas Knoten« bekommen, was wirklich sehr hilfreich war. Die darin abgebildete Familie sah ein wenig so aus wie unsere und hatte sogar einen Hund und ging an den Strand, sodass man sich mit der Geschichte leicht identifizieren konnte. Als Kate ihre Haare verlor, schauten wir uns die Mama im Buch an, die auch ihre blonden Haare verloren hatte, was uns sehr dabei half, Reef und Finn die Sache zu erklären. Reef konnte sich zum Glück kaum noch daran erinnern, seine Haare schon als Baby verloren zu haben. Als Kates Haare so dünn und schütter wurden, dass sie fast kahl war, bat sie mich, ihr den Kopf zu rasieren.

»Ich fühle mich gar nicht gut dabei«, sagte ich, während ich ihr ein Handtuch um die Schultern legte und mich mit dem Elektrorasierer an die Arbeit machte.

»Warum? Ich möchte es. Ich bin es leid, dass mir ständig und überall Haare ausfallen. Ich haare schlimmer als der Hund! Außerdem sieht es hässlich aus, da kann ich es auch gleich loswerden.«

»Na gut, wie Madam wünschen«, sagte ich scherzhaft, wurde aber den üblen Beigeschmack nicht los. Ich bewunderte Kates blonde Haare. Sie waren ein Teil von ihr, daher kam es mir nicht richtig vor, ihr das wegzunehmen.

»Darf ich Mummys Perücke aufprobieren?«, fragte Finn ein paar Wochen später.

Kate bekam es mit. »Natürlich darfst du«, sagte sie.

Sie hatte sich eine Perücke machen lassen, die ihrer eigenen Frisur so ähnlich wie möglich sah, dennoch wirkte sie ein wenig künstlich. Außerdem schwitzte Kate darunter und ihre Kopfhaut juckte, weshalb sie sich nie richtig daran gewöhnte. Die Behandlung mit einer Kältehaube wollte sie nicht, weil sie fand, dass die Gefrierbehandlung, die potentiell einige der Haarfollikel zu retten vermochte, schmerzhaft und keine Erfolgsgarantie wäre. Für ihr Empfinden musste sie schon mit mehr als genug Behandlung klarkommen, da wollte sie sich nicht freiwillig noch mehr zumuten. Eine Entscheidung, die ich voll unterstützte.

Beide Jungs probierten die Perücke auf und lachten sich schlapp, während ich Fotos machte. Kates Bruder platzte mitten in unsere Fotosession und probierte ebenfalls die Perücke auf.

»Was meinst du?«, sagte er und warf seinen Kopf in den Nacken.

Wir kreischten alle.

»Nimm sie ab, du siehst genauso aus wie Kate!«, sagte ich.

Kate lachte wie verrückt. Ich denke, das war das einzig Gute an der Perücke. Sie sorgte dafür, dass wir alle mal wieder herzhaft lachen konnten. An diesem Abend stiegen die Jungs zusammen ins Schaumbad, und ich ertappte sie dabei, wie sich gegenseitig Perücken aufsetzten, indem sie Schaum auf ihre Köpfe türmten und dann wieder herunterschlugen.

»Ich habe eine Idee«, sagte ich und zwinkerte Kate zu. Die Jungs besaßen ein großes Plastikspielzeug namens Airzooka, mit dem man eine wirklich heftige Druckluftwelle erzeugen konnte. Als sie das nächste Mal wieder Schaum auf ihren Köpfen hatten, rannte ich ins Badezimmer und feuerte die Airzooka auf sie ab, woraufhin ihre Schaumperücken in null Komma nichts vernichtet waren.

Kate liefen die Tränen über die Wangen, während sie Fotos mit meinem Handy schoss.

Auf einmal sah ich meine alte Kate wieder vor mir. Es zählte nicht, dass sie eine Brust und ihr Haare verloren hatte. Sie war noch immer meine giggelnde, temperamentvolle Kate – das vermochte der Tumor ihr nicht zu nehmen.

18. Dezember 2008
Kate bekam erst heute ihre vierte Behandlung, weil sie einen schlimmen Husten gehabt und sich ziemlich krank

und elend gefühlt hatte. Reef und Finn bekommen ebenfalls Antibiotika gegen ihren Reizhusten. Aber Kate hat es dennoch geschafft, Reef als »König« bei einem Krippenspiel zu sehen, das in der Schule aufgeführt wurde, und sich über sein neu entdecktes Selbstbewusstsein gefreut. Solche Probleme kennt Finn nicht, er steht immer in der ersten Reihe! Wir drücken die Daumen, dass Kate über Weihnachten nicht ins Krankenhaus muss.

21. Dezember 2008
Wir haben mit Reef und Finn eine große Familienveranstaltung in Tortworth besucht, die beiden hatten ihren Spaß und haben sich ganz besonders gefreut, den Weihnachtsmann zu sehen, dem sie natürlich versicherten, gute Jungs gewesen zu sein. Sie übernachteten bei uns, damit Kate mal ausruhen konnte, und wurden zum Glück auch erst um halb acht munter. Dann quasselten sie und rannten den GANZEN TAG herum – wer behauptet, dass Kinder einen jung halten? –, danach waren wir völlig erschöpft!

Die arme Kate ist nach der Behandlung vom letzten Donnerstag im Moment völlig im Eimer, aber wenigstens wissen wir, dass sie anschlägt. Aufgrund ihrer Chemo hat sie überall Schmerzen und die übliche Übelkeit. Wir hoffen sehr, dass sie am Weihnachtstag wieder auf den Beinen ist, aber wenn nicht, werden wir ihnen was zu essen vorbeibringen. Am 2. Januar gehen wir zum Weihnachtsspiel, wenn es die Blutwerte zulassen.

5. Januar 2009
Katie hat es tatsächlich geschafft, Weihnachten zu Hause zu verbringen, obwohl sie während der Feiertage zweimal mit erhöhter Temperatur ins Krankenhaus gebracht werden musste. Am Donnerstag bekommt sie ihre fünfte Chemo.

Reef muss am 19. Januar zu einer Kernspinuntersuchung, auf die nächste Woche ein Termin beim Facharzt folgt.

Wir alle, aber ganz besonders Reef, waren begeistert vom Weihnachtsspiel *Aschenputtel* im Bristol Hippodrome!

14. Januar 2009

Das Kinder-Behindertenteam sucht nach einem zusätzlichen Betreuer, der sich in der Schule um Reef kümmern soll, vor allem während der Essenszeiten, da er doch während des allgemeinen Gerangels auf dem Spielplatz oft hinfällt. Davon abgesehen sind die kleinen Jungs gut in Form und haben es faustdick hinter den Ohren!

Kates letzte volle Behandlung ist für den 28. Januar festgesetzt (es ist derselbe Tag, an dem wir Reefs Kernspinergebnisse bekommen), worauf sie dann über neun Monate dreimal die Woche intravenös mit Avastin behandelt wird. Die fünf Wochen mit täglicher Bestrahlung sollen am 26. Februar beginnen.

3. März 2009

Kate kommt mit der Bestrahlungstherapie gut zurecht. Das Schlimmste ist, die beiden Jungs zur Schule zu bringen und sich jeden Tag vor zehn Uhr morgens durch den Verkehr in Bristol zu kämpfen. Das Wetter hier ist ekelhaft – nass, windig und kalt.

24. März 2009

Kates letzte Bestrahlung wird am Mittwoch nächster Woche stattfinden. Sie hat sich tapfer gehalten – ist nur ein wenig müde und hat Schmerzen. Am Donnerstag nächster Woche bekommt sie wieder Avastin verabreicht. Es gibt Anzeichen, dass ihre Haare wieder nachwachsen, allerdings sind jetzt ihre Augenbrauen verschwunden.

Dieser Eintrag sprang mir ins Auge. In der Woche davor waren sowohl mein Geburtstag als auch der von Kate gewesen, beide jedoch komplett von Kates Behandlung überschattet. Ich erinnerte mich, mir gelobt zu haben, dass ich unseren dreizehnten Hochzeitstag am 31. März so besonders wie möglich gestalten wollte.

Auf dem Heimweg von der Arbeit ging ich einkaufen und besorgte für Kate eine hübsche Karte und einen wunderschönen großen Strauß Blumen, darunter auch einige ihrer Lieblingsblumen: elfenbeinfarbene Rosen und Schleierkraut. Ich kaufte außerdem eine große Schachtel Pralinen und eine Flasche Champagner sowie die Zutaten für ihr Lieblingssteak mit Pfeffersoße zum Abendessen, nach einem alten Familienrezept von mir, das sie über alles liebte.

Als ich zum Haus kam, beschloss ich, rückwärts in die Einfahrt zu fahren und sie zu bitten, herauszukommen und mir beim Hineintragen der Einkäufe zu helfen, damit sie all die Leckereien auf einmal sehen und die Überraschung genießen konnte.

»Ich bin zu Hause«, rief ich, als ich den Schlüssel im Schloss umdrehte. »Komm und hilf mir, Kate«, rief ich. »Die ganzen Einkäufe schaffe ich nicht allein.«

Ich steckte meinen Kopf durch die Wohnzimmertür und sah Kate müde und mit bandagiertem Arm auf dem Sofa liegen. Ich konnte ihren Dad in der Küche sehen, der an der Spüle den Abwasch machte. Kate rührte sich nicht.

»Nun komm schon, Kate, und hilf mir«, sagte ich munter.

»Bist du albern?«, zischte sie und schaute, während sie sich weiterhin weigerte, sich vom Fleck zu rühren, ärgerlich auf ihren Vater. »Suchst wohl Streit?«

»Natürlich nicht! Ich möchte nur, dass du mir bei meinen Einkäufen hilfst. Bitte, Kate, hilf mir.«

Ich zog sie sanft vom Sofa, wobei sie weiterhin protestierte, und spürte, dass Martin, immer der beschützende Papa, mich missbilligend mit seinen Blicken durchbohrte, während ich Kate mit nach draußen zog. So schnell wie möglich klappte ich die Kofferraumtür des Wagens auf und beobachtete, wie sich Kates Gesicht erhellte.

»Singe!«, kreischte sie, riss den gesunden Arm hoch und hielt sich die Hand vor den offenen Mund. »Du Mistkerl! Sieh dir das an! Das ist unglaublich!«

Ich reichte ihr die Karte, die sie sofort öffnete.

»Ich liebe dich auch bis ans Ende der Welt«, strahlte sie. »Es tut mir leid ... Ich hatte ganz vergessen, dass heute unser Hochzeitstag ist ... und es tut mir leid ...«

Ich küsste sie, um sie zum Schweigen zu bringen und an weiteren Entschuldigungen zu hindern, und mit einem Lächeln registrierte ich, dass sie einen Fuß vom Boden gehoben hatte, als ich sie küsste, was einer ihrer kleinen Ticks war. Sie war immer noch meine selbe alte Kate, ob Tumor oder nicht.

»Du brauchst dich nicht zu entschuldigen«, sagte ich.

12. Mai 2009

Kate geht es immer noch gut, inzwischen hat sie die achte von fünfzehn dreiwöchentlichen Dosen Avastin bekommen. Jemand vom gemeinnützigen Verein Make-A-Wish, der krebskranken Kindern besondere Wünsche erfüllt, hat angeboten, ihnen im November, wenn Kates Behandlung abgeschlossen ist, eine Reise nach Florida ins Disneyland zu ermöglichen.

Reefs letzte Röntgenuntersuchung hat ergeben, dass die Wachstumsfuge seines betroffenen Beins Anzeichen der Besserung zeigt, was möglicherweise bedeutet, dass seine Behinderung weniger schlimm ausfällt als anfänglich befürchtet und eine größere Operation im Teenageralter vielleicht vermieden werden kann.

28. Juni 2009

In der heutigen *People today* ist unter der Schlagzeile: »Mein Sohn Reef bekam Chemo … Dann hat er mir hindurchgeholfen« ein Artikel über Kate erschienen. Hier einige der Dinge, die Kate der Zeitung mitgeteilt hat:

Obwohl alle mir Mitgefühl und Unterstützung entgegenbrachten, wurde Reef zu meinem Fels in der Brandung, weil er das alles selbst schon durchgemacht hatte. Er wusste, wann ich Schmerzen hatte, hielt dann meine Hand und sagte: »Ist schon okay, Mummy, ich kümmere mich um dich.« Seine Fürsorge ging weit über sein Alter hinaus.

Er hat so viel Zeit im Umfeld von medizinischen Einrichtungen verbracht, dass es auf ihn abgefärbt hat. Er weiß genau, dass man jemandem, der sich nicht wohlfühlt, die Hand hält und sich um ihn kümmert, und genau das hat er für mich getan.

Das Schlimmste für mich war, aus erster Hand zu erleben, was Reef durchgemacht hat. Nach der Computertomographie weinte ich ohne Unterlass. Es war schrecklich, es war unangenehm, und ich bekam Hitzewallungen.

Aber ich weinte nicht, weil ich das alles spürte, sondern weil Reef das hatte durchmachen müssen und es mit einem Lächeln im Gesicht über sich hatte ergehen lassen. Aber weil er es durchgemacht hatte und dabei tapfer geblieben war, wusste ich, dass ich keine andere Wahl hatte und am Ende für ihn und für Finn da sein würde. Beide Jungs waren umwerfend.

Als ich dies las, tauchte vor mir lebhaft das Bild des vierjährigen Reef auf, der auf dem Fußboden mit seinen Spielzeug-Bakugans spielte. Er hielt den Kopf gesenkt und war ganz vertieft in die kleinen Magnetkrieger, die lebendig wurden, sobald sie auf irgendwas Metallisches trafen. Ich sah ihn einen Blick auf Kate werfen, die auf dem Sofa lag, und plötzlich ließ er seine Spielsachen einfach liegen und ging zu ihr. »Ich liebe dich, Mummy«, sagte er und kletterte aufs Sofa, um mit ihr zu kuscheln. Nach ein paar Minuten stieg er wieder hinunter, schlenderte zurück über den Teppich und stieg dort wieder in das Spiel ein, wo er aufgehört hatte. Kate ließ er mit einem wehmütigen, aber zufriedenen Gesichtsausdruck zurück.

»Reef scheint den sechsten Sinn zu haben«, sagte Kate zu mir. »Es zerreißt mir das Herz, wenn ich daran denke, dass er diese Behandlung erdulden musste. Es ist für einen Erwachsenen schon schlimm genug, aber für einen so kleinen Jungen muss es beängstigend sein. Und wenn ich jetzt daran denke, dass er sich um mich sorgt, weil er weiß, was ich durchmache, halte ich das kaum aus.«

Ich drückte sie und ermahnte sie, sich in diesen Gedanken nicht zu sehr hineinzusteigern.

»Ich denke, er war noch viel zu klein, um alles mitzubekommen, was er durchgemacht hat«, beruhigte ich sie. »Und das ist ein Segen.«

»Hoffentlich hast du recht«, meinte Kate. »Hoffentlich.«

Auch ich hoffte es mit aller Macht. Ich hörte Reef noch in der Nacht vor Schmerzen schreien. Ich erinnerte mich an die schwarzen Augenringe, die roten Löcher in seiner Haut von den Nadeln und Infusionen und daran, wie ich ihn nachts befreien musste, wenn er sich, um sich schlagend und in seinem Krankenhausbett herumwälzend, in all seinen Schläuchen verwickelt hatte. Ich werde nie vergessen, dass ich ihn zwicken musste, wie auch Kate das so oft tat, um ihn zum Schreien zu bringen, damit er das Narkosemittel inhalierte und für die Scans das Bewusstsein verlor. Das muss eine der schlimmsten Aufgaben sein, die man Eltern abverlangt. Ich erinnere mich an jede einzelne der sechzig Narkosen, die Reef bekommen hat, und auch an jede der dreißig Bestrahlungen und vierzig Chemos, die er erduldet hat. Jetzt sind das irrsinnige Zahlen, aber damals nahmen wir es einfach hin und unterschrieben immer weitere Behandlungen in der Hoffnung, damit Reefs Leben zu retten.

Ich weinte selbst wie ein Kind, wenn er unter Nebenwirkungen litt, und Kate ebenso. Reef verlor seine weichen Babyhaare, sein Mund war mit Geschwüren gespickt, er hatte fürchterlichen Durchfall und musste künstlich ernährt werden. Irgendwann hatte er acht verschiedene Schläuche in seinem zerbrechlichen Körper, darunter eine Nasen-Magen-Sonde, die Milch über seine Nase in seinen Magen beförderte. Er war so krank, dass er rund um die Uhr und wochenlang stündlich überwacht wurde und Ärzte und Krankenschwestern ihn abtasteten und untersuchten, während er von Geräten umgeben war, die ihn am Leben hielten und dabei pumpten und alarmierend piepten.

Als Reef seine Chemo bekam, waren seine Windeln radioaktiv. Man ermahnte uns, beim Windelwechsel Einweghandschuhe zu tragen, da durch die Medikamente sein Urin so toxisch geworden war, dass er unsere Haut verbrennen konnte. Kate musste besonders vorsichtig sein, da sie oft abwechselnd bei Reef die Windeln wechselte und ihre Muttermilch abpumpte und für Finn in Flaschen füllte, die dann quer durch die Stadt gefahren wurden.

Es war schlimmer als grauenhaft. Andere Eltern von Kleinkindern beschäftigten sich zwanghaft mit Bionahrung oder zerbrachen sich den Kopf wegen ein paar Pommes oder eines Eiscremebällchens, aus Angst, ihr Kind könnte zu viel Salz oder Zucker bekommen. Wir hingegen pumpten Reef mit so vielen Chemikalien voll, wie er nur verkraften konnte. Der Rest seines Körpers musste damit klarkommen, denn vorrangig galt es, den Tumor auszumerzen, danach kam lange nichts.

»Ich kann kaum das Ende meiner Behandlung erwarten«, sagte Kate, genauso wie sie sich das auch bei Reef Monat um Monat, Jahr für Jahr gewünscht hatte. »Ich wünsche mir einfach, dass wir wieder eine normale Familie sind. Das ist doch nicht zu viel verlangt, oder?«

»Nein«, sagte ich. »Ist es wirklich nicht. Du musst einfach nur so weitermachen. Du machst die Behandlung doch ohnehin mit links. Es kommen auch wieder andere Zeiten. Erinnere dich doch, bei Reef dachten wir auch, dass die Behandlung nie ein Ende nehmen wird. Es waren zwei fürchterliche Jahre, aber wir haben sie überstanden. Und sieh ihn dir jetzt an, er macht sich so gut. Auch bei dir wird es nicht mehr lang dauern.«

9. August 2009

Zu Reefs fünftem Geburtstag besuchten wir mit den Enkelsöhnen einen Bauernhof in der Nähe und hatten dort trotz der Schauer einen schönen Tag.

Kate kam am Wochenende zu einer schicken Familienhochzeit mit nach Sonning, und alle freuten sich, Katie so hübsch zu sehen, nachdem sie jetzt wieder Haare hat.

Ich habe sie diese Woche zur Chemo begleitet, unterwegs hat sie mir gestanden, dass sie darum bitten wollte, ihr die letzten vier Behandlungen zu erlassen, weil sie überall Schmerzen hatte. Der Facharzt meinte, dass die Schmerzen vermutlich eine Nachwirkung der Bestrahlungen sind. Inzwischen sind es nur noch drei, und Kate denkt, dass sie die restlichen Behandlungen auch noch aushalten kann. Wenn doch schon der 8. Oktober wäre!

Reef kann nun ohne Stützräder Fahrrad fahren – wow, seht mal, was ich kann!

16. September 2009

Die Ärzte sind besorgt wegen Katies Blutwerten und nehmen weitere Untersuchungen vor. Sie leidet unter heftigen Rückenschmerzen, was womöglich auf die Bestrahlungstherapie oder eins der Medikamente zurückzuführen ist, die sie genommen hat, vielleicht liegt es aber auch einfach an einer Fehlhaltung, die sie seit ihrer Operation eingenommen hat. Sie war bei Martins Chiropraktiker, der ihr offenbar helfen kann, sie wieder beweglicher zu machen. Wir sind sehr stolz darauf, wie sie trotz der vielen Sorgen so tapfer und fröhlich bleibt.

Reef ist wieder in der Schule, auf die er sehr gern geht. Bei seiner letzten Untersuchung im Krankenhaus in dieser Woche war er putzmunter und wollte wissen, wie viel er gewachsen ist, seine Brust hat er problemlos röntgen lassen. Zu den Kernspinuntersuchungen muss er nun alle sechs Monate und er macht das gut. Sein Beinlängenwachstum scheint sich auch normal zu entwickeln, er ist unglaublich auf seinem Fahrrad. Außerdem bekommt er Schwimmunterricht, der ihm Spaß macht. Im Lesen und Schreiben macht er ebenfalls gute Fortschritte.

Der kleine Finn ist zum Totlachen – voller Energie und eine Quasselstrippe. Nach den Sommerferien haben sie sich fertiggemacht, um zur Schule und in den Kindergarten zu gehen. Finn hat es irgendwie geschafft, sich in Reefs Schlange vor der »großen Schule« einzuschleichen, sodass Kate ihre liebe Mühe hatte, ihn da wieder herauszuholen und in den Kindergarten zu bringen.

8. Oktober 2009
Wir können es nicht fassen: Ausgerechnet am Tag von Katies letzter Chemobehandlung hat man in Reefs Leiste zwei besorgniserregende Lymphknotenschwellungen entdeckt. Sie sollen morgen bei einem Notfalltermin untersucht werden.

16. Oktober 2009
Reefs Facharzt ist zufrieden, dass seine »Knoten« von einer Infektion verursacht wurden, die ihrerseits durch einen Sturz auf sein krankes Bein ausgelöst worden war. Kate hat immer noch Rückenprobleme und hustet, auch ihre Blut-

werte sind nicht normal, aber wie üblich steckt sie alles weg. Man wird an ihr vielleicht eine Bronchostomie vornehmen, um Lungengewebe zu entnehmen und nach der Quelle ihres Unwohlseins zu suchen. Der Facharzt hat bestätigt, dass ihre Knochen und die Leber tumorfrei sind. Das Leben ist eine Achterbahn!

8. November 2009

Ich war bei Kate, als es an der Tür klingelte und ein großes an Reef adressiertes Paket von der Make a Wish Foundation abgeliefert wurde. Reef fielen fast die Augen aus dem Kopf, als er es öffnete. Darin befanden sich sämtliche Informationen für ihre Reise nach Disneyland am 20. November. Er hatte davon bisher noch nichts gewusst und fiel seiner Mama einfach nur um den Hals und sagte: »Wir können alle mitkommen, und du und Daddy müsst nicht auf jeden Penny achten!«

Es ist alles bezahlt – Hotels, Flugtickets, Leihwagenmiete, Eintrittskarten, und sie bekommen sogar noch Taschengeld. Als Singe nach Hause kam, erzählte Reef ihm: »Ich habe jetzt ganz viel Geld – sechzehn Pfund«, und wir lachten alle und dachten uns, dass der Urlaub doch bestimmt viel mehr wert ist. Haben sie es nicht alle verdient?

Ich musste lächeln, als ich das las, und sofort fiel mir einer der Höhepunkte unserer Amerikareise wieder ein, als wir in der Discovery Cove mit den Delphinen schwammen.

»Du hast das so sehr verdient«, sagte ich damals zu Kate und küsste sie.

Ich sehe Finn vor mir, wie er buchstäblich seine Nase an der des Delphins reibt, während Reef, Kate und ich fasziniert zuschauen. Kate hatte ihre Arme schützend um Finn geschlungen, während sie diese wunderbare Szene in sich aufnahm, und wir hatten alle ein breites Lächeln im Gesicht. In meiner Erinnerung stehen wir alle dicht beieinander im Wasser, eine »untrennbar verbundene« Familie, wie Kate sagen würde.

»Allein für diesen Augenblick wäre ich nach Amerika geflogen«, sagte Kate hinterher. »War das nicht fantastisch?«

»Der Wahnsinn!«, sagte ich. »Das werde ich niemals vergessen.«

Kates Augen leuchteten in ihrem Gesicht, das zum ersten Mal seit einer Ewigkeit wieder eine gesunde, rosa Farbe hatte. Sie hatte ihre Behandlung hinter sich, und obwohl sie noch immer geschwächt war, war ich davon überzeugt, dass das Schlimmste vorbei war.

»Du hast diese Reise wirklich so sehr verdient, Kate«, sagte ich und gab ihr einen Kuss nach dem anderen. »Sieh dich an – du bist umwerfend.«

Typisch Kate, kostete sie jeden Moment unserer Zeit in Amerika bis aufs Letzte aus und ließ sich weder von ihrer Müdigkeit noch von ihrer Schwäche von irgendwas abhalten. Wir wohnten im Give Kids the World Village, einer Art Miniatur-Disneyland, wo Disneyfiguren herumlaufen und man rund um die Uhr Pizza und Eiscreme bekommt. Es war überwältigend.

Unsere Unterkunft sah aus wie ein von einem Kind gemaltes Fantasiehaus im Cartoon-Stil, angestrichen in Hellblau und Orange. Kate war von diesem Anblick so gerührt, dass sie weinen musste, und die Jungs flitzten wie die Verrückten herum, sprangen und kicherten und umarmten einander vor Begeisterung.

»Warum weinst du?«, fragte ich Kate, als ich die Tränen in ihren Augen sah.

»Es ist einfach so unglaublich«, sagte sie. »Wir haben so viel Glück.«

Wir lagen uns in den Armen und weinten. Ich war davon überzeugt, dass dies der lang ersehnte Wendepunkt war. Mit dieser Reise war ein Schlussstrich unter unser vom Krebs beherrschtes Leben gezogen worden, dessen war ich mir sicher.

Ein eins neunzig großes Kaninchen namens Mayor Clayton und seine Frau Ms Merry hießen uns im Dorf willkommen und fragten Kate und mich, ob es uns recht wäre, wenn Mayor Clayton am späteren Abend überraschend vorbeikäme, um die Jungs zu Bett zu bringen. Wir willigten ein und freuten uns schon selbst wie kleine Kinder darauf. Reef und Finn hatten keinen blassen Schimmer, was sie erwartete, als Mayor Clayton kam. Sie waren beide schon bettfertig in ihren Schlafanzügen, hatten wie üblich die Zähne geputzt und die Haare gekämmt, als es laut an der Tür laut klopfte.

»Wer mag das wohl sein«, sagte Kate, die begeistert mitspielte und sich anhörte wie eine Moderatorin des Kinderfernsehens.

»Ich gehe mal nachsehen!«, bot Finn an. Beide Jungs hatten spitzgekriegt, dass in dieser Anlage nur gute Dinge passierten, und Reefs Augen blitzten wie Wunderkerzen, als er verfolgte, wie sein Bruder zur Tür schoss. Mutig riss Finn die Tür auf, trat jedoch gleich darauf einen Schritt zurück und bestaunte mit offenem Mund das riesige flauschige Kaninchen auf der Schwelle, das fröhlich winkte und eine Schlafmütze und einen Schlafanzug trug.

Finn rannte um sein Leben und steuerte dabei Reef an, der mit ihm ins Schlafzimmer lief, woraufhin Mayor Clayton die Verfolgung aufnahm. Die Jungs wussten nicht, ob sie lachen oder schreien sollten.

»Danke, dass Sie gekommen sind, Mayor Clayton«, sagte Kate fröhlich und genoss den Augenblick. »Sind Sie gekommen, um den Jungs gute Nacht zu sagen? Das ist toll! Wie nett von Ihnen! Ab ins Bett, Jungs!«

Noch nie habe ich die beiden so schnell ins Bett springen sehen, und ich konnte die Videokamera vor Lachen kaum halten, während ich die Szene filmte. Mayor Clayton deckte die erstaunten, aber entzückten Jungs zu und gab jedem von ihnen sein Kuscheltier, bevor er ihnen gute Nacht sagte, winkte und dann Kate und mich umarmte.

»Gute Nacht, Mayor Clayton«, sagte Kate und gab ihm einen dicken Kuss, der auf seiner Plastiknase einen großen Lippenstiftabdruck zurückließ. Lachend verabschiedeten wir uns dann von Mr Clayton, und Reef und Finn drückten ihre Kuscheltiere fest an sich, bis sie schließlich zufrieden einschliefen.

Kate und ich waren im Glücksrausch, und in dieser Nacht kuschelten wir uns im Bett eng aneinander. Wegen der langen Zeit, die Kate sich entweder von ihrer Operation erholen oder mit den Folgen der Behandlung kämpfen musste, war die Nähe zwischen uns etwas zu kurz gekommen. Zum ersten Mal seit einer Ewigkeit fühlte es sich fast an wie in alten Zeiten, als Kate bequem in meinen Armen lag. Und als wir einschlummerten, lag Glückseligkeit, nicht Sorge in der Luft.

Niemand, der uns während dieses Urlaubs sah, hätte vermutet, was wir durchgemacht hatten. Während der ganzen Woche fühlten wir uns wie Filmstars, wenn wir unsere Lieblingsmusik in unserem riesigen amerikanischen Schlitten aufdrehten und das Animal Kingdom oder das Epcot Centre ansteuerten. Kate sah umwerfend aus mit ihrer Sonnenbrille und in Shorts, und sie genoss es, den Windhauch in ihren nachgewachsenen hellen Haaren zu spüren, wenn wir in den Gesang von Abba, Clash oder den Undertones einstimmten. Auch die Jungs schmetterten mit und lernten dabei die Texte von »SOS«, »Should I Stay or Should I Go?« und »Teenage Kicks«.

Ich habe noch immer vor Augen, wie lebensfroh Kate die Main Street hinunterschlenderte und von einem Ohr zum anderen grinsend die Karnevalsatmosphäre in Disneyland einsaugte. Als wir stehen blieben, um uns eine Parade anzusehen, schnürte es mir vor Rührung die Kehle zu. Ich betrachtete meine glückliche und aufgeregte Familie und war vollkommen davon überzeugt, dass Kate den Krebs besiegt hatte und überleben würde wie Reef auch.

Ich holte meine Videokamera heraus, um diesen Moment einzufangen, und hatte den kleinen Finn im Sucher, der ungeduldig an Kates Arm zog. Er zeigte dabei auf die überlebensgroßen Comicfiguren, die die Main Street hinunterliefen, und anfangs dachte Kate, er sei wegen der ganzen Parade so aus dem Häuschen, ohne zu bemerken, was ihn tatsächlich so bewegte. Einen Augenblick später fiel der Groschen, und Kate merkte, dass Finn Mr Incredible entdeckt hatte, der auf einem Wagen fuhr und in unsere Richtung winkte. Finn wollte seine Mama auf Mr Incredible aufmerksam machen, da er wusste, dass wir von Freunden »The Incredibles« – Die Unglaublichen – genannt wurden.

Und da erlebte ich jenen Augenblick von damals wieder, als ich nach dem Ende von Reefs Behandlung mit Kate am Strand gelegen hatte. Damals hatten die Jungs so ausgesehen, als könnte nichts auf der Welt sie bekümmern. Sie an diesem Tag am Ufer herumhüpfen zu sehen, schob alle schlimmen Erinnerungen an Finn im Inkubator und Reef auf der Krebsstation weit zurück. Damals war Kate so fit und wohlauf wie immer gewesen, jedenfalls glaubten wir das. Von einer Woge der Erleichterung und des Optimismus in Hinblick auf unsere Zukunft erfasst, glaubten wir fest daran, noch viele glückliche Stunden mit unseren beiden lebhaften kleinen Jungs teilen zu können. Und jetzt betrachtete ich den Rest meiner unglaublichen Familie und staunte wieder, wie sie allen Widrigkeiten zum Trotz überlebt hatten, Kate diesmal eingeschlossen.

Es war außerdem ein Wunder, dass wir als Familie überlebt hatten, angesichts von so viel Schmerz und Stress.

»Schau, Daddy, da ist *Mr Incredible!*«, kreischte Finn und drehte sich mit einem breiten Grinsen zu mir um, während er auf die Figur zeigte.

»Ich weiß, er sieht fantastisch aus!«, sagte ich. Kate drehte sich um und warf mir ein Lächeln zu. Umgeben von Partystimmung und von den Klängen der Big Band beschallt, kam wieder Leben in mich. Es muss ein gutes Omen sein, sagte ich mir. Die Bösen konnten meiner Familie nichts anhaben. Der Krebs war besiegt worden, und Die Unglaublichen waren wieder in der Stadt.

30. November 2009
Obwohl Kate und Reef noch nicht ganz über den Berg sind, freut es mich zu wissen, dass sie eine ganz zauberhafte Zeit in Disneyland hatten und mit den Delphinen in Florida geschwommen sind. Sie werden am familiären Weihnachtsessen in Tortworth nicht teilnehmen, da sie an diesem Tag nach Lappland fliegen und erst am Weihnachtsabend zurückkommen.

29. Dezember 2009
Weihnachten ist für uns ausgefallen, da wir unsere arme Kate, der es am Weihnachtstag unglaublich schlecht ging, in die Notaufnahme des Weston Hospitals bringen mussten. Dort wurde ihr Lungenflüssigkeit abgesaugt und jede Menge Blut zu weiteren Untersuchungen abgenommen. Außerdem hat sie von den viel zu vielen Antibiotika einen schlimmen allergischen Hautausschlag bekommen und über sechs Kilo abgenommen.

Sie ist auch am zweiten Weihnachtstag dort geblieben und erst am späten Abend nach Hause gekommen. Nachdem sie den 27. Dezember zu Hause im Bett verbracht hat, mussten wir sie am 28. Dezember wieder ins Krankenhaus bringen, weil es ihr erneut so schlecht ging. So ein Betrug!

Das arme Ding hat den heutigen Tag im Bett verbracht und muss zu einer Bronchostomie wieder ins Krankenhaus, um sich Lungengewebe entnehmen zu lassen. Man vermutet, dass durch die Chemo und die Bestrahlungen ihre Lungen und ihr Rücken geschädigt und deshalb sehr empfänglich für Infektionen/Pilze sind. Nun müssen sie herausfinden, was genau ihr die Probleme bereitet.

Es war Finns vierter Geburtstag, aber der Tag ging ziemlich unter, obwohl wir es immerhin geschafft haben, dass er einen Kuchen bekam und die Kerzen ausblasen konnte.

Mal sehen, was 2010 bringt!

30. Dezember 2009

Kate hatte heute ihre Bronchostomie und liegt wieder zu Hause im Bett. Zwar war nichts Verdächtiges zu sehen, aber es gibt einen großen Entzündungsherd unbekannter Ursache. Sie hustet noch immer, und man hat ihr weitere Flüssigkeit abgesaugt.

Kate braucht völlige Ruhe und Entspannung (wie das bei drei »Jungs« im Haus, dazu ein Hund und vier Meerschweinchen?). Wir haben das Team der Familienhilfe gebeten, die Jungs morgens zur Schule zu bringen, und hoffen, dass die Ärzte nach Kates Termin beim Lungenfacharzt am Dienstag für sie eine Lösung finden.

5. Januar 2010

Nicht die Nachricht, die wir erhofft hatten – Kates Tumor hat gestreut, sodass ihre Lungen und Knochen betroffen sind. Sie bekommt jetzt Palliativpflege.

Wir sind am Boden zerstört.

9. Januar 2010

Nach den schockierenden Nachrichten von letzter Woche ist Kate nun zu Hause im Bett, wo sie ständig mit Sauerstoff versorgt wird, und wartet auf MRI, CT und Herzuntersuchungen nächste Woche, durch die festgestellt werden soll, ob auch noch andere Organe befallen sind. Anhand der

Ergebnisse wird man entscheiden, welche Möglichkeiten es gibt, das Fortschreiten zu verzögern. Man erwägt auch, eines der Medikamente einzusetzen, die Reef bekommen hat.

Katie fällte es sehr schwer, am Telefon zu sprechen. Die Jungs sind wegen des Schnees noch nicht wieder in der Schule, aber das Behindertenteam, das sie gut kennen, hilft. Sie gewöhnen sich daran, dass ihre Mum kaum mehr an etwas teilnehmen kann, obwohl sie entschlossen ist, morgen mit ins Weihnachtsstück *Schneewittchen* zu kommen, das im Bristol Hippodrome aufgeführt wird – mit Sauerstoffgerät, Rollstuhl und allem Drum und Dran!

Das hat sie nicht verdient!

11. Januar 2010

Der Ausflug zum Weihnachtsspiel lief gut, aber Kate ist völlig erledigt.

Heute findet in ihrem Haus das große Möbelrücken statt. Das Wasserbett wurde verkauft und weggeschafft, weil es ihr nicht genug Stütze bot. Kate benutzt derzeit Omas elektrisch verstellbares Bett mit einer Memory-Foam-Matratze, bis ihr neues »Megabett« in vier Wochen geliefert wird.

Reef geht morgen wieder zur Schule und Finn in den Kindergarten, sofern die Wetterverhältnisse das zulassen. Singe entwickelt sich zum flinken Treppenläufer! Katie ist sehr schwach.

12. Januar 2010

Unter gewaltiger Anstrengung hat Katie ihre Ganzkörperuntersuchung im Kernspin über sich ergehen lassen. Sie musste vierzig Minuten lang auf ihren Sauerstoffschlauch verzichten und kam erschöpft zurück. Singe durfte ihren Fuß in der Röhre halten. Beide Jungs haben ihren Tag in der Schule und im Kindergarten genossen.

13. Januar 2010
Kate ist heute im Bett geblieben, weil sie nur schwer Luft bekommt. Sie isst und trinkt kaum und ist sehr deprimiert. Nachdem sie geduscht hatte, fühlte sie sich ein wenig besser. Reefs Lehrer kam, um mit ihr zu plaudern. Wir hatten heute fünfzehn Zentimeter Neuschnee und Schwierigkeiten, unseren Berg hinaufzukommen.

16. Januar 2010
Heute ging es Kate ein ganz klein wenig besser. Sie lächelte und hatte Spaß, als ihr Bruder sie besuchte. Sie liegt jetzt auf der Berrow Station im Weston General Hospital und bekommt angefeuchteten Sauerstoff, der ihr gutzutun scheint. Reef und Finn kamen auf einen Kurzbesuch und eine Umarmung vorbei, was sie aufmunterte. Sie freut sich über Textnachrichten, doch das Beantworten fällt ihr schwer, weil ihr rechter Arm voller Kanülen steckt. Sie hat ein oder zwei Bissen gegessen und eine Tasse Tee getrunken, aber sie kann nur ganz schwer atmen und sprechen und hat fast immer die Sauerstoffmaske auf. Für ein Foto mit den Jungs hat sie sie abgenommen – die Freuden einer Mutter!

19. Januar 2010
Kate wurde in ein Einzelzimmer verlegt und hat es dort bequemer. Heute Nachmittag wurde sie etwas heiterer und freut sich, die Jungs zu sehen, die heute wieder in der Schule und im Kindergarten waren. Sie muss zwei Wochen lang je zwei Chemotabletten nehmen, dann folgt eine Woche Pause. Ihre Prognose sieht schlecht aus. Sollte man die Lungendrainage später entfernen können, wird man sie womöglich in ein Hospiz verlegen. Den Jungs geht's gut – wir sind völlig durch den Wind.

20. Januar 2010

Leider bin ich der Überbringer schlechter Nachrichten –
wir haben Katie heute Morgen um 5:15 Uhr verloren. Singe,
Martin und ich waren bei ihr, und sie hat die Jungs noch
mal gesehen, gestern Abend.

Sie ist friedlich eingeschlafen, und wir wussten, dass sie
keine Kraft mehr hatte, länger zu kämpfen.

Das Leben kann sehr grausam sein. Sie war erst achtund-
dreißig.

Als ich zu dieser letzten Zeile kam, liefen meine Tränen unge-
hindert. Vermutlich hatte ich zwei oder drei Stunden gelesen
und mich in Erinnerungen verloren und dabei völlig die Zeit
vergessen. Obwohl alles so unerträglich traurig war und ich
das schlimme Ende kannte, hatte ich doch nicht aufhören
können, auch noch den nächsten Eintrag zu lesen und dann
den nächsten.

Ich war erstaunt über die medizinischen Details, die Christine festgehalten hatte. Es war schockierend, sie schwarz auf
weiß zu lesen und zu verfolgen, wie schnell es mit Kate bergab
gegangen war. Noch in ihren letzten Wochen hatte ich fest
daran geglaubt, dass sie es schaffen würde, ganz ehrlich. Sie
zu verlieren überstieg einfach meine Vorstellungskraft. Als ich
nun die nackten Tatsachen über ihren immer schlechter werdenden Gesundheitszustand las, wurde mir bewusst, wie
verzweifelt ich an Kates Überleben geglaubt hatte. Weder ließ
ich mich von diesen Fakten beirren, noch mir meine von
Liebe erfüllte blinde Hoffnung nehmen.

Ich war Christine dankbar für ihr Tagebuch, denn ich hätte
niemals so viele spezielle Informationen behalten, außerdem
war ich gerührt von einigen der dadurch geweckten Erinnerungen an unser Alltagsleben. Denn es ist schon erstaunlich
zu sehen, dass das ganz normale Leben weiterging, während
der Krebs Amok lief. Mit einem Lächeln bewunderte ich, dass

270

Christine auch während der schweren Zeit ihren Humor nie verloren hatte. So hatte sie mir zum Beispiel einmal einen kleinen Seitenhieb hinsichtlich meiner Größe und meines Gewichts verpasst, indem sie mich einen »flinken Treppenläufer« nannte, da ich so oft rauf und runter gerannt war, um mich um Kate während ihrer letzten Tage zu kümmern. Die Behandlung wurde zwischen Schule, Arbeit, Tagesausflüge und normales Familienleben eingeschoben – jedenfalls war das am Anfang so. Doch irgendwann, ich könnte den genauen Zeitpunkt nicht benennen, mussten Kate, die Jungs und ich uns dem Krebs anpassen, als er wuchs und streute und außer Kontrolle geriet.

Natürlich stellte ich auch fest, dass sehr viele Elemente in diesem Tagebuch fehlten und es eine von Christines Sicht der Ereignisse gefärbte Darstellung war, aber genau das gefiel mir. So erwähnte sie beispielsweise nie Kates Liste, denn dies war etwas, woran Kate und ich allein arbeiteten, und ich bin froh, dass einige Erinnerungen ganz unverhohlen uns und nur uns allein gehören.

Während der Krankheiten von Reef und Kate ging unvermeidlich ein Teil der Privatheit und der Kontrolle über unser Familienleben verloren. Wir benötigten so viel Hilfe, dass wir unsere Türen weit öffnen mussten. Die Familie und die Freunde haben uns unglaublich unterstützt, und ich wäre ohne Christine und Martin aufgeschmissen gewesen, aber es war nicht das Leben, das wir hatten führen wollen.

Die Zeiten haben sich geändert, und nach und nach wurden die Grenzen wieder gezogen. Finn würde bald mit der Schule beginnen. In praktischer Hinsicht würde das Leben beherrschbarer werden. Ich konnte beide Jungs gemeinsam zur Schule bringen und dann zur Arbeit gehen. Ich konnte ihre Großeltern dann um Hilfe bitten, wenn ich sie brauchte, anstatt auf sie angewiesen zu sein, also ganz so, wie es sein sollte. Außerdem hatte ich Kirsty als Babysitter und das Behindertenteam für zusätzliche Unterstützung.

Und diese Aussicht auf ein neues Kapitel und darauf, die Kontrolle über mein Leben zurückzugewinnen, erfüllte mich mit Freude.

KAPITEL 9

»Hilf ihnen immer, wenn sie dich darum bitten«

Finn war vor Aufregung ganz aus dem Häuschen. Es war der 6. September, der lang ersehnte Tag, an dem er zusammen mit Reef in die »große Schule« gehen würde. Seine graue Hose und den roten Pullover hatte er bereits ein halbes Dutzend Mal anprobiert und wusste auch ganz genau, wie er sein Haar gelen wollte, nämlich mit einer kleinen Tolle vorne, damit er »richtig cool« aussah.

»Komm schon, Daddy!«, sagte er, während er auf mein Bett sprang und mich hochzog. »Steh endlich auf!«

Ich schielte auf die Uhr. Es war gerade mal sieben Uhr, und wir hatten noch alle Zeit der Welt, uns fertigzumachen, aber pflichtschuldig stand ich auf und ließ mich von der Begeisterung anstecken. Auch Reef war bereits wach, und so machte das ganze Haus zu dieser frühen Stunde an einem kalten Septembermorgen einen unglaublich lebhaften und dynamischen Eindruck.

»Mit deinen Haaren siehst du aus wie ein Igel!«, sagte Reef zu Finn, der bereits mit dem Haargel zugange war.

»Und du mit deinen wie ein *toter* Igel!«, konterte Finn mit hämischem Kichern.

Ich war meinen Glückssternen dankbar, dass Finn so fröhlich und voller Optimismus war. Die Fahrt zur All-Saints-Schule war das reine Vergnügen, denn Reef wurde nicht müde, seinem Bruder jede Menge Tipps und gute Ratschläge mit auf den Weg zu geben. Seinem Selbstvertrauen tat es gut, den großen Bruder zu spielen, und Finn lauschte aufmerksam und sog jedes Wort auf.

»Mr Webber ist wirklich nett«, sagte Reef sehr bestimmt.

»Das weiß ich doch, Dummie!«, lachte Finn. »Ich bin ihm doch schon GANZ OFT begegnet.«

Da hatte er recht. Kate hatte mich gebeten: »*Besuch so viele Schulaktivitäten wie möglich – Belobigungsversammlungen etc.*«, und ich hatte versprochen, es zu tun. Belobigungsversammlungen, bei denen Mr Webber Zertifikate und Auszeichnungen an verdiente Schüler aushändigt, finden immer freitags am Ende des Schultags statt.

Ich nahm Finn des Öfteren nach dem Kindergarten mit dorthin. Er klatschte jedes Mal begeistert und brach in Hurrarufe aus, und Mr Webber hatte ihm oft gesagt, dass er sich schon darauf freue, ihn zusammen mit Reef an der Schule zu sehen. Jetzt war der Tag gekommen, und als wir hoch zum Schultor liefen, entdeckte ich Mr Webber, der an diesem strahlenden, frischen Tag mit großen Schritten auf uns zukam. Finn schritt ebenfalls aus und war das personifizierte Selbstvertrauen.

»Guten Morgen, Mr Webber«, rief Finn ihm zu und hob seine Hand, um seinen neuen Direktor abzuklatschen.

Mutig ging ein ziemlich überraschter Mr Webber auf das jugendliche Abklatschritual ein und sah mich dann mit einem breiten Lächeln im Gesicht an.

»Ich denke, hier werde ich keinerlei Probleme bekommen«, sagte Mr Webber, und ich konnte dem nur zustimmen.

Auch ich hatte ein breites Grinsen im Gesicht. Es war wirklich unglaublich beeindruckend, wie die Jungs ohne ihre Mum zurechtkamen. Und es grenzte schon an ein Wunder, dass sie ein so einschneidendes Erlebnis derart frohgemut überstanden hatten. Seit jenem schrecklichen Tag, als ich mit den Jungs zum Strand gefahren war, um ihnen zu sagen, dass ihre Mummy gestorben war, waren noch keine neun Monate vergangen, jetzt waren sie hier, so aufgeweckt und selbstbewusst, wie man sich das als Eltern nur wünschen konnte.

Natürlich war es tragisch, dass Kate bei diesem Anlass nicht dabei war, aber ich wollte mir davon nicht die Stimmung verderben lassen, die von überwältigender Fröhlichkeit geprägt war. Viele aufmerksame Eltern erkundigten sich nach meinem Befinden, und ich antwortete ganz aufrichtig: »Mir geht es gut. Es ist einfach wunderbar, zu sehen, dass Finn jetzt in die Schule kommt.«

Ich war froh, dass die Jungs auf dieselbe Schule gingen, denn dies bedeutete auch, dass unser Alltag besser strukturiert werden konnte. Ich arbeitete von Dienstag bis Donnerstag, Reef würde am Mittwochabend zu den jungen Pfadfindern, den Beavers, gehen, und beide Jungs hatten am Freitag nach der Schule Schwimmunterricht und Rugbytraining am Wochenende.

Wie immer erklärten Kates Eltern sich bereit, uns, so viel sie konnten, zu unterstützen, aber weil die Jungs ohnehin manchmal bei ihnen übernachteten und von ihnen zur Schule gebracht und abgeholt und in den Urlaub mitgenommen wurden, wollte ich ihnen nicht noch mehr zumuten. Ich bat Kirsty, jeden Mittwochabend bei uns einzuhüten, egal ob ich ausging oder nicht. Das gab mir Gelegenheit, den Haushalt auf Vordermann zu bringen, Papierkram zu erledigen oder kurz zu Tesco zu fahren, sofern es nötig war.

Gelegentlich hatte ich auch ein »Date«, typischerweise mit einer Freundin einer Freundin oder sogar mit der Freundin einer Freundin einer Freundin. Wir trafen uns auf einen Drink und eine Kleinigkeit zu essen, und ich genoss es jedes Mal, Lebensgeschichten auszutauschen und miteinander zu lachen. Nach den ersten zwei oder drei Treffen merkte ich zu meiner Erleichterung, dass ich nicht der Einzige war, der sein Päckchen zu tragen hatte. Ehrlich gesagt fand ich es sogar alarmierend, zu erfahren, in welch fürchterlichen Ehen manche Menschen lebten. Bisher war ich immer davon ausgegangen, dass eine Ehe, die nicht funktionierte, geschieden wurde und dass die meisten Ehen so liebevoll und leidenschaftlich waren wie die von mir und Kate. Ich setzte voraus, dass jeder Mann seine Ehefrau vergötterte, und bildete mir ein, dass jede Ehefrau in ihren Ehemann vernarrt war und natürlich beide nicht genug voneinander kriegen konnten. Doch nach allem, was ich erfuhr, scheint unsere Ehe ziemlich außergewöhnlich gewesen zu sein.

»Wie ist es gelaufen?«, erkundigte Kirsty sich jedes Mal, wenn ich nach Hause kam.

»Großartig. Aber ohne Geknutsche!«, erwiderte ich immer.

Ich fühlte mich wohl dabei, über meine Treffen mit anderen Frauen zu sprechen. Kirsty war eine wirklich gute Freundin von Kate, aber zu meiner Überraschung hatte ich keine Schuldgefühle, mit ihr über diese Verabredungen zu sprechen. Allerdings wusste Kirsty über Kates Wünsche bestens Bescheid.

»Es tut dir wirklich gut, rauszugehen und mal was zu machen, was nichts mit den Jungs und dem Haus zu tun hat«, meinte Kirsty eines Abends.

»Ich weiß«, sagte ich. »Es ist schon sehr komisch, wieder der Junggeselle auf der Suche zu sein, aber ich habe deswegen keine Komplexe mehr, wie das anfangs der Fall war. Eigentlich begebe ich mich ja nur unter Leute, oder?«

»Ja«, gab Kirsty mir recht. »Und du machst das gut! Du machst das sehr gut.«

Eines Mittwochs suchte ich ein paar Fotos heraus, die ich im Haus verteilen wollte, als Kirsty eintraf. Seit das neue Schuljahr begonnen und sich unser Alltag eingependelt hatte, spürte ich, wie schnell die Zeit verging, denn schon bewegten wir uns auf das Ende von 2010 zu. Ich war in Sorge, die Jungs könnten Kate langsam vergessen, deshalb wollte ich mich darum kümmern, ihre Erinnerung im Haus lebendig zu halten.

Über dem Treppenabsatz hing ein großer Fotorahmen, gefüllt mit Hochzeitsfotos, und es versetzte mir jedes Mal einen Stich, sie anzusehen.

»Die machen mich einfach nur traurig«, erklärte ich Kirsty, während ich die Hochzeitsfotos durch neue von Kate und den Jungs ersetzte. Das Gleiche machte ich im Büro und im Wohnzimmer.

»Ich glaube, mit diesen Fotos wird Kate lebhafter in Erinnerung bleiben, weil die Jungs selbst dabei waren, als die Fotos gemacht wurden«, sagte ich. »Was meinst du, ist das vielleicht zu viel … und glaubst du nicht, dass das abschreckend wirkt, sollte ich jemals eine Freundin mit hierherbringen?«

Kirsty schüttelte den Kopf. »Kate war nicht nur deine Ehefrau, sie war auch Reefs und Finns Mum. Jeder, dem du was bedeutest, wird das einsehen.«

»Hoffentlich hast du recht. Glaubst du, die Jungs vergessen sie bereits?«, fragte ich.

»Nein!«, lachte Kirsty. »Erst neulich habe ich im Auto nach hinten gegriffen, um ihnen beim Anschnallen zu helfen, als Reef sich zu Wort meldete: ›Mummy scheint längere Arme als du gehabt zu haben, denn sie kam bis ganz nach hinten.‹ Meiner Meinung nach vergeht keine Woche, ohne dass die Jungs was über Kate sagen. Als wir letzte Woche am Trockenskizentrum vorbeikamen, sagte Reef: ›Da sind wir immer zum Skifahren hin, als Mummy noch gelebt hat.‹«

»Und was ist mit Finn?«, fragte ich, weil ich die Gelegenheit nutzen wollte, meinen Befürchtungen auf so bequeme Weise auf den Grund gehen zu können.

»Für gewöhnlich bindet Reef Finn in ein Gespräch ein – du hast ihn erlebt«, sagte sie.

Ich nickte. Ich machte mir zu viele Gedanken, und es tat gut, das von jemand anderem zu hören. Kürzlich hatte Finn beim Anschauen der Blue-Man-Group-DVD auf jemand im

Publikum gezeigt und gesagt: »Sieh nur, da ist Mummy!« Ich wusste, er meinte damit, dass die blonde Frau in der Menge genauso aussah wie Mummy, aber ich korrigierte ihn nicht, sondern freute mich insgeheim, das Kates Bild und Erinnerung weiterlebten.

Später im September bekam ich einen überraschenden Anruf von Pete Miles, einem alten Freund und Stuntman, durch den meine Arbeit eine unerwartete Wendung erfuhr.

»Hast du Lust, als Komparse an einem Film mitzuwirken, an dem ich gerade mitarbeite?«, fragte er.

»Aber ja doch!«, erwiderte ich. »Erzähl mir mehr!«

Ich wusste, dass es etwas Großes sein würde. Pete hatte an mehreren Harry-Potter- und James-Bond-Filmen mitgewirkt, also war ich ganz Ohr.

»Es ist der neue Steven-Spielberg-Film *War Horse*«, sagte er. »Hast du Lust?«

»Ich bin dabei«, sagte ich, ohne zu wissen, was für einen Komparsen ich spielen würde.

Pete erklärte, dass Szenen dieses Historienfilms im malerischen Castle Combe in Wiltshire gedreht wurden, das man für diesen Anlass in ein traditionelles Dorf aus dem Ersten Weltkrieg verwandelt hatte. Man benötigte circa dreihundert Komparsen für verschiedene Szenen, und da Pete ein erfahrenes und angesehenes Mitglied der Crew war, hatte er die Möglichkeit, mich einzuschleusen und mir einen der begehrten Jobs zu verschaffen. Es war eine großartige Chance, am Set eines echten Hollywood-Blockbusters zu arbeiten, außerdem gab es noch Geld dafür. Ich konnte es kaum erwarten.

Ein paar Tage darauf fuhr ich aufgeregt zu dem Dorf, wo ich, wie von Pete versprochen, problemlos die Kontrollen passierte und direkt zu einem großen Kostümhangar gebracht wurde. Pete hatte für mich die Rolle eines deutschen Kochs vorgesehen, aber meine Freude wurde ziemlich getrübt, als ich die anderen Komparsen sah, die gerade mit ihren Kostümen ausstaffiert wurden. Die anderen Männer spielten Kavalleriesoldaten und waren alle jung und fit. Alle Kostüme waren ganz eindeutig auf durchtrainierte junge Kerle wie sie zugeschnitten, und mein Kostüm für den Küchenmeister machte da keine Ausnahme.

Nach ein paar peinlichen Minuten, in denen ich mich in die unterschiedlichsten Hemden und Jacken zu zwängen versuchte, deren Nähte zu platzen drohten, wurde ich ohne viel Federlesens als zu dick entlassen. Ich kam mir wie ein Trottel vor, als ich zu meinem Wagen zurückging, und rief dann Pete an, um ihm von meinem Erlebnis zu berichten.

»Tut mir leid, Kumpel. Überlass das nur mir, ich rufe dich zurück«, beruhigte er mich voller Optimismus.

Ich brütete vor mich hin. So oder so war dies ein Warnsignal, ich musste dringend abnehmen. Kate hatte es gar nicht gefallen, wie ich die Pfunde anhäufte, und auch nie einen Hehl daraus gemacht, aber richtig herumgenörgelt hat sie auch nicht. Mein Gewicht war schleichend mehr geworden, als uns weitaus ernsthaftere Dinge beschäftigten, und ich hatte immer dem Krankenhausessen und den Fertiggerichten die Schuld gegeben, auf die wir so viele Jahre lang angewiesen waren. Es hatte Zeiten gegeben, da war der Sonntagsbraten bei meinem Vater die einzige hausgemachte Mahlzeit, die wir aßen, weil wir einfach unter der Woche keine Zeit und auch keine Energie hatten, einkaufen zu gehen und auch noch zu kochen.

An diesem Tag fügte ich »Abnehmen« meiner eigenen geistigen Liste der zu erledigenden Dinge hinzu. Wenn die Jungs am Freitagabend schwimmen gingen, würde ich auch schwimmen, anstatt am Rand zu sitzen und zuzusehen. Das wäre wenigstens ein Anfang. Mein Telefon läutete.

»Vergiss den Koch«, sagte Pete. »Ich habe für dich einen Job als Vorarbeiter – als Assistent eines Auktionators.«

»Bist du dir da auch sicher, Pete? Ich möchte dich nicht in Schwierigkeiten bringen.«

»Keine Sorge, Singe. Ich hab mir das gut überlegt. Bei dieser Szene geht es um Pferde, und ich weiß, dass du reiten und mit Pferden umgehen kannst. Du wirst mit einigen Leuten vom Stuntteam zusammenarbeiten.«

Ich folgte Petes Anweisungen und ging zu einer gesonderten Abteilung, wo ich mit einer flachen Kappe, genagelten Stiefeln, einem weiten Mantel und einer schwarze Weste ausgestattet wurde, die zum Glück gut passte und meiner Rolle gerecht wurde. Ich konnte es gar nicht erwarten, auf den Set zu kommen.

Castle Combe war umgeben von Nebelmaschinen, sodass vom Dorf nichts zu sehen war, wenn man vor den Kostümhangars stand. Mehrere Kontrollpunkte später wurde mir schließlich durch das letzte von Nebelschwaden verhangene Sicherheitstor Einlass gewährt, und ich befand mich auf dem Filmset. Als der Nebel sich auflöste und ich auf die andere Seite kam, traute ich meinen Augen kaum. Ich wurde auf der Stelle fast hundert Jahre zurückversetzt. Der Set war umwerfend, Marktstände und Reihen von Rittersporn und Blauregen vermittelten den Eindruck eines typischen englischen Dorfs während des Ersten Weltkriegs.

Zur rechten Seite des Sets sah ich zu meinem Erstaunen Steven Spielberg selbst auf seinem Regiestuhl sitzen. Während ich über die Straße schlenderte, fiel mein Auge auf den Schauspieler, der in Harry Potter die Werwolf-Rolle innehatte. »David Thewlis!«, hörte ich einen anderen Komparsen aufgeregt flüstern, als er seinen Kumpel anstupste.

Mehrere von uns »Vorarbeitern« wurden gebeten, ein paar Pferde über den Set zu führen, und schließlich kam ich an die Reihe und musste mit einem riesigen Clydesdale eine kleine Sequenz vorführen, die vorsah, dass ich auf die Kamera zulief und das wiehernde Pferd packte. Ich freute mich klammheimlich, dass meine Größe sich hier als Plus erweisen könnte, denn dies war gewiss keine Aufgabe für einen kleinen Mann. Das Pferd war riesengroß, und ich musste all meine Kraft aufwenden, um den Hengst unter Kontrolle zu halten und genau so zu führen, wie Steven Spielberg es anwies. Am Ende musste ich dieselbe Sequenz etwa zehn Mal wiederholen, ehe der große Regisseur zufrieden war.

»Gut gemacht, Singe«, rief er mir ein paar Minuten später in seinem breiten schleppenden Amerikanisch zu, was mich natürlich freute.

Mein erster Gedanke war: »Ich kann es kaum erwarten, Kate davon zu erzählen!« Ihre Nummer war noch immer als mein Lieblingskontakt in meinem Telefon gespeichert, und ich wollte sie unbedingt anrufen oder ihr eine SMS schreiben, um meine aufregenden Neuigkeiten loszuwerden. Ich holte mein Telefon heraus, aber plötzlich fiel alles in mir zusammen, als würden Blasen um mein Herz herum platzen. Ich klickte ihre alten Textnachrichten an, von denen sich viele um Punkte drehten, die sie noch in ihre Liste aufnehmen wollte. »*Bring das Aquarium, das Kieselsteinschachspiel und die Korbballecke in Ordnung*«, las ich. Dies war, wie mir einfiel, der letzte Punkt, den sie ihrer Liste hinzugefügt hatte. Kate wäre sehr traurig, wenn sie wüsste, dass das Aquarium kollabiert ist, würde sich aber freuen, dass ich plante, eins zu installieren, das größer und besser ausgestattet war.

Ich fand ein ruhiges Plätzchen, wo ich mich hinsetzen und nachdenken konnte. Das Kieselsteinschachbrett war eine Aufgabe für später, fand ich. Damit konnte ich mich beschäftigen, wenn die Bauarbeiten beendet waren und wir wieder unseren Garten nutzen konnten. Ich hatte Reef Schach spielen beigebracht, während er im Krankenhaus war, und eines Tages hatte Kate einen perfekt geformten glänzenden schwarzen und einen glänzenden weißen Kieselstein am Strand gefunden. »Wir könnten Kieselsteine anmalen und unser eigenes Schachspiel für den Garten anlegen«, hatte sie gesagt, aber zu ihren Lebzeiten waren wir nie dazu gekommen.

Ich blieb am Wort »Korbballecke« hängen und überlegte, was für eine schreckliche Ironie dahintersteckte, dass dies die letzten Worte auf Kates Liste waren. Sie hatte in jüngeren Jahren die Flankenposition beim Korbball gespielt, da sie unglaublich schnell rennen konnte und unheimlich wendig war. Hinter ihrem Wunsch steckte der Anspruch, den Jungs zu zeigen, dass sie eine gute Teamspielerin war, und sie daran zu erinnern, dass sie nicht schon immer ans Bett gefesselt und erschöpft gewesen war und durch einen Sauerstoffschlauch geatmet hatte.

Ich wünschte mir so sehr, mit Kate in Kontakt zu treten, dass ich fast auf »Antworten« bei ihrer SMS gedrückt hätte, während ich daraufstarrte. Ich umschloss das Telefon mit meinen Fingern und spürte, wie sie zitterten.

»Alles in Ordnung, Kumpel?«, erkundigte sich einer der anderen Komparsen.

»Ja, ja, alles okay«, sagte ich aufrichtig. Ich hatte gerade eine ganz unglaubliche Erfahrung gemacht, denn obwohl ich Kates Verlust ganz akut spürte, machte ich mir klar, dass das Zittern meiner Hände genauso viel mit meiner Begeisterung wie mit allem anderen zu tun hatte. Ich wusste, dass Kate sich für mich gefreut hätte, und ich konnte es kaum erwarten, den Jungs von meinem Erlebnis zu erzählen.

»Warum hast du das gemacht?«, fragte Finn und sah mich ziemlich verdutzt an, als ich nach Hause kam und mein Abenteuer am Set beschrieb. »Warum konntest du nicht wieder bei einem Disneyfilm wie Narnia mitspielen?«

»Nun, ich konnte mir den Film nicht aussuchen«, sagte ich. »Ich hatte ganz viel Glück, dass ich überhaupt an diesem Film mitwirken durfte, und manchmal muss man die Gelegenheit beim Schopf packen, die sich einem bietet.«

»Wieso? Wie meinst du das?«

»Ich will damit sagen, Finn, dass man jede sich bietende Gelegenheit, etwas Aufregendes und Neues zu tun, nutzen sollte.«

»Immer?«, fragte er mit gerunzelter Stirn.

»Äh, nicht immer«, sagte ich.

Da jetzt auch Reef zuhörte, nutzte ich die Gelegenheit.

»Wenn es sich um etwas Gefährliches handelt, wie etwa das Fahren eines Motorrads, dann nicht«, erklärte ich. »Mummy wollte nicht, dass ihr Motorrad oder Roller fahrt, weil es da leicht zu Unfällen kommt, vor allem auf der Straße. Keiner von uns möchte, dass ihr das tut. Aber Dinge, die keine Gefahr mit sich bringen, bei denen ihr weder euch selbst noch andere verletzen könnt, die solltet ihr immer annehmen. Das sorgt für Lebensfreude!«

Es klingt unglaublich, aber binnen einer Stunde bekam ich einen überraschenden Anruf von der örtlichen Presseagentur, dem South West News Service, die in der Vergangenheit bereits einige Geschichten über Reefs und Kates Krebserkrankung in Umlauf gebracht hatte. Sie wollten nun, da Finn zur Schule ging, einen »Folgeartikel« verfassen, um zu berichten, wie wir zu dritt als Familie klarkamen.

»Das halte ich für eine gute Idee«, sagte ich. Ich konnte wohl kaum nein sagen, nach allem, was ich gerade den Jungs erklärt hatte, obwohl ich mich natürlich schon fragte, ob das jetzt, so lange nach Kates Tod, noch jemanden interessierte.

»Ich könnte mit Ihnen vielleicht Kates Liste durchgehen und Ihnen sagen, was ich schon erledigt habe und was noch ansteht.«

Es folgte eine kurze Pause, ehe die Journalistin nachhakte: »Was ist denn Kates Liste?«

»Ach, wissen Sie, Kate hat eine Menge Sachen aufgeschrieben, die ich mit den Jungs machen soll, Persönliches, von dem sie wollte, dass die Jungs es erfahren, ein paar Regeln, die ich einhalten soll – ganz normale Wünsche einer Mutter. Alles fing damit an, dass ich sie fragte: ›Was ist, wenn du mich verlässt?‹ Als Antwort kam sie mit so vielen Dingen, dass ich ihr gesagt habe, sie soll sie lieber aufschreiben, damit ich sie nicht vergesse.«

Die darauffolgende Pause war noch länger, und ich fragte mich, ob es sich nicht ein wenig seltsam anhörte, von »normalen Wünschen einer Mutter« zu sprechen, denn was Kate widerfahren war, entsprach nun ganz und gar nicht der Normalität und war so traurig.

»Ich glaube auch, dass es eine gute Idee ist«, sagte die Reporterin lebhaft. »Das hört sich ja nach was ganz Besonderem an. Wann kann ich vorbeikommen?«

Am nächsten Tag gab ich ein langes Interview mit mehreren Pausen, weil ich beim Rekapitulieren der Ereignisse der vergangenen neun Monate immer wieder zusammenbrach. Ich gab der Reporterin eine Kopie von Kates Liste, die Christine netterweise für mich abgetippt hatte, zusammen mit meinem Einverständnis, sie zusammen mit dem Artikel zu veröffentlichen, der dann mit einer Auswahl von Familienfotos sowohl an die Lokalpresse als auch an die überregionalen Zeitungen verschickt werden würde.

»Wenn jemand ihn druckt, könnte ich die Geschichten in die Andenkenkisten packen«, sagte ich. »Aber wie gesagt, ich erwarte nicht zu viel. Denn ich kann mir einfach nicht vorstellen, dass sich noch jemand für mich und Kate interessiert.«

Die Reporterin lächelte. »Sie werden überrascht sein«, sagte sie. »Ich halte Sie auf dem Laufenden.«

Ein paar Tage später musste ich die Jungs impfen lassen, damit wir für Ägypten gerüstet waren. Ich war nicht begeistert davon. Das war wieder eine jener Aufgaben, die Kate und ich gemeinsam gemeistert hätten, sodass jeder sich um ein Kind kümmern konnte. Egal ob die Jungs zum Zahnarzt oder sonst wohin mussten, wir tauchten immer als ganze Familie auf, um die Sache zu vereinfachen.

»Ihr müsst jetzt wirklich brave Jungs sein«, erklärte ich Reef und Finn. »Ihr braucht diese Impfung, damit euch nichts passiert, wenn wir nach Ägypten fahren. Es könnte ein bisschen wehtun, aber es ist auch ganz schnell vorbei. Ich weiß, dass ihr beide das tapfer durchstehen werdet.«

»Denk dran, Daddy, ich habe schon ganz viel Spritzen bekommen«, sagte Reef. Dabei lag ein leicht fragender Ton in seiner Stimme. »Ja, Reef, das habe ich nicht vergessen«, sagte ich und dachte mir dabei: »Wie könnte ich das je vergessen?«

Reef legte seinen Arm um Finns Schulter. »Das ist nicht so schlimm, du wirst sehen, es ist gleich vorbei«, sagte er, wobei er ernsthaft nickte und seine Augen zusammenkniff.

Zu meiner Erleichterung warteten bereits zwei Krankenschwestern in der Praxis auf uns. Die Jungs benötigten pro Arm eine Injektion, und wir hatten vor, jeweils bei einem Kind in beide Arme gleichzeitig zu spritzen. Trotz seiner heldenhaften Worte wirkte Reef nervös, weshalb Finn, hochtrabend wie immer, sich bereit erklärte, den Anfang zu machen. Er saß auf meinem Schoß und rollte tapfer seine Ärmel hoch, streckte beide Arme aus und gab sich dabei genauso selbstsicher wie bei seinem »Abklatschen« mit Mr Webber.

Sekunden später, als die sehr effizienten Krankenschwestern ihren Job perfekt erledigt hatten, stieß Finn einen lauten Schrei aus und sah Reef entsetzt an.

»Sie haben mir Nägel in die Arme gesteckt!«, jammerte er angewidert.

Mit tränenüberströmtem Gesicht wandte er sich mir zu.

»Es tut wirklich weh«, sagte er anklagend. »Es tut wirklich, wirklich weh, Reef. Sie werden dir Nägel in deine Arme stecken!«

Finns kleines Gesicht spiegelte seine Entrüstung, und seine Reaktion war so dramatisch, dass ich Mühe hatte, nicht loszulachen. Dankenswerterweise hatte Reef kaum eine Chance, darauf einzugehen, denn die Krankenschwestern hatten ihm flugs seine Impfungen verabreicht, und die Qual war vorüber. Inzwischen lief Finn mit an den Körper gedrückten Armen herum und rieb sich die Oberarme, als wäre er von Zwanzigzentimeternägeln attackiert worden, während Reef, der zwar weiß wie ein Laken war, wenig überzeugend sagte: »Es war gar nicht so schlimm.« Kate hätte jetzt in ihre mütterliche Trickkiste gegriffen und ihre Arme heile geküsst, die richtigen Trostworte gefunden und mir zweifellos einen warnenden Blick zugeworfen, ja nicht zu lachen.

»Kommt, Jungs«, sagte ich. »Ihr seid beide tapfere Jungs, das habt ihr gut gemacht. Jetzt zieht eure Pullover an und lasst uns gehen. Im Auto könnt ihr einen Kaugummi bekommen.«

Ich war nicht Kate und konnte das, was sie getan hätte, nicht übernehmen. Es gibt einfach Dinge, die können Mütter besser als Väter, das musste ich akzeptieren, obwohl ich ein schlechtes Gewissen dabei hatte.

Ich setzte mich ans Steuer, aber beide Jungs hatten wegen ihrer schmerzenden Arme Probleme, sich hinten in ihren Kindersitzen anzuschnallen. Sie wussten, wie das ging, weil ich es ihnen beigebracht hatte, und sie hatten es auch schon mehrere hundert Male getan.

»Ich kann das nicht!«, schmollte Finn.

»Daddy, das musst du machen«, jammerte Reef.

»Nein, Jungs. So schwer ist das nicht. Das müsst ihr schon selbst tun«, erwiderte ich.

Es wäre schneller gegangen, wenn ich ausgestiegen wäre und es für sie gemacht hätte, aber ich wollte ein Exempel statuieren. Sie waren jetzt vier und sechs Jahre alt und durchaus in der Lage, einen Sitzgurt zu befestigen, auch wenn die Arme ein bisschen wehtaten. Mir war es wichtig, sie zur Selbständigkeit zu erziehen, außerdem musste ich als Alleinerziehender dafür sorgen, dass sie so viel wie möglich selbst machten. Es dauerte geschlagene fünf Minuten, bis beide Gurtschnallen endlich eingerastet waren, doch als ich dann im Rückspiegel die sauren Mienen meiner Jungs sah, fragte ich mich, ob ich nicht doch ein wenig zu hart gewesen war.

»So, meine Jungs, hier kriegt ihr euren Kaugummi«, verkündete ich fröhlich.

Ihre Mienen hellten sich auf, aber ich selbst musste an ihren ersten Kaugummi denken, den sie bekamen, nachdem ich ihnen vom Tod ihrer Mummy erzählt hatte. Wie damals hatte Finn tränennasse Wangen, und der Duft des süßen Erdbeeraromas hing in der kalten feuchten Luft. Kummer mit Kaugummi zu behandeln kam mir plötzlich vor, als würde man auf einen Haibiss ein Pflaster kleben. Und schlagartig fiel mir ein, dass ich eine wichtige Bitte Kates nicht befolgt hatte: *»Hilf ihnen immer, wenn sie dich darum bitten«,* hatte sie gesagt.

War ich zu hart zu den Jungs? Sollte ich sie anders anpacken? Hatte Kate recht damit gehabt, diesen Punkt auf die Liste zu setzen? Ich wollte darüber mit Ruth sprechen und sie heute Abend um ihre Meinung bitten, beschloss ich. Während wir in der Praxis waren, hatte ich ein paar Anrufe verpasst, und als ich nach Hause kam, blinkte zu meinem Erstaunen auch der Anrufbeantworter. Ich wählte meine Mailbox an und hatte zu meiner Freude die Reporterin vom South West News Service in der Leitung.

»Ihre Geschichte ist auf großes Interesse der überregionalen Presse gestoßen«, sagte sie. »Gut möglich, dass Sie morgen in einigen Zeitungen stehen. Rufen Sie mich an.«

Wie sich herausstellte, hatte fast jede überregionale Zeitung im Land vor, unsere Geschichte zu bringen, komplett mit den Familienfotos. Aufgeregt rief ich Ruth an, um ihr die Neuigkeiten zu unterbreiten.

»Wow!«, sagte sie und fügte dann auf ihre unverblümte Art hinzu: »Ich bin mir allerdings nicht sicher, Singe, ob Kate das so gut gefunden hätte.«

»Sie wäre völlig baff, das weiß ich«, sagte ich. »Aber ich

weiß auch, dass sie nichts dagegen hätte, sonst würde ich es sein lassen. Übrigens, Ruth, kann ich dich kurz was fragen?«

Ich schilderte ihr den Vorfall mit den Sitzgurten und fragte Ruth geradeheraus, ob sie fand, dass ich zu hart mit den Jungs umsprang.

»Absolut nicht«, sagte sie, ohne zu zögern. »Sie wissen, dass du sie liebst und dich um sie kümmerst, aber du tust ihnen keinen Gefallen, wenn du sie verhätschelst.«

»Ja, schon, aber ich kann dieses mütterliche Trösten nicht, wie Kate das gemacht hat …«

»Das erwartet auch keiner von dir, Singe«, erwiderte Ruth. »Die Jungs machen dir alle Ehre. Wie oft schon haben Leute dich dazu beglückwünscht, dass sie so gut erzogen und für ihr Alter so selbstsicher sind? Das beruht alles auf eurer gemeinsamen Erziehungsarbeit und darauf, wie du diese dann ohne sie fortgesetzt hast. Kate würde nicht wollen, dass du dich änderst. Du bist ein großartiger Dad. Manchmal tust du deinen Kindern einen Gefallen damit, auch mal ›nein‹ zu sagen.«

Ich war Ruth sehr dankbar. Sie würde es mir sofort und unumwunden sagen, wenn ich Fehler machte, und mir niemals nach dem Mund reden. Ich erinnere mich gut, wie sie mich einmal zur Rede gestellt hatte, als Kate krank war und es mir schwerfiel, mich mit den Verwandten auseinanderzusetzen. Ich verlor bei einigen von ihnen die Geduld, weil ich unter Schlafdefizit litt, aber obwohl ich eine so schwere Zeit durchmachte, zeigte Ruth keine Nachsicht mit mir. »Du bist nicht mehr du selbst«, erklärte sie mir. »Beruhige dich, denn du machst alles nur noch schlimmer.« Im Nachhinein wurde mir klar, dass sie recht gehabt hatte, wie immer.

»Danke, Ruth, du bist ein großartiger Kumpel«, sagte ich ihr. »Ich ruf dich morgen wieder an.«

Sobald ich den Hörer auflegte, läutete es wieder. Es war die Nachrichtenagentur, die sich erkundigte, ob ich am nächsten

Tag bei Sky News, der BBC und ITN erscheinen wollte, um über Kates Liste zu sprechen.

»Natürlich«, antwortete ich eifrig. »Ich hatte zwar nicht damit gerechnet, dass ich auch Filmmaterial für die Andenkentruhe bekomme, aber nur zu!«

Der 1. Oktober entwickelte sich zu einem höchst surrealen Tag. Ich hatte mich damit einverstanden erklärt, dass die lokalen BBC-Nachrichten die Jungs auf ihrem Weg zur Schule filmten, aber als ich mir während unserer normalen Morgenroutine der ganzen Tragweite bewusst wurde, fragte ich mich dann doch, worauf wir uns eingelassen hatten.

»Warum filmen uns die Leute vom Fernsehen?«, wunderte sich Reef.

»Weil sie eine Geschichte über die Liste drehen wollen, die Mummy für uns hinterlassen hat.«

»Wieso?«

»Nun, weil es für eine Mummy sehr ungewöhnlich ist, so etwas zu tun.«

»Warum hat Mummy es getan?«

»Weil sie ganz was Besonderes war.«

»Okay, gut. Können wir jetzt gehen?«

Finn war völlig aus dem Häuschen und genoss seine fünfzehn Minuten Ruhm, als die Filmcrew den beiden Jungs auf dem kleinen Weg folgte, der zur Schule führte. Bevor ich interviewt werden sollte, läutete mein Handy. Es war – für diese Uhrzeit ganz ungewöhnlich – mein alter Freund Nathan.

»Ich sitze im Zug, Singe«, sagte er. »Und ich wäre fast vom Sitz gefallen. Du bist ganz groß in der *Times*!«

Ich lachte schallend. »Ich finde das großartig«, sagte ich ihm. »Ich freue mich wie ein Kind.«

Als die Kamera auf mich gerichtet war, fühlte ich mich zugegebenermaßen ein wenig wie das vom Scheinwerferlicht erfasste Kaninchen. Das alles war verrückt und etwas völlig Unerwartetes, aber zweifellos auch eine beglückende Erfahrung.

Als ich einmal in Fahrt war, kostete ich die Gelegenheit aus, mein Loblied auf Kate zu singen und mich darüber auszulassen, was sie für eine tolle Frau und Mutter gewesen war und was für ein herrliches Leben wir gemeinsam geführt hatten.

Kates Liste war das Sahnehäubchen auf dem Kuchen, erklärte ich. Damit ging sie weit über das hinaus, was man von einer sterbenden Mutter an ihren letzten Tagen erwartete, aber genau das machte Kate aus. Ich hatte mich so sehr daran gewöhnt, mit Kates Liste zu leben, dass mich der Wirbel, den sie verursachte, überraschte, und damit hielt ich auch nicht hinter dem Berg.

Der BBC-Journalist sagte mir, dass wir tatsächlich in allen großen Tageszeitungen vertreten waren. Außer in *The Times* brachten der *Telegraph*, die *Daily Mail, Mirror, Sun, Express* und *Guardian* ausführliche Artikel. Jetzt wollte auch Radio Five ein Interview mit mir machen.

»Sind Sie denn glücklich darüber«, erkundigte sich die Reporterin vom South West News Service behutsam.

»Ja«, sagte ich. »Ich bin mir nicht sicher, ob Kate so viel Aufmerksamkeit für gut befunden hätte, aber ich finde, dass es sie auf ganz hervorragende Weise ehrt.«

Den ganzen Tag über klingelte unentwegt das Telefon, denn Freunde aus dem ganzen Land riefen an, um mir zu sagen, dass sie mich in einer Zeitung oder in den Nachrichten gesehen hatten. Sogar Journalisten aus Spanien und Japan wollten die Geschichte bringen.

Ich vereinbarte mit ITN und Sky einen Interviewtermin für den Nachmittag, wenn ich Reef und Finn von der Schule nach Hause gebracht hatte, und ich werde den Ausdruck in den Gesichtern der Jungs nie vergessen, als wir in unsere Sackgasse einbogen. Ums ganze Haus herum standen TV-Busse mit Satellitenschüsseln, überall wuselten Leute mit Klemmbrettern und Telefonen herum.

Nur gut, dass uns die Nachbarn so gut kannten, überlegte

ich, denn davon abgesehen, dass kein gelbes Tatortband zu sehen war, hätte man denken können, hier wäre ein Gewaltverbrechen begangen worden.

»Dürfen wir in die Laster reinschauen?«, wollten Reef und Finn wissen, die sich problemlos in aller Eile selbst abschnallten und aus dem Wagen sprangen.

Die Journalisten und das Aufnahmeteam waren fantastisch und zeigten ihnen ihre ganze Ausrüstung, bevor wir in unserem Wohnzimmer mit den Interviews begannen. Ich hatte keine Bedenken, die Jungs filmen zu lassen. Es war eine außergewöhnliche Erfahrung für sie, und sie gingen ganz locker damit um.

»Nicht viele Jungs in eurem Alter haben die Gelegenheit, im Fernsehen zu Wort zu kommen«, sagte ich ihnen. »Macht das Beste draus!«

»Findet ihr es denn aufregend, die Fernsehkameras hier zu haben?«, fragte einer der Journalisten sie.

»Ja«, sagte Finn. »Daddy macht ständig so verrückte Sachen!«

Ich zuckte mit den Achseln und lächelte – das war Musik in meinen Ohren.

Das Medieninteresse hielt über das Wochenende hin an und ließ dann aber genauso schnell wieder nach, wie es begonnen hatte. Für mich war es ein kathartischer Prozess, über Kate zu sprechen, und ich glaube nicht, dass es den Jungs geschadet hat, darüber zu reden, wie lieb ihre Mummy war, und dabei auch ein wenig Spaß zu haben. Sie erzählten den Reportern, sie sei sehr lustig gewesen und habe immer mit ihnen gespielt und dass sie sie sehr vermissten. Kate wäre stolz auf sie gewesen, und sie sahen absolut süß aus.

Ein paar Tage später hörte ich zufällig, wie einer von Finns Klassenkameraden ihn fragte, warum er im Fernsehen gewesen sei. »Weil meine Mummy ganz was Besonderes war«, antwortete Finn, bevor er davonhüpfte.

Als wir an diesem Abend nach Hause kamen, hatte jemand zwei Päckchen Samen in unseren Briefkasten geworfen mit einer anonymen Notiz, dass diese für die Jungs bestimmt seien, um Klee und Sonnenblumen zur Erinnerung an Kate anzupflanzen. Am nächsten Tag und am übernächsten bekamen wir noch mehr davon, also sagte ich den Jungs, wir würden den Klee um Mummys Grab einsäen und die Sonnenblumen zu Hause ziehen, sobald das Wetter wieder wärmer war. Sie nickten und hinterfragten diese ungewöhnlichen Geschenke nicht weiter, vermutlich weil nach der Belagerung durch Filmteams und Reporter sie nichts mehr überraschen konnte.

In der folgenden Woche erzählte mir Reefs Lehrer, Reef habe sich vor die Klasse gestellt und sehr eloquent berichtet, wie es ist, seine Mummy zu verlieren. Ich war zutiefst gerührt, als ich erfuhr, dass er den anderen Kindern erzählt hatte, er vermisse sie sehr, sei aber glücklich, weil er einen tollen Daddy und Bruder habe und sie alle zusammenhielten, wenn sie traurig waren. Reef hatte sich freiwillig gemeldet, weil auch ein anderer kleiner Junge in seiner Klasse seine Mummy wegen Krebs verloren hatte, was ein unglaublicher, trauriger Zufall war.

»Reefs Reife hat mich sehr beeindruckt«, berichtete der Lehrer, »aber ich muss zugeben, dass ich bei seiner Schilderung ein paar Tränen verdrücken musste.«

Ich war begeistert, dass Reef so selbstbewusst war, sich vor die ganze Klasse zu stellen, ganz zu schweigen davon, dass er ausgerechnet über seinen Verlust gesprochen hatte. Sein Selbstvertrauen wuchs täglich, und das war ein großer Fortschritt.

Es gab noch eine weitere gute Nachricht aus der Schule. Ich war zum Vorsitzenden des Schulbeirats gewählt worden, was es mir erlaubte, einen größeren Beitrag für die Erziehung der Jungs zu leisten. Natürlich bedeutete es auch in zeitlicher Hinsicht ein größeres Engagement, aber was könnte wertvoller sein? Ich war gebeten worden, die Schulpolitik mitzugestalten, und würde Beisitzer bei den Gesprächen für Neueinstellungen sein, aber natürlich durfte ich mich auch bei all den Dingen einbringen, die richtig Spaß machten, wie Benefizveranstaltungen, Abenteuerausflügen und Partys.

Da ich nur Teilzeit arbeitete, konnte ich mir das erlauben. Ich weiß, dass es in der Elternschaft der Schule nicht einen Vater gab, der mit mir getauscht hätte, aber das gehört zu den unleugbar positiven Dingen, die der tragische Verlust von Kate mit sich gebracht hat. Darüber hinaus übertreffe ich damit ihre Erwartungen. Als sie schrieb *»Biete der All-Saints-Schule deine Hilfe an und sieh zu, dass Reef zusätzliche Unterstützung bekommt«*, hatte sie bestimmt was weniger Ehrgeiziges im Sinn gehabt.

»Du warst ein großartiger Weihnachtsmann.« Kate hatte mich angelächelt, als sie diesen Eintrag in ihrer Liste machte. »Du solltest in dieser Richtung mehr für die Schule tun. Du kommst so gut mit Kindern zurecht.«

Wenige Wochen vor Kates Tod, kurz vor den Weihnachtsferien und bevor wir über Weihnachten nach Lappland flogen, hatte ich mich als Santa verkleidet. Komischerweise war das Kostüm so gut, dass weder Reef noch Finn mich erkannten, als sie die Weihnachtsgrotte der Schule besuchten. Ich fand Gefallen an all dem »Ho-hoho« und zog Kate auf, indem ich ein paar der attraktiven Mummys ermunterte, sich als Santas Helferinnen zu verdingen und auf meinen Schoß zu setzen. Aber wie üblich ging das letzte Lachen an Kate, als wir den richtigen Santa in Lappland besuchten.

»Ooh, der ist viel besser als der in der Schule!«, sagte Finn.

»Das kommt daher, weil er echt ist, Dummie«, klärte Reef ihn auf.

Kate zog ihren Schal über den Mund, damit sie ihr Kichern nicht sahen.

»Du bist nur ein Fake zweiter Klasse«, flüsterte sie mir ins Ohr. »Aber ich liebe dich trotzdem.«

Dieser Tag ist mir noch ganz lebhaft in Erinnerung, und ich werde jedes Mal daran erinnert, wenn mein Blick auf das Lappland-Erinnerungsfoto fällt, das bei den Jungs auf dem Regal steht. Es fällt mir schwer zu glauben, dass seither schon fast ein Jahr vergangen ist.

Jetzt hatten wir November, und es wurde immer kälter. Eines Nachmittags musste ich zu einer Sitzung in der Schule, um mit dem Schulleiter über das Leistungsmanagement zu diskutieren. Es war ein strahlender, aber bitterkalter Tag, entsprechend fror ich wie ein Schneider, als ich über den Kirchhof lief. Die Aussicht, nach Ägypten und in die Sonne zu fahren, baute mich auf.

Die Sitzung fand in einem fensterlosen Raum in einem umgebauten Dachboden hinter der Kirche statt, die mit der Schule verbunden war. Ich hörte jemanden sagen, es habe zu schneien begonnen, worunter ich mir allerdings nur ein paar Flocken vorstellte, deshalb dachte ich nicht weiter darüber nach. Die Sitzung zog sich über ein paar Stunden hin, und als ich endlich wieder ins Freie kam, traute ich meinen Augen kaum. Alles war weiß. Offenbar hatte es sofort nach meinem Betreten des Gebäudes zu schneien angefangen, denn der Schnee bedeckte alles wie ein dicker Teppich.

Ich war erstaunt. Ein ähnliches Gefühl hatte ich gehabt, als ich durch die Nebelwolken auf den Filmset von *War Horse* (in Deutschland *Gefährten*) in Castle Combe gekommen war. Der Schritt ins Weiße setzte erneut einen Zeitsprung in Gang, nur dass ich jetzt eher beunruhigt als freudig erregt war. Ich betrat keine Neuerschaffung einer Vergangenheit, die ich nie gekannt hatte, sondern ich kehrte in meine eigene Vergangenheit zurück, meine Vergangenheit mit Kate.

Ich schaute auf meine Füße, als ich einen Schritt vorwärts machte. Das Knirschen meines Schuhs im Schnee jagte eine Schockwelle durch meinen Körper. Ich war wieder in Lappland. Das Geräusch erinnerte mich daran, wie ich Hand in Hand mit Kate durch den Schnee gegangen war. Alles erinnerte mich an Lappland, an Kate, an unseren letzten gemeinsamen Urlaub. Ich sah sie umgeben von Weiß, genauso wie es jetzt war. Damals hatte ich die gleiche Kälte gespürt, die einen bis auf die Knochen durchdrang. Ich hatte ganz vergessen, wie kalt es im Schnee ist und dass er unter den Füßen knirscht wie feiner Kies. Normalerweise liebe ich dieses Geräusch. Ich habe es in Lappland geliebt, weil es von Gelächter begleitet war. Ich habe es auch in Österreich geliebt, dem ersten Urlaub, den Kate und ich gemeinsam unternommen hatten.

»Ich kann es nicht glauben, dass wir hier sind!«, hatte die Teenager-Kate gekreischt, als sie wie ein aufgeregtes Kätzchen durch den Schnee hüpfte. »Ich liebe Ski fahren!«, verkündete sie. »Und ich liebe dich, Singe, von ganzem Herzen!«

Ich sah sie vor mir, wie sie bei diesen Worten mit hüpfendem Pferdeschwanz um mich herumtanzte. Der Schnee war romantisch. Er brachte Kates ohnehin schon rosige Wangen noch mehr zum Erblühen. Es war ihr erster Flug mit mir gewesen, der erste von vielen weiteren, und sie war das umwerfendste Mädchen der Welt.

Als ich ihr dann Jahre später in Wengen in der Schweiz einen Heiratsantrag machte, sorgte der Schnee für den zauberhaften Rahmen. Ich hatte den Lohn eines halben Jahres für einen fantastischen Verlobungsring mit Aquamarin ausgegeben, weil dieser sowohl Kates März-Geburtsstein als auch meiner war und so gut zu ihren blauen Augen passte. Kates Augen veränderten die Farbe von einem sehr hellen Blau zu einem noch blasseren, eisigeren Blau, wenn sie wütend oder emotional aufgewühlt war, und ich fand es wunderbar, dass auch der Stein die Farbe je nach Lichtverhältnissen wechselte. Der Ring war perfekt, und sobald wir einen Fuß in das Skigebiet gesetzt hatten, konnte ich es kaum erwarten, ihn an

Kates Finger zu stecken. Doch sosehr es mir auch auf den Nägeln brannte, galt es doch, den geeigneten Zeitpunkt abzuwarten.

Ich hatte den Ring selbst entworfen und einen befreundeten Juwelier gebeten, sich nach dem passenden Stein umzusehen. Und glücklicherweise bekam er einen wunderschönen Stein in Tränenform aus der Schweiz. Ich beauftragte ihn, diesen in einem hübschen Weißgoldreif in Wishbone-Form, flankiert von kleinen Diamanten zu fassen. Dann sprach ich mit Kates Chef und vereinbarte mit ihm, dass sie ohne ihr Wissen freibekam. Als sie am Freitagabend nach Hause kam und ihre Skistiefel und Skier im Flur sah, brach sie in Freudentränen aus.

»Singe! Ich kann's kaum glauben, dass wir Ski fahren gehen«, sagte sie und drückte mich. »Das ist ja wunderbar! Ich dachte, mein Chef wolle mich loswerden, indem er meine Stunden reduziert! Das ist einfach fantastisch!«

Ich musste mir auf die Zunge beißen, denn am liebsten hätte ich ihr verraten, dass sie nicht nur Urlaub machen würde, sondern auch noch einen Heiratsantrag zu erwarten hatte, aber dafür musste ich den magischen Moment abwarten. Ich hatte mich für Wengen entschieden, wegen seiner Postkartenidylle und der beeindruckenden Kulisse der Eigernordwand. Schließlich wollte ich an einem der schönsten Orte des Planeten um ihre Hand anhalten.

Kate war verzaubert. Für die Fahrt vom Flughafen zum Bahnhof Wengen hatte ich Zugfahrkarten der Ersten Klasse gebucht.

»In Wengen gibt es keine Autos«, hatte ich Kate erklärt. »Es ist dort viel zu hübsch für Autos.«

»Ich liebe dich, Singe!«, betonte sie immer wieder.

Sie umarmte und küsste mich während der ganzen Fahrt dorthin.

»Ich bin dir so dankbar, Singe. Ich kann es gar nicht fassen, dass das kein Traum ist, aus dem ich aufwachen werde. Es ist wie im Märchen.«

Am liebsten hätte ich mich gleich im Zugabteil vor ihr auf die Knie geworfen und ihr einen Heiratsantrag gemacht, aber ich verkniff es mir. Das musste im Schnee passieren. Kates Aufregung wurde noch größer, als wir im Hotel Edelweiß eintrafen. Es war, als würde man das Gemälde einer Alpenidylle betreten, und der Anblick des Eiger machte sie sprachlos.

»Wir sind hier ganz in der Nähe der Stelle, wo man diesen James-Bond-Stunt mit dem Drehrestaurant oben auf dem Berg gedreht hat«, erzählte ich ihr. »Morgen werden wir auf die höchste Eisenbahnstation Europas fahren. Und wir werden die von Pferden gezogenen Schlitten sehen, auf denen die Skiausrüstung durchs Tal transportiert wird.

Kate fing zu kichern an und kriegte sich nicht mehr ein. »Ich könnte nicht glücklicher sein«, sagte sie.

Am nächsten Tag standen wir mit unseren Skiern am Fuße des berühmten Berghangs von Lauterbrunnen, wo ich Kate mit der atemberaubenden Aussicht und einer heißen Schokolade allein ließ und in den Supermarkt stürmte. Mit Herzklopfen kaufte ich eine Plastikschale mit Erdbeeren, eine Flasche Champagner, etwas Salami und frische Krustenbrötchen und versteckte das alles in meinem Rucksack.

Den Ring hatte ich inzwischen in meiner Jackentasche und schlug vor, mit der Zahnradbahn gleich bis ganz oben auf den Berg zu fahren, um dann auf unseren Skiern die Abfahrt zu beginnen und uns auf halbem Weg einen guten Platz für eine Mittagsjause zu suchen.

»Ich mach alles mit, was du vorschlägst, Singe!«, lachte Kate. »Du hast mich in der Hand, und genau da will ich auch sein.«

Die Aussicht, die wir während der Bergfahrt genossen, war unglaublich spektakulär. Ich war wegen des Heiratsantrags nervös und aufgeregt, aber Kate war so gebannt von der Kulisse, dass sie keinen Verdacht hegte.

»Das ist einfach atemberaubend«, sagte sie immer und immer wieder. Auch der Anblick ihres Gesichts, das vor Glück strahlte, war atemberaubend. Wie würde sie auf den Antrag reagieren, nachdem sie bereits in derartiger Hochstimmung war?

»Und los geht's!«, schrie Kate begeistert, als wir die Piste hinabfuhren.

In mir kribbelte alles vor Vorfreude. Ich verzehrte mich danach, ihr zu sagen, wie sehr ich sie liebte und wie gern ich sie heiraten wollte. Ich konnte es nicht erwarten, ihr Gesicht zu sehen, wenn ich den Ring herausholte. Während der Abfahrt suchte ich mit meinen Blicken unentwegt die Landschaft nach einem perfekten Ort ab, um anzuhalten, und plötzlich entdeckte ich ihn.

Als wir um eine Biegung kamen, breitete sich vor uns ein weites Feld unberührten Schnees aus. In der Ferne sah man eine Bank, flankiert von einer Schneewehe, und weit und breit war keine Menschenseele zu sehen. Ich ließ Kate vorfahren, und als sie sich der Schneewehe näherte, zischte ich hinterher und löste eine ihrer Bindungen. Sie landete mit dem Kopf voraus im tiefen Pulverschnee und vollführte kreischend den perfekten Abgang. Ehe sie hochkommen und Luft schnappen konnte, grätschte ich in sie hinein und zog den Ring aus meiner Tasche.

»Willst du mich heiraten?«, fragte ich.

»Was? Ja! Natürlich will ich das!«, keuchte sie verzückt und mit Tränen in den Augen, nachdem sie sich den Schnee aus dem Gesicht gewischt hatte.

Ich küsste sie leidenschaftlich, zog ihren Skihandschuh ab und streifte ihr den Ring über den Finger. Er passte wie angegossen. Die ganze Welt war perfekt, absolut alles. Um den Champagner zu öffnen, liefen wir durch den knirschenden Schnee zur Bank. Ich habe das Knirschen noch im Ohr. Es war knackig und rein und gab mir das Gefühl unglaublicher

Lebendigkeit. Noch immer schmecke ich den Champagner auf Kates Lippen und rieche die reifen Erdbeeren und das frische Krustenbrot. Die Kombination war köstlich und benebelnd, aber vor allem erinnere ich mich an das Geräusch des knirschenden Schnees, das mich mit unserem wunderbaren Planeten verband. Ich heiratete das Mädchen meiner Träume und schwebte auf Wolke sieben.

Jetzt ging mir das Knirschen auf die Nerven. Ich lebte, aber Kate war tot, wie so viele andere, die um mich herum auf diesem Kirchhof begraben lagen. Das Weiß blendete mich, und ich blinzelte, weil meine Augen brannten. Um mich herum war es ganz still, als wären die normalen Straßengeräusche und der Verkehr im Schnee erstarrt. Ich war ganz allein.

Ich beschleunigte meinen Schritt. In meinen Wangen zirkulierte warm das Blut, und sie brannten von der stechenden Kälte. Mein Atem war kurz und flach. Ich konnte gar nicht schnell genug in mein Auto steigen, um wieder normal zu atmen und dem Schnee zu entkommen. Nachdem ich mich auf den Fahrersitz geworfen hatte, schlug ich rasch die Tür hinter mir zu. Sie fiel mit einem gruseligen Nachhall ins Schloss, dabei rutschte ein Schneebrett schwer auf der Fahrerseite über die Scheibe und landete mit einem dumpfen Aufprall auf dem Boden. Schluckend saß ich in der abgestandenen Luft des Wagens und weinte hemmungslos.

Ein tiefes Gefühl von Verlust erfasste mich, aber erst nach einiger Zeit wurde mir klar, dass die Trauer nicht meinem eigenen Verlust galt, sondern dem von Kate.

»Sie hat ihn nicht mitbekommen«, überlegte ich. »Kate wird nie wieder Schnee sehen, niemals. Sie wird nichts mehr sehen, nie mehr.«

Es tat mir so leid für sie, dass sie so viel verpasste. Ich startete den Motor, aber der Lärm gab mir nur Deckung, heftiger und lauter zu weinen, ohne mich von dem stillen Weiß um mich herum einschüchtern zu lassen. Jetzt weinte ich mir die Augen aus, ich hatte keinerlei Kontrolle mehr über meine Tränen. Es gefiel mir gar nicht, so machtlos zu sein, meinen Emotionen ausgeliefert, daher versuchte ich, dafür mit mir ins Gericht zu gehen.

»Wein dich ruhig aus, du dummer Idiot«, sagte ich mir. »Aber dann reiß dich zusammen und fahr um Himmels willen los.«

Mein Körper wollte nicht auf meinen Geist hören. Ich fühlte mich körperlich angegriffen, als hätte man mich geschlagen. Mein Magen hatte sich so sehr verkrampft, dass es tief in mir zwickte und rumorte und mir unangenehm die Luft in der Kehle und meinen Eingeweiden abschnürte. Der Schmerz war so heftig, dass ich mich nur mit Mühe davon überzeugen konnte, nicht tatsächlich verletzt zu sein.

Ich weiß nicht, wie lange es dauerte, bis der Schmerz nachließ. Als meine Augen endlich wieder trocken waren, ließ ich sie über den Parkplatz wandern und entdeckte Fußspuren im Schnee. Es gab jede Menge davon, und sie liefen in alle Richtungen. Das perfekte Weiß gab es immer nur einen Moment lang, jetzt waren die Straßengeräusche aufgetaut und tröpfelten zurück in die Atmosphäre. Das Leben geht weiter, sagte ich mir, für alle außer Kate.

Ich fuhr zum Supermarkt und überlegte, was ich zum Abendessen machen sollte. Die einzige Mahlzeit, die mir einfiel, war unser Lieblingssteak in Pfeffersoße. Auch die Jungs aßen es mit Begeisterung, ich hatte ihnen sogar schon gezeigt, wie man es zubereitete. Kate hatte sich gewünscht, dass ich es für die Jungs machte, weil sie selbst es so liebte, und sie hatte es sogar auf ihre Liste gesetzt: »Singes Pfeffersoße.« Als sie es damals aufschrieb, musste ich lächeln und meinte, mein Großvater würde sich freuen, dass sein altes Familienrezept derart großen Zuspruch fand. »Das hat es auch verdient«, erwiderte sie. »Es ist köstlich.« Ich fand es schrecklich, dass sie es nie mehr essen würde, gelobte mir aber, dass die Jungs es bekommen sollten.

Ein wenig benommen schob ich den Einkaufswagen durch die Gänge, packte ein Filetsteak, Pfefferkörner und Meersalz, Crème double und braunen Zucker hinein. Ich kannte das Rezept auswendig, und es heute Abend zu kochen schien mir eine gute Idee zu sein. Mir ist bewusst, dass ich esse, wenn ich depressiv bin, und mich damit wohl aufmuntern wollte. Wenn Kate Aufmunterung brauchte, kaufte ich ihr oft die köstlichen Schoko-Karamell-Eclairs von Tesco. Es überraschte mich, dass diese nicht auf ihrer Liste der Dinge standen, die sie außer Orangenbiskuits und Zitronenaufstrich oder Walnut Whips und Erdbeerkäsekuchen »gemocht« hatte. Doch schließlich gab es so viele Dinge, die sie gerne aß, dass auf keiner Liste alle Platz gehabt hätten.

Ich konnte den Jungs aus dem Stegreif sagen, was Mummy sonst noch gern mochte, weil ich Kates Lieblingsdinge so gut kannte. Deshalb brauchte ich auch nicht für alles eine Liste. Um mir das zu beweisen, machte ich im Geiste eine Einkaufsliste von den Dingen, die Kate liebte. Crème brulée, Erdbeeren, Chicken korma, chinesische Pfannkuchen mit Ente, knuspriges geschnetzeltes Rindfleisch (ohne Chili), Chicken tikka, Pizza mit Schinken und Ananas, türkischen Honig, die Sonntagsbraten meines Vaters, Spaghetti bolognese, Cadbury's Flake (direkt aus dem Kühlschrank), Waldorfsalat, frische Profiteroles und Double-Decker-Schokoriegel. Kate aß die Double Deckers auf witzige Art, indem sie sich die Nugatschicht bis zum Schluss aufhob. Ich sah sie vor mir, wie sie einen aß und wie ein Eichhörnchen am Nugat knabberte. Das Bild war so deutlich, als würde ein Video in meinem Kopf abgespult.

Ich kann mich nicht erinnern, an der Kasse gezahlt zu haben, und weiß kaum noch, wie ich nach Hause gekommen bin. Als ich die Lebensmittel auspackte, war ich mir nicht ganz sicher, was ich vorfinden würde.

»Was gibt es zum Abendessen?«, fragte Reef.

»Daddys weltberühmte Pfeffersteaks«, verkündete ich und zog die Zutaten aus den Einkaufstüten.

»Lecker!«, rief Reef. »Darf ich helfen, das Salz klein zu machen?«

»Natürlich!«, sagte ich. »Weißt du denn noch, was ich dir gesagt habe?«

»Man muss es windelweich hauen!«, sagte Reef.

»Korrekt!«

»Gibt's auch Nachtisch?«, wollte Finn wissen.

»Lass mich mal nachsehen«, erwiderte ich und wühlte in den Tüten. »Wir haben Fruchtjoghurts.«

Zum Glück hatte ich mich nicht dazu hinreißen lassen, Eclairs oder Erdbeerkäsekuchen oder Double Deckers zu kaufen. Ich mochte sie auch, war aber nicht so wild darauf wie Kate.

Ich schaute aus dem Wohnzimmerfenster und musste wieder an die Fußspuren im Schnee denken, die ich am früheren Nachmittag auf dem Kirchhof gesehen hatte. Jetzt konnte ich die drei Paar Fußabdrücke erkennen, die die Jungs und ich in unserer Einfahrt hinterlassen hatten. Es schneite noch immer heftig und würde bestimmt nicht lang dauern, bis von unseren Fußspuren nichts mehr zu sehen wäre.

»Dürfen wir nach dem Abendessen im Schnee spielen?«, fragte Finn.

»Natürlich dürft ihr das«, sagte ich. »Aber nur, wenn ich auch mitspielen darf.«

Eigentlich zog mich nichts mehr hinaus in den Schnee, aber wir waren jetzt zu dritt eine Familie und mussten gemeinsam weitermachen. Und deshalb würden wir rausgehen und viele Fußspuren hinterlassen, einfach, weil wir es konnten.

KAPITEL 10

»Fahrt nach Ägypten und schnorchelt im Roten Meer«

»Wir werden wieder stornieren müssen«, meinte Kate kategorisch. »Es tut mir leid, Singe.«

Es war unser dritter Versuch, mit den Jungs zum Schnorcheln nach Ägypten zu fahren, und zum dritten Mal mussten wir die Reise wegen Kates Krankheit absagen.

Das war im Frühjahr 2009, damals lagen noch sechs Monate Behandlung vor ihr.

»Du sollst dich nicht entschuldigen, irgendwann kommen wir schon noch dorthin«, sagte ich und hielt sie sanft in meinen Armen.

Kate fühlte sich schmaler an denn je, wie ein kleines Vögelchen, und ich hatte Angst, ihr wehzutun, wenn ich ihre zerbrechliche Gestalt allzu fest drückte. Sie klagte nur selten und schien ihren Behandlungsplan mit Leichtigkeit zu absolvieren, aber die Operation, das Versuchsmedikament, die Chemo und jetzt die Bestrahlung hatten Kate viel abverlangt.

Und damit meine ich nicht allein die offensichtlichen Dinge. Während wir noch ganz davon in Anspruch genommen waren, dass Kate plötzlich ihre Brust und dann nach und nach ihre Haare verlor, hatte der Krebs die Farbe aus ihren Lippen gesaugt und die sanften Rundungen ihrer Hüften und Schenkel abgeschöpft. Er war ein Dieb, der sich heimlich anschlich und sich nach seinem ersten Übergriff noch lange im Schatten herumtrieb und nach Kates Körper grapschte. Die Stornierung des Urlaubs löste in meinem Kopf den Einbruchsalarm aus, und mir wurde bewusst, dass ich gerade erst anfing, Bilanz zu ziehen, in welchem Ausmaß und wie gnadenlos der Krebs zugeschlagen hatte.

Ich küsste Kates Stirn, dann ihre kleinen Hände. Ihre Krankheit hatte ihrer Haut die Feuchtigkeit entzogen und den Glanz ihrer Nägel geraubt. Sie hatte sich nach und nach an Kates Energiereserven schadlos gehalten und dafür eimerweise Übelkeit, Schwindel und Müdigkeit als Visitenkarte hinterlassen. Doch den Lebensmut konnte sie Kate nicht nehmen, dachte ich. Niemals würde es ihr gelingen, den Funken aus ihren Augen oder das Feuer aus ihrem Leib zu rauben. Niemals könnte sie ihr die Hoffnung nehmen, die in ihrem Herzen lebte.

»Ägypten kann warten«, flüsterte ich. »Das Wichtigste ist, dass es dir gutgeht. Sobald du wieder einigermaßen auf dem Damm bist, können wir neu buchen, und dann haben wir etwas Fantastisches, auf das wir uns freuen können.«

»Ich weiß, Singe«, sagte sie leise. »Du hast recht. Schließlich würde es ja auch keinen Sinn machen, dort hinzufahren, wenn ich mit den Jungs nicht mal schnorcheln könnte.«

Ihre blassen Lippen formten ein zartes Lächeln, und ich wusste genau, dass sie sich jenen großartigen Moment ausmalte, wenn Reef und Finn zwischen den Fischen und Korallen im Roten Meer schwammen. Ihre Augen begannen zu leuchten wie Neonröhren, in die flackernd Leben kam und die dann den Raum in Licht tauchten.

Wir hatten uns so sehr auf diese Reise gefreut. Beide Jungs konnten schon im Alter von zwei Jahren schnorcheln und mit drei schwimmen. Irgendwann hatte ich aufgehört zu zählen, wie oft wir sagten: »Ich kann es gar nicht erwarten, bis sie im Roten Meer schnorcheln.«

Reef und Finn verschlug es jedes Mal die Sprache, wenn sie tropische Fische, exotische Meerestiere und Anemonen sahen, daher wollten Kate und ich diese Erfahrung so bald wie möglich mit ihnen teilen. Diesen Traum hielt ich während Kates Behandlung Monat für Monat aufrecht, während erst ihre Mastektomie, dann ihre Chemotherapie und dann ihre Bestrahlungen uns zwangen, die Reise zu stornieren.

Als wir schließlich gegen Ende 2009 die Reisen nach Florida und Lappland buchten, glaubten wir über den Berg zu sein, also sagte ich zu ihr, dass Ägypten nun als Nächstes auf unserer Liste stünde, weil ich felsenfest daran glaubte. »Im neuen Jahr fahren wir alle gemeinsam dorthin«, sagte ich. Und das nicht nur, um sie aufzumuntern, ich zweifelte keine Sekunde daran.

»2010 werden wir es endlich schaffen. Du wirst sehen, das Warten lohnt sich.«

»Ich weiß. Wollen wir's hoffen.«

Je mehr Zeit verstrich, sagte Kate, wann immer ich darauf zu sprechen kam, nur noch: »Drück die Daumen.« Ich ging davon aus, dass sie so zögerlich war, weil sie sich die Enttäuschung, die Reise noch mal absagen zu müssen, ersparen wollte, aber jetzt erkenne ich, dass sie offenbar schon lange vor mir befürchtet hatte, sie wohl nie mehr machen zu können.

Nie vergessen werde ich allerdings den verlorenen Ausdruck auf ihrem Gesicht, als sie auf ihre Liste schrieb: »Reist nach Ägypten und schnorchelt im Roten Meer.« Wir hatten zum damaligen Zeitpunkt bis in die frühen Morgenstunden an der Liste gearbeitet, und Kate war sehr geschwächt und müde. Es muss eine Qual für sie gewesen sein, diese Worte zu schreiben. Ich konnte ihren Schmerz und ihre Enttäuschung spüren, die beim Schreiben über dem Blatt zu hängen schienen.

»Darauf kannst du dich verlassen«, versicherte ich ihr, wobei mir die Worte im Hals stecken blieben und ich zu weinen anfing.

Diese Worte, Kates Anweisung an mich, besagten, dass ich eine Zukunft hatte, im Gegensatz zu Kate. Sie konnte nur noch ihren Tod planen, während mein Leben mit dem der Jungs vor mir lag. Glauben konnte ich das nicht ganz, weil ich es nicht glauben wollte. Bis zu diesem Zeitpunkt waren mit dem Wort »wir« immer ich und Kate oder ich, Kate und die Jungs gemeint gewesen. Jetzt bedeutete »wir« nur noch ich, Reef und Finn. »Natürlich machen wir das, und dabei werden wir an dich denken.«

Kate weinte. »Halt mich fest«, sagte sie, also schloss ich sie in meine Arme. Sie war so zerbrechlich, nur noch eine Hülle ihrer selbst. Sie schluchzte und entschuldigte sich, und ich musste ihr versprechen, dass wir drei die Zeit dort genießen würden.

»Das werden wir«, sagte ich und erstickte fast an den Worten, weil ich noch immer nicht glauben konnte, was ich da sagte. Glauben wollte ich es erst, wenn es tatsächlich eintreffen sollte. Im Moment, so redete ich mir ein, konnte es ja immer noch anders kommen. Selbst als Kate schon im Sterben lag, klammerte ich mich an die Hoffnung.

Das gleiche Erstickungsgefühl hatte ich auch in der Kehle, als unser Flugzeug kurz vor Weihnachten 2010 nach Ägypten abhob. Ich war von lauter Familienmitgliedern umgeben, die wie versprochen mitreisten, und Reef und Finn waren unglaublich aufgeregt. Nur gut, dass sie angeschnallt sitzen mussten, überlegte ich, denn ansonsten hätten sie den ganzen Flug hüpfend verbracht.

Als es endlich losging, empfand ich es als Erleichterung, einen wichtigen Punkt auf Kates Liste abhaken zu können. Auch war ich sehr froh, der Aussicht auf kalte, dunkle Weihnachtstage zu Hause entfliehen zu können. Doch allem Positiven zum Trotz war ich gegen traurige Gedanken machtlos. Denn mein Glaube daran, dass Kate sich wieder erholte und auf dieser Reise neben mir säße, war unerschütterlich gewesen. Noch als sie Ägypten auf ihre Liste gesetzt hatte, hatte ich mich an diesen dünnen Hoffnungsfaden geklammert, so verrückt sich das jetzt auch anhören mag.

Jetzt gab es keine Hoffnung mehr. Das war die Wirklichkeit, und obwohl mir nach Heulen zumute war, riss ich mich zusammen, um mein Versprechen Kate gegenüber zu halten und mit den Jungs wunderbare Tage zu genießen.

»Werden wir von einem Hai gebissen werden?«, fragte Finn.

»Nein, du bist nicht lecker genug«, antwortete ich.

Wäre Kate dabei, hätte sie die Augen verdreht und mich ermahnt, nicht so albern zu sein. Und zweifellos anschließend meiner Familie erzählt, was ich über nachts schlafende Haie erzählt hatte, als wir auf den Malediven zum Nachttauchgang aufgebrochen waren, bei dem sie eine Sturzlandung auf einen Weißspitzenhai hingelegt und ihn zu Tode erschreckt hatte.

»Hört nicht auf Daddy«, hätte sie den Jungs gesagt. »Er zieht euch bloß auf.«

Tatsächlich waren jedoch bei einem Haiangriff im Roten Meer vor ein paar Wochen ein Tourist getötet und mehrere Taucher verletzt worden. Man hatte dort ein Badeverbot ausgesprochen, deshalb geriet ich in Sorge, dass man uns das Schnorcheln untersagen könnte, was unseren ganzen Urlaub zunichtemachen würde.

»Was ist, wenn wir nicht im Meer schwimmen können?«, fragte Reef. Er hatte die Gespräche der Erwachsenen mitbekommen.

»Du kriegst aber auch alles mit, nicht wahr, Reef?«, neckte ich ihn. »Aber ganz im Ernst: Mach dir keine Gedanken über Dinge, die womöglich gar nicht eintreffen.«

»Aber wenn doch?«

»Wir können nichts anderes tun als abwarten, Reef. Was auch immer passiert, wir werden uns eine schöne Zeit machen. Wir lassen uns unseren Urlaub nicht vermiesen.«

Er nickte, ohne wirklich überzeugt zu wirken.

»Und nun, was sollen wir tun?«, fuhr ich fort. »Wie wär's mit ein paar Witzen?«

Beide Jungs spitzten die Ohren. Finn hatte auf unserem Flug nach Lappland einen von der Kabinencrew organisierten Witzewettbewerb gewonnen und gefällt sich seitdem ein wenig in der Rolle des Comedian.

»Klopf, klopf«, sagte ich.

»Wer ist da?«, erwiderten die Jungs unisono.

»Schluchz, schluchz.«

»Schluchz, schluchz wer?«

»Nicht weinen, es ist Weihnachten!«

Reef und Finn kriegten sich nicht mehr ein vor Lachen, als sie den Witz weitererzählten und dann eine Reihe eigene zum Besten gaben. Auch ich lachte. Wir hatten Ferien, und langsam entspannte ich mich. Ich war sehr dankbar für die vielen Familienmitglieder um mich herum. Eine große Gruppe wie unsere sorgte immer für Rummel und Geschäftigkeit, und genau das brauchte ich.

Es war ziemlich chaotisch, alle vom Flughafen zum Hotel in Sharm El Sheik zu befördern, dort einzuchecken und eine Zeit für ein gemeinsames Abendessen zu vereinbaren. Die Jungs waren außer sich vor Freude, als sie die Speisekarten für den Zimmerservice entdeckten.

»Können wir Pizzas bestellen?«, fragte Finn.

»Ooh und ganz viel Nachtisch!«, sabberte Reef.

»Nein, könnt ihr nicht!«, erwiderte ich.

»Bittebitte Daddy«, bettelten sie.

»Nein, könnt ihr nicht. Das brauchen wir nicht, wir gehen zum Essen aus. Jetzt hört auf zu quengeln!«

Das Gezanke und Gequassel der Jungs nahm kein Ende. Ich hatte keine Zeit zum Nachdenken, geschweige denn, traurig zu werden, was vermutlich ein Segen war.

Die Vorbereitung dieser Reise hatte mir die Augen dafür geöffnet, wie viel Kate uns immer abgenommen hatte. Ich hatte mich immer für einen zupackenden Vater gehalten, aber letztendlich hatte Kate stets alles organisiert, die Vereinbarungen überprüft und dafür gesorgt, dass wir alles hatten, was wir brauchten. Im Urlaub war sie immer wie Mary Poppins mit ihrer Zaubertasche, aus der sie mühelos Feuchttücher, Snacks, Pflaster oder Malbücher hervorholte, wenn danach verlangt wurde. Selbst als sie krank war, gelang es ihr, in jedem Bereich unseres Lebens irgendwie alles am Laufen zu halten, und was die Jungs auch brauchten, sie hatte es griffbereit.

Im Laufe der vergangenen paar Wochen war ich vollauf damit beschäftigt gewesen, Weihnachtsgeschenke und Sonnencreme zu kaufen, mich um die Versorgung des Hundes zu kümmern, Geld umzutauschen und die Koffer zu packen. Und dies zusätzlich zu den üblichen Aufgaben im Haushalt und meiner Arbeit und den Pflichten als Vorsitzender des Elternbeirats. Es gab so viel zu tun, dass ich Angst hatte, es nicht zu schaffen.

Eines Abends war ich so müde, dass ich mich kaum mehr dazu aufraffen konnte, die Schultaschen der Jungs auszupacken, war aber froh, dass ich es doch tat. In der von Reef steckte das erste offizielle Schulfoto der beiden Brüder, die selbstsicher in ihren adretten roten Pullovern posierten. *»Möchte, dass jedes Jahr die Schulfotos gekauft werden.«* Kate hätte es bewundert, also füllte ich sofort den beiliegenden Zettel aus und bestellte ein paar Abzüge.

Dieses Foto rückte für mich wieder einiges gerade. Beim Betrachten fiel ein Großteil meiner Anspannung von mir ab, weil ich mir klarmachte, warum ich in diesen letzten Wochen wie ein kopfloses Huhn herumgerannt war. Vater zu sein, war eine Freude und ein Privileg, auch wenn es verdammt anstrengend war.

Als wir endlich ausgepackt und uns in unserem Hotel eingerichtet hatten, fühlte ich mich zerschlagen, aber erfüllt.

Wir hatten es schließlich geschafft, was eine große Leistung war. Die Jungs konnten es natürlich kaum erwarten loszuziehen, und ich wusste, dass ich, egal wie müde ich war, die Dinge, so gut ich konnte, am Laufen halten musste, ganz im Geiste von Kate.

»Wann gehen wir im Meer schnorcheln?«, wollte Finn wissen.

Er sprang vor Aufregung auf der Stelle auf und ab.

»Sobald du im Swimmingpool ordentlich trainiert hast, Diddy«, antwortete ich. »Oder soll ich dich lieber Tigger nennen?«

»Wann sehen wir die Pyramiden?«, fragte Reef. Und wollte gleich darauf wissen, ob es auch eine Mumie zu sehen geben würde. Natürlich fragte er das – wie alles andere – in unserer Muttersprache: »Will we see a mummy?«

»Nein, Dummerchen, Mummy ist nicht hier«, sagte Finn, ohne absichtlich einen Scherz machen zu wollen.

Reef lacht lauthals los. »Ich meine doch eine ägyptische Mumie, eine, die in Bandagen gewickelt ist!«, brüllte er.

Ich musste einfach lachen, entweder das, oder ich hätte verzweifelt losgeheult.

Es vergingen ein paar Urlaubstage, bis wir endlich so weit waren, ins Rote Meer zu unserer lang erwarteten Schnorchelexpedition am Riff einzutauchen. Zum Glück war die Haihysterie vorüber. Da das Badeverbot aufgehoben worden war, stand uns nichts mehr im Weg, und ich wollte mir unser Vorhaben auch von keinem trüben Gedanken verleiden lassen.

»Genieß es«, sagte ich mir. »Genieße den Augenblick, wiederholen kannst du ihn nicht.«

Mein Bruder Matt bot an, mitzukommen und mir zu helfen, da ich beschlossen hatte, mit dem Taxi zu einem wunderschönen Naturreservat zu fahren, das ein Stück entfernt lag. Reef und Finn gaben unserem Taxifahrer den Spitznamen »Mario«, nach ihrer Lieblingsfigur Mario Kart in ihren

DS-Spielen, und wir hatten alle unseren Spaß, als wir über die heiße Wüstenstraße fuhren. Unterwegs kamen wir am Dreams Beach vorbei, wo Kate und ich zusammen mit den Jungs gewohnt hatten, als diese noch ganz klein und wir das erste Mal in Ägypten waren. Auch das war über die Weihnachtstage gewesen, daher hätte ich sie gern gefragt: »Seht mal, erinnert ihr euch?«, ließ es aber sein, weil ich der Einzige von uns war, der sich noch daran erinnern konnte.

Stattdessen dachte ich an das Lieblingsmotto von mir und Kate: »Wenn du nichts riskierst, bist du fehl am Platz«, und verwendete all meine Energie darauf, die Adrenalinpumpe der Jungs in Schwung zu halten, während wir uns dem Naturreservat näherten. Ich erzählte ihnen, welche verschiedenen Fische sie womöglich zu sehen bekamen, und bat sie, nach dem lustigen Clownsfisch Ausschau zu halten, den Mummy so gern geärgert hatte.

»Euch wird Hören und Sehen vergehen!«, versprach ich ihnen. »Ihr werdet euren Augen nicht trauen! Und nun ab ins Abenteuer!«

Die ohnehin schon aufgeregten Jungs steigerten sich in ihre Vorfreude hinein, woraufhin ich meine Anstrengungen verdoppelte, dieses Erlebnis für sie unvergesslich zu machen.

Ich lächelte, musste aber zugleich tief Luft holen, als ich den Jungs half, ihre Neoprenanzüge, Masken und Schnorchel anzulegen. Normalerweise wäre dies Kates Aufgabe gewesen, während ich fotografiert hätte, um den begeisterten Ausdruck auf ihren Gesichtern festzuhalten. Jetzt oblagen beide Aufgaben mir, entsprechend kam ich mir vor wie ein Ein-Mann-Fließband, als ich die Jungs ausstaffierte und für ein Foto in Szene setzte. »Ich wusste gar nicht, dass dir Multitasking liegt«, frotzelte Kate. Ihre Stimme kam von so weit, dass sie in meinem Kopf geradezu gespenstisch klang.

Ich schaute hoch in den Himmel. Er war blau, so weit das Auge reichte. Sollte sie auf einer Wolke sitzen, dann war sie jetzt nicht hier. Kein noch so kleines Wölkchen war zu sehen. Kate war nicht mehr da, also würde ich diesen Augenblick mit den Jungs ohne sie genießen, aber in ihrem Andenken. Ich war sehr froh, dass Matt mitgekommen war. Er war mir eine große moralische Stütze, zudem willigte er ein, mit Reef auf seinem Rücken zu schnorcheln, während ich Finn hucke-pack nahm, weil die Haiattacken noch viel zu frisch waren, als dass ich die beiden guten Gewissens hätte allein schwim-men lassen. Matt ist ein eins neunzig großer Rettungs-schwimmer, den die Jungs bewundern. Es hätte also nicht besser sein können.

Zuzusehen, wie Reef erwartungsvoll auf Matts Rücken ins Rote Meer eintauchte, war herzzerreißend und herzerwär-mend zugleich. Als wir kurz darauf ins Wasser gingen, spürte ich, wie Finns Griff an meinem Nacken sich festigte. Nach der Fahrt im heißen Taxi war es kalt im Wasser, und beide Jungs quietschten und zappelten.

Zu meiner großen Freude entdeckte ich fast sofort die auf uns zuschwimmenden Kaiserfische und Clownsfische. Kate war von beiden begeistert gewesen, daher waren sie ein will-kommener und vertrauter Anblick. Doch eigentlich war es, als sähe ich sie zum ersten Mal, denn ich teilte die Aufregung der Jungs an dieser neuen Erfahrung. Ich genoss es.

Ein blau getupfter Stachelrochen, ein Picasso-Drückerfisch und einige Papageienfische schossen zwischen den rosafar-benen, blauen und grünen Korallen hin und her. Ihr Anblick war von atemberaubender Schönheit, aber die größte Begeis-terung kam auf, als die Jungs Paletten-Doktorfische und Zi-tronen-Segelflossen-Doktorfische entdeckten, die wir auch zu Hause im Aquarium haben und Dory und Bubbles heißen, nach den Figuren in *Findet Nemo*. Finn zappelte vor Aufre-gung selbst wie ein kleiner Fisch, und ich konnte sehen, dass auch Reef das Naturschauspiel in sich aufsog und seine Augen überall hatte.

Das großartige Finale präsentierte sich dann mit einigen großen Schwärmen Rotmeer-Füsilieren, die sich direkt vor unseren Augen von blendendem Blau in Sonnenscheingelb verwandelten, ein erstaunlicher Trick, mit dem sie ihre Feinde verwirren. Es war zauberhaft, und meinetwegen hätte die Show ewig so weitergehen können, aber zugleich wollte ich auch die Reaktionen der Jungs hören.

Als wir schließlich wieder ins seichte Wasser zurückkehrten und unsere Masken abnahmen, quasselten Reef und Finn drauflos und bombardierten mich mit Fragen. »Können wir in unser Aquarium auch Feuer-Schwertgrundeln und Riffbarsche einsetzen? Können wir ein Aquarium bekommen, wo die Fische so aussehen? Wie machen es die Gelben, blau zu werden? Ist das ein Zaubertrick?« Als ich ihnen beim Ausziehen half und ihre Fragen beantwortete, spürte ich, wie heftig ihre kleinen Herzen schlugen. Ihre Augen glänzten und blinzelten gegen die Sonne, aber plötzlich wurde Reef ganz still.

»Warum treten manche Leute auf die Korallen?«, fragte er ganz ernst.

»Nun, entweder wissen sie es nicht besser, oder sie sind einfach unachtsam und egoistisch«, sagte ich.

»Sie tun ihnen doch weh«, fuhr er fort und wirkte sehr aufgewühlt. »Ich möchte nicht, dass den Korallen so was passiert. Sie könnten sterben.«

Ich drückte ihn an mich. Reef war manchmal sehr klug für sein Alter, und es rührte mich, dass er so viel Achtung vor jeglichem Leben hatte. Doch in Zeiten wie diesen durfte ich nicht traurig sein. Es war ein wunderbares, überwältigendes Ereignis im Leben der Jungs, und ich wollte nicht, dass Reef sich auf Schmerz und Tod konzentrierte.

»Mummy ist immer sehr behutsam mit den Korallen umgegangen«, erzählte ich ihm. »Du bist ein kleiner Stern so wie sie. Sie hätte ihre Freude an deiner Fürsorge.«

»Danke, Daddy«, sagte Reef und lächelte tapfer.

Auf der Rückfahrt hatten wir einen anderen Taxifahrer, der aber, wie sich herausstellte, der Schwager des Fahrers war, der uns zum Riff gebracht hatte.

»Es ist nicht Mario!«, sagte Finn enttäuscht.

»Dann muss es Luigi sein«, scherzte Reef, worauf Matt und ich in Gelächter ausbrachen und dem Fahrer dann höflich erklärten, dass die Jungs bei ihren DS-Spielen im Autorennen gern Mario gegen Luigi antreten lassen.

Ich sprach mit Matt darüber, dass ich es kaum erwarten konnte, eines Tages mit den Jungs Scuba-Tauchen zu gehen, wenn sie beide alt genug für das Training waren. Reef hatte zu Hause bereits ein paar Stunden im Swimmingpool meines Freundes Ken bekommen. Bei seinem ersten Tauchgang war er erst fünf gewesen, der Jüngste, den ich je unterrichtet habe. Er ging zweieinhalb Meter tief mit einer Sauerstoffflasche auf dem Rücken und gab unter Wasser ein triumphierendes Okay-Handzeichen, was für jemand seines Alters schon eine reife Leistung darstellte.

»Ich wette, du kannst es kaum erwarten, es selbst auch zu versuchen«, sagte Matt zu Finn.

»Hab ich schon gemacht!«, prahlte Finn, und ich erklärte, dass Finn, weil er sich nicht ausstechen lassen wollte, an diesem Tag seinen Schnorchel zum Atemregler und Sauerstofftank umfunktioniert hatte. Er trieb an der Oberfläche und gab vor zu tauchen, während Kate vor Lachen fast in den Pool fiel.

»Typisch Finn!«, sagte Matt und hatte recht.

Es war eine lustige Erinnerung, aber ich erinnere mich, dass Kate an diesem Tag neben dem Pool auch ein paar Tränen vergoss. Vermutlich hätte sie gern Reef seine erste Tauchstunde gegeben, was sie aber nicht konnte, weil sie noch immer Schläuche in ihren Armen hatte. Doch jetzt überlegte ich, dass vermutlich mehr dahintersteckte. Womöglich ahnte sie, was sie verpassen würde, wenn das Schlimmste eintraf.

Oder vielleicht spürte sie bereits, dass ihr dieses Schlimmstmögliche bevorstand, was ich allerdings nicht hoffe, denn das war sechs Monate vor ihrem Tod gewesen.

Am Weihnachtstag waren sämtliche dreizehn Mitglieder unserer Gruppe in Ägypten versammelt. Wir kamen überein, uns ein privates Boot bei einem der Tauchzentren von Na'ama Bay zu mieten. Zu unserer Freude fanden wir ein sehr massives Boot, das wir zusammen mit einer Crew und Tauchlehrern für gerade mal vierzig Pfund pro Kopf mieteten. Alle waren in bester Stimmung, als wir zur Insel Tiran aufbrachen. Unterwegs fingen wir einen Thunfisch, der für uns zubereitet und zum Mittagessen mit einem köstlichen scharfen Salat serviert wurde. So gelang es mir tatsächlich, mich zu entspannen und alles zu genießen.

Es fühlte sich überhaupt nicht wie Weihnachten an, und das war ein Segen. Natürlich kam der Weihnachtsmann zu den Jungs, auch tauschten die Familie und die Freunde Geschenke aus, aber ansonsten war es ein ganz normaler Urlaubstag. Es blieb kaum Zeit zum Nachdenken, geschweige denn, um sich mit Erinnerungen an vergangene Weihnachtsfeste aufzuhalten.

Am zweiten Weihnachtstag half ich den Jungs bei Schnorchelübungen im Swimmingpool und schwamm dann selbst hundert Bahnen in einem anderen schönen kalten Schwimmbecken, um was für meine Fitness und meine Figur zu tun. Das hatte ich mir als tägliches Programm für den Urlaub auferlegt. Während dieser Zeit kümmerten sich die anderen Familienmitglieder um Reef und Finn.

Die Abende waren zugegebenermaßen manchmal ein wenig hart. Einige der jüngeren unserer Gruppe gingen in Klubs und Bars, was ich auch gern getan hätte, aber wegen der Jungs nicht konnte. Wäre Kate dabei gewesen, wäre ich mit Freuden im Hotel geblieben, um in aller Ruhe etwas an der Bar zu trinken. Dass ich dieses Vergnügen nie wieder haben würde, daran erinnerte mich dieser Urlaub aufs Heftigste, genauso wie an die Probleme, mit denen man als Alleinerziehender klarkommen muss.

Obwohl ich von meiner unmittelbaren Familie umgeben war, konnte ich keinem von ihnen das Babysitten aufhalsen, um selbst ausgehen und ordentlich feiern zu können. Schließlich wollten sie alle einen schönen Urlaub nach ihren Vorstellungen genießen. Das war vollkommen nachvollziehbar, was mir allerdings nicht half, wenn ich mir dann hin und wieder doch selbst leidtat. Das Wetter tat ein Übriges, denn am 29. Dezember setzte wolkenbruchartiger Regen ein.

»Das ist das erste Mal seit vielen, vielen Jahren, dass wir so viel Regen haben«, erklärte der Kellner mir fröhlich. »Normalerweise regnet es nur ein bisschen, und das an etwa drei Tagen im Jahr. Wir sind alle deswegen ganz aus dem Häuschen. Es ist ein außergewöhnliches Ereignis.«

»Toll«, sagte ich mir. »Genau das haben wir gebraucht.«

Es war Finns fünfter Geburtstag, und ich hatte gehofft, den Tag mit Schnorcheln, Schwimmen und Spielen am Strand im Sonnenschein verbringen zu können.

»Gibt es eine Party für mich?«, wollte er wissen.

»Nein, Finn, hier nicht.«

»Aber Reef hat eine ganz große Riesenparty gehabt. Das ist ungerecht!«

»Ich weiß, aber ich habe eine tolle Idee«, sagte ich und zog ihn an mich heran.

»Was denn?«, fragte er argwöhnisch.

»Es ist doch gar nicht so toll, so unmittelbar nach Weihnachten Geburtstag zu haben, oder?«

»Eher nicht.«

»Weil du all deine Geschenke auf einmal bekommst, und dann passiert ein ganzes Jahr lang nichts mehr.«

Er nickte. »Und was hast du dir ausgedacht?«

»Was hältst du davon, deinen Geburtstag im Frühjahr noch mal zu feiern, wenn das Wetter besser ist? Jetzt feierst du deinen richtigen Geburtstag mit der ganzen Familie und dann noch mal im März auf einer riesigen Party mit all deinen Freunden, ganz dicht an meinem Geburtstag und Mum's Day.«

»Ja, abgemacht.« Finn grinste frech und ergänzte sofort: »Wie oft muss ich noch schlafen? Darf ich eine Kinoparty haben?«

»Du musst noch sehr oft schlafen, und ja, das geht. Wir werden das ganze Kino anmieten, wie wir das bei Reef gemacht haben, und wir nennen es ›Finns inoffizielle Geburtstagsparty‹.«

Er klatschte mich ab und hüpfte fröhlich davon, um es Reef zu erzählen, aber das löste noch nicht mein Problem, wie ich die Jungs heute beschäftigen sollte. Allmählich wurde ich etwas gereizt. Der immer stärker fallende Regen trommelte gegen die Fensterscheiben unseres Hotelzimmers und lief draußen in Bächen über die Wege.

Mich drängte es hinaus aufs Meer, aber daran war gar nicht zu denken.

»Wann wird es zu regnen aufhören, Daddy«, jammerte Reef. »Mir ist langweilig.«

»Hoffentlich bald.«

»Wie bald?«

»Ich weiß nicht, Reef. Woher soll ich das auch wissen?«

Er begann an den Knöpfen des Hoteltelefons herumzuspielen, und Finn versuchte, von einem Bett zum anderen zu springen.

»Aufhören, alle beide!«, rief ich. »Ihr macht sonst noch was kaputt.«

Und als hätte er auf sein Stichwort gewartet, purzelte Finn von seinem Bettende und fiel so unglücklich gegen eine Kommode, dass er sich am Rücken wehtat.

»Nichts passiert«, sagte er tapfer, zuckte aber zusammen und biss sich auf die Lippe, um seine Tränen zurückzuhalten.

Sekunden später sauste er schon wieder durchs Zimmer, während Reef seine Aufmerksamkeit nun auf eine Tube Sonnencreme richtete, deren Inhalt er geschickt übers Bettzeug spritzte.

»Nun macht mal halblang, Jungs!«, schrie ich. »Könnt ihr nicht einfach mit einem von Finns neuen Spielsachen ruhig spielen?«

»Laaangweilig!«, brummte Reef.

»Wann können wir nach draußen, Daddy?«, quengelte Finn.

»Noch nicht«, sagte ich. »Bitte spielt jetzt beide leise mit euren Nintendos, während ich mich dusche, und gebt mal fünf Minuten lang Ruhe!«

Sie murrten, gehorchten aber und setzten sich mit ihren Spielen auf mein Bett. Ich war keine sechzig Sekunden unter der Dusche, da klopfte es laut und heftig an der Tür. Das war doch nicht zu fassen! Tropfnass und wütend wickelte ich mich in ein Handtuch und stürmte zur Tür.

Vor mir auf dem Balkondurchgang stand ein makellos gekleideter Kellner mit einer gestärkten weißen Schürze und hielt ein riesiges Tablett in Händen, auf dem ein großer Schokoladenkuchen, eine Auswahl an Keksen und eine dampfende Kanne Tee standen. Obwohl wir erst Vormittag hatten, war er von einem unheilvoll schwarzen Himmel gerahmt.

»Für Ihren Jungen, Sir«, sagte er mit nervösem Lächeln.

Genau in diesem Moment schlug ein gewaltiger Blitz in den Tenniscourt hinter ihm ein und ließ ihn strahlen wie ein Weihnachtsbaum. Der Kuchen war mit einem großen Stück Alufolie abgedeckt, auf das ich entsetzt meinen Blick richtete, weil ich darin plötzlich einen riesigen Blitzableiter anstatt eines Schokokuchens sah. Der Regen prasselte herab wie Gewehrkugeln, die von den Gehwegen abprallten, und eine

Blitzladung nach der anderen zuckte über den Himmel und ließ violett leuchtende Wolken zurück. Ein unangenehmer Geruch lag in der Luft und stieg mir in die Nase – eine widerliche Mischung aus Rauch und aufgewirbeltem Staub. Heiß pulste das Blut in meinen Halsadern, und ich zog vom Leder.

»Reef! Finn!«, brüllte ich. »Wer von euch beiden hat den Zimmerservice bestellt? Ich habe euch doch gesagt, ihr sollt das Telefon in Frieden lassen!«

Ich drehte mich um und sah ihre beiden kleinen Köpfe unter meiner Bettdecke hervorlinsen, vier blaue Augen, die mich ganz verlegen ansahen.

»Ihr könnt was erleben, das sag ich euch! Habt ihr eine Ahnung davon, was das kosten wird?«

Die beiden kamen mit besorgten und verdutzten Mienen angeschlichen.

»Ich hätte niemals erlauben dürfen, dass ihr euch diese *Allein-zu-Haus*-DVDs anseht. Habt ihr eure Ideen daher? Nun sagt schon.«

Beide blickten mich verständnislos an.

»Äh, das kostet nichts, Sir«, erklärte der junge Kellner taktvoll. »Das ist ein Geburtskuchen für Ihren Jungen Finn mit den besten Wünschen des Hotelmanagers. Es ist ein Glückwunschkuchen.«

Mir fiel auf, dass das vorsichtige Lächeln des Kellners verschwunden war und er äußerst besorgt wirkte. Wieder spürte ich, wie mir das Blut in die Wangen schoss, aber diesmal nicht vor Wut, sondern vor Scham.

»Verzeihen Sie bitte«, sagte ich und nahm ihm endlich das Tablett ab.

»Macht es Ihnen was aus, Sir, wenn ich einen Moment zu Ihnen reinkomme?« Er sagte das in ganz eindringlichem Ton, und seine Hände zitterten. Und mir wurde schlagartig klar, dass ihn mein Ausbruch nicht im Geringsten verärgert, das Unwetter ihm aber einen fürchterlichen Schrecken eingejagt hatte. »Ich habe noch nie ein Gewitter erlebt«, erklärte er mit bebender Stimme. »Zwei Palmen auf dem Hotelgelände sind vom Blitz getroffen worden. Ihre Wurzeln haben Feuer gefangen. So etwas habe ich in meinem ganzen Leben noch nicht gesehen. Hier regnet es normalerweise nicht.«

»Ich kann mich gar nicht genug für die Verwirrung entschuldigen«, sagte ich und bedeutete ihm einzutreten. »Bitte kommen Sie herein. Und bei euch Jungs muss ich mich auch entschuldigen. Nun kommt schon, ihr beiden, und nehmt euch ein Stück Kuchen.«

Reef bedachte mich mit einem wenig beeindruckten Blick, und selbst Finn brauchte ein paar Minuten, um das Durcheinander zu verarbeiten.

»Wir machen alle Fehler«, erklärte ich ihnen. »Aber seid jetzt nicht sauer deswegen. Am besten nimmt man eine Entschuldigung an, gibt sich die Hand oder drückt sich und lässt es gut sein.«

Finn nickte schweigend und umschlang mich mit seinen kleinen Armen, Reef tat es ihm wenig später nach. Es war die schnellste aktenkundige Umarmung, da der klebrige Schokoladenkuchen wartete, aber ich war dankbar dafür.

»Herzlichen Glückwunsch zum Geburtstag, Finn«, sagte ich. »Ich denke, den wirst du so schnell nicht vergessen.«

Als der Kellner schließlich seinen Mut zusammennahm und wieder nach draußen ging, verwandelten die Regentropfen sich plötzlich in riesige Hagelkörner. Sie waren so groß wie Pfundmünzen. Ich hatte schon viele Unwetter erlebt, aber kein so dramatisches.

Kopfschüttelnd schaute ich hoch zum Himmel. Nur gut, dass ich nicht wirklich an ein Leben danach glaube, sagte ich mir. Wenn dem so wäre, dann müsste ich davon ausgehen, dass Kate dahintersteckte. Sie machte ihrer Wut Luft, nicht an Finns Geburtstag dabei sein zu dürfen, das jedenfalls würde manch einer denken. Oder dass Kate das Donnerkrachen verursacht hatte, weil sie vor Lachen von ihrer Wolke gefallen war, nachdem ich mich derart blamiert hatte. An Dinge dieser Art glaubte ich eigentlich nicht, aber das Timing war so verrückt, dass man durchaus auf merkwürdige Ideen kommen konnte.

Am nächsten Morgen war der Himmel wieder blau. Irgendwie hatte ich das geahnt. Die Sonne strahlte hell, und die ruhige stille Luft roch wie reingewaschen. Es war ein neuer Start für den Urlaub, und wir kehrten zu dem zurück, was wir am besten konnten: Das Beste daraus machen. Während mein Bruder die Jungs mit Wasserpolo bei Laune hielt, setzte ich mich an den Strand.

Die unbewegte Luft war ein wenig beunruhigend. Ich sah die verbrannten Wurzeln der Palmen, die vom Blitz getroffen worden waren, und musste ständig an dieselbe Redewendung denken: »Nach dem Regen kommt Sonnenschein.« Es fühlte sich definitiv an wie der Sonnenschein nach dem Sturm, aber von diesem Gefühl hatte ich mich schon einmal überrumpeln lassen, daher traute ich ihm nicht. Ich konnte nur hoffen, dass kein neuer kam.

Ich saß im Sand und schaute auf den leeren Platz neben mir. Nicht in einer Million von Jahren hätte ich mir vorstellen können, dass Kate so jung sterben würde. Sie hatte es nicht verdient, nur so kurz leben zu dürfen. Wieder wanderten meine Gedanken zu dem Tag zurück, als Kate und ich bei uns zu Hause am Strand saßen, nachdem Reefs Behandlung endlich abgeschlossen war und er entgegen aller Vorhersagen gedieh. »Wir haben es geschafft!«, frohlockte Kate, und wir waren beide davon überzeugt. Wir hatten die Blitze überlebt und über so viele Jahre hinweg viele Feuer gelöscht. Die Ärzte hatten mit Medikamenten und der Operation dafür gesorgt, dass sich Reefs Krebs nicht weiter ausbreitete, und wir genossen alle die verdiente Ruhe. Wir konnten nicht ahnen, dass dieser Sonnenschein nach dem Sturm in Wahrheit die Ruhe vor dem nächsten Sturm war – dem verdammten Gewittersturm von Kates Tumorerkrankung. Und wenn nun schon der nächste Donnerschlag oder Blitz darauf wartete zuzuschlagen? Wäre ich allein in der Lage, mit einem weiteren Schicksalsschlag klarzukommen?

Ich legte mich zurück und schloss die Augen. »Was wäre wenn?« war eine dumme Frage. Alles war möglich, sagte ich mir. Ich hatte Reef erklärt, dass es keinen Sinn hatte, die »Was wäre wenn«-Frage zu stellen, und das war richtig gewesen. Es war eine negative Art zu denken, die zu nichts führte. Weitaus besser war es, das Beste zu hoffen und abzuwarten, was kam.

Ich konnte mir nur dessen sicher sein, was bereits passiert war, nicht dessen, was passieren könnte. Seit Kates Tod waren fast zwölf Monate vergangen, und so viel war geschehen. Das Leben war weitergegangen, dieser Gedanke schockierte und tröstete mich zugleich. Es war gut, dass das Leben weiterging, obwohl ich mir anfangs nicht vorstellen konnte, wie. Wie und wann es dann doch weitergegangen war, kann ich nicht mit Bestimmtheit sagen, denn es war ein schleichender Prozess, ein Aufweichen des rohen, schreienden Schmerzes in empfindliche schmerzhafte Trauer.

Der erste Jahrestag von Kates Tod war schon in wenigen Wochen, und ich überlegte, wie viele gute Dinge in diesem Jahr ohne sie passiert waren, die meinen Verlust erträglicher gemacht hatten. Ich wanderte in Gedanken durch die Monate und Jahreszeiten.

Die Eiseskälte des Winters, die schwer auf Kates Trauerfeier gelegen hatte, war etwas aufgetaut, als wir das Boot gekauft hatten und zu neuen Abenteuern aufgebrochen waren. Ich hatte nicht erwartet, dass von da an alles glatt laufen würde, jedoch auf ein wenig Freude gehofft. Und davon hatten wir jede Menge, wie ich fand.

Unter den warmen Sonnenstrahlen auf meiner Stirn nahmen die glücklichen Momente Gestalt an. Ich sah Reef und Finn beim Picknick in Priddy, wo sie Jagd auf Käfer und Schmetterlinge machten. Und gleich darauf sah ich ihre strahlenden Gesichter, als sie das Steuer der *4 Saints* übernahmen und mit windzerzausten Haaren »Schneller, schneller!« jubelten. Ebenso lebendig war die Erinnerung an uns drei, wie wir als Piraten verkleidet an Reefs Geburtstag für ein Foto posierten und uns dabei wie die Schneekönige freuten.

Dann allerdings musste ich traurig daran denken, dass sich selbst an strahlenden Sonnentagen der Himmel manchmal wie auf Knopfdruck verdunkelte, wenn Kummerwolken sich zusammenbrauten und alles überschatteten. Ich habe mich nie einer Trauertherapie unterzogen, aber ich wusste, dass das normal war und niemand ordentlich geregelte Trauerstadien durchmacht. Man weiß nie, wann die Trauer einen überkommt, wann sie die Erinnerung beherrscht oder Tränen auslöst.

Voller Bedauern musste ich an mein Verhalten während des österlichen Wohnwagenurlaubs denken, als ich einfach völlig von der Rolle gewesen war. Da hätte ich mich sicherlich mehr anstrengen können. Auch bei der Erinnerung an die gerammte und in tausend Stücke geschlagene *4 Saints* zuckte ich zusammen, denn ich musste den Jungs beibringen, dass sie für sehr lange Zeit nicht einsatzbereit wäre, viel zu lange, um sie mit Nächten zu berechnen, die noch geschlafen werden mussten.

Ohne Vorwarnung klumpte sich mein Magen kalt zusammen, als ich an die Knoten in Reefs Bauch denken musste. Zweifellos war deren Entdeckung seit Kates Tod der Tiefpunkt des ganzen Jahres gewesen und die Entwarnung, dass sie harmlos waren, der allerschönste Glücksmoment. Dieser Gedanke verdrängte alles andere aus meinem Kopf und machte mir eines klar und deutlich.

Zwei fröhliche, gesunde Kinder zu haben war immer Kates

Traum gewesen, und genau das hatte ich jetzt. Als sie ihre Liste schrieb, war das ihre Motivation gewesen. Die kleinen Schnipsel über sie selbst, die Hinweise für mich und die Wünsche bezüglich der Jungs sagten eigentlich alle nur eins aus: »Seid glücklich, schätzt das Leben und habt viel Spaß. Und seid dabei freundlich und achtsam.« Zwischen den Zeilen sagte Kate außerdem: »Vergesst mich nicht, aber macht bitte weiter und holt aus jedem Tag das Beste heraus.« Dies hatte sie auf vielfältige Weise gesagt während der vielen Stunden, die wir miteinander geredet und geweint und uns umarmt hatten und in denen sie die Liste vervollständigte.

Würde Kate das gutheißen, was ich bis jetzt erreicht hatte? Fände sie, dass ich es gut machte? Ich wünschte, ich könnte sie herbeizaubern, wenn auch nur für eine Minute, um sie zu fragen, was sie dachte, und um noch ein wenig mehr von ihren kostbaren Ratschlägen und ihrem Feedback zu bekommen. Sie war ein Organisationstalent und bräuchte nicht lang zu überlegen, um mir reinen Wein einzuschenken.

Niemand ist perfekt, und mir war klar, dass manches, worum sie mich gebeten hatte, noch nicht erledigt war und ich einiges, das ich bereits abgehakt hatte, noch besser machen konnte. Jemand für meinen weiteren Lebensweg zu finden war dabei die größte Herausforderung, das war mir seit dem Augenblick klar, als Kate mir gesagt hatte, ich solle mir eine andere Frau suchen. Damals überstieg ihre Bitte alles Denkbare und machte mich sprachlos. Meine Frau lag im Sterben, aber sie würde immer meine Seelengefährtin bleiben. Wie sollte ich jemals eine andere Frau, eine andere Mutter für die Jungs finden?

Ich richtete mich auf und blickte gedankenverloren hinaus aufs Rote Meer. Instinktiv griffen die Finger meiner rechten Hand an meine linke und tasteten dort nach dem Ringfinger. Im Laufe der Monate hatte ich es mir zur Angewohnheit gemacht, an dem Liebesknotenbändchen, das ich anstelle meines Eherings trug, herumzuspielen. Es war ein fast unbewusst ablaufendes Ritual, das ich, wie mir jetzt klar wurde, immer dann vollzog, wenn ich an Kate dachte, insbesondere wenn ich daran dachte, dass Kate mir aufgetragen hatte, eine andere Frau zu finden. Zu meiner Überraschung war dort, wo ich das Band zu spüren erwartete, nur noch eine weiche Mulde im Fleisch. Mehrere Minuten lang starrte ich fassungslos auf meine nackte Hand und versuchte mir angesichts der leeren, weißen Stelle an meinem Finger darüber klar zu werden, was aus meinem Ersatzehering geworden war.

Das Bändchen hatte in letzter Zeit etwas fransig und dünn ausgesehen, offenbar war es gerissen und unbemerkt aufs Meer hinausgetrieben. Das hatte wohl so kommen müssen, jedenfalls hatte ich nichts unternommen, um die Fasern des Bands zu verstärken, nachdem ich die Verschleißerscheinungen bemerkt hatte. Zweifellos hatte es sich still und heimlich von mir verabschiedet, als ich mit den Jungs schnorcheln war und nur Augen für diese und ihre Bewunderung der Fische hatte.

Ich war gerührt und ein wenig traurig, aber nicht entsetzt. Eine andere Frau zu finden schien mir jetzt auch nicht mehr gänzlich unvorstellbar zu sein, auch fühlte ich mich nicht unwohl dabei, es mir einzugestehen. Während mein Blick zum Horizont schweifte, überlegte ich, was wohl jenseits dieser schmalen Indigolinie lag, die das Meer vom Himmel trennte. Die Angst und die Mutlosigkeit, die ich in den Anfangsmonaten nach Kates Tod empfunden hatte, waren verschwunden. Ich war bereit, genauer hinzusehen und mich auf die Suche zu machen. Den ersten Schritt hatte ich bereits getan, und dieser hatte mich weiter gebracht, als mir womöglich selbst bewusst war, also sah ich erwartungsvoll in die Zukunft. Dass ich jemals eine andere Seelengefährtin fände, daran glaubte ich noch immer nicht, denn Kate war einfach nicht zu ersetzen. Doch zum ersten Mal seit langer Zeit konnte ich mir ein gutes

Leben, vielleicht sogar ein wunderbares Leben jenseits von Verlust und Trauer und der zahllosen Meilensteine des Schmerzes vorstellen.

Hätte es in meiner Macht gelegen, wäre ich zum Horizont gesprungen, hätte Meer und Himmel auseinandergestemmt und gleich jetzt einen Blick in meine neue Welt geworfen. Ich war dazu bereit. Vergessen würde ich Kate niemals, auch würde ich dafür sorgen, dass die Jungs sich so oft wie möglich an ihre Mum erinnerten. Aber es hatte eine Verschiebung stattgefunden und dies nicht erst an diesem Tag. Nach und nach hatte die Zeit mein wundes Herz geheilt. Sie hatte im Geheimen unter meiner Haut gearbeitet und still die Schnitte genäht und die Prellung gelindert. Es gab noch immer viel zu tun, aber die Wunden der Trauer waren nicht mehr offen und bluteten nicht mehr.

Das war mein Sonnenschein nach dem stürmischen Regen. Das Schlimmste war vorbei, dessen war ich mir sicher. Jetzt schien tatsächlich die Sonne und Kate lächelte auf mich herab.

KAPITEL 11

»Bin sehr für einen Esstisch, an dem ihr
wenigstens einmal in der Woche als Familie
zusammen essen könnt«

Wir haben Juli 2011, sieben Monate sind seit unserer Ägyptenreise vergangen. Die Umbauarbeiten sind endlich abgeschlossen, und morgen kommt unser neuer Esstisch. Ich sitze auf meinem Bett, wo ich gerade eine Einkaufsliste für Tesco zusammengestellt habe, weil ich heute Abend kochen werde. Die Jungs sind in der Schule, also habe ich den Tag für mich. Nun ist der Zeitpunkt gekommen, mit dem letzten Kapitel meines Buches zu beginnen, und ich halte Rückschau anhand des diesjährigen Tagebuchs.

Am 20. Januar 2011, als Kates Todestag sich zum ersten Mal jährte, musste Reef zu seiner Routineuntersuchung im Krankenhaus, um ihn darauf untersuchen zu lassen, wie es um die Tumor-Remission bestellt war. Beim Blick in mein Tagebuch möchte ich mich fast zwicken, wenn ich mir die Worte des Arztes an diesem Tag in Erinnerung rufe. Ich hielt damals Reefs Hand, während er das übliche Sperrfeuer von Scans und Bluttests über sich ergehen ließ. Nach den guten Nachrichten vom letzten Jahr und der Versicherung, dass die Knoten in seinem Unterleib harmlos sind, war ich ziemlich optimistisch. Reef war inzwischen bei den Pfadfindern und hatte Spaß an allen Aktivitäten, die er mit ihnen unternahm. Darüber hinaus machte er sich auch ganz gut beim Rugby, was er an den Wochenenden spielte. Er hatte sich zu einem erstaunlichen kleinen Spieler entwickelt, obwohl es ihm mit seinem schwachen Bein nicht leichtfiel, die Balance zu halten.

Beim allerersten Spiel schaffte er es, nicht markiert zu werden, und legte einen Sprint über zehn Meter durch die gegnerische Mannschaft hin. Er ist auch recht geschickt im Zuspiel, und ich habe bewundernd verfolgt, wie er einen Ball gekonnt durch die Luft schraubte. Als ich an diesem Tag an der Seitenlinie stand, fühlte ich mich an jenen unglaublichen Moment zurückversetzt, als Reef, drei Tage nachdem die Ärzte uns gesagt hatten, er könne womöglich nie wieder laufen, einen Kinderwagen durch das Spielzimmer des Krankenhauses schob. Kate und ich hatten einander völlig verdutzt angesehen. »Oooh, das solltest du eigentlich gar nicht können!«, hatte Kate zum achtzehn Monate alten Reef gesagt, bevor sich ihre Begeisterung in einem unglaublichen Gekicher entlud. Wir trauten unseren Augen nicht, und auch die Ärzte mussten sich erst mit eigenen Augen davon überzeugen, ehe sie es glauben konnten. Wir wussten, dass der Tumor Reefs Oberschenkelnerv angegriffen hatte, und waren gewarnt worden, dass er durch Chemo und Bestrahlung noch weiter geschädigt werden könnte, dennoch hatten wir uns noch nicht ansatzweise mit der schrecklichen Prognose abgefunden, dass er womöglich nie wieder laufen konnte. Als wir ihn an diesem Tag den Kinderwagen schieben sahen, war offensichtlich, dass trotz des aggressiven Tumors die Signale des Gehirns es doch irgendwie schafften, an sein Bein weitergeleitet zu werden. Es war ein Wunder. Selbst heute noch begreifen die Ärzte nicht ganz, wie er das zuwege gebracht hatte.

Und jetzt erfüllte mich jedes Mal unglaublicher Stolz, wenn ich Reef beim Rugbyspielen zusah, denn für ihn ist es schon eine unglaubliche Leistung, überhaupt auf dem Feld zu sein. Auch Finn geht beim Rugbytraining ab wie die Post, es ist eine wahre Freude, sie beide spielen zu sehen. Ich werde

dabei an die Zeit erinnert, als ich selbst noch als Gedränge-
halbspieler für ein Bristol-Team antrat. Kate war mein größter
Fan und kam zum Zuschauen, selbst wenn es bitterkalt war.

Einmal spielten wir gegen ein Team von der Bath Univer-
sity, und die Fans der gegnerischen Mannschaft warfen mir
alle möglichen Beschimpfungen an den Kopf, ohne zu ahnen,
dass meine Freundin unter ihnen an der Seitenlinie stand.
Die kleine Kate, eingemummelt wie ein Eskimo in Mütze
und Schal gegen Schneeregen und heulenden Wind, hörte
sich eine Weile schweigend an, wie sie mich »rothaarigen
Schwachkopf« nannten und ihre Spieler anstachelten, mich
aus dem Spiel zu drängen. Sie wartete den perfekten Augenblick ab und bekundete, nachdem ich einen Versuch erzielt
hatte, ihre Loyalität, indem sie laut und enthusiastisch
brüllte: »Gut gemacht, Singe!«

»Zu wem gehörst du denn?«, wollte einer der gegnerischen
Fans wissen.

»Zu dem rothaarigen Schwachkopf«, erwiderte sie mit einem breiten Grinsen im Gesicht und weidete sich daran, wie
das Gesicht des Fragenden noch röter wurde als meine Haare,
bevor er sich überschwänglich für seine Kommentare entschuldigte.

Bei dieser Erinnerung lächelte ich in mich hinein, dann
wandte ich mich wieder meinem Tagebuch zu und las, was
ich am 20. Januar 2011 unter »Reef, Krankenhaustermin«
vermerkt hatte.

»Fantastische, unglaubliche, tolle Neuigkeiten. Die Ärzte
sind begeistert von Reef. Alle Tests gut. Meinten, die Gefahr,
an Krebs zu erkranken, sei bei ihm jetzt nicht größer als bei
allen anderen!«

Ich traute meinen Ohren kaum, als Professor Stevens mir
das mitteilte. Das waren nach vielen Jahren die besten Neuigkeiten, und ich hätte sie gern mit Kate geteilt. Auf diese Nachricht hatte sie immer gewartet, obwohl man uns gesagt hatte,

wir dürften nicht mit ihr rechnen. Es war ein übergroßes Wunder.

Nach dem Krankenhaustermin nahm ich beide Jungs mit an Kates Grab und erklärte ihnen, dass nun auf den Tag genau ein Jahr seit Mummys Tod vergangen war und es schön wäre, ihr die großartigen Neuigkeiten zusammen mit ein paar frischen Blumen für ihren Grabstein zu überbringen.

Das zutrauliche Rotkehlchen, das auf dem Friedhof wohnt, trällerte ein schönes Lied, während wir weiße Rosen für Kate niederlegten und ich ihr leise die unglaublichen Neuigkeiten zuflüsterte. Dabei malte ich mir ihre ekstatische Reaktion aus. »Wenn wir keine Glückspilze sind! Ich bin so froh, dass Reef es geschafft hat«, sagte sie.

Als die Jungs außer Hörweite waren, berichtete ich ihr, dass ich versuchte, Karten für das Rugby-Länderspiel Irland gegen England zu bekommen, das im März in Dublin ausgetragen wurde. »Der Auftrag, die Jungs zu einem internationalen Rugbyspiel mitzunehmen, war eine leichte Aufgabe, Kate!«, flüsterte ich, während die Jungs an der Hecke entlangschlenderten und aufs Meer hinausschauten. »Ich denke, das lässt sich machen.«

Als wir aufbrachen, winkten die Jungs Mummy zum Abschied, wie sie das auch getan hatten, wenn sie zu ihren Lebzeiten auf dem Spielplatz waren. Es gab keine Tränen, und es schnürte mir weder die Brust noch die Kehle ab, anders als bei so vielen der früheren Besuche an Kates Grab. Es war eisig kalt, aber die Luft war leicht, und die Jungs machten einen sorglosen Eindruck. Die regelmäßigen Besuche an Kates Grab waren im Lauf der vergangenen zwölf Monate zu einem normalen Teil unseres Lebens geworden und würden es auch immer bleiben. Als wir wieder ins Auto einstiegen, schenkten Reef und Finn mir ein herzerweichendes Lächeln.

Jetzt konzentrierte ich mich wieder auf mein Tagebuch und sah, dass es jede Menge anderer denkwürdiger Daten und

Jubiläen in den ersten Monaten von 2011 gab. Ende Januar hatten wir endlich die *4 Saints* wiederbekommen und dies an mehreren Tagen auf dem Bristol Channel mit Freunden gefeiert, die tapfer genug waren, mit uns den bitterkalten Winden zu trotzen.

Auch der Valentinstag ging leichter über die Bühne als im Jahr davor. Ich ignorierte ihn wieder, was schon viel besser ging, so blieb auch diese Seite in meinem Tagebuch leer. Hatte man nämlich ein mit schmerzhaften Erinnerungen verbundenes Datum oder Jubiläum überstanden, kam man beim nächsten Mal schon viel besser damit zurecht, wie ich erleichtert feststellte.

Ich war dazu übergegangen, mich häufiger zu verabreden, noch immer mit Frauen, die irgendwie Freundinnen einer Freundin waren. Es waren im romantischen Sinne keine ernsthaften Dates, aber ich genoss es, zu plaudern und zum Essen oder ins Kino auszugehen. Es war schon unglaublich wohltuend, mal ohne Unterbrechung ein Gespräch unter Erwachsenen führen zu können.

Eine meiner Verabredungen fragte mich ganz direkt: »Wie kommen Sie mit Ihrem Verlust klar?« Wir saßen in einem Pub mit Blick auf die Küste von Clevedon. Sie hatte sehr offenherzig von ihrem eigenen Leben und ihrer problematischen Scheidung erzählt, und ich überraschte mich selbst mit einer sehr offenen, schwülstigen Antwort, die von Herzen kam.

»Ich würde es folgendermaßen beschreiben«, sagte ich, während mein Blick zwischen ihr und dem Meer hin und her wanderte. »Als Kate starb, war es, als stünde ich an einem Strand, wo mich eine Woge der Trauer nach der anderen überspülte. Die Wellen warfen mich um, und jedes Mal wurde ich von der Brandung erfasst. An manchen Tagen hatte ich das Gefühl, als würde ich es nie wieder schaffen, auf die Beine zu kommen oder auch nur nach Luft schnappen zu können. Nachdem nun einige Zeit vergangen ist, schlagen die Wellen noch immer gegen mich, auch ist mein Stand noch immer unsicher, aber jetzt schaffe ich es, mich halb hinauf ans Ufer zu ziehen und manchmal sogar ein Stückchen weiter. Beantwortet das Ihre Frage?«

Ich grinste, weil ich mit meiner Selbstanalyse sehr zufrieden war.

»Ich finde, dass Sie das ganz hervorragend machen«, sagte sie und starrte mich mit feuchten Augen an.

»Nett, dass Sie das sagen«, erwiderte ich jovial. »Aber was bleibt mir für eine Wahl? Untergehen oder schwimmen. Ich muss zwei kleine Jungs großziehen und einfach zurechtkommen, ich muss weitermachen.«

»Ja, aber das gelingt nicht allen so gut wie Ihnen«, sagte sie.

»Es hat aber auch nicht jeder zwei so großartige kleine Jungs wie ich, das ist mein Glück«, entgegnete ich. »Ein Lächeln, ein Winken oder ein ›Hab dich lieb, Daddy‹ von den Jungs gibt mir zweifelsohne Kraft weiterzumachen, aber ich bin auch nur ein Mensch und erlebe noch immer Momente, in denen die Trauer mich überwältigt.«

Sie nickte freundlich und bohrte nicht weiter nach. Ich würde ihr nicht erzählen, dass ich von Zeit zu Zeit noch immer auf Kates Facebook-Seite ging, um die Kondolenznachrichten von Freunden und Familienmitgliedern zu lesen, und dass ich unmöglich ihren Account löschen konnte. Ebenso wenig würde ich erwähnen, dass ich nach wie vor Kates Parfüm als Einschlafhilfe auf mein Kissen sprühte oder dass eine einfache, unerwartete Bemerkung der Jungs mich auch jetzt noch völlig aus der Bahn werfen konnte.

»In der ersten Zeit gab es Momente, da konnte ich mir nicht mal eine Tasse Tee kochen«, ergänzte ich schlicht. »So ist es jetzt nicht mehr. Es wird leichter.«

Was die Tickets für das Rugbyspiel im März betraf, musste ich eine Enttäuschung verkraften. Das Spiel war ausverkauft, und trotz all meiner Bemühungen, dennoch mit den Jungs nach Dublin zu kommen, mussten wir unsere Niederlage hinnehmen und uns das Spiel in unserem Rugbyklub in Clevedon anschauen. England verlor, und aus der Sicht des Reporters war es kein besonders gutes Match. Ich kann nur erahnen, mit wie vielen Pints Guinness das Elend ertränkt und der Sieg gefeiert wurde.

»Weißt du was?«, sagte ich anschließend zu meinem Bruder. »Ich denke, es sollte so sein, dass ich und die Jungs nicht nach Irland fahren konnten.«

»Was, weil England verloren hat?«, erwiderte Matt.

»Nein, nicht deshalb. Die Jungs haben es sehr genossen, sich mit mir im Klub das Spiel anzuschauen und mit ihren Fähnchen zu winken und ihre Rugbytops zu tragen. Aber wahrscheinlich sind sie einfach noch zu klein, um ein großes Länderspiel wirklich würdigen zu können. Das kann ich mit ihnen auch noch machen, wenn sie älter sind und selbst mehr davon haben. Darauf freue ich mich jetzt schon.«

»Äh, aber was ist mit der Liste?«, tastete sich Matt vor. »Ich dachte, der Hauptgrund, dort hinzufahren, war Kates Liste?«

»War es auch. Und wäre mir das letztes Jahr passiert, dann wäre meine Enttäuschung viel größer gewesen, aber die Dinge haben sich geändert. Ich kann mir mit dem Abarbeiten der Liste Zeit lassen, solange ich will. Sie ist dafür gedacht, mir zu helfen, nicht dafür, mich unter Druck zu setzen. Kate hat keine Zeitlimits gesetzt.«

Matt nickte. »Ich bin froh, dass du das so gelassen siehst«, sagte er. »Du hast dich verändert. Das ist gut.«

Meinen Geburtstag überging ich gewissermaßen. Ich wurde am 18. März fünfundvierzig und blieb bei den Jungs, die mir eine Karte und einen kleinen Papiertopf für meine Stifte gebastelt hatten. Das entsprach nun so gar nicht Kates Anweisung »Feiert die Geburtstage groß«, aber ich glaube nicht, dass sie dabei an meinen dachte. Außerdem würde wie versprochen in derselben Woche Finns inoffizielle Geburts-

tagsparty steigen, und zwar an dem Tag, an dem wir auch
Mum's Day feiern, nämlich am 22. März, dem vierzigsten Geburtstag von Kate.

Wieder mietete ich das alte Curzon-Kino in Clevedon an
und lud mehr als zweihundert Freunde und Familienmitglieder, darunter sowohl Reefs als auch Finns Klassenkameraden, zu einer Privatvorführung von *Yogi Bär* ein.

»Sieh nur, Daddy!«, kreischte Finn aufgeregt, als wir ins
Kino kamen. Auf der Leinwand stand »Herzlichen Glückwunsch zum inoffiziellen Geburtstag, Finn!«

»Wie hast du das gemacht?«, staunte Finn mit offenem
Mund.

»Zauberei«, erklärte ich ihm. Den ganzen Nachmittag
hüpfte er lachend mit seinem an die Brust gehefteten »Ich bin
FÜNF!«-Button herum und bat mich um »noch mehr Zauberei«. Damit meinte er seine Lieblingstricks, bei denen ich
Münzen verschwinden ließ, was mir genauso viel Spaß
machte wie ihm. Nach dem Film gab es Puddingteilchen, und
wir amüsierten uns prächtig. Die Angestellten des Curzon,
die alle freiwillig kamen, hatten sich sehr viel Mühe gegeben,
diesen Tag ganz besonders zu gestalten, dafür war ich ihnen
äußerst dankbar.

Zur Schlafenszeit fragte ich die Jungs, ob ich sie wieder am
Türrahmen messen sollte. Seit dem letzten Mal war mehr als
ein Jahr vergangen, und sie freuten sich beide zu sehen, dass
sie zweieinhalb beziehungsweise fünf Zentimeter gewachsen
waren, obwohl Reef noch immer nicht viel größer war als
sein Bruder.

»Ihr werdet mich beide bald eingeholt haben«, scherzte ich.

»Mummy war klein«, sagte Reef mit Blick auf die kleine
Markierung, die uns daran erinnerte, dass Kate nur eins
fünfundfünfzig gewesen war. »Sie werden wir zuerst ein-
holen!«

Ich nutzte die Gelegenheit, die Jungs an Mum's Day zu erinnern, da dies in der Aufregung von Finns Party ziemlich untergegangen war.

»Wisst ihr noch, wie wir im letzten Jahr an Mum's Day das Boot abgeholt haben?«, fragte ich.

Sie nickten beide gehorsam, aber ich war nicht überzeugt, dass sie sich wirklich an den Zusammenhang erinnerten.

»Nun, das ist jetzt ein ganzes Jahr her. Heute ist wieder Mum's Day – ist die Zeit nicht in Windeseile vergangen?«

»Wann kriegen wir unser großes Zimmer und den Geheimdurchgang?«, fragte Finn.

»Bald, schon sehr bald«, versprach ich ihm. »Nach den Osterferien und vor Ende des Sommers. Bis dahin müsst ihr noch sehr oft schlafen, aber ich schätze, die Zeit vergeht wie im Flug.«

»Können wir unsere Größentabelle am Türrahmen behalten?«, erkundigte Reef sich besorgt.

»Aber gewiss«, versicherte ich ihm und nahm mir vor, die Bauleute daran zu erinnern, ihn nicht zu beschädigen. Der gute Reef, seinem logischen Gehirn entging kaum etwas.

Ich küsste die Jungs zweimal und wünschte ihnen eine gute Nacht. »Passt auf, dass euch die Bettflöhe nicht beißen!«, ergänzte ich, worauf die Jungs antworteten: »Vor allem nicht die Papaflöhe!« Ich weiß nicht, wann wir mit diesen Sprüchen angefangen haben, aber sie waren Teil unseres Rituals geworden, das wir mit »Bis ans Ende der Welt« abschlossen.

Ich schloss ihre Schlafzimmertür und ging über den Flur. Das hatte ich schon Hunderte Male getan, doch irgendwann war die schmerzhafte Leere, die mich jedes Mal erfasste, sobald ich die Jungs zu Bett gebracht hatte, verschwunden.

Als ich jetzt allein mit meinem Tagebuch auf meinem Bett saß, musste ich an die ersten einsamen Nächte nach Kates Tod denken und sagte mir erleichtert, dass sie der Vergangenheit angehörten. Einsam fühlte ich mich noch immer, dass wir uns da nicht falsch verstehen, aber es war eine Einsamkeit, die weit weniger wehtat. Vermutlich hatte ich gelernt, damit umzugehen, obwohl ich noch immer nicht gern allein war.

Es hatte noch eine kleine Änderung im Alltag stattgefunden. In den Wochen, die auf Kates Tod gefolgt waren, hatten Freunde und Familienmitglieder es sich zur Gewohnheit gemacht, mich nach acht Uhr abends anzurufen, weil sie wussten, dass ich dann allein war und jemanden zum Reden und moralische Unterstützung brauchen konnte. Inzwischen war die Nach-acht-Uhrzeit für Telefonate und den Austausch von Textnachrichten mit meinen Verabredungen reserviert. Es tat gut, anstatt »Wie geht es dir?«-Gespräche zu führen, ein wenig zu flirten und zu plänkeln.

Da im März der Umbau in Angriff genommen wurde, hatte ich zum Glück viel zu tun. Der Wintergarten und der Dachboden mussten leergeräumt werden, bevor die Bauarbeiter mit der Arbeit anfangen konnten, zudem erinnerte mich mein Tagebuch daran, dass ich beschlossen hatte, am Abend nach Finns Party im Wintergarten anzufangen.

Überall lagen Spielsachen und Bücher, Sportgeräte und Schnickschnack herum, den wir über die Jahre angehäuft hatten. Kate hätte ein klares System gehabt: »Hier drüben ›Wohlfahrtsläden/an Freunde abgeben‹, hier der Stapel ›behalten‹, ›Müll‹ dort drüben«, hätte sie gesagt und Müllsäcke und Aufbewahrungskisten verteilt, während sie zielgerichtet durchs Zimmer gerauscht wäre. Ich versuchte ihr System zu kopieren, kam aber nicht sehr weit, da ich abgelenkt und von Erinnerungen überschwemmt wurde. Zwischen einem Bücherstapel fand ich eine Nachricht zum Valentinstag, die Kate vor wer weiß wie vielen Jahren für mich in die Lokalzeitung gesetzt hatte. In einer Herzform, die sie sorgfältig ausgeschnitten hatte, stand: »Ich liebe dich bis ans Ende der Welt, Singe. Für immer die Deine, Katie.«

Ich nahm sie mit ins Schlafzimmer und legte sie zur sicheren Verwahrung in eine unserer Kisten mit den Liebesbriefen.

Dabei fragte ich mich ironisch, ob der »Behalten«-Stapel im Wintergarten nicht den für »Wohlfahrt« und »Müll« überragen würde. Da ich schon mal dabei war, konnte ich nicht widerstehen, noch mal ein paar alte Liebesbriefe hervorzuholen und zu überfliegen, wohl wissend, dass alles, was Kate schrieb, schmeichelhaft und herzerwärmend war und damals wie heute eine Seelenmassage für mein Ego.

»Ich liebe dich, Singe, und ich will dich endlich. Ich glaube nicht, dass es ein Paar gibt, das besser zusammenpasst als wir«, schrieb sie im ersten, den ich mir ansah. »Ich will immer an deiner Seite sein. Ich will dir vertrauen, dich anrufen, dich heiraten, ja sogar deine Socken waschen!«, versprach sie mir in einem anderen, den sie mit einem schicken Silberstift geschrieben hatte. Der nächste Brief, den ich auswählte, war eindeutig in einer Zeit verfasst, als wir gezwungenermaßen voneinander Abstand halten mussten. »Mein Gott, ist mir kalt. Ich hätte dich so gern hier, um mich zu wärmen«, sagte Kate. »Ich vermisse dich so sehr. Ich habe meine menschliche Wärmflasche verloren. Wir können nur hoffen, dass es nicht friert.«

Ich stieß die Luft aus und spürte das Prickeln einer Gänsehaut auf meinen Armen. Sentimentalen Auftrieb hatte ich gesucht, stattdessen aber einen Schuss tragische Ironie bekommen.

»Geschieht dir recht, Singe«, schalt ich mich, weil ich genau wusste, dass ich die Briefe jetzt wegstecken sollte, doch eine letzte Seite zu lesen konnte ich mir dann doch nicht verkneifen.

»Mein Verlangen, dir Briefe zu schreiben, erstirbt ein wenig, aber mein Verlangen nach dir stirbt nicht«, hatte Kate geschrieben.

Ich küsste die Lippenstiftküsse, die sie ans Ende neben ihren Namen gedrückt hatte, dann stellte ich, von dieser Erfahrung ein wenig traurig und betroffen gemacht, die Kiste beiseite. Ich hatte nicht damit gerechnet, das Wort »stirbt« in

Kates Teenagerhandschrift zu sehen und ein unangenehmes Stechen in der Brust davonzutragen.

Da ich schon einmal oben war, beschloss ich, mir gleich auch noch einen Überblick darüber zu verschaffen, was auf dem Dachboden alles ausgeräumt werden musste. Fast alles dort Gelagerte musste entfernt werden, um Platz für den Geheimdurchgang zu machen, der von meinem alten Büro in die Spielhöhle der Jungs führte, die hier oben entstehen sollte.

Ich kletterte die Leiter zum Dachboden hoch und begann in den Kisten zu wühlen, die sich hier gefüllt mit Babyfläschchen und Milchpumpen, Rasseln und winziger Babykleidung stapelten. Voller Mitleid dachte ich an Kate, die all diese Sachen in der Hoffnung auf ein weiteres Baby aufbewahrt hatte. Auch ich wäre gern noch ein drittes Mal Vater geworden, wobei ich mir ein kleines Mädchen wie Kate gewünscht hätte. Das wäre so hübsch wie seine Mum und hätte auch deren ansteckendes Gegiggel. Es wäre das Tüpfelchen auf dem i gewesen. Mir war nicht bewusst gewesen, dass Kate so viel behalten hatte, und mit einem Kloß im Hals realisierte ich, dass sie die Letzte gewesen sein dürfte, die diese Dinge berührt hatte. Auf einem großen weißen Karton stand in schwungvoller Schrift »Singe und Katie!«, und ich wusste sofort, dass es sich hier nur um Souvenirs aus unserer Jugend handeln konnte. Ich zog zwei staubige Fliegerjacken heraus, die wir als Teenager getragen hatten. Wir hatten sie für eine Kostümparty präpariert und auf den Rücken jeweils in knalligem Kaugummirosa unseren Namen geschrieben. Und plötzlich sah ich uns auf einer Party in einem der Butlins-Urlaubscamps in identischen Chinohosen und Baseballkappen, wie wir vor meinen Sanitäterkollegen scherzhaft mit unseren Jacken prahlten.

Ich genoss diese Erinnerung, aber um ehrlich zu sein, fragte ich mich auch, was um Himmels willen ich mit all dem Zeug anstellen sollte. Unter den Jacken fand ich Plattenalben und Kassetten von den Achtzigerjahrebands King, AHA und

Adam and the Ants, darunter einen riesigen Stapel von Kates alten Collegearbeiten. Wo sollte ich damit bloß hin?

Ich legte alles wieder zurück und drang in die Tiefen des Dachbodens vor. In einer der hintersten Ecken, abseits vom Gerümpel, entdeckte ich eine aufrecht stehende Schachtel, die ich sofort wiedererkannte. In dem wunderschönen cremefarbenen Werbekarton lag Kates sorgfältig verpacktes Hochzeitskleid. Ob Sie's glauben oder nicht, aber beim Anblick dieser Schachtel fühlte ich mich sofort besser, da ich wusste, was ich damit zu tun hatte. Dieses Kleid musste ich aufheben, das stand außer Frage. Vielleicht wollten die Jungs ihre Braut darin sehen, wenn sie heirateten, oder es auch nur als Erinnerung an ihre Mum behalten. In jedem Fall konnte ich es ihnen zeigen und ihnen von unserem wunderbaren Hochzeitstag erzählen, an dem Kate so bezaubernd und beschwingt ausgesehen hatte.

Als ich vom Dachboden herunterstieg, stand mein Entschluss fest, die Babysachen wegzuwerfen und Kates Mutter zu fragen, ob sie die alten Collegeunterlagen aufheben wollte. Ich selbst wollte um der alten Zeiten willen ein paar von unseren Teenagerandenken aufheben. Den Rest würde ich loswerden müssen, bevor die Bauleute sich an den Durchbruch machten. Bei diesem Gedanken wurde mir ganz sentimental zumute. Es war keine erfreuliche Aufgabe, und wenn der Anbau nicht wäre, hätte ich mich damit auch sicherlich nicht beeilt, andererseits hatte es auch etwas Befreiendes, die Sache in Angriff zu nehmen.

In der letzten Märzwoche gab es unglaublich viel zu tun, wie ich notiert hatte. Wie geplant, hatte ich die Jungs am 31. März, unserem Hochzeitstag, taufen lassen. Noel willigte ein, die Zeremonie in der All Saints abzuhalten, und fragte mich nach den Namen der Paten. Ich zögerte. »Ich habe mich noch nicht entschieden«, sagte ich vorsichtig.

»Gibt es da ein Problem?«, hakte er intuitiv nach.

»Eigentlich nicht«, erwiderte ich. »Kate und ich haben uns

darüber ausführlich unterhalten, als sie ihre Liste schrieb. Sie wollte keine allzu große Kontrolle ausüben und mir das letzte Wort überlassen, da sie nicht dabei sein würde, trotzdem hat sie mir verraten, wen sie sich gut als Paten für die Jungs vorstellen könnte. Ich muss mich nur noch entscheiden.«

Ich wollte den Gottesdienst persönlich und im kleinen Rahmen halten, deshalb lud ich nur eine kleine Gruppe enger Freunde und Familienmitglieder ein.

»Und wen hast du nun zu Paten bestimmt?«, fragte Noel.

»Ich hoffe, du bist bereit dazu«, lachte ich. »Kates Bruder Ben, meinen Bruder Matthew, meine Schwestern Kaye und Lucinda, Kates Cousin Ian, meine guten Kumpel Ken und Nathan, meinen besten Freund James, Kates beste Freundin Ruth und schließlich noch Jayne, eine gute Freundin, die Kate im Montessori-Kindergarten der Jungs kennengelernt hat.«

Noel zog lächelnd eine Braue hoch. »Ausgezeichnet«, sagte er. Als die Paten in der Kirche gebeten wurden, nach vorne zu treten, erhob sich mehr als die Hälfte der Versammelten, und alle lachten.

»Wie hätte ich mich zwischen euch entscheiden sollen?«, scherzte ich.

Den nächsten Lacher erntete Noel, als er die Jungs aufforderte, »hinauf aufs Schafott zu steigen«. Das Taufbecken war so hoch, dass es für sie nur über eine kleine Trittleiter zu erreichen war. Insgesamt war es eine liebevolle, sehr persönliche Feier, die Kate ganz sicher gefallen hätte. Sie war nicht besonders religiös und wusste dasselbe von mir, aber es war ihr wichtig, dass die Jungs getauft wurden, damit sie einmal das Recht hatten, in einer Kirche zu heiraten, was sie, wie sie hoffte, eines Tages tun würden.

»Es wäre schön, wenn sie eher früher als später eine Familie gründen, damit du die Enkel noch erleben kannst.«

»Ich finde es unglaublich, wie weit du vorausdenkst«, hatte

ich überrascht auf ihre Bemerkung hin gesagt. Ihre Worte machten mir damals mit aller Deutlichkeit klar, wie sehr wir es vermissen würden, dies gemeinsam zu erleben. Kate hatte nur ein halbes Leben gelebt, und ich erinnere mich gut an die Panik, die mich erfasste, als ich Jahrzehnt um Jahrzehnt vor mir sah, ohne sie an meiner Seite.

»Ich muss so weit vorausdenken«, sagte sie unter Tränen, bemühte sich aber, mich ermunternd anzulächeln. »Ich kann ja nur darüber nachdenken, etwas anderes bleibt mir wohl nicht mehr.«

Die Jungs hinterfragten nicht, warum sie an einem tristen Donnerstagnachmittag im März getauft wurden, während all ihre Freunde von der Schule nach Hause gingen. Sie gaben sich mit der Erklärung zufrieden, dass ich ihre Taufe unbedingt auf den Tag hatte legen wollen, an dem ich Mummy vor fünfzehn Jahren geheiratet hatte. Auch ich fand, dass dies an Information reichen musste.

In ihrem kurzen Leben waren so viele ungewöhnliche Dinge passiert, dass sie sich wohl inzwischen daran gewöhnt hatten, sich einfach mitreißen zu lassen. Als ich sie an diesem Tag fürs Foto posieren sah, ohne dass sie die weitreichende Bedeutung dieses Datums verstanden, kam ich unweigerlich wieder zurück zur Liste.

Jetzt wollte ich es wirklich langsamer angehen lassen. Das riet mir mein Bauchgefühl in aller Deutlichkeit. Die Jungs sollten Freude daran haben, einige der Punkte auf der Liste mit mir zusammen abzuhaken und so Kates Liste voll und ganz Genüge zu tun. Der Anbau erfüllte einige von Kates großen Wünschen, danach würde ich auf jeden Fall ein gemächlicheres Tempo anschlagen. Ich brauchte nichts zu überstürzen, jetzt nicht mehr. Eine gute Entscheidung, wie ich fand, als ich dort auf dem Friedhof stand und spürte, wie die Sonne endlich doch noch durch die Wolken brach.

Mein Tagebuch erinnerte mich daran, dass der Muttertag auf Anfang April fiel. Nachdem die Jungs im letzten Jahr Karten für ihre Omis gebastelt hatten, schienen sie dieses Jahr keine Probleme zu haben, dies wieder zu tun, während die anderen Kinder an ihre Mütter schrieben. Beim zweiten Mal war definitiv alles leichter, und ich wusste, dass es im nächsten Jahr noch leichter sein würde.

Das Wetter wurde mit jedem Tag besser, deshalb dachte ich, dass dies ein guter Zeitpunkt wäre, ein paar Sonnenblumensamen einzupflanzen, obwohl die Bauarbeiter inzwischen den alten Wintergarten abgebrochen und den hinteren Garten mit Maschinen und Baumaterial belegt hatten. Außer den Samen, die uns Bekannte in den Briefkasten gesteckt hatten, hatten wir per Post auch mehrere Päckchen von Fremden erhalten, die von Kate erfahren und uns irgendwie ausfindig gemacht hatten. Ich wollte sie einpflanzen, solange sie frisch waren und der Frühling bevorstand.

»Pflanz hin und wieder eine Sonnenblume«, hatte Kate gebeten. Eine typische Kate-Bitte, bei der ich jedes Mal lächeln musste, wenn ich sie auf ihrer Liste las. Ich brachte die Jungs dazu, mir zu helfen, ein paar Sonnenblumensamen in kleine Töpfe zu stecken, die wir an die sonnigsten Plätze rund ums Haus und im Vorgarten stellten. Dann, an einem strahlenden Nachmittag, radelten wir hoch zum Friedhof und pflanzten auch ein paar um Kates Grab. Zudem verstreuten wir ein paar Samen für vierblättrige Kleeblätter, die in einem Päckchen mit der Aufschrift »Bau dein Glück an« steckten, um den Grabstein, indem wir erst den Boden mit einem Stück gebleichter Koralle auflockerten und die Samen dann wieder mit Erde bedeckten.

»Ich hoffe, sie werden groß«, sagte Finn. »Das würde Mummy gefallen.«

»Ich auch. Aber sei nicht traurig, falls es nicht klappt. Sie lassen sich nicht so leicht ziehen, aber wir tun unser Bestes.«

»Okay«, erwiderte Finn. »Mehr können wir nicht tun, oder, Daddy?«

Zu vielen Gelegenheiten, etwa wenn wir mit dem Hund am Fluss hinter dem Haus entlangspazierten, hatte ich erwähnt, dass Mummy hier vierblättrige Kleeblätter zu entdecken pflegte, aber sie suchten nie richtig ernsthaft und wir hatten nie Glück. Doch ich quälte mich deshalb nicht, denn wenigstens haben wir es versucht, und mehr kann man nicht tun, wie ich den Jungs immer wieder erklärte. Finn hatte sich diese Formulierung zu eigen gemacht, und ich war sehr froh darüber.

Ich überflog meine Tagebucheinträge für den Rest des Aprils und dann für Mai und Juni. Über Ostern hatte ich mit den Jungs wieder einen Wohnwagenurlaub mit meinem Dad und meiner Stiefmutter gemacht, und zu Hause verbrachten wir tolle Tage draußen auf dem Boot und beim Jetskifahren mit den Jungs am Steuer. Reef erreichte auf der *4 Saints* neunzig Stundenkilometer und hielt sich für den Größten. Er und Finn genossen es, ihre kleinen Freundinnen aus der Schule mit aufs Wasser zu nehmen und mit ihren Fähigkeiten zu prahlen.

Das war so ziemlich das Aufregendste in dieser Zeit, denn trotz des Durcheinanders im Haus wegen der Umbauarbeiten erlebten wir die ruhigsten und normalsten Monate seit Kates Tod. Ich hatte viel Arbeit und verbrachte viel Zeit in der Schule, aber das war der ganz normale Alltag. Abgesehen von diesem Buch, an dem ich schrieb, verloren sich allmählich die mit Kate verbundenen Ereignisse, womit ich gut klarkam. Dass weit weg vom unvermeidlichen Zeremoniell und den Nachwirkungen des Todes wieder mehr Regelmäßigkeit in unser Leben einkehrte, konnte nur förderlich sein.

»Wie läuft es denn?«, erkundigte sich die hübsche blonde Frau im Lebensmittelladen eines Tages und strahlte mich dabei an.

»Wenn ich Sie sehe, bestens«, erwiderte ich keck. Mir fiel auf, dass ihre Wangen ein wenig rosiger wurden und sich in ihre grünen Augen ein schelmisches Funkeln schlich. Ich bin ein »Augen«-Mensch und achte immer zuerst auf die Augen. Ihre waren wunderschön. Das Geplänkel zwischen uns ging schon ein paar Monate, und ich freute mich jedes Mal, ihr zu begegnen, wenn ich meine Einkäufe machte.

»Sie müssen wohl immer flirten, Singe?«, sagte sie lachend.

»Ja, ich kann nicht anders«, erwiderte ich und ergänzte ganz spontan: »Sie bringen mich zum Flirten.«

Jetzt war sie knallrot, und ich spürte, dass auch ich ein wenig rot wurde.

»Wenn das so ist, dann werden wir mit Begegnungen wie diesen aufhören müssen!«, kicherte sie und packte dabei Brot und Milch in die Tragetasche.

»Werden wir«, erwiderte ich. »Wir sollten stattdessen was trinken gehen. Haben Sie Lust dazu?«

»Ja«, sagte sie überrascht, aber freudig. »Warum nicht? Würde ich gern.«

Ich fuhr mit ihrer unter »Ali« abgespeicherten Telefonnummer nach Hause und war richtig stolz auf mich. Alle anderen Dates waren von meinen Freunden arrangiert worden, aber dieses hatte ich tatsächlich allein eingefädelt, und alles war wie am Schnürchen gelaufen. Vielleicht waren Rendezvous mit über vierzig doch nicht so schlimm, überlegte ich.

Wir vereinbarten, am folgenden Mittwoch, wenn Kirsty zum Babysitten kommen würde, in einem ruhigen Pub etwas zusammen zu trinken. Ich quälte mich nicht mit Überlegungen, was ich anziehen oder was ich sagen sollte, sondern freute mich einfach nur darauf, ein paar Stunden in der Gesellschaft von jemandem zu verbringen, der mir recht gut gefiel und dasselbe für mich zu empfinden schien, außerdem einen umgänglichen Eindruck machte und Sinn für Humor hatte.

Ich fragte mich, ob Ali wohl Boote mochte, hoffte es sogar. Mit jemandem, der meine Leidenschaft fürs Meer und fürs Abenteuer nicht teilte, könnte ich nicht zusammen sein. »Komm runter, Singe«, tadelte ich mich. »Es ist nur auf einen Drink. Du suchst nicht nach einer neuen Frau!«

Inzwischen hatten wir Anfang Juli, und die Umbauarbeiten waren fast abgeschlossen. Schon umgezogen für meine Verabredung, lief ich durchs Haus und fühlte mich wie der Schlossherr, weil ich wusste, dass Kate für gut befunden hätte, was ich getan und dank ihr zuwege gebracht hatte.

Unten nahm die neue Küche nun tatsächlich Gestalt an, ein echter Hingucker in Granit mit tollem Kieselsteinmuster. Die Spots an der Decke betonten die Steine, sodass sie wie am Strand verteilte Kieselsteine wirkten. Als Raumteiler zwischen Küche und Wohnzimmer hatten wir ein fantastisches Aquarium, das den Jungs erlaubte, aus jedem Blickwinkel hineinzuschauen. Sie hatten dafür rote bonbongestreifte Putzergarnelen und wegen der Hauptfiguren in *Findet Nemo* Paletten-Doktorfische und Zitronen-Segelflossen-Doktorfische ausgesucht, dazu Feuer-Schwertgrundeln und neonblaue Riffbarsche, wie wir sie im Roten Meer gesehen hatten, außerdem Grundeln, die den Sand siebten, dunkelrote Büschelbarsche, rotbraune Clownsfische, Einsiedlerkrebse, Seesterne und schließlich ein paar algenfressende Turboschnecken, die helfen sollen, das Aquarium sauber zu halten.

»Kümmer dich um das Aquarium«, hatte Kate mich gebeten, und wir hatten mehr getan als das. Ich hatte auch das alte Aquarium behalten, weil ich vorhatte, es irgendwann im Spielzimmer der Jungs auf dem Dachboden unterzubringen.

Trotz des großen zweistöckigen Anbaus hatten wir draußen noch immer genügend Platz für Reef und Finn zum Spielen, und da die Bauarbeiter jetzt fast fertig waren, konnten die Jungs Ball spielen und wieder das Trampolin benutzen, was sie mit Begeisterung taten. Eine Kletterwand einzurichten war noch immer ein unerledigter Punkt auf der Liste, aber an dem Projekt würden wir später sicherlich alle unseren Spaß haben, ebenso wie daran, mehr Blumen zu pflanzen und den Garten hübsch herzurichten. Keine unserer Sonnenblumen hatte gekeimt, auch nicht der Klee, weder zu Hause noch um Kates Grab, aber ich freute mich darauf, es noch einmal zu versuchen und vielleicht auch Wildblumen zu pflanzen, um Schmetterlinge anzulocken. Kate bewunderte Schmetterlinge, und ich erinnerte mich gern daran, wie sie diese, als sie mit Reef schwanger war, draußen im Garten im Sonnenschein jagte.

Das Doppelschlafzimmer für die Jungs war oben fast fertig, ausgestattet mit Schubladenbetten und Lampen, Truhen und Vorhängen im Piratenlook. Es war genau so, wie ich es mir vorgestellt hatte. Auf dem Ehrenplatz eines Regals stand das fantastische Foto von uns vieren, wie wir in Florida mit den Delphinen schwimmen, außerdem das, auf dem wir mit dem Weihnachtsmann in Lappland posieren. »*Fotos von uns im Zimmer der Jungs.*«

Der Geheimdurchgang führte von meinem alten Büro hoch zum neuen Spielzimmer im Dachboden. Da dieses Buch zur selben Zeit fertiggestellt werden würde wie der Anbau, beauftragte ich einen Designer damit, eine vergrößerte Kopie des Umschlags zu erstellen und diese an der Türöffnung anzubringen, die zum Geheimdurchgang führte. Dahinter stand die Idee, es wie ein riesiges Buch auf einem Regal aussehen zu lassen, sodass man sich, wenn man das Buch aufdrückt und durch die Türöffnung geht, wie eine Romanfigur fühlt, die in eine geheime Abenteuerwelt vordringt, worüber die Jungs absolut begeistert waren.

Den Dachboden werden wir irgendwann als einen Ruhebereich mit Sitzsäcken, Büchern und Computerspielen für die Jungs ausstatten, und zweifellos wird er, wenn später alle ihre Spielsachen verschwunden sind, zu ihrer Teenagerhöhle werden. Auf diese Weise ist der Raum wesentlich besser genutzt als vorher, und Kate hätte sicher nicht gewollt, dass unser alter staubiger Krempel den Dachboden verstopft. Ein paar kostbare Erinnerungsstücke wie Kates Hochzeitskleid und einige kleinere Andenken verwahrte ich im Stauraum des Dachbodens, mehr brauchte ich nicht. Meine Erinnerungen trage ich vorwiegend im Kopf und in meinem Herzen, wo für sie immer genügend Platz sein wird.

Mein Date mit Ali lief gut, und das auf sehr lustige Weise. Wie sich herausstellte, wusste sie bereits eine Menge über mich, da sie ein paar Geschichten in der Lokalzeitung gelesen hatte und sich auch erinnerte, mich und die Jungs im Fernsehen gesehen zu haben. Ich war froh, nicht ganz von vorn anfangen und ihr alles über Kate erzählen zu müssen, und bald schon plauderten wir, als würden wir uns schon ewig kennen.

Zu meiner Freude erzählte sie, dass sie gern Jetski fahre, als alleinerziehende Mutter jedoch nicht oft Gelegenheit dazu habe. Da sie außerdem sehr humorvoll war, fühlte ich mich in ihrer Gegenwart sehr wohl und wurde schnell warm mit ihr. Als sie mich nach ein paar Drinks fragte: »Sind Sie froh, dass Kate die Liste geschrieben hat?«, reagierte ich nicht im Geringsten pikiert.

»Ja«, antwortete ich und freute mich über die Gelegenheit, eine offenbar doch recht verbreitete irrige Vorstellung korrigieren zu können – dass Kate nämlich die Liste allein verfasst und mir dann auf ihrem Sterbebett präsentiert hatte. »Eigentlich haben wir sie gemeinsam verfasst«, erzählte ich Ali und holte tief Luft. »Wir standen dabei unter extremem Stress, und im Nachhinein betrachtet, hätten wir noch einiges ergänzen können. Ich habe zu der Zeit fest daran geglaubt, dass sie es schaffen würde, und war überzeugt, wir würden die Liste gar nicht brauchen. Hätte ich der Realität ins Auge geblickt, wäre sie sicher umfassender ausgefallen. Ich denke, dass jeder eine solche Liste schreiben sollte.«

»Wieso?«, wollte Ali wissen und sah mich mit ihren smaragdgrünen Augen fragend an.

»Nun, sie hat mir sehr geholfen und mir Halt gegeben«, sagte ich. »Ich hatte in ihr einen Bezugspunkt, wenn ich mich in der Trauer verlor, und viele der Dinge, die Kate mich zu tun gebeten hat, hab ich mit Vergnügen gemacht, auch wenn sie nicht immer perfekt gelungen sind. Aber Reefs Geburtstagsparty war zum Beispiel ein voller Erfolg. Kate hätte den Mund aufgerissen vor Staunen, wie ich sie organisiert und durchgeführt habe. Die Wohnwagenurlaube, die ich machen sollte, könnten mit etwas Übung besser werden, aber ich bin froh, sie überhaupt gemacht zu haben. Dass ich mich immer wieder der Liste zuwenden konnte, hat mich weitermachen lassen und mir das Gefühl gegeben, weniger allein zu sein.«

Ali lächelte, schien mit meiner Antwort aber nicht ganz zufrieden zu sein, weshalb ich mich genötigt sah, ihr zu versichern, dass die Liste mich keinesfalls in der Vergangenheit festhielt.

»Ich klammere mich nicht an die Vergangenheit«, erklärte ich ihr. »Seit ich Kate verloren habe, habe ich mich sogar schon in einigen Punkten verändert. Die Liste hilft mir, mit der Vergangenheit und der Zukunft zurechtzukommen.«

Ali sah mich erwartungsvoll an.

»Inwiefern haben Sie sich verändert?«, hakte sie nach.

Ich überlegte kurz und sagte dann, dass ich mir die Dinge nicht mehr zu sehr zu Herzen nehme.

»Früher hat Kritik mich immer in meinen Grundfesten erschüttert«, erläuterte ich. »Aber jetzt zucke ich nur mit den Achseln und denke mir: ›Es ist mein Leben.‹ Ich bin ein bisschen härter geworden und kann Dummköpfe nicht ertragen … aber manche Dinge haben sich überhaupt nicht verändert. So habe ich noch immer ein großes weiches Herz und bin erstaunlich romantisch.«

Da musste Ali lächeln.

»Freut mich, das zu hören«, frotzelte sie. »Und wo ist mein Blumenstrauß?«

»Sie werden sich gedulden und dann überraschen lassen müssen«, spottete ich. »Die besten romantischen Gesten kommen unerwartet – und sind viel besser als ein Blumenstrauß.«

Sie gestand mir ihren Hang zur Romantik und dass sie nicht gern allein war, aber von ihren lebhaften Kindern auf Trab gehalten wurde.

»Ich kann nicht behaupten, einsam zu sein, denn ich habe nie eine Minute für mich«, lachte sie. »Aber den Kindern hinterherzujagen ist nicht die große Erfüllung, oder?«

»Ich weiß genau, was Sie meinen. Ich finde mich langsam damit ab, allein zu sein, aber als Alleinerziehender hat man es verdammt schwer.«

»Wie kommen die Jungs zurecht?«, erkundigte sich Ali und ergänzte einfühlsam, »wenn ich Ihnen diese Frage stellen darf?«

»Den Jungs geht's hervorragend, und ich spreche liebend gern über sie. Sie sind schon ganz aufgeregt und freuen sich darauf, wenn das Haus ganz fertig ist. Sie sind unglaublich anpassungsfähig, ich bin wirklich stolz auf sie. Beide sind munter und verspielt, so gibt es bei uns jeden Tag was zu lachen. Für Brüder stehen sie sich wirklich sehr nah, außerdem nimmt Reefs Selbstvertrauen stetig zu.

»Dann ist Finn wohl der von Natur aus Selbstsichere?«

»Das könnte man so sagen.« Ich lachte. »Er kommt ganz auf mich. Aber im Moment bringt er mich manchmal auf die Palme, weil er zu jammern anfängt, wenn er Aufmerksamkeit sucht. Ich muss herausfinden, wie ich das unterbinden kann, anstatt mich davon nerven zu lassen. Vermutlich sollte ich mehr Geduld für ihn aufbringen, schließlich bin ich selbst jemand, der nach Aufmerksamkeit giert … Reef ist von Natur aus stiller und nachdenklicher. Im Moment vermisst er seine Mum. Das Problem ist, dass er dazu übergegangen ist, sie zur

Schlafenszeit oft zu erwähnen, und ich komme nicht dahinter, ob es womöglich nur ein schlauer Schachzug ist, um das Lichtlöschen hinauszuzögern ...«

Ich unterbrach mich, weil mir plötzlich bewusst wurde, dass ich sehr aufrichtig war und vielleicht auch ein wenig abschweifte, obgleich ich die Möglichkeit genoss, mir einiges von der Seele zu reden. Ali sagte nichts, um die Pause zu füllen. Sie lächelte bloß und nickte, also fuhr ich fort.

»Die Jungs kümmern sich beide um mich, wie ich mich um sie kümmere«, sagte ich. »Sie muntern mich auf und spüren genau, wenn es mir nicht gutgeht.«

»Geht es Ihnen oft nicht gut«, tastete Ali sich vor. »Ich meine, eigentlich will ich Sie fragen, ob Sie über Kate hinwegkommen ... ob Sie jemals über Kate hinwegkommen werden?«

»Das ist die Million-Dollar-Frage. Das Sprichwort, dass die Zeit Wunden heilt, trifft zu. Mit der Zeit improvisiert man und passt sich an, um die Schwierigkeiten, allein zu sein und zu trauern, zu überwinden. Aber man muss den Schmerz rauslassen, und ich halte nichts zurück. Das heißt, es gibt eine Zeit und einen Ort für Tränen, und ich muss vorsichtig sein, damit ich vor den Jungs nicht zu viel weine, weil sie so jung und beeinflussbar sind. Ich bestimme die Momente, in denen ich in Selbstmitleid bade, aber zum Glück werden diese Momente immer seltener.«

»Das freut mich zu hören«, sagte Ali freundlich.

»Kates Liste hat mir dabei sehr geholfen«, ergänzte ich. »Kate hat so viel von sich zurückgelassen. Allem voran natürlich Reef und Finn. Aber sie hat auch ihr Herz mit in die Liste eingebracht und überall auf der Welt verteilt, zumindest das wird nie sterben.«

Ich bemerkte, dass Ali Tränen in den Augen hatte, und unterbrach mich erneut, als ich merkte, dass auch ich den Tränen nah war.

»Mein Gott, das tut mir leid«, entschuldigte ich mich. »So etwas will man wohl kaum bei einem ersten Date hören!«

»Einem Date?«, sagte Ali erstaunt. »Nun, vielleicht es ja auch nur der Beginn einer guten Freundschaft, wer weiß?«

Mir gefiel ihre Haltung. Sie sagte mir, sie fühle sich geschmeichelt, dass ich ihr so viel anvertraut habe, und fragte, ob sie mir eine letzte Frage stellen dürfe.

»Sie brauchen nicht zu antworten, wenn ich zu neugierig bin, Singe.«

»Schießen Sie los.«

»Okay, hier ist sie. Glauben Sie, Sie können je wieder eine Beziehung haben, so wie Kate das wollte? Ich meine, es ist nach einer Scheidung weiß Gott schon schwer genug, wie mag es denn erst sein, wenn man die Liebe seines Lebens verloren hat?«

»Ich kann es«, sagte ich mit Nachdruck. »Ich habe darüber lang und intensiv nachgedacht, und ich möchte eines Tages wieder heiraten. Es überrascht mich selbst, das sagen zu können, aber es stimmt. Kate war meine Seelengefährtin, und durch die Liste lebt sie weiter, aber das Leben schreitet ohne sie voran. Vielleicht habe ich ja Glück und finde eines Tages eine andere Seelengefährtin.«

Ich erfuhr an diesem Abend eine Menge über Ali, fühlte mich wohl in ihrer Gesellschaft und kam gut zurecht mit ihrer Art, Tacheles zu reden. Unser unerwartet tiefgehendes Gespräch hatte mir außerdem geholfen, mehr Klarheit über mich selbst zu gewinnen.

»Sollen wir das mal wiederholen?«, fragte ich sie in der Hoffnung, sie nicht vergrault zu haben.

»Das würde ich gern«, sagte sie mit einem aufrichtigen Lächeln. Beim Abschied versprachen wir einen Tag auszumachen, an dem wir mit dem Boot rausfahren oder bei gutem Wetter einen Spaziergang am Strand machen konnten.

In den nächsten Wochen wurde ich förmlich von häuslichen Aufgaben überschwemmt. Während die Bauarbeiter letzte Hand an das Haus anlegten, verbrachte ich all meine freie Zeit damit, die Innengestaltung zu organisieren, Regale und Bilder aufzuhängen, Möbel aufzustellen und Teppiche auszulegen.

Ich telefonierte an den Abenden ein paar Mal mit Ali und freute mich, von ihren Abenteuern mit ihren Kindern und von ihrem prall gefüllten Leben zu hören. Sie war auch sonst vollauf beschäftigt, daher waren wir noch nicht dazu gekommen, ein weiteres Treffen zu vereinbaren.

»Hören Sie, warum kommen Sie nicht einfach irgendwann mal abends nach der Arbeit auf eine Tasse Tee vorbei«, schlug ich vor. »Ich könnte Ihnen das Haus zeigen, Sie lernen die Jungs kennen, und wir können uns austauschen.«

»Das klingt großartig, danke«, sagte sie. »Ich weiß noch nicht, wann der beste Abend ist, aber ich schicke Ihnen eine SMS.«

Das war letzte Woche. Ich blätterte eine andere Seite in meinem Tagebuch auf und las unter dem Datum des heutigen Tages die Worte »Esszimmertisch kommt!!!«. Es war das letzte große Puzzleteil, das noch ins Haus eingefügt werden musste, entsprechend freute ich mich auf seine Ankunft. Ich hatte mich für einen massiven soliden Eichentisch für sechs Personen mit passenden Stühlen entschieden, genau so einen, wie Kate ihn mir in einer Zeitschrift gezeigt hatte.

»So einen Tisch hätte ich gern«, meinte Kate damals träumerisch. »Er soll das Herzstück unseres Hauses sein. Ich möchte, dass wir daran so oft wie möglich als Familie essen.«

Ihre Worte hatten mich gefreut, denn sie rührten an mein Herz und erfüllten mich mit Liebe. Sie war noch immer meine Surfermieze und meine kleine Meerjungfrau, aber sie war auch die fantastische Mutter meiner Kinder. Eine gute Mum zu sein und für ein glückliches Zuhause zu sorgen bedeutete Kate unheimlich viel, in dieser Hinsicht orientierte sie sich an ganz grundlegenden altmodischen Werten. Sie bewunderte mich auch. Und ich schätzte mich überaus glücklich, mich im Zentrum ihrer Welt zu befinden, der Mann zu sein, von dem sie sich wünschte, dass er am Kopfende ihres Tisches saß.

»*Bin sehr für einen Esstisch, an dem ihr wenigstens einmal in der Woche als Familie zusammen essen könnt*«, sagte Kate leise, als sie diesen Punkt ihrer Liste hinzufügte.

Und ihre Worte rührten mich zutiefst.

»Das lässt sich machen, kein Problem«, beruhigte ich sie.

Es war ein so schlichter Wunsch, einer, von dem ich gehofft hatte, wir könnten ihn uns gemeinsam erfüllen. Kate lag im Bett, doch ich verrückte im Geiste bereits die Möbel im alten Wintergarten, um Platz für einen provisorischen Tisch zu schaffen, ehe wir ein richtiges Esszimmer anbauen konnten. Ich versuchte mir Kate vorzustellen, wie sie ohne Sauerstoffgerät atmete und eine hausgemachte Lasagne servierte, uns aufforderte reinzuhauen und die Jungs erinnerte, Messer und Gabeln richtig zu benutzen. Dazu kam es natürlich nicht. Kate fühlte sich nie mehr wohl genug, um eine anständige Mahlzeit essen, geschweige denn kochen und mit mir, Reef und Finn um einen Esstisch sitzen zu können.

Als am späteren Vormittag der neue Tisch endlich von seiner Verpackung befreit an seinem Platz stand, bestaunte ich ihn geradezu ehrfürchtig. Er sah umwerfend aus. Sonnenlicht fiel durch die Fenster des Anbaus und ließ die Eiche glitzern wie warmen Sand. Eingerahmt vom blubbernden Aquarium auf der einen und dem glitzernden Kieselsteingranit auf der anderen Seite, hätte der Tisch nicht besser passen können.

Nach der Schule kochte ich für mich und die Jungs Spaghetti bolognese und freute mich schon auf den Moment, wo wir uns alle hinsetzen und gemeinsam essen würden. Wie vorherzusehen, waren Reef und Finn von dem Tisch weitaus weniger beeindruckt als von ihrem Geheimdurchgang, dem Spielzimmer oder dem Aquarium.

»Können wir beim Essen nicht fernsehen?«, quengelte Finn, als ich den Tisch deckte.

»Nein, Finn, wir können alle gemeinsam am Tisch sitzen und uns darüber unterhalten, was jeder von uns heute gemacht hat, danach, wenn ihr aufgegessen habt, dürft ihr ein wenig fernsehen. Aber jetzt wascht euch bitte die Hände und setzt euch.«

»Nicht fair!«, beschwerte er sich, verschränkte die Arme und zog protestierend eine Schnute.

Reef wusch sich folgsam die Hände und umkreiste argwöhnisch den Tisch, wobei er die sechs Stühle ins Visier nahm.

»Warum haben wir sechs Stühle, obwohl wir nur zu dritt sind?«, fragte er.

»Weil manchmal vielleicht eure Freunde zum Abendessen kommen oder wir ein Sonntagsessen für Großpapa kochen, um uns für all die Sonntagsessen zu bedanken, die er für uns gekocht hat, oder Nanny und Opi wollen kommen und mit uns essen, oder auch Ruth oder Matt oder Ben ...«, sagte ich, während ich das Essen verteilte.

»Das würde Mummy gefallen, Daddy«, sagte Reef.

»Ja, sie hätte ihre Freude daran.«

Finn hatte sich jetzt mit uns an den Tisch gesetzt und seine mürrische Miene abgelegt. »Wie viele Freunde dürfen wir zum Abendessen einladen?«, wollte er wissen.

»Drei, du Dummie!«, erwiderte Reef und deutete auf die drei leeren Stühle.

»Jeder drei?«, scherzte Finn und schlug sich dabei auf die Schenkel.

»Nein«, sagte Reef ein wenig verärgert. »Das wären ja neun! Jeder von uns kann nur einen Freund einladen!«

Ich wollte den Jungs lieber nicht erklären, wie ungeheuer wichtig dieser Tisch Mummy gewesen war. Manchmal sprechen Taten lauter als Worte, überlegte ich, als ich Reef und Finn dabei zusah, wie sie ihre Spaghetti aufsaugten. Dass wir hier zusammensaßen, war viel wichtiger als Erklärungen, wieso und warum wir alle hier im Gedenken an Kate um diesen Tisch saßen.

Die Jungs alberten ein wenig herum und verteilten beim Essen die Spaghettisoße um ihre Münder, aber sie wussten, dass ich ein Auge auf sie hatte, und übertrieben es nicht. Tadeln wollte ich sie nicht. Es war so ein großes Privileg, hier zu sitzen und diesen Moment mit ihnen zu teilen, und ich war Kate überaus dankbar, die uns dies ermöglicht hatte.

Als wir mit unserer Mahlzeit fertig waren, klopfte es an der Tür, und zu meiner Überraschung stand Ali auf der Schwelle.

»Haben Sie meine SMS bekommen?«, fragte sie.

»Welche SMS? Nein, ich habe gekocht! Kommen Sie rein«, erwiderte ich.

Ich freute mich wirklich sehr, sie zu sehen, und lud sie ein, sich mit an den Tisch zu setzen, wo die Jungs noch ihre Teller leer aßen. Sie grinsten sie an wie Comicfiguren mit ihren Tomatensoßenmündern, und Ali und ich mussten beide lachen.

»Sind Sie hungrig? Es ist noch genug da, wenn Sie gern mitessen möchten«, bot ich ihr an.

»Nein, das ist sehr freundlich, aber ich kann nicht lang bleiben«, erwiderte Ali und zog einen Stuhl heraus. »Oh, der ist aber komfortabel – was für ein hübscher Tisch! Aber eine Tasse Tee wäre großartig, sofern ich nicht störe.«

Ich wollte ihr gerade versichern, dass sie ganz und gar nicht störte, und sie den Jungs richtig vorstellen, aber sie kamen mir auf die ihnen eigene Weise zuvor.

»Bist du Daddys Freundin?«, fragte Finn charmant.

»Ja«, sagte sie lächelnd. »Und du musst Finn sein, ich bin Ali.«

»Daddy darf einen Freund zum Abendessen einladen«, ergänzte Finn zustimmend. »Wir haben jetzt genügend Stühle!«

»Nur einen einzigen?«, fragte Ali und zog verwundert die Stirn kraus.

»Es ist so«, führte Reef geduldig aus. »Wir haben jetzt sechs Stühle, wovon ich, Daddy und Finn drei belegen und somit drei übrigbleiben. Wenn Mummy noch leben würde, wären vier Stühle besetzt und zwei übrig, da könnte Daddy also keinen Freund einladen, sondern nur ich und Finn. Aber Mummy ist nicht da, und Mummy wollte, dass Daddy und wir einen hübschen großen Tisch bekommen, und Mummy hat sich auch für Daddy eine neue Freundin gewünscht.«

Ali sah mich sprachlos an.

»Mir war nicht klar, dass er das alles weiß, aber er hat absolut recht«, sagte ich und verdrehte spielerisch die Augen, anschließend schaute ich aus dem Fenster und hoch zum Himmel. »Danke, Kate«, sagte ich laut und ergänzte still in Gedanken: »Danke für absolut alles.«

EPILOG

Nachdem ich so viele Leute dazu gedrängt habe, eine Liste zu schreiben, wurde mir klar, dass ich selbst auch eine schreiben sollte.

Kurz nach Kates Tod bestand keine Eile dazu, da ich ja ihre Liste hatte, die einen Großteil meines wie ihres Lebens spiegelte. Nach nunmehr zwei Jahren hat sich vieles verändert. Als Rachel, meine Ghostwriterin, mich kürzlich fragte, welchen Urlaub ich als Nächstes plante, überraschte ich sie mit der Äußerung: »Las Vegas und Grand Canyon.«

»Aber das steht nicht auf der Liste«, sagte sie. »Ich hätte erwartet, Sie sagen Schweiz oder vielleicht Australien.«

»Es steht nicht auf Kates Liste«, erwiderte ich. »Aber auf meiner. Ich möchte Amerika erforschen, in Las Vegas richtig einen draufmachen, Scheibenschießen und auf einem ungesattelten Pferd durch den Grand Canyon reiten. Davon habe ich immer schon geträumt.«

»Wusste Kate davon?«

»Nein, darüber haben wir nie gesprochen. Ich weiß, dass Kate mitgekommen wäre, wenn ich sie gefragt hätte, und sie hätte ihren Spaß gehabt und irgendwann auch Interesse daran entwickelt, aber es war nicht wirklich ihr Ding.«

»Und ... mit wem werden Sie die Reise machen?«

»Ich werde sie allein machen«, antwortete ich überzeugt. »Ich werde die Freiheit genießen und auf diese Weise Zeit finden, über die Zukunft nachzudenken. Im Moment habe ich das Gefühl, mich in einem Kreisverkehr mit ganz vielen Ausfahrten zu bewegen, ohne zu wissen, welchen Weg ich einschlagen soll. Ich möchte meine Firma ausbauen, habe im Haus noch jede Menge zu erledigen, wünsche mir, dass die Jungs unabhängiger werden, aber mir dennoch nah bleiben, ich wünsche mir eine glückliche Familie und möchte in meinen Beziehungen keine gravierenden Fehler machen. Auf meinen Schultern trage ich viel Verantwortung. Oft wünsche ich mir, ich könnte Kate fragen: ›Was soll ich als Nächstes tun?‹ Sie redet mit mir, und ich höre ihr zu, wenn sie mir sagt, ich soll die richtigen Entscheidungen treffen, aber ich weiß nicht, welche das sind. Ich denke, es täte mir gut, von dem allen wegzukommen, bevor ich meinen nächsten Schritt plane.«

Zu dieser Zeit hatte ich die Anfänge meiner Liste bereits im Kopf, dazu gehörten teils Vorhaben für mich und für die Jungs, teils auch Dinge, die ich nicht vergessen durfte. Jetzt musste ich sie niederschreiben, und das aus mehreren Gründen.

Natürlich musste ich ganz praktisch Vorkehrungen für Reef und Finn treffen, für den Fall, dass mir etwas passieren sollte. Ich musste meinen Lieben meine Wünsche mitteilen und Anweisungen hinsichtlich der Fürsorge der Jungs und der Finanzen hinterlassen. Dies war der leichte Teil, dessen Details ich auch für mich behalten werde.

Meine Liste musste aber auch geschrieben werden, weil die Zeit so rasch voranschreitet und wir alle auf die eine oder andere Weise seit Kates Tod erwachsener geworden sind. Die Jungs sind nun sechs und sieben, und ich sehe bereits, wie sie sich von zwei kleinen frechen Jungs zu gesetzteren, eloquenten und unterhaltsamen kleinen Burschen entwickeln. Im März dieses Jahres (2012) werde ich sechsundvierzig und empfinde sehr akut, wie schnell die Zeit vergeht. Außerdem weiß ich, wie unerwartet schnell das Leben zu Ende sein kann und wie wichtig es ist, darauf vorbereitet zu sein und keine Gelegenheit ungenutzt zu lassen. Ich kann mir die Jungs bereits als Teenager und junge Männer vorstellen und möchte, dass sich das in meiner Liste niederschlägt.

Ich bin so stolz auf Reef und Finn, sie sollen wissen, dass ich ihre Mummy genauso geliebt habe wie sie mich und sie beide das Wichtigste sind, was wir hervorgebracht haben.

Kates Tod war ein Katalysator, noch mehr als je zuvor aus meinem Leben zu machen. Ich bin so froh über die wunderbaren gemeinsamen Jahre voller Abenteuer, aber ich wünschte, wir hätten noch mehr erlebt. Ich wünschte, wir hätten mehr Urlaube gemacht, noch mehr von der Welt gesehen und noch mehr Kinder bekommen. Mit Kate gibt es kein gemeinsames Leben mehr, aber ich kann mein Leben noch immer voll ausschöpfen, und genau das habe ich vor, wobei ich Reef und Finn weiterhin vorlebe, dasselbe zu tun.

Gib den Jungs zwei Küsse zu schreiben war ein Liebesdienst. Ich schrieb dieses Buch zum Andenken an Kate und das wunderbare Leben, das wir gemeinsam hatten, und ich habe die Arbeit daran zutiefst genossen, obwohl ich über lange Strecken nur vor mich hin geheult habe. Es war ein unglaublich rührender Augenblick, als die Arbeit an dem Buch abgeschlossen war, denn damit hatte ich einen emotionalen Schlussstrich unter die Vergangenheit gezogen. Für mich symbolisiert es das Ende meines Lebens mit Kate und den Anfang meines neuen Lebens ohne sie.

Solltest du über mich wachen, Kate, dann schau mir bitte über die Schulter und lies die Worte, die ich schreiben werde, denn ich weiß, dass sie dich glücklich machen werden.

Ich werde dich niemals vergessen, Kate, und natürlich wird deine Liste immer bei mir sein, wohin ich gehe und was immer ich tue. Ich kann dir gar nicht genug danken für die Mühe, die du dir gemacht hast, sie zu schreiben, obwohl du so krank warst. Die Jungs und ich vermissen dich sehr und werden dir für immer dankbar sein für alles, was du für uns getan hast.

Jetzt bin ich allein und ich komme gut zurecht. Ich weiß

nicht, was die Zukunft bringt, aber ich bin bereit, sie un-
voreingenommen und voller Hoffnung und Begeisterung im
Herzen zu erforschen, wie wir das auch immer gemeinsam
getan haben. Vielleicht habe ich ja das Glück, eine andere Seelengefährtin zu finden, jedenfalls verspreche ich dir, es zu
versuchen. Wenn man aus jedem Tag das Beste macht, ist alles
möglich.

Hier ist meine Liste, aber sie ist keinesfalls komplett. Ich
werde sie immer ergänzen, denn man kann nie genug lachen,
nie genug lernen, nie fürsorglich genug sein und nie genug
lieben.

Dads Liste

Lebenswünsche

Ich wünsche mir, dass Reef und Finn so nah wie möglich
bei beiden Familienhälften leben und beide Familien-
hälften voll und ganz am Leben der Jungs teilhaben
Reef und Finn sollten nach Möglichkeit bei Camp America
Auslandserfahrung sammeln
Beide Jungs sollten Tauchlehrer werden
Regelmäßig segeln und Boot fahren
Die Jungs sollen regelmäßig an Familienurlauben teilneh-
men. Mummy und Daddy hatten noch so viel vor, was sie
auf dieser Welt erkunden wollten – darunter noch mal
Neuseeland, Australien, die Schweiz und die USA und sie
wollten Kanada, Belize und Thailand besuchen
Daddy sollte nach Las Vegas und zum Grand Canyon fah-
ren
Daddy sollte fitter und dünner werden
Ich möchte, dass alle Paten an Reefs und Finns Leben teil-
haben
Wenn die Jungs einundzwanzig sind und im Ausland leben
oder arbeiten wollen, ist das okay

Dads Erinnerungen an Mum und die Dinge, die wir gemeinsam unternommen haben

Daddy hat Mummy gern geküsst und sie immer fest an sich gedrückt

Daddy gefiel es, wenn Mummy ihren Fuß vom Boden hob, sobald sie geküsst oder gedrückt wurde

Mummy und Daddy haben sich auf Rollschuhen im Robin Cousins Sports Centre kennengelernt

Sowohl Mummy als auch Daddy haben in der Natur oder weit weg von großen Städten gern die Sterne betrachtet

Daddy und Mummy fanden, dass Manieren wirklich wichtig sind

Wir haben stets an viele coole Regeln geglaubt, nach denen wir lebten. Diese Sprüche werden immer Teil unserer Beziehung sein: »Lebe das Leben«, »Tu jeden Tag etwas, worauf du stolz sein kannst«, »Wenn du nichts riskierst, bist du fehl am Platz«, »Geh nie im Streit zu Bett«, »Lächle und grüße die Menschen, die dir begegnen«, »Geh nicht leichtfertig mit den Gefühlen anderer Leute um«, »Wenn du ein Romantiker bist, dann einer mit Stil«

Mummy ist zusammen mit Daddy das erste Mal in ihrem Leben geflogen. Wir taten viele erste Dinge gemeinsam. Macht eine Liste der Dinge, die ihr tun wollt, und listet eure »ersten Male« auf, wenn ihr älter seid

Solltet ihr das Glück haben, eine Seelengefährtin zu finden, dann haltet sie fest und arbeitet gemeinsam für jene besonderen Momente, die das Leben zu bieten hat

Daddy hat Mummys Augen geliebt, ihr Lächeln und ihren Hintern – vor allem in engen gebleichten Jeans!

Daddy liebt alles, was mit Zauberei zu tun hat, und hat gern Zaubertricks vorgeführt, aber der Zauber des Lebens ist der beste

Daddy liebt Essen und Kochen. Seine Lieblingsspeisen sind

Erdbeeren, Fische, Krabben, Krustentiere, dicke Steaks und Rum

Daddy nannte Mummy Kate oder Katie, und Mummy nannte Daddy immer Singe

Mummy half Daddy immer bei allem, und Neues lernten wir oft gemeinsam

Versucht die Natur zu achten und nie ein Umweltverschmutzer zu sein. Mummy und Daddy sammelten an ihren Lieblingsplätzen immer den Müll auf

Daddy hatte Hilfe, als er ein Buch über sein Leben mit Mummy schrieb. Es heißt *Gib den Jungs zwei Küsse*. Es zu schreiben ist ihm nicht leichtgefallen, aber es war die Mühe wert, weil so Daddys Erinnerungen an Mummy niemals vergessen werden, und das ist sehr cool.

Daddy ist unheimlich stolz darauf, dass Mummy ihn sich zu ihrem Partner erwählt hat, und er wird immer euch zwei Jungs haben, die ihn daran erinnern, wie umwerfend sie war.

Die Originalausgabe erschien 2012
unter dem Titel *Mum's List*
beim Verlag Penguin Books, London.

Marion von Schröder ist ein Verlag
der Ullstein Buchverlage GmbH

6. Auflage 2012

ISBN 978-3-547-71183-7